• 本书系2018年度教育部人文社会科学研究青年基金项目
"新时代精准扶贫背景下留守儿童情感教育支持研究"
（项目编号18YJC880148）的阶段性研究成果

大川书系

当代情感教育研究丛书
朱小蔓 主编

当代乡村教师自我教育之路

DANGDAI XIANGCUN JIAOSHI
ZIWO JIAOYU ZHI LU

■ 钟芳芳 著

四川教育出版社

图书在版编目（CIP）数据

当代乡村教师自我教育之路 / 钟芳芳著. —成都：四川教育出版社，2022.10
（当代情感教育研究丛书 / 朱小蔓主编）
ISBN 978-7-5408-8381-2

Ⅰ.①当… Ⅱ.①钟… Ⅲ.①农村学校-教师-自我教育-研究 Ⅳ.①G451

中国版本图书馆CIP数据核字（2022）第176715号

当代乡村教师自我教育之路
DANGDAI XIANGCUN JIAOSHI ZIWO JIAOYU ZHI LU

钟芳芳 著

出 品 人	雷　华
策划组稿	康宏伟
责任编辑	梁康伟
封面设计	许　涵
版式设计	武　韵
责任校对	高　玲
责任印制	田东洋
出版发行	四川教育出版社
地　　址	四川省成都市锦江区三色路266号新华之星A座
邮政编码	610023
网　　址	www.chuanjiaoshe.com
制　　作	四川胜翔数码印务设计有限公司
印　　刷	成都市锦慧彩印有限公司
版　　次	2022年10月第1版
印　　次	2022年10月第1次印刷
成品规格	185mm×260mm
印　　张	20.75
字　　数	350千
书　　号	ISBN 978-7-5408-8381-2
定　　价	58.00元

如发现质量问题，请与本社联系。总编室电话：（028）86365120

丛书编委会

主　　编　朱小蔓
执行主编　杨一鸣
委　　员　（按姓氏笔画排列）
　　　　　马多秀　王　坤　王　慧　陈　萍
　　　　　李舜平　钟芳芳　钟晓琳

编者的话

情感教育肩负着现代人情感文明建设的教育使命，是人类完善自身的必要之途，也是中国从自身古老优秀的文化传统向现代化发展的必经之途。当代情感教育研究是我国著名教育学家、教育家朱小蔓教授历四十余年开创的具有中国特色、时代特征的学术领域。站在新的时代起点上，聚焦立德树人根本任务，情感教育研究在贡献当代中国文化复兴、繁荣中国教育理论及话语、自觉探索应对由社会发展所带来的新需求和新变化等方面将担承更大使命、更重责任。策划与组织本套丛书，正是对这一时代召唤的积极回应。

过去三十年，小蔓教授带领团队在情感教育研究的园地里辛勤耕耘，以情感及其教育为学术研究的"母细胞"，不断繁衍和扩展到新的研究领域、新的学术语境，形成当代情感教育研究的成果集束。2008年后，小蔓教授转到北京师范大学工作。在繁忙的双肩挑之余，她对情感教育研究丝毫没有懈怠，又相继研发、培育出一大批较高质量的学术成果。2018年后，小蔓教授病重休养期间，仍以顽强毅力坚持学术写作、阅读思考和指导后学。

2019年12月27日，中小学班主任杂志社组织召开"朱小蔓情感教育思想座谈会"，汇聚全国情感教育研究的学术菁英，共同研讨、阐释作为当代情感教育研究的重要成果——"朱小蔓情感教育思想"及其内涵与特征、体系与演化、贡献与价值。之后，承蒙四川教育出版社的垂青，小蔓教授不顾病体，亲自擘画与设计"当代情感教育研究丛书"，在学术团队近十年相关成果中遴选、敲定书目。

本套丛书共六部著作，包括小蔓教授的《当代学校德育对话录：情感的关切》和《教育学的想象——情感教育研究三十年》。前者是小蔓教授历经十年以"对话体"方式对情感性学校德育原理所做的系统阐释；后者则是她对三十年情感教育研究历程进行的系统而全面的回顾与梳理，这部书是小蔓教授在生命的最后两年耗尽"啼血"之力口述后由学生整理完成的。丛书的其他四部著作，分别从情感教育与公共生活、道德教育的情感性特征、乡村教师的情感生活和教师情感素养培育等方面展开讨论。事实上，这四部著作在论题、思想、结构和表达等方面也都不同程度地凝结了小蔓教授的学术心血。

可惜，天不假日！小蔓教授未及亲眼看到丛书问世，便带着无数未了的学术心愿，永远地离开了她无限热爱与不舍的情感教育研究事业。小蔓教授就是为当代中国情感教育研究而生的，她的一辈子也都毫无保留地献给了这一事业。逝者已逝，作为学术后来人，我们应做和能做的，就是要把这份对情感教育研究的爱传承和发扬下去，做好学术"传灯人"。

丛书编委会

2021 年 11 月

目 录

001 第一章
导 论

055 第二章
贵州省四地五校乡村教师自我教育实然考察

第一节　贵州省四地五校乡村教师自我教育存在的问题：基于案例管窥透视　/057
第二节　贵州省四地五校乡村教师自我教育困境分析　/073
讨论与小结：乡村教师的"情感-生命"现状不容乐观　/088

091 第三章
优秀乡村教师自我教育的"情感-生命"系统考察

第一节　精神群像：优秀乡村教师自我教育"情感-生命"的现实隐喻　/094
第二节　内生动力：影响优秀乡村教师自我教育的内源性动力因素　/139
第三节　质量保障：优秀乡村教师自我教育的情感品质——"最美"系列乡村教师案例分析　/156
第四节　成长机制：优秀乡村教师自我教育的情感人文图鉴　/212
讨论与小结：指向道德生活的"情感-生命"系统　/226

229 第四章
优秀乡村教师自我教育支持系统构建

第一节　家庭生活的理解与支持　/232

第二节　专业成长的自觉与修炼　/239

第三节　学校组织的变革与创造　/247

第四节　"文化-社会"的浸润与支持　/256

讨论与小结：在情感文化中探寻自我　/267

269 第五章
反思与展望：当代乡村教师自我教育的理论逻辑与实现路径

第一节　理论逻辑：情感作为人自主发展不可或缺的价值尺度　/271

第二节　实现路径：当代优秀乡村教师自我教育的生成过程与征程　/277

第三节　结论与展望：迈向自趋成长的乡村教师教育新时代　/286

讨论与小结：展望乡村教师教育的未来　/299

结语：子规夜半犹啼血，不信东风唤不回　/301

参考文献　/302

附　录　/315

后　记　/323

第一章
导　论

Chapter one

> 深窥自己的心，而后发现一切奇迹在你自己。
>
> ——培根

一、研究缘起

当今世界的错综复杂达到了前所未有的程度。今天，人们的心灵、精神生活出现了许多新问题，其心灵文明与伦理价值的冲突、贫穷困境与消费渴求的冲突、应试压力与升学就业竞争的冲突、家庭迁徙与亲情缺失的冲突等都构成人们新的情感矛盾，构成人们心灵世界新的境遇和困惑。[1] 这些变化引发了紧张不安，人们寄希望于教育能够培养个人适应社会变化并做出反应的能力。[2] 人们越来越清醒地认识到影响教育质量的关键因素在于教师自身的素质。时代对教师发展不断提出新的期待：教师不仅应是"一桶水"，而且必须是有源头的"活水"，是"涌泉"。[3] 教育者应该"从此不得不接受这样的事实，即他们的入门培训对他们的余生来说是不够用的，他们必须在整个生存期间更新和改进自己的知识和技术"[4]，他们不仅必须具有终身学习的能力和可持续发展的素质，而且还要秉持人文主义教育观和发展观创造人人共享的道德生活，一句话，他们必须能够自我教育。

（一）当代乡村教师自我教育的契机

1. 乡村教师的新时代

当下国家对乡村教师的支持政策越来越优厚，尤其是 2015 年《乡村教师支持计划（2015—2020 年）》颁布以来，落实了一系列惠及乡村教师的支持性政策，不仅在物质生活方面大幅度甚至翻倍提升乡村教师的薪资水平，不断提高对乡村教师生活补助的投入，大力落实兴建乡村教师安居工程，全面改善乡村教师的生活状况，保障了他们安居乐业，促使绝大部分乡村教师过上相对富足宽裕的小康生活；而且还在专业生活方面全面部署落实乡村教师"国培计划"，各地纷纷建立优质的乡村中心校改

---

[1] 朱小蔓. 关注心灵成长的教育：道德与情感教育的哲思[M]. 北京：北京师范大学出版社，2012：自序 4.
[2] 联合国教科文组织. 反思教育：向"全球共同利益"的理念转变？[M]. 联合国教科文组织总部中文科，译. 北京：教育科学出版社，2017：9.
[3] 朱小蔓. 关注心灵成长的教育：道德与情感教育的哲思[M]. 北京：北京师范大学出版社，2012：419.
[4] 联合国教科文组织. 教育：财富蕴藏其中[M]. 联合国教科文组织总部中文科，译. 北京：教育科学出版社，1996：142－143.

善乡村教师工作环境，优化乡村教育资源，同时大力创建乡村教师的荣誉制度，落实适切当地的乡村教师专业及师德培训方案。可以说，当前政府部门颁布并落实的这一系列惠及乡村教师的优厚政策是空前的，力度和广度都是令人兴奋、倍受鼓舞的。然而一切政策都是为了共同的目的：更好地生存与发展。中央政策的积极引导，地方行政的踊跃参与落实，促使乡村教师的现状得到了翻天覆地的改变。而这一切外部的支持都意在让那些有意愿致力于乡村教育事业的乡村教师们真正得到宽松、优越、和谐的发展环境，可以拥有更大的独立发展空间，促进他们在职场中更活跃、更自主地进行自我教育，在属于自己的教育天地里大显身手。于是，全国各地绝大多数乡村教师的物质生活有了明显的提升，专业进修培训势头猛涨，各地涌现出许多乡村教师道德模范和专业学习标兵。与此同时，社会对乡村教育的关注与日俱增，民间公益组织如雨后春笋般崛起，引发了丰富多彩的支援乡村教师的活动。

2. 当下乡村教师自我教育的缺失

一切外部的支持都是为了唤起主体内在的觉醒，促进个体的可持续发展，使个体拥有与物质的富足相匹配的精神丰盈。就乡村教师来说，主要表现在他们能无后顾之忧地进行乡村教育事业，在乡村的一片天地里发挥主体意识，寻求自我突围、自我发展的路径，达到自我教育的境界上。可以说，当今的乡村教师，尤其是作为主力军的自主选择"特岗计划"而步入"特岗大军"的纳编有岗的"80后"乡村教师，是时代的幸运儿，他们迎来了乡村教师的大好发展时代，在各种政策支持下，获得了更加宽松的自我发展空间，正是"撸起袖子加油干"的时候，而乡村教师进行自我教育的实践应成为可能。但是笔者在调研中却发现一些令人担忧的局面：在优厚的待遇和政策支持下，有一些乡村教师甘愿陷入满足物质享受的平庸生活之中，不仅专业不自主，被动机械授课，对教学毫无兴致，而且精神生活极度匮乏，心灵难以安顿，百无聊赖，自我教育意识沦丧；有些乡村教师不仅闲暇时间无所事事，挥霍青春，消磨生命，而且教师职场情感生活不顺畅，导致师生关系危机重重，自我教育没有任何发生的空间；有些乡村教师悲观厌世，深陷自主发展困境，职业倦怠感强烈，缺乏教育情感的动力，遮蔽了自我教育的需求……这不禁引起了笔者的深思：为何物质条件不断提升、专业进修不断加强还是不能促进部分乡村教师的内在觉醒，燃起他们自我发展、自我教育的雄心呢？如此大力的外部支持创造了很多有利于乡村教师自我教育的外部条件，为何还是有相当一部分乡村教师深陷自我教育的困境呢？在当今时代乡村教师的自我教育如何成为可能？

3. 乡村教师自我教育何以成为可能

乡村教师自我教育的问题还是需要他们自己给出答案。自2015年4月26日起，笔者开启了对贵州省四地（修文、兴义、毕节、小碧乡）五校的乡村教师的草根式调研。此次调研累计28天，单边行程3812公里，采取蹲点式、参与式、访谈式、生活式的田野调研方式，对四地五校的53位教师进行了深度访谈并进行了参与式体验，最大化获取第一手关于当下贵州省乡村教师的真实的、自然的、日常的资料，从中提取20名乡村教师作为自主创造道德生活的典型个案，试图开展对乡村教师通往道德生活的自我教育的研究。笔者在调研中发现，确有这样一批教师：他们可以在不那么优越的环境之下甚至是处境不利的情况下，长期坚守着教育初心，凭借着坚韧乐观的品质和一腔教育热血，在自己的教育实验田里不断地自我发现、自我探寻、自我创造；他们不仅在专业生活中不断地展现出自己的教育智慧和情感素养，而且还在与职场相关的各种场域中发挥着他们自我教育的积极影响；他们善于将外界的机遇转变为对自己有利的支持，善于把外部的条件转化为自我突围的契机；他们可以窥视到自己的内心需求，不放弃对教育的情感追求，在不可能中不断创造着自我激励、自我教育的可能；虽然他们走向自我教育的成长路径不尽相同，但是他们都有一个必要的共识——自我内部存在着某些情感性的机制，不时地可以调动起来，迸发出强大的力量，引领自己在自我教育的征途中不断自我更新、自我拯救、自我完善、自我实现。他们的存在与发展，代表着这个时代一批乡村教师蹚出了自我教育之路，成为自我教育的样板、典型。

（二）自我教育的历史机遇

1. 时代呼唤自我教育到来

真正的教育最终是自我教育，这既是古老的话题，也是时代的呼唤，更是时代发展向我们抛出来的必须正面回答的理论命题。这是一个前所未有的时代，这是一个加速推进、不断变迁、走向新型文明的时代。联合国教科文组织在《学会生存》中这样表述："未来的学校必须把教育的对象变成自己教育自己的主体。受教育的人必须成为教育他自己的人；别人的教育必须成为这个人自己的教育。这种个人同他自己的关系的根本转变，是今后几十年科学与技术革命中教育所面临的最困难的一个问题。"时代呼唤着"为未来而准备""为适应变迁社会而准备""为实现自我价值而准备"的充分发挥主体性的教育——自我教育的到来。因此，教育研究决不能停留在对表层的教育现象的分析，不能满足于以改变物质-生存状态为目的的教育政策支持，不能马首是瞻于高效能的教育技术更新，更不能停止于对外显的教育成果的追求；而必须学习对教育主体的自我作用进行深度挖掘，在更深入的层面发现人的潜能，探究人的深层需要，培养人自我充分发展的可能，在生命的更深处去发现以激发主体的积极性、维持主体的主动性、保护主体的创造性为特征的自我教育的内在运行机制。

2. 自我教育的崛起

自我教育既是一个古老的教育命题，又是一种被不断诠释的教育思想。自我教育在人类的发展和教育中，已经作为一种现象被人们所公认，却在教育现实中迷失了，仅仅作为一个曾经被提及的教育命题被尘封起来，未能赢得它应有的地位和应受到的尊重。这不仅是教育界的损失，也是人类自我认知的遗憾，这样的遗憾下掩藏着自我教育的内涵一直不是很清晰的事实。而今对这一传统命题的现代挖掘和创造性继承，赋予了它新的时代含义。尤其是随着当下过度的"他-我"教育所造成的种种教育危机，应试教育以"罐装"模式引发学生身患"空心病"的社会问题频频呈现[①]，人们越来越注重对教育的深层次考察与反思，自我教育应时而生，在艰难的求索之中，从历史的地平线上升起，大踏步地跨过了羁绊，终于进入了教育者的视野，迎来了蓬勃发展的契机。回顾世界各地的自我教育改革和实验，虽然名称、内容和形式不尽相同，但是都有一个不争的共同实质——重视内部生成机制，提高自我教育的意识及能力，创造外部的支持环境，适时地把教育重心从"他-我"教育转化为自我教育。这代表着时代的一种教育潮流，是时代和生活对自我教育的认同和尊重，促使它在教育科学中冉冉升起。

3. 教师教育对自我教育的内部探源

长期以来，自我教育在教师教育中处于失落的一角，始终没有找到可以归属的位

---

① 参见北京大学副教授徐凯文演讲稿《学生空心病与时代焦虑》，本文首发于中国网教育频道，第九届新东方家庭教育高峰论坛，2016年11月5日。

置。其原因之一是：自我教育本身的内涵不够清晰，目标、过程和机制不够完善。虽然自我教育一直默默地在教师教育中发挥着作用，但对其的探究仅仅停留在浅层的直观性的阐述上，很少有对其内在结构，尤其是对它的内在生成机制进行深入探究的研究成果，致使自我教育成为教师教育中的一块保留地，教育者每每在此驻足却不识庐山真面目。因此，自我教育很有必要在教师教育领域被清晰地认识，得到应有的重视与挖掘。就像人们面临其他问题一样，自我教育对教师教育中出现的各种问题，也没有十全十美、皆大欢喜的解决办法。如今，笔者希望从情感的视角切入自我教育面对的问题，关注情感机制对自我教育的价值，目的在于探索当前乡村教师自我教育何以成为可能，并将其作为当前乡村教师在道德生活的困境中进行自我突破、寻求自主发展的路径之一。它仅仅是一味良药，但不可能是万能的灵丹妙药。尽管如此，情感机制对自我教育的价值一定是不容忽视的，它本身便是一条路径，一条走进这块保留地的路径，是教师教育对自我教育发力的一个突破口。基于教师自我教育在当下的社会需求、历史契机，以及教师教育中自我教育匮乏的不利处境，笔者尝试对自我教育进行内部探源和深入研究。

（三）源自内心的研究夙愿

1. 学术乃天下之公器

学术乃天下之公器。这是笔者导师常引用的梁任公的一句话。导师朱小蔓先生是一位用生命治学的人，在与她陪伴相处的岁月里，笔者潜移默化地被她那"学术纯粹、道德优美"（我国近代大实业家、教育家张謇语）的学术风骨一次又一次感染，并将其内化为自我教育的动力源泉。作为一名初出茅庐的教师教育的学习者，笔者铭记导师的教诲，心寄着那些教育底层弱势群体的悲欢安危，寄望于学术的公器之用，渴望致力于底层攻坚。

作为来自农村的学子，笔者天然地携带着对乡村教师发自内心的情感体验。尤其是笔者在深入调研访谈的过程中，逐渐由一个研究者过渡到一个共同参与生活体验的陪伴者、建构者、关心者。和乡村教师们在一起是一种灵魂不断舒展升华的过程，于是身份角色的改变逐渐给予笔者解读他们、为他们言说的深切感情。笔者尤其被乡村教师巨大而强烈的自我教育情感深深感动，同时非常羡慕、向往他们在生活中所酝酿出来的种种情感高峰体验,这种人间美好的情感是极为难得和珍贵的,也一定值得教师教育研究者去探究体味,并将其不断深化为可靠的教育力。然而,在现实学术研究者的视线中,似乎缺失了乡村教师的这种至真至善至美的情感及情感机制的一席之地。他们是那样质朴、真实、善良,他们的人性是那么可爱,他们的情感体验是如此清澈、纯粹、深刻、自然,以至于除却聆听、观摩、洞见、返思、缄默以外,似乎其他任何方式都将惊扰破坏这份难得的可贵。这将会为教育学实践研究呈现出另一番美丽的风景。在此,作为他们情感世界的亲历者,笔者真心渴望致力于他们生活的改善,让大家对从事乡村教育事业的教师们多一些宽容和谅解,少一点质疑和偏见;多一些共情与支持,少一点轻蔑和批判;多为他们做一些发自心底的研究,少一点功利的规范和道德的绑架……

2. 对蛊惑人心的"过度教育""教育功利"的抗衡

传统教育模式素来崇尚"他-我"教育,尤其在当今应试教育仍有市场的情况之下,"过度教育"愈加来势汹涌。于是出现了心急如焚的家长、"空心"的孩子、无奈的学校、指手画脚的社会公众人物、举旗讨伐的媒体……这一切都源于教育让位,忽视个体主体性,教育效益凌驾于人的主体性之上。"过度教育"之"他-我"教育的异化,使自我教育运势而生,哪怕力量还十分微薄,但我们已经预见到它的星星之火的燎原之势。"教育功利"是个自古以来都存在的话题,但是它从来没有像今天这样变本加厉。当下对高效率、工具实用性、高分数、重点择校的"教育功利"追求已经到了不容忽视的地步。天价学区房、鱼目混珠的补习班、指向高考加分的兴趣特长班、各种所谓的高效教学方法等铺天盖地地涌入教育市场,让每一个家庭的心弦都紧绷着。于是,教育越来越不像教育,人心越来越远离人心。时代呼唤人文主义的教育方式,社会呼唤人心回归,教育呼唤把教育还给自主成长的教师,把孩子交给具备情感人文素养的教师!

3. 对情感教育研究的执着追求

自博士入门学习以来,笔者就对情感教育怀揣着虔诚的心,在学术研究内外都试图运用情感教育的理论视角。意料之外的是,这种视角给予笔者内心强大的震撼,在处理学术研究内外的问题时屡试不爽。回归人心,回归情感本身,用人文主义的方式去研究教师,去发现儿童,去践行学问,这便是对人本质的回归,抓住了教育的根本所在。感念于笔者的无上幸运与三年来追随情感教育的幸福，它奠定了笔者未来终身从事的情感教育事业的理论基础与实践勇气。这种学术热情一直鼓舞着笔者以情感教育的视角对乡村教师进行研究。

二、本研究的定位

做任何研究之前都要首先明确自己研究所在的领域，明确自身研究所针对的问题，站好自己研究的位置，才不至于走偏乃至迷失方向。本研究属于教师教育研究领域之乡村教师教育部分的自我教育层面，且笔者又是从"情感-生命"的视角来考察乡村教师自我教育实现的路径。乡村教师的自我教育实现的路径很多，对自我教育的理解和阐释也很多，笔者希冀以情感机制作为线索对其自我教育进行一种解释。因此，本书主要论述的是"情感-生命"作为本源、动力源泉、发动机制对自我教育的促进影响作用。笔者只讨论情感部分的价值功能性，以及外界条件转化为可感触的支持内化之后所产生的自我教育的影响。这并非说明自我教育的理性不重要。众所周知，研究情感教育的专家从来没有放弃对理性的价值功能的探究，他们不仅支持智育、理性教育，还为情感对于理性的积极影响作用不断努力钻研，正是因为当下理性教育出现了种种弊端，甚至有很多不尽如人意的地方，不由让人们要驻足回望，寻找人情味。可见，从一开始情感教育就在为理性教育提供助力而不断滋养、丰富大脑，而理性教育同时也促使情感有了认知、思维的基础，产生更细腻、更深刻的审美及高峰体验。因此，情感与理性教育是通力合作、不可割裂的。著名心理学家皮亚杰一生从事认知方面的心理学研究，也未曾否认情感的价值，只是他自身精力有限，尚不能再为这个领域的研究做出贡献，而选择了认知方面的研究。笔者深知理智、理性对于自我教育具有重大的价值，在撰写此文时也从未否认理性对于情感的重要性，但确实因为笔者的精力有限，关注层面也仅仅限于"情感-生命"，所以不对自我教育认知理性层面进行过多阐释。图1是本研究的定位及其视角所在研究领域中的位置。

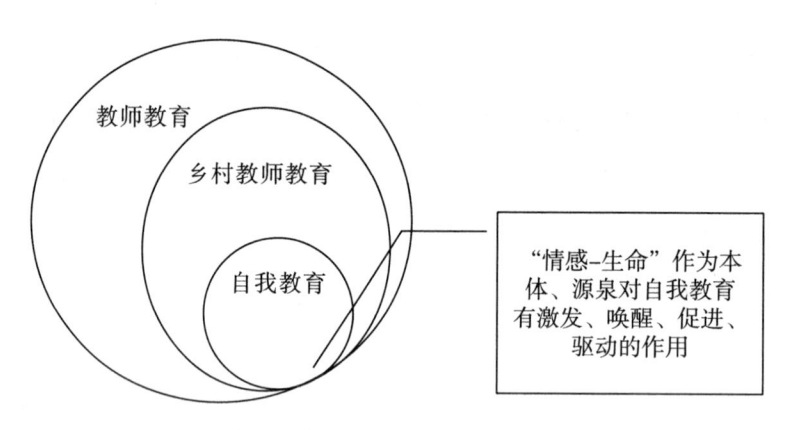

图 1　本研究的定位及其视角所在领域的位置

本书研究的主要命题及主要阐释的主题：正是由于"情感-生命"作为本体、源泉，它才具备了动力作用，而"情感-生命"的构成元素、品种在实践中不断强化、固化，逐渐会形成较为稳定的"情感-人格"品质，这一系列变化的结果将会对自我教育形成激发、唤醒、促进、驱动的作用。本研究认为：那些情感饱满、丰盈、积极正向的教师"情感-生命"会促进教师心灵得到安顿，情感生活顺畅，使他们能够在职场中寻找到更多的意义感并创造人人共享的道德生活。优质的"情感-生命"不仅可以使他们更好地处理自己与他人的关系，促进师生关系和谐、同侪关系融洽，还可以提高他们的理性认知判断，提升他们的专业能力，最终实现他们作为乡村教师的自我价值。

基于乡村教师自身的专业水平及外界条件的客观情况，本研究遵循乡村教师自我教育的现实存在，将他们自我教育的内容规定为道德生活（创造人人共享的有道德意蕴的生活），道德生活既是他们自我教育的过程，也是他们追求自我教育的最终目的。这种规定不是笔者自我杜撰的，而是基于当下乡村教师群体的现实情况和他们对自我教育的追求的实然状态。

三、相关研究现状

（一）有关自我教育的研究：基于历史演进的视角

自我教育作为一个概念被提出并得以传播是近代的事情，无法明确"自我教育之父"是谁，只是大家约定俗成地把苏霍姆林斯基作为自我教育领域最著名的代表。当我们翻阅人类自我教育史时却会发现这样一个历史事实：从自我教育产生之日起，自我教育便和"他-我"教育相遇，也就开始了一旦启动即不见其已的接触过程，但在其后的发展中自我教育与"他-我"教育却没能并驾齐驱。[①] 长期以来，自我教育没有被公正地对待和被给予平等的尊重，自我教育始终都是潜伏的状态，时时会遭受到被埋没甚至被传统的"他-我"教育所替代的窘境，由于社会经济结构变革及市场经济的作用，"他-我"教育的优势已经被集体化教学的高效性、应试教育分数至上的人才观充分放大，"他-我"教育的发展是建立在掩盖自我教育的基础之上的。

西方最初具有自我教育意蕴的阐述应追溯到苏格拉底的"产婆术"，苏格拉底的格言便是"认识你自己"，他不仅自己一直在践行，还把它运用到对他人的教育之中。他所提倡的"产婆术"就是通过问答的方式，对人的自我理性不断唤醒，提升人自我独立思考的能力，而这一切都是以尊重每个个体人的自我、培育人的独立意识为教育前提的，最终促进个体从"他-我"教育逐步过渡到自我教育，达成最终的"自我实现"（self-realization）。柏拉图的教育理论学说几乎辐射到了教育学的所有领域，很多方面的见解至今都值得我们借鉴与学习。尤为宝贵的是柏拉图也试图阐释自我教育："我们可以断言教育不像有些人所说的，他们可以把知识装进空无所有的心灵里，仿佛他们可以把视觉装进盲者的眼里。"[②] 在他看来，"每个心灵原有学习真理的能力以及所用于见到真理的机能"，这便是我们当今所说的充满自我意识的自我教育。亚里士多德以"吾爱吾师，吾更爱真理"的独立追求精神在教育史上首次提出"效法自然"的原理："教育的目的及其作用，有如一般的艺术，原来就在效法自然，并对自然的任何缺漏加以殷勤的补缀而已。"此后，虽然他没有确切地提出自我教育的论断，但他提倡的自然、自由的教育蔚然成风，教育界对自我教育的理念认识破土而生。随着人文复兴运动的兴起，教育的人文主义时代到来了。人文主义教育本身就是倡导以自然为教育原则，以弘扬自我、尊重个性为特色，以尊重自我、发展自我、提升自我、解放自我为目的的教育理论与实践的探索。当教育的大环境得到改善，人性与自

---

① 张晓静. 自我教育论［M］. 哈尔滨：黑龙江教育出版社，2012：78.
② 张焕庭. 西方资产阶级教育论著选［M］. 北京：人民教育出版社，1964：535.

我的地位得到解放与提高的时候，自我教育也奠定了思想基础。夸美纽斯是将自然原则引入教育实践的积极倡导者，他主张教育要遵循自然的秩序，最重要的是遵循学生身心发展的秩序，以儿童的天性为根据。"知识如果不合于这个或那个学生的心灵，它就是不合适的，因为人心的不同和植物、树木或动物之各个不相同一样大，这个必须这样去对付，那个又必须那样去对付，同样的方法是不能够用在所有的人身上的……""假如没有一个学生违背本人的意志，被迫去学习任何学科，我们就不会有发生厌恶和智力受到抑制的情形了。"① 夸美纽斯的教育思想具有近代教育思想的开拓精神，已经在其理论与实践中不知不觉地反映出自我教育的功能和价值。此后，教育思想家洛克强调"不是种种知识与知识的宝藏，而是种种思维与思维的自由，是增进心的活动与能力而不是扩大心的所有物"②。这种强调心智能力的获得比具体知识的灌输更重要的教育理念，注重自由与心智的发育，也为自我教育的发展奠定了思想基础。卢梭在其教育巨著《爱弥儿》中倡导自然教育，认为"这种教育，我们或是受之于自然，或是受之于人，或是受之于物，我们的才能和器官的内在的发展，是自然的教育；别人叫我们如何利用这种发展，是人的教育；我们对影响我们的事物获得良好的经验，是事物的教育"③。卢梭的自然教育理论具有划时代的意义，他将儿童视为教育的中心，追随儿童内在的自然。以儿童的天性为中心的教育，是对儿童本能的发展的呵护，也是对保护儿童自我教育能力的倡导。福禄贝尔强调学龄前教育中儿童的"自动"，即儿童的自我活动或自发活动，这为学前儿童自我教育的可能性与可行性提供了理论和实践的支持，这也是对卢梭自然教育追随的表现。德国古典哲学的创始人康德认为："人是通过自身的道德实践而意识到自由，意识到自己应以崇高的理想为行为的指南，意识到真正的自我。"④ "所谓教育指保育（儿童之养育）、管束、训诫和道德之陶冶而言。故人在幼稚时期须保育，儿童须管束，求学时须训导。"⑤ 康德所强调的"道德之陶冶"蕴含着自我教育的成分，在他看来他育是很难实现道德

---

① 夸美纽斯. 大教学论 [M]. 傅任敢，译. 北京：人民教育出版社，1984：153.
② 张焕庭. 西方资产阶级教育论著选 [M]. 北京：人民教育出版社，1964：90.
③ 卢梭. 爱弥儿：第1卷 [M]. 李平沤，译. 北京：商务印书馆：1978：7.
④ 戴本博. 外国教育史 [M]. 北京：人民教育出版社，1989：216.
⑤ 同④：218.

陶冶的。杜威将教育视为培训个人的最大社会效率的训练，他认为教育应是个人自由充分被发展和社会需要充分被满足，两者有机结合在一起。应给予儿童自由与尊重，提倡"做中学"，促进儿童在教师的引导下产生潜在的自主学习兴趣，提供自我教育锻炼机会。当代自我教育融入哲学、心理学、社会学、教育学等先进理论，其中人文主义教育观是自我教育最有代表性的理论。"人本主义的教育是每一个人的自我教育，在成长的过程中，透过教育做自我选择的淘汰工作。"[1] 马斯洛从"自我实现"的心理学理论出发，提出了一种新的学习、教育的概念，认为"教育的功能、教育的目的——人的目的、人本主义的目的，与人有关的根本上就是人的'自我实现'，是丰满人性的形成，是人性能够达到的最高度的发展"，也"就是帮助人达到他能够达到的最佳状态"。[2] 基于"自我实现"的理解，我们更需要内在的教育和学习，唤醒人的内在价值感，促进人的自我实现，这也是教育的根本目的。从此内在教育被提升到重要的位置，而以内在教育和学习为主要表现的自我教育也备受重视。罗杰斯把人格自我理论延伸到教育实践中来，他主张用于促进个体"自我实现"的非指导性教育策略，强调极大相信个体成长的力量与内驱力；强化情感因素的参与，尤其强调创设情境直接进入学生的情感世界；注重学生此时此刻的情形与当时产生的经验；强调学生在经验生成与增长中的人际关系建构。他认为教学要创造一种以人为中心的和谐气氛，增强个体自我概念、自我意识和自尊自信，促进个体独立地维持自身心理完整性，使其潜能得到不断实现与发展。

在中国古代，自我教育的发展显示出与西方既大体相同又有差异的趋势和走向。我国自古就有自我教育的论述，其基本理论依据是修身、养性和克己复礼。孔子倡导的"不愤不启，不悱不发"，孟子倡导的"自求自得"，《学记》记载的"导而弗牵""开而弗达"和"豫、时、孙、摩"的教育和学习方法无不蕴含着自我教育的意味。《大学》开篇提出"自天子以至于庶人，一是皆以修身为本"，这是指以人的修身为核心，培养道德品性及完善人格的过程，也是最初的自我教育的理论根据。但中国传统文化根深蒂固的官本位意识，使得个体自我教育常常偏向或异化。当权者提倡的自我

---

[1] 雅斯培. 雅斯培论教育[M]. 杜意风，译. 台北：联经出版事业公司，1983：53.
[2] 马斯洛. 人性能达的境界[M]. 林方，译. 昆明：云南人民出版社，1987：169.

教育，即"修身"是为了达到"齐家、治国、平天下"的目的，这主要是强调国家意志和社会群体的价值取向，强调个人与他人的互动关系，由此建构了"三纲五常"的社会互动关系，自上而下地按照这样的社会伦常便可以长治久安。而要达成这样的社会人际互动便一定要有每个个体的人格品性做保证，由此要以"仁义礼智信"从内在要求人们的行为和思想。于是便有了人们克服种种困难，约束自己的行为，完善自身的人格素养，以达到追求真理的境界，提升社会关系质量，达成"平天下"的目标。孟子所云"天将降大任于斯人也，必先苦其心志，劳其筋骨，饿其体肤，空乏其身，行拂乱其所为，所以动心忍性，增益其所不能"，认为只要人们可以严格约束自己，甚至苛求自己一心向"平天下"的大任严于律己，那么"三军可夺帅也，匹夫不可夺志也"；如果能够做到这些，就能够达到"富贵不能淫、贫贱不能移、威武不能屈"的境界。

自我教育研究在"文革"期间遭遇阻滞，而经历过漫长曲折的发展过程，如今终于得到较为宽松的发展空间。随着自我解放思想与联合国教科文组织面向全世界推进的终身学习理念的逐渐深入，现代意义上的自我教育才渐渐地成为世界教育的主题之一，联合国教科文组织在《学会生存》中说："未来的学校必须把教育的对象变成自己教育自己的主体。受教育的人必须成为教育他自己的人；别人的教育必须成为这个人自己的教育。这种个人同他自己的关系的根本转变，是今后几十年科学与技术革命中教育所面临的最困难的一个的问题。"我国基础教育改革实践面对时代呼唤，无论是在理论上还是在实践上都开始对现代意义的自我教育大潮做出积极回应。

（二）有关情感和教师情感的相关研究

情感是人类精神生活的重要组成部分。情感研究常见于心理学、社会学、人类学和精神病学等领域，虽然伴随现代科学的进步，越来越多的关于情感的新知识被发现，但因其复杂性、模糊性等特征，各学科领域对情感研究总体不够深入且缺乏一致性。

1. 情感研究的不同取向

在心理学领域，有学者从生理取向、认知取向、行为取向和进化取向对情绪、情感的处理与研究作了概括。[①] 相比心理学的认知、感受等其他领域,情绪情感的研究一直处于被忽略的状态。国内情绪心理学家孟昭兰教授的《情绪心理学》一书对情绪情感的心理发展机制做了比较多的探讨。在社会学领域,情感社会学的研究处于微观社会学的前沿。美国情感社会学学者特纳以"为什么人类如此情感化"为主题,在其《人类情感:社会学的理论》一书中深入考察了人类情感进化的生物性基础。[②] 在《情感社会学》一书中,特纳将社会学对情感的研究主要分为:霍赫希尔德道德情感剧场理论、情感的符号互动理论、地位和权力的情感理论,以及心理互动分析的情感理论等。[③] 国内学者郭景萍借鉴特纳的情感社会学研究,从社会转型的视角,对中国情感文明变迁的60年做了全景扫描分析。[④] 在教育学领域,苏联的几位教育学家例如苏霍姆林斯基、阿莫纳什维利等都是情感教育的重要倡导者。尤其是苏霍姆林斯基,对情感环境、情感激动、情感品质等相关概念有大量基于长期教育实践的丰富论述。整体来看,教育情境中情感与教育的相关研究进展十分缓慢。美国德克萨斯州圣安东尼奥分校的舒尔茨认为,除了考试焦虑之外,我们对学生、教师的情感,师生失意的情感,教育情境中合意的情感等"几乎一无所知"。[⑤] 20世纪80年代中后期,中国情感教育研究的开拓者朱小蔓从《道德情感简论》(1986—1988)到《情感教育论纲》(1989—1992),再到《情感德育论》(1992—2005),以及2012年出版的《关注心灵成长的教育——道德与情感教育的哲思》等,将情感教育的研究沿着5条线索推进——儿童情感发展与教育、情感性素质教育理论与模式、情感性道德教育范式、学科课程中的情感教育、教师的情感素质与教师发展,系统建构起情感教育的研究框架,并在实践领域推动了相关的情感教育模式的发展。另外,朱小蔓不仅是国内情感教育的播种者,她还躬身入局将情感教育传播得更深远,其主要成果通过3条线索推进:①近10年来朱小蔓先生所指导的博士生们对情感教育研究的学术传承。如对农村留守儿童的心灵关怀、城乡一体化背景下的城乡理解教育、德育与学校公共生活的

[①] 乔建中. 情绪研究:理论与方法[M]. 南京:南京师范大学出版社,2003:1—6.
[②] 特纳. 人类情感:社会学的理论[M]. 孙俊才,文军,译. 北京:东方出版社,2009:13—58.
[③] 特纳,斯戴兹. 情感社会学[M]. 孙俊才,文军,译,上海:上海人民出版社,2007:177—213.
[④] 郭景萍. 中国情感文明变迁60年:社会转型的视角[M]. 北京:人民出版社,2010:178—319.
[⑤] 舒尔茨. 教育的感情世界[M]. 赵鑫,译. 上海:华东师范大学出版社,2010:3.

建构、德育的精神性维度之重要与消解、教师道德敏感性、情感在教育发展中的逻辑思考、基于优秀教师个人生活史考察教师专业发展的情感基础等,这些研究领域都是在朱小蔓情感教育思想直接影响下的延伸与发展。②以朱小蔓情感教育为特色的学术活动与团体建设。如与情感教育及情感师范教育相关的国内外学术会议的举办;与情感教育研究相关的专委会的成立,包括教育与情感文明委员会、生命教育委员会,以及以情感教育与班集体建设为研究特色的苏霍姆林斯基研究专委会;还有建在南通大学的情感教育研究所以及"情感教育联盟校"的创建与发展。在朱小蔓先生大力倡导与精心耕耘下,情感教育更为坚实地走向理论与实践相结合的道路,由此,情感教育的学术研究如星星之火,面向祖国大江南北开启燎原之势。③朱小蔓先生本人将情感教育理论融入相关实践项目。如主持编写由教育部授权、人民教育出版社出品的初中《道德与法治》教材,主持农村教师培训课题的开展,尤其是与香港田家炳教育基金会合作,领衔主持、推进"全球化背景下的道德人培养——教师情感表达与师生关系促进"项目,研究历时4年,与种子学校密切合作,推广普及研究成果。

在朱小蔓先生的影响下,各地激起研究情感教育的热潮,涌现出一批优秀的研究成果。宝鸡文理学院教育学马多秀教授于2017年在《教育研究》发表了《情感教育回顾与展望》,论述了30年来我国情感教育研究经历的思想历程、理论建构与初步科学实验,情感教育与素质教育的对接,情感教育研究向教育学的多个分支的伸展,情感教育研究主题深化、直面问题和研究方法多样化等四个较为鲜明的发展时期。① 此外,张志勇的《情感教育论》、卢家楣的《情感教学心理学》、梅仲荪的《爱国情感教育心理学初探》、鱼霞的《情感教育》等专著相继出版,他们对不同情感教育现象进行科学研究,并将其与现代教学原理或德育原理相整合,提出相应的情感教育主张。2017年以来国内情感教育研究逐渐呈现专题性研究开枝散叶之态,尤其是以朱小蔓教授为核心的研究团队发展出各具人文特色且各占一隅的情感教育研究主题及领域。他们有中国教育科学研究院杨一鸣、天津师范大学王慧引领下的"情感性班集体研究";宝鸡文理学院马多秀教授引领下的"指向弱势群体的情感教育研究""朱小蔓情感教育思想研究";首都师范大学钟晓琳、刘慧、李敏等引领下的"情感性德育""生

---

① 马多秀. 情感教育回顾与展望[J]. 教育研究, 2017 (1): 52—61.

命教育"相关研究；北京教育学院刘胡权、南京信息工程大学王坤的"教师情感素养研究"；南京师范大学王平的"青少年价值观情感基础的研究"；南京晓庄学院钟芳芳的"情感性抚育研究"等。另外，《中小学班主任》杂志创建以"情感教育"为名的专栏，定期刊登较高质量的情感教育研究与实践探索的文章，形成具有特色的情感教育发声阵地，推进情感教育研究持续发展。2020年8月10日，朱小蔓先生仙逝，可谓情感教育巨星陨落，国内掀起纪念朱小蔓先生及其情感教育研究的讨论热潮，由此进一步促使社会各界热衷于情感教育研究的人士对朱小蔓情感教育研究进行重新认知、理解与发展。在此阶段，情感教育研究得到重新唤醒和人文性理解，预示着一个建构在朱小蔓情感教育思想基础之上的新的情感教育时代的到来。

2. 教师情感的相关研究

教师情感作为一个新兴议题，在20世纪50年代之前缺乏相应探讨。"尽管教师经常热情讨论自身的工作，但并没有研究关注情感在教师生活、职业和课堂行为中扮演的角色及其价值……当前，教师的职前和职后教育仍然没有系统考虑教师情感的重要性。这意味着，学术和专业研究并未将教师情感视为值得认真思考的议题。"[1] 在为数不多的教师情感研究中，有研究者认为，情感研究可以有不同的理论假设，即作为教师个人内心体验的情感，作为社会文化产物的情感，作为互动和表演载体的情感。这三种不同的理论假设对应不同的研究方法，即心理动力学、社会建构论、互动论。[2]

国外学者研究认为，教师情感能为生产性、教育性的对话提供基础[3]，对于有效教学和学习、师生关系质量、教师职业选择及坚持等有重要影响[4]，因此他们建议师范教育开发情感型课程，呼吁重视情感在教师专业发展中的作用。杰弗里发现英国小学教师特别具有创造力和"优越感"，其原因是他们置身于与学生相联系的创造性情

---

[1] NIAS J. Thinking about Feeling: The Emotions in Teaching. Cambridge journal of education, 1996, 26 (3): 293—306.
[2] 朱旭东. 教师专业发展理论研究 [M]. 北京：北京师范大学出版社，2011：51—53.
[3] TICKLE L. New teachers and the emotions of learning teaching. Cambridge Journal of education, 1991, (21): 319—329.
[4] OSBORN M. Book reviews: The highs and lows of teaching: 60 years of research revisited. Cambridge Journal of Education, 1996, (26): 455—461.

感活动中，因为受到情感的感染，教师自觉投入其中，激发了其创造的潜能。[1] 此外，教师情感影响信念[2]，教师也通过情感表达教师的身份，对于教师而言，课堂教学情境是教师情感、信念和身份交互的场所。[3] 英国的克里斯托夫·戴建构了以激情为核心的教师品质的 8 个组成部分，并认为保持激情有助于成就优秀教师。[4]

  国内的研究多是从教师的职业倦怠、教师的情感教学等方面关注教师的情感，基本上还是工具论层面的探讨，较少关注教师情感的本体论价值。白益民等人提出了教师的"专业态度和动机"[5]。经柏龙提出了"专业情意"，认为专业情意包括专业精神、专业情操（理智感、道德感）、专业性向（人格特征或适合于教学工作的个性倾向）、专业自我（教师对个体自我从事教育工作的感受、接纳和肯定的心理倾向，专业自我既包括自我意识等认知方面，也包括自我尊重感、自我效能感、自我价值感、自我反思、自我监控、自我更新等情意领域）。[6] 朱小蔓先生在其情感教育的研究脉络下，有着系统而完整的情感师范教育理论与实践的建构，她关注教师的"情感-人格"素质及其培养，认为教师的"情感-人格"素质是一个由教育爱为核心的教育价值观、教育思维方式、教育行为技艺以及教育风格类型等组成的综合体。根据教师的"情感-人格"素质，朱小蔓先生总结了若干教师发展模型，如关心型、创造型、自主型、反思型等[7]。另外，她认为教师的情感素养与师生关系的促进有着密切的关联性，并组织研究团队进行"教师情感表达与师生关系促进"项目研究，研发"情感-交往"型课堂观测指南，引导教师依据情感的表现性指标进行实践、反思和改善教学活动中的师生关系，提升自身的"情感-人文"素质。以上这些思想对深入探讨教师情感具有重要价值。本研究正是基于此，期望进一步探讨教师专业发展中的情感

---

[1] JEFFREY B, WOODS P. Feeling deprifessionalized: The social construction of emotions during an OFSTED inspection. Cambridge Journal of Educaiton, 1996, (26): 325.
[2] SCHUTZ P A. Teacher Identities, Beliefs, and Goals Related to Emotions in the Classroom [A]. In Schutz P A. (Eds.). Emotion in education. Academic Press, 2007: 223—258.
[3] 朱旭东. 教师专业发展理论研究 [M]. 北京：北京师范大学出版社，2011：44.
[4] 戴. 保持激情：成就优秀教师 [J]. 教育研究，2009 (3)：64.
[5] 叶澜，等. 教师角色与教师发展新探 [M]. 北京：教育科学出版社，2001：238.
[6] 经柏龙. 教师专业素质的形成与发展研究 [D]. 长春：东北师范大学，2008：77—81.
[7] 朱小蔓. 关注心灵成长的教育：道德与情感教育的哲思 [M]. 北京：北京师范大学出版社，2012：434，495.

基础。

3. 小结

关于教师情感的著作为数不少，但多数研究是科学技术范式，是从教师的道德情感、教师的工作动机和教育态度、人际关系和心理健康等方面的理性阐释，对涉及教师情感的部分研究得比较少。对于教师情感，我们虽重视和有认识，但仅限于认识论层面或工具论层面，而没有从本体论或存在论的角度去体认或逼近。20世纪80年代以后，欧美国家对情感教育的认识已经从"以情育人"发展到"育人之情"。对于教师群体而言，近些年来，因为过多关注学生的发展，而对教师情感领域有所忽略甚至遗忘，所做也主要是从伦理道德规范方面提要求、在专业知识技能方面做培训，较少深入教师情感世界的内部做深入探究，尤其是在教师的"情感-人文"素养方面，研究得还不够。

四、核心概念界定

（一）乡村教师

乡村教师是我国教师队伍的组成部分，从一定意义上说，只有包括偏僻山区的教师队伍的情况得到了改善，整个教师队伍的现状才可能得到根本改善。从教育体系结构而言，乡村基础教育处于底层，对整个教师队伍而言具有基础性地位，只有从基础抓起，才不至于使其他层次的教育发展受到掣肘，从而促使整个教育得以健康发展。

乡村教师伴随着农村教育而出现并发展。唐松林在分析了众家观点后得出结论：农村教育是以农村人口为对象并为农村经济和社会发展服务的教育。就我国而言，农村教育是在农业文明向工业文明过渡过程中、在城乡二元结构背景下进行的，旨在使农村人口获得知识技能并成为能参与社会生活的"发展的人"。[①] 本研究认为，大多数乡村教师执教且生活于农业人口聚居的地区，以农村人口的子女为教育对象；其主要职责是使学生获得知识技能并成为"发展的人"，在此基础上促进农村各领域的发展。

---

① 唐松林. 农村中小学教师队伍建设研究 [D]. 上海：华东师范大学，2004：3.

本研究中的乡村教师，是指来自乡村、集镇并从事乡村教育事业的较为年轻（年龄在 20—40 岁）的乡村教师群体。同时在此说明，本研究中的乡村教师包括所有在乡村从事教育工作者，如在我国特殊历史条件下产生并发挥重要作用的代课教师（或称民办教师），在乡村民办学校中的办学者、授业者及正在乡村支教为乡村教育贡献力量的公益志愿者。

另外，笔者在此使用"乡村教师"而没有用"农村教师"，含有对乡村教师的赞美之情及对乡村自然生态的向往。"乡村教师"与以城乡二元结构对立、以户籍限制命名的"农村教师"不同，它指向打破城乡二元结构的框架，重新审视乡村教育的历史，重新发现乡村教师的觉醒和自治的力量，找寻乡村教师充满诗意而美好生活的可能。由此可见，对乡村教师的深入研究需要对乡村教师重新命名，赋予他们符合这个时代要求，能真实反映他们心声、逼近他们真实生活的新内涵。

（二）自我教育

1. 基于马克思对人的本质观的认识

马克思说："理论只要说服人，就能掌握群众；而理论只要彻底，就能说服人。所谓彻底，就是抓住事物的根本。但是，人的根本就是人本身。"[①] 那么，什么才是人存在与发展的根本呢？人的自主性，人始终是通过自主活动获得自主发展的。何中华指出："自主活动范畴，在一定意义上隐藏着马克思哲学的全部秘密。在马克思语境中，它是一种历史规定。人的异化状态下，自主活动沦为一种虚假的外观，而不再具有实质的意义。人的异化的历史的扬弃，使自主活动构成人的自由自觉的类特征的历史内涵。"[②] 随着马克思思想的不断演进，"有个性的个人"、以"自由个性"为特征的人、"自由联合体"中的"自由人"，分别成为自主活动之主体的不同表征。即人的真正发展必须是成为一个自主的人，自主活动的主体只能是"有个性的个人"。因为所谓自主乃是个人内在的自我决定能力，这种能力所塑造的人格就体现个人的个性特征。

---

① 马克思，恩格斯. 马克思恩格斯选集：第 1 卷 [M]. 北京：人民出版社，1972：9.
② 何中华. 论马克思语境中的"自主活动"[J]. 东岳论丛，2012（4）：33.

自我教育思想离不开马克思对人的本质的认识。马克思认为"人是最名副其实的社会动物，不仅是一种合群的动物，而且是只有在社会中才能独立的动物"[①]。马克思的这种认识源于对人的劳动关系和社会关系的深入分析："我们每个人在自己的生产过程中就双重地肯定了自己和另一个人……在我个人生命表现中，我直接创造了你的生命表现，因而在我个人的活动中，我直接证实和实现了我的真正的本质，即我的人的本质，我的社会的本质。"[②] 以此类推，人的本质可深入浅出地理解为个体的社会本质，即"我的人的本质，我的社会的本质"。只有意识到人不可能离开他人、离开社会，人始终要保持与他人、社会、自我的联结，而且要自觉、自主地与他人和谐共处，创造人人共享的道德生活，这样的人才是真正意义上具有社会本质的人。

　　基于马克思的人本质与人的自主性的认识论，为教师自我教育开启了深刻的理论源泉，不仅诠释了自我教育中的自我主体性的本质属性，而且还指明了教师自我教育的根本方向——与他人联结共处，创建人人共享的道德生活。

2. 基于苏霍姆林斯基自我教育思想的启发

　　在教育过程中哪些是人的本质需求？教育的根本目的是什么？正如苏霍姆林斯基所说："只有能够激发学生去进行自我教育的教育才是真正的教育。"[③] 基于此可知，教育的根本是涉及两种人的行为——教师的激发和学生的自我教育。在教师教育领域中，教师承担着双重角色：既为学习者又为教育者，如此可以理解教师的自我教育为教师的自我激发与自我学习。

　　在自我教育之中情感的参与起着重要的支持作用。正如苏霍姆林斯基所认为的那样，"情感如果没有参与到认识过程之中，那么教育者所解释的真理，是不会被少年接受的；这样，教育就不能成为一种自我教育，因而也就不能算是真正的教育。"[④] 苏霍姆林斯基多次阐述了情感参与自我教育的重要性以及精神需要对自我教育的支持作用。他指出："关心别人，这是自我教育的一种最好的方式。一个人希望在别人身上确立善的愿望越深切，他就能够越多地看到、认识和感受到自己身上的好与坏。"[⑤]

---

① 马克思，恩格斯. 马克思恩格斯选集：第1卷 [M]. 北京：人民出版社，1972：87.
② 同①：37.
③ 苏霍姆林斯基. 育人三部曲 [M]. 毕淑芝，译. 北京：人民教育出版社，1998：350.
④ 同③：361.
⑤ 同③：529.

"我深信，教育的艺术和技巧就在于使每一个少年把这种愿望当成自己的精神需要。只有当一个少年在别人身上看到了自己的精神美的一部分的时候，他才是真正地开始了自我教育。"① "严格地说，自我教育就是从这里开始的：让一个人去关心另一个人，力求看到自己身上好的东西在另一个人身上表现出来。"② 苏霍姆林斯基从人的根本出发引出更深层的自我教育理念：人在关系中实施关心，关心的情感满足了精神生活的需要是进行自我教育最好的方式。

苏霍姆林斯基认为，教师培养学生的自我教育能力，最重要的是要爱护学生的自尊心，培养学生自我尊重的情感，激发学生主动追求自我价值。"自尊是自我教育之母"③，自尊心和上进心是自我教育极重要而强有力的促进因素。"只有在教师关怀学生人格尊严时，教导才能成为教育。就本质而言，教育的核心就是关怀学生，让他经常具有作为智力劳动者的自尊感，作为公民的自尊感，作为自己父母儿女的自尊感，作为因自己崇高的意向、激情和成绩而变得美好起来的个人的自尊感。"④ 另外，苏霍姆林斯基还指出了自我教育的人文方式："只有当一个人的心灵对良言、忠告显示温存或者责备的目光这种极细致而纯人性的教育手段非常敏感时，他才能进行自我教育。"⑤ 相反，如果对粗暴、丑陋习以为常，只对强制命令和棍棒拳头才有所反应，那他就根本谈不上自我教育。

苏霍姆林斯基关于自我教育思想的论述为我们揭示了情感参与自我教育活动的重要价值，以及自尊情感对自我教育成效的重要影响，另外，他对教师进行自我教育的方式提出了指导。苏霍姆林斯基关于教育领域中自我教育的理念为笔者研究乡村教师自我教育提供了宝贵资源，具有借鉴价值。

3. 本书对自我教育的界定

要阐释清楚自我教育的概念首先要对其相对的概念——"他-我"教育进行关系性的理解。所谓"他-我"教育，从构词结构上来说，是来自外部他者的教育，意味

---

① 苏霍姆林斯基著. 育人三部曲 [M]. 毕淑芝，译. 北京：人民教育出版社，1998：358.
② 同①：349.
③ 蔡汀，王义高，祖晶. 苏霍姆林斯基选集：第5卷 [M]. 北京：教育科学出版社，2001：336.
④ 同③：593.
⑤ 苏霍姆林斯基. 少年的教育和自我教育 [M]. 姜励群，吴福生，张渭城，等译. 北京：北京出版社，1984：772.

着被动地接受，含有受教的意味。而自我教育则是一种以自我为教育对象，自觉主动地改善自身物质生活、精神文明、道德生活、休闲消费、情感素质、智力水平以及人际关系的活动。自我教育是自己既作为求教者即学习者，又作为施教者即教育者，是来自自我内部的自己对自己的教育。

自我教育不仅仅是一种途径、方法，它更是一种教育观念或教育思想。它贯穿在一切承认人的主体性的教育始终，它是有目的有计划地对自己实施的教育活动，这种活动存在于人的全部生活之中，主要包括物质生活、精神生活、情感生活、休闲生活、专业生活等，可统称为人存在与发展必需的道德生活（见下文道德生活定义）。达到自我教育的过程和途径是需要主体逐渐养成相应的情感素质的，并促使自我在生活实践中不断磨炼、汲取、感悟、反思，内化成为自主行动。自我教育活动本身含有一定的原则和方法，并且有其伦理价值方向。而本书中的自我教育的方向指的是有道德意蕴的、指向道德生活的自我教育境界。由此看来，道德生活既是自我教育的范畴、途径、方法、手段，又是自我教育的价值方向与根本目的。

综上所述，结合"情感-生命"的视角以及对道德生活的理解，笔者将自我教育的概念进一步聚焦于情感对其实现的价值，即讨论情感机制促使自我教育实现的这一种可能。本书中的自我教育定义为：教育主体在情感的参与下以"情感-生命"系统为重要支持机制，通过道德生活不断地模塑而进行主体内部自己对自己的教育，这种教育的价值方向最终指向的是促进主体过上有道德意蕴的更好的生活。而本书所要重点研究的正是在道德生活的模塑过程中及道德生活的伦理指导下，自我教育在整个过程中所呈现的作为保障的丰富而复杂的情感机制，它们参与并承担着促成自我教育实现的角色并发挥着独特的功能。

（三）"情感-生命"

教育从来都是触及心灵的、生命对生命的影响，教育中的人应该是鲜活而又丰满的，教育中人的生命自然也是极为生动的、有活力且富于情感的。若教育没有触及人的内心、没有唤醒人心的自觉，这样的教育未起到真实的育人作用，随着时间的推移，是必然要被忘却甚至主动废弃的。

1. "情感-生命"系统

情感与生命的关系，从生物学角度理解本应该是休戚与共的，但凡是社会人的生命都时时刻刻与情感交织在一起，人的情感随时随地与生活境遇发生勾连，形成自觉或不自觉的回应，生成处理外部信息的近似直觉的机制。而在当下将生命中的情感部分凸显出来并剖析其重要价值，是因为我们本该遵循的触及心灵的情感部分严重缺失了。

笔者认为"情感-生命"是人类生命本质的关乎人心的情感质料，它是具备情感表征的生命元素，它与生物学意义上的生命形态、社会学语境中的生命实践以及心理学表述的生命机能一同构成了人类的完整生命结构，它是由人的先天的特殊情绪神经系统与后天的社会文化情感模塑机制共同促成的以情感体验为特征的生命形式，比如人类特有的好奇求知之心、同情他人的恻隐之心、爱怜与关切之心、正义公正之心、真诚善良之心等。

同时，"情感-生命"指向生命存在的意义世界，人类在探寻意义的征途中，除了认知物质世界，收获更多的是与之相伴的价值体悟、精神共鸣、审美趣味、灵性关怀等内在体验，这无一例外地依赖于饱满的情感表征。"情感-生命"赋予人的生命以活力，伴随人生命的始终，发挥着内在动力潜移默化的支持作用。它融入了人道德的直觉判断、奋不顾身的正义之举、危急关头的自我牺牲、信仰之下的担当与坚守等人类超越动物本能的无私之爱。"情感-生命"是人具备理性精神内核、拥有真情实意生活的生物学前提，它指向人与人交往的重要联结方式，而教育是最需要"情感-生命"参与其中的人文性关系的表达。"情感-生命"与情感最重要的区别在于"情感-生命"有其生命赋予的特殊时空结构。它是与生命休戚相关的"深层情感"系统，它有其较为稳定的结构与运行机制，借鉴朱小蔓先生的《情感教育论纲（第二版）》中对情感结构的阐释以及情感哲学层面的理论架构，笔者将其延伸到"情感-生命"的系统中并结合生命包含的外部时空二元情境，将"情感-生命"系统解构为"'情感-生命'姿态—根基性情感品种—'情感-人格'特质—'情感-生命'运行机制"四部分。为了便于对"情感-生命"系统进行直观理解，以及澄清情感与生命的相关性，笔者绘制了"情感-生命"的内在结构图示（图2）。

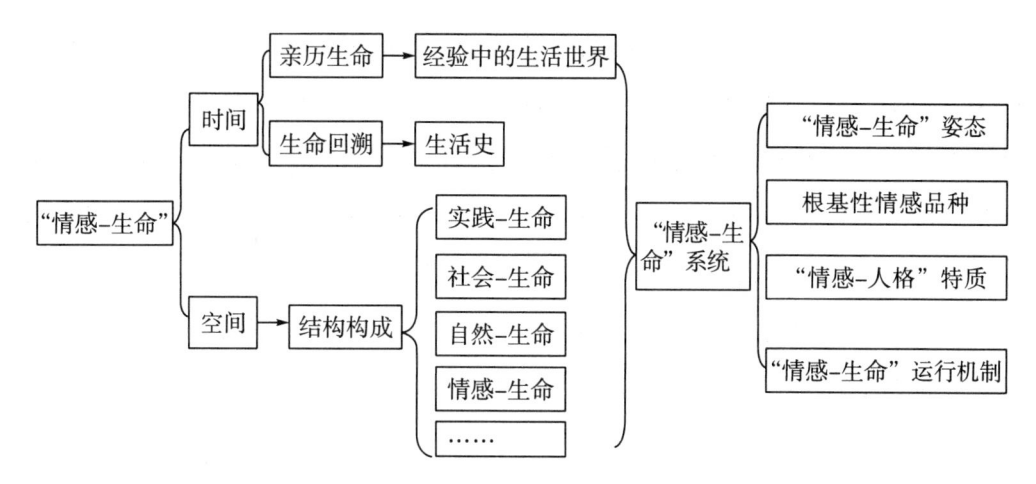

图 2 "情感-生命"的内在结构图示

如图 2 所示,"情感-生命"有其自身的结构系统,从时间维度看,它不仅包括生命感受,还包括通过回溯生活史存留在内心世界的情感记忆。从空间结构看,"情感-生命"侧重于情感部分的表征且遵循自身的情感逻辑,并非说明它本身与生命整体地割裂,而是强调生命情感体验的部分,它与其他生命表征的部分,如"实践-生命""社会-生命""自然-生命"等共同构成生命的完整性。

2. 教师的"情感-生命"

教师职业的育人及育己双重属性决定了他们的日常工作中充满情感性的实践与体验。教师"情感-生命"有其内在运行逻辑和外显的个体化表征。它既需要教师情感的高度参与,又需要他们积极建构情感联结,达成认知的最佳情感状态,还需要教师饱有自身独特的情感品质,实现社会所期待的教师情感文明。所谓教师的"情感-生命"是教师专业化领域中具有人文性取向的概念,它表现为教师在教育情境中,行使教师角色时基于个体价值在人际关系中所产生的具有道德引领的较为稳定的整体精神面貌或特定类别的情感体验。教师的"情感-生命"有其特殊性和指向性。丰富多样化的教师情感体验,既包含教师自身内在心理过程,又具有外在情感表征;既可以抽象为一种情绪情感状态,又可以视为动态生成情感能力的过程;既是文化、社会、政治关系的普遍产物,又具有明显的个体独特性;既囊括了教师职业生活中所有的主观体验,又包含教师职业生涯各个阶段生成的特殊情感。教师"情感-生命"的形成受到多种因素的影响,包括个人内在因素、外在环境及文化因素。

人在不断的社会化过程中，社会情感也得以不断地充实与提升，而在众多社会情感中，联系感已经成为生命首要的、最基本的需求，这已在教育神经学以及人类进化史中有所论证。教师生命本身被天然地赋予了直接而又强烈的人际联系，教师就是在师生关系、家校关系、同侪关系等多种复杂关系中满足联结，并不断寻找新的联结使生命活力不止，充满情感力量地建构自己的职业道德生活。而在长期应试教育的压制下，我们在追求高升学率的同时，遮蔽了人生命中最为鲜明的东西——情感。于是，教育中的"人"不见了，师生间人情味消散了，教师生命中最为宝贵的师爱殆尽了……无论怎样，教师这个与人类未来攸关的职业应拥有饱满的"情感-生命"以及无私的教育爱，然而在现实中那些本应生机盎然的教师生命活力变得麻木。教师"情感-生命"的遮蔽将是对整个教育事业乃至人类文明的重创。当教师的情感被无情地遮蔽的时候，我们很难相信单纯依靠智力创造出的生产力会发挥出它应有的人文价值；当教师的情感从生命中剥离出去的时候，我们也很难相信学生能够身心健全，民族未来会一片光明；当教师一再压抑真实的情感需求，一味谋求功利化的知识传递、绩效考核的时候，"人类灵魂的工程师"恐怕连独立思考的力量也灰飞烟灭，更无从谈起对世界、对人类做出贡献……

3. 乡村教师"情感-生命"之维

乡村教师群体首先是独特的教师生命存在样态，而这种存在由于它的特殊性及限制性，饱含着丰富而又深刻的历史时空、文化境遇、内在冲突的关系勾连。教师置身于乡土村落之间，作为乡土的知识分子，势必要经历环境的作用、文化的影响、历史的再造、自我内心抗争、时代的洗礼的过程，而这一过程的磨砺将汇聚成为教师的生命样态，逼近教师情感人格的呈现，最终转化为教师"情感-生命"的自我观照与超越。教师的"情感-生命"是教师存在与发展的深层次的动力支持，是教师实施教育爱的源泉，也是教师内在价值的生命内核。本研究从生命关系的视角重新审视乡村教师的生命意义，重新发现乡村教师的"情感-生命"的价值，探寻乡村教师专业成长中内质性的条件与路径，寻求一种乡村教师生命内部自觉唤醒的可能。

（四）道德生活

本研究将道德生活理解为"有道德意蕴的生活"。由此出发简明介绍在本研究中对道德生活的四点理解：

（1）道德生活形式首先是一种情感和行为；它主要不是一种反省思考的习惯，而是一种情感和行为的习惯。

（2）每一种道德生活的形式都依赖于教育。[①] 道德生活既是自我教育的范畴、手段，又是自我教育的目的。

（3）每一种道德生活形式的特性都反映在培育和维护这种形式的教育之中，我们的行为习惯是通过与有着特定习惯性行为的人生活在一起而获得的。

（4）真实的道德生活所体现的是真切的道德事件，引发的是真正的道德冲突，所达致的是真情的道德体验。

本书所指的道德生活是教师的道德生活，它是教师在职场中过的有道德意蕴的生活，反映的是职场中教师的道德面貌。它贯穿着教师道德在其职场中的生活体验与自我诠释，它所囊括的范围应是教师职场及其与职场相关的全部的生活。依据乡村教师的群体特征，综合考虑与其道德生活所涉及的不同领域，笔者将指向乡村教师以道德生活为目的的自我教育范畴归纳为五个维度，即物质生活、专业生活、家校关系、休闲生活、职场情感生活。这五个维度几乎包含了乡村教师自我教育的全部领域，同时也反映了乡村教师道德生活的全貌。这种较为全面而综合的阐释，意在逼近当下乡村教师职场中的真相。

五、 研究视角、 研究语境及必要说明

（一）为何选择"情感-生命"的视角考察乡村教师的自我教育

研究视角的选择与研究对象本身、研究的问题域及研究内容密切相关。本书的研究对象为当代乡村教师，研究的问题领域为自我教育如何实现，研究的主要内容为乡村教师自我教育达成的内外因素。基于此进行综合考量，笔者选择"情感-生命"作为研究视角，有以下三点适切性：

首先，考察当下乡村教师自我教育的现状特征适宜从"情感-生命"的视角出发。

[①] 奥克肖特. 巴比塔：论人类道德生活的形式 [J]. 张铭，译. 世界哲学，2003 (4): 106.

由于当代乡村教师的自身条件及生存条件的限制，相比城镇教师群体而言，乡村教师群体的专业理性与技术理性发展不足，他们在职场生活中进行的多是情感性实践活动，其中蕴含着较为丰富的情感经验，基于此，以情感的视角可以直接通达职场现实体验，逼近自我教育的真实面貌。乡村教师的自我教育的景观并非靠精致科学所能够建构的图景，其自我教育多依靠道德直觉、情感自主、实践经验，尚未有强大的理性经验的支撑或是专业理性的指导。因此，当下乡村教师的自我教育是基于内在的"情感-生命"系统向外生长的"迫切趋向"。从"情感-生命"的视角而非专业主义的理性视角是在逼近乡村教师自我教育的真实存在，其中的情感层面"迫切趋向"是与乡村教师的自我教育现状一脉相承且相互印证的。

其次，自我教育本身就与"情感-生命"有着内在关联，可以通过"情感-生命"的视角透视自我教育的全域。自我教育中自己既作为求教者即学习者，又作为施教者即教育者，是来自自我内部自己对自己的教育。它是生命主体内在自我的外在彰显，而"情感-生命"正是这种内在自我"迫切趋向"的最原初的情感状态和生命机制，它们在内源性层面是具有同质性的。另外，自我教育不仅是途径和方法，它还是一种动态生成的观念思想，在其过程中蕴藏着丰富的情感体验。而"情感-生命"的生成性、过程性以及内外互动性正与自我教育的过程体验有着异曲同工之效。可以说，本研究中的自我教育特指"情感-生命"激发与促进下的主体产生的类似自我意识、自我觉知的内在成长的"迫切趋向"对自我的积极影响；自我教育不可能离开"情感-生命"的支持而孤立达成，"情感-生命"整个系统的支持与积极影响是自我教育实现的重要且必要的内在因素。而"情感-生命"的遮蔽与割裂将会导致自我教育深陷困境。因此，考察自我教育实现的重要内在机制势必要聚焦于"情感-生命"的维度。

最后，"情感-生命"不仅可以作为自我教育内在的线索贯穿始终，还可以作为经过外在因素的作用发生内在转化的中介机制的重要依据。来自心理学及情感教育的理论研究已经充分证明这样一个观点：人的情绪情感具有保全生命且享有生活的重要功能。"情感-生命"是人区别于动物的重要表征，也是人不断追求生命价值的内在精神力量，无论是对个体还是对整个人类都具有存在与发展的重大意义。人的情感体验紧密关联其价值观认同、道德品行与健全人格的养成，继而对完整的、整全的人的生命成长起基础性及持续生长性作用。[1] 生命中的情感部分的质料、元素、品种、状态、机制构成人的生存与发展的重要系统，整个系统的顺畅运作将促进生命个体的发展。因此，笔者在研究中选择那些"情感-生命"饱满且丰盈的乡村教师作为研究对象，意在说明优质丰盈的"情感-生命"对其自我教育具有内在促进作用，是自我教育可以持续进行的内在因素。另外，一切外在因素都是通过内在转化而起作用的，本书中的自我教育所需要的外在因素的内化最终还是要通过"情感-生命"产生积极影响。

（二）自我教育中情感与理性相关性的必要说明

本研究虽然对自我教育的研究范畴有所特指，主要集中在"情感-生命"的维度阐释，体现的是助力乡村教师自我教育实现的原初情感状态及经历时空磨砺后的情感品质的积极正向功能，但是这并不排斥也不否定自我教育中理性成分的功能价值。

首先，情感与理性认知并不是彻底分裂的，二者是相辅相成共同伴随教育主体成长的。情感在理性认知、知识学习、课程教学与道德价值形成中具有重要作用，情感在不同程度、不同侧面辐射并影响到理性认知以及价值观和道德品行的养成。新的知识观不仅仅是概念、符号、语词、理论等，还包括价值观和态度。学习的过程不仅是理智和逻辑不断丰富、完善的过程，还包括形成积极的社会性情感和道德情感、公共精神，合作学习、团队协作的愿望与能力等。[2] 为此，在自我教育过程中其"情感-生命"状态需要得到关心，它既是自我教育的内容，也是自我教育获得成功的途径，还是自我教育的目的之一。没有情感参与，不关心个体的情感发展和精神状态，失去对"情感-生命"关怀的自我教育难以获得持续、深入的展开。另一方面，理性认知及道德实践又在不断促进情感的更新与深化。可以说，情感也是有其理性成分的，情感的深刻性、丰富性与复杂性需要不断地在生活世界中滋养壮大，正是因为理性认知的丰富、实践经历的模塑以及逻辑思维的深邃，才促进人们拥有了宝贵而高尚的情感品质。

其次，自我教育中情感维度始终伴随着理性认知而开展。自我认知、自我判断、

---

[1] 朱小蔓，王平. 情感教育视域下的"情感-交往"型课堂：一种着眼于全局的新人文主义探索[J]. 全球教育展望，2017（1）：62.
[2] 同[1]：61.

自我解读等一系列自我教育的环节都充满了理性的参与和情感的投入，二者交织在一起共同起作用。但由于篇幅以及研究视角限制，笔者只在本书中讨论"情感-生命"如何促进或影响乡村教师自我教育的实现，其间势必会涉及理性认知参与的部分，但不做过多阐释，笔者将研究焦点放置于那些触发乡村教师自我教育的情感性体验及情感品质的模塑之上，意在勾勒或补充乡村教师自我教育实现的一种诠释方式。

最后，自我教育的技术理性路线尚未奏效，它正向"情感-生命"处探寻可为空间。在"他-我"教育中存在理性教育过度、理智教育扭曲人性的现象。正是当下社会理智教育出现的各种怪现象，才促使人们要驻足停歇回望寻找那些关乎人的精神状态、生命质量的情感维度。教育的根本目的是由"他-我"教育转化为自我教育。在不断发展自我教育的技术路线之中，人们往往盲从于理性教育、技术主义，未能达成自我教育的实现。本书正是基于自我教育的现实困境，另辟蹊径探寻其教育的初心，向"情感-生命"的源头处探寻。

（三）道德生活作为研究语境的必要说明

道德生活既是乡村教师自我教育实现的过程，又是其自我教育的最终目的。研究乡村教师的自我教育现状、成因、策略，势必要对乡村教师自身的职场常态化、日常化的生活进行考察。笔者在多次调研中发现，乡村教师自我教育的景观受其自身环境及自身处境的限制，并未呈现理想状态下的充满理性的科学范式，而是实实在在的在其日复一日的有道德意蕴的生活浸润中不断生成的自我经验模式。选择道德生活作为自我教育的语境，是对当下乡村教师自我教育的现实情境的真实回归。另外，乡村教师的自我教育的价值方向与其他教师群体可能存在很大差异。受其地域环境以及自身专业条件的限制，在自我教育目标指向上，他们更侧重的是无愧于心的善良而质朴的道德生活的建构，而非专业层面上的发展与自主。对乡村教师自我教育价值目标方面的考察要尊重他们当下的现实，依据他们自我教育实现的真实面貌，因此，本研究将指向道德生活作为乡村教师自我教育的价值取向。

（四）乡村教师的"情感-生命"是如何呈现的

情感的内隐性、弥散性决定了研究者深入研究的难度，但这并不影响情感的呈现。可以说，每个个体无时无刻不在表达着情感，言说着发自内心的体验，而这些情感都可以被我们深切感知并领悟到的重要原因在于在我们的大脑机制中已经形成了比较稳定的输出与输入情感路径和知觉心理系统。情感展现于外的通道以及主要呈现的方式有以下三个层面：

首先，情感有其外部表达的较为稳定、个性化的方式，这些方式是人作为"类"的存在在历史与现实时空中浇铸而逐渐形成的习以为常的情感习惯。这将是彼此之间相互理解、相互印证、达成共识、形成共情的重要前提。因此，当我们彼此拥有了情感表达的习惯之后，我们更容易理解彼此情感表达背后的内涵并能敏锐感知这样的表达所指向的情感状态。就此，我们可以基于乡村教师的个性特征、行为举止、神态体征等外部常用的情感表达方式推断描摹他们那时、此刻的情感状态。这就需要利用现象学写作的方式无限逼近那些呈现出来的情感现象真相。

其次，情感是高度个体化的，与个人的包括认知、意志和行为在内的一切生命活动有着密切的内在关联，是"人在与自我、外部他者互动过程中的'关系'反应上的'标识器'"[1]。在关系中体验情感是考察情感表达的另外一种方式，当自我与他者发生关联的时候，必定在此过程中有着情感的联结，这样的相互联结构成了共同可以体验到的情感关系。那么具体到关系层面，不仅依靠双方的共同建构、彼此表达，还要依靠情境与氛围的参与。因此，就乡村教师"情感-生命"表达而言，笔者利用了新现象学的原理，在文中展示了关系、氛围、情境等感受体验的描摹。

最后，由于情感具有高度的内隐性和多变性，当个体的情感外显并不明显，也尚未在关系中建构的时候，就需要利用情感教育的唤醒机制、创设情境的共情体验、心灵工作坊的疏导等技术辅助个体尽可能彰显情感。若还是不能奏效，深度访谈、参与式观察，加之实物求证、重要他人的言说，以构成三角论证的关系，多方证明其情感

---

[1] 朱小蔓，王平. 德育漫谈：理论与实践的新拓展与新生长（上）[J]. 中国德育，2015（10）：21—29.

状态的真实性与收集材料的可靠性。在本研究中笔者所选的研究对象都是"情感-生命"较为丰盈，善于情感表达，有较高情感素养的乡村教师，不仅有其口述的生命故事、自我情感独白，而且还有笔者教育现场的参与式的观察分析以及重要他人的证明，其中包括个人日记、反思记录、重要影音纪实报道等较为丰富的实物证明。

综上所述，无论是从逼近论的无限逼近情感真相，还是从现象学写作来表现人物情感体验的方式，或是在材料收集中采用的"三角论证"的关系，都足以证明本研究的素材选择的可靠性与真实性，这些素材不仅证明了乡村教师"情感-生命"的真实存在，还体现了他们的"情感-生命"对自我教育的功能价值。

（五）关于现象学研究所限定的"普遍性"的必要说明

在教育中，会有各种各样复杂的情境出现，这就需要我们以更为多元和适切的方式加以理解或阐释。解决问题的方法选择取决于问题本质，有些问题适用于统计分析，它们主要是有关量和效用的问题，用一种或者几种精算方法就可以解决，而后被推导出有限的普遍性质或规律；而那些依靠普遍性的数学建模无法描摹呈现的问题则更适合人文科学的研究方法，它们产生于日常生活情境中，包含人的深层体验和复杂的语言编码，这样多变的受时间、空间、人物体验所限制的教育现象是无法通过精准测量来论证的。想要理解经历体验之中的人们的情感体验状况，我们就需要在特定时间、特定情境中进行现象学分析，这是关于体验的意义和价值的问题。现象学研究试图理解他人在实际日常生活情境中所建构的体验并记录其中可能发现的主题。现象学研究关注特殊情境和那些在特殊情境中的个体体验，没有一个"研究结果一定要普遍适用"的方法保证。[①] 事实上，概率模型并不能给出一个人类的精准画面，只有当可利用的选择被限制的时候，这些模型才能被利用。通过抽样程序、概括性统计或限制性规律得到证明的普遍性陈述是很难重复应用的，普遍性往往与应用性是成反比的。陈述越具有普遍性，对个体的应用性就越小。在依赖普遍性的过程中，个体的差异被

---

① 巴里特，比克曼，布利克，等. 教育的现象学研究手册［M］. 刘洁，译. 北京：教育科学出版社，2010：134.

忽视了。① 本研究是基于乡村教师情感体验层面对其自我教育的积极影响的理论与实践探索，并不追求研究具有普遍性的行为指导，而是对贵州省四地五校的乡村教师的草根式调研，以探寻"情感-生命"对自我教育的作用。但由于贵州省省情的一般性以及当地乡村教师的情感世界的常态化，本研究也具有一定的普遍性、典型性和代表性。

六、研究的命题预设、研究问题及研究框架

（一）研究的主要命题预设

（1）本研究中关于情感的相关研究并非仅是直观的、感性层面的表达，其出现的情感是有其自身结构、运行机制、目标、过程及价值指向的更为完整、深刻、系统的内涵式表达。由于在众多情感研究及情感教育研究的理论与实践中得到显证，在此关于情感的相关研究是有其理论根据、实践支撑和方法论指导的。本研究秉持的"情感-生命"研究视角并非是臆造或泛泛而谈，而是有其理论依据、现实基础和方法论指导，行文中有大量的理论依据和现实案例作为印证。

（2）"情感-生命"不仅客观存在，而且是以生命成长的状态呈现。它是生命中那些情感质料经过现实磨砺而构成的富有情感表征的生命姿态；它与生命相伴而生，充满生命气息与活力，不仅有生命境遇的现场感，还有生命历程的过程感；它是可以被唤醒、激活、滋养、改造、模塑、更新的，相伴于生命的全域。

（3）"情感-生命"充满自我感知性，具有个体主体性，指向其自我能动性。"情感-生命"系统与自我教育具有内在相关性，通过正向积极的作用可以支持主体进行自我教育，而"情感-生命"的被遮蔽将会抑制自我教育的实现。由此类推，乡村教师自我教育的困境源于"情感-生命"的被遮蔽，其自我教育的实现也是靠其"情感-生命"内外因素共同运作而达成。

（4）优质丰盈的"情感-生命"将促进自我教育的实现。那些情感饱满、精神状

---

① 巴里特，比克曼，布利克，等. 教育的现象学研究手册[M]. 刘洁，译. 北京：教育科学出版社，2010：24.

态好、情感生活顺畅的乡村教师更易激发自我教育的敏感性,更有可能持续地进行自我教育,而他们的自我教育实现经历将会为深陷自我教育困境的乡村教师提供借鉴与支持。基于此,本研究选择那些拥有丰盈而优质的"情感-生命"的乡村教师作为研究对象。

(5) 道德生活在乡村教师自我教育中既是过程又是目的。乡村教师的自我教育指向道德生活的境界,在其道德生活过程中不断得以实现。

(6) 本研究的自我教育有其特指,以情感之眼,考察个体自我成长的内在机理,它是由"情感-生命"内部发力的自主教育的过程。

(二) 研究问题

在笔者调研的乡村教师的职场生活中,为什么有些乡村教师即便是拥有了优厚的待遇也未能走向教育的自主,却表现为懈怠、慵懒、碌碌无为呢?为什么有些乡村教师善于将有利甚至不利条件转化为积极主动地谋求自我发展、自觉成长的机遇与潜能,从而不断走向自我价值的实现呢?在历经对53位乡村教师的考察与比较之后,笔者发现,那些拥有积极正向而丰盈的"情感-生命"的乡村教师更具备自我教育的内在精神力量。基于对预研究的解析与进一步实地考察结果的综合考量,笔者拟定本研究目标:将情感机制作为乡村教师自我教育的一种解释,从"情感-生命"的角度考察乡村教师自我教育实现的因素、内外条件、路径,期待揭示乡村教师自我教育何以成为可能。换句话说,从"情感-生命"视角破译乡村教师自我教育如何实现,具体围绕以下三个问题进行阐释:

(1) 乡村教师自我教育的现状如何?现实困境是什么?

(2) 从"情感-生命"的视角如何破译乡村教师自我教育的实现?促成其实现的内外因素是什么?这些因素又如何形成对其自我教育的支持?

(3) 基于乡村教师自我教育实现的内外因素,当下可以为乡村教师做些什么?

(三) 研究框架及主要内容

本研究大致结构如下:

导论说明研究的缘起、相关研究综述、核心概念界定、研究主题和框架、研究方法及意义、研究伦理。

第二章就贵州省四地五校的53位乡村教师自我教育情况进行实然考察，呈现当代乡村教师自我教育的困境。从乡村教师职场及与职场相关的物质生活、专业生活、家校关系、休闲生活及职场情感生活5个领域对乡村教师自我教育困境进行现象描述，逼近自我教育呈现的具体问题。

第三章运用扎根理论方法对77位最美乡村教师的事迹进行文本分析。从"情感-生命"的视角对指向道德生活的乡村教师自我教育的内部因素进行现实考察与理论建构。本部分将自我教育放置于道德生活创造语境之中，从"情感-生命"系统进行考察，其中包括"情感-生命"姿态、情感基础、情感特质以及情感价值实现机制。

第四章从"情感-生命"的视角对指向道德生活的乡村教师自我教育的外部支持系统进行现实考察与理论建构。本部分意在揭示情感文化对于个体的"情感-生命"的模塑机制，包括职场模塑、家庭生活补给、学校组织的变革以及"文化-社会"影响等内容。

第五章对乡村教师自我教育之路的内外条件进行分析总结，从当下政府政策实施、学校组织文化建设及教师教育三个层面对乡村教师自我教育的支持策略提出建议，展望乡村教师自我教育的未来。

（四）研究框架结构

本研究以"是什么—为什么—怎么办"的问题逻辑呈现乡村教师的自我教育状态。本研究选择来自贵州省四地五校"情感-生命"丰盈的乡村教师作为研究对象。本研究以自我教育为经，教师的"情感-生命"为纬，在教师道德生活的语境中不断逼近乡村教师自我教育的真实存在。从"情感-生命"视角发现乡村教师自我教育、道德生活之间的内在关联，以探寻乡村教师自我教育的内外因素为主旨，通过个案研究，以"存在论逼近"的方式，关注乡村教师自我教育的"情感-生命"之成长以及外在"情感文化"之模塑，揭示乡村教师自我教育实现的路向，及其内外运作机制，以期有助于促进教师完整生命成长与自我价值实现。研究框架结构如图3所示。

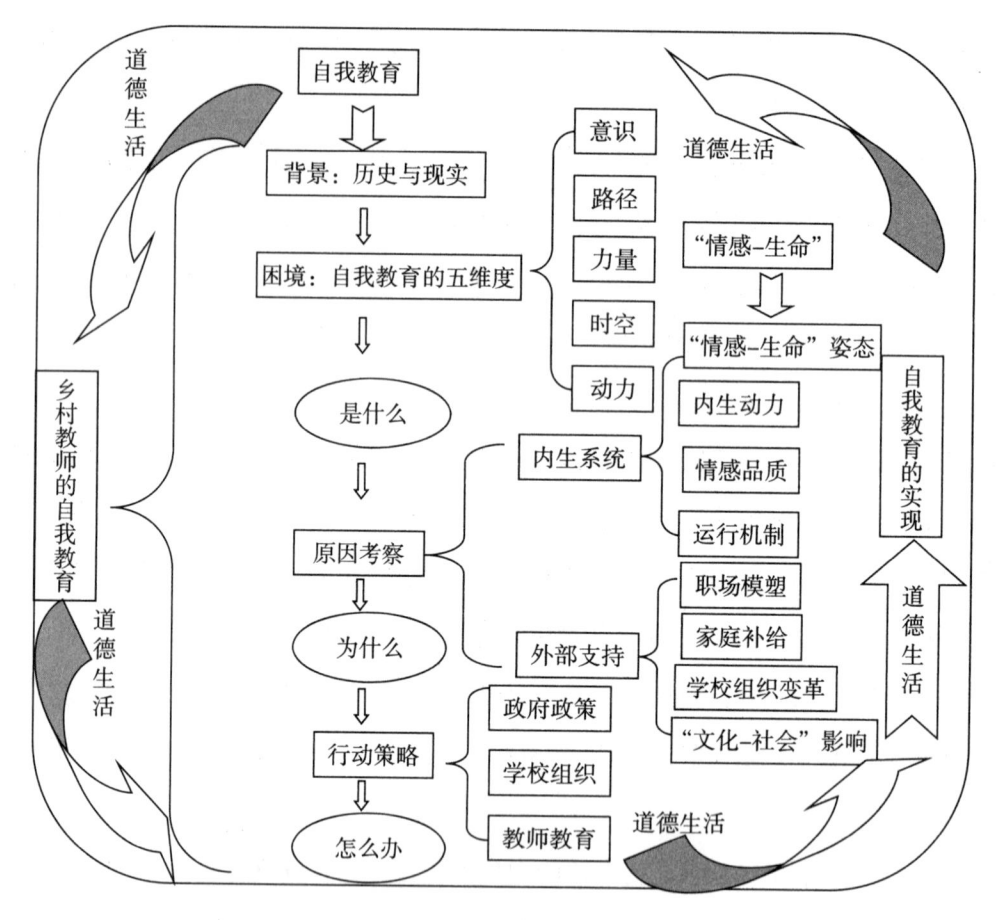

图 3　研究框架结构图示

七、研究的方法及写作方式

（一）方法论依据：人文主义范式的实证研究

研究方法的选择一定是与研究问题相匹配的，而研究方法论的指导可以洞见研究的范式及研究者对研究问题的阐释与思考。本研究采取的是人文主义范式的实证研究方法论。所谓实证研究是基于教育实际情况，利用现有的研究工具，为解决教育实践中的问题而展开的求证研究。它更多的形式是将研究对象变成样本进行取样或是直接利用研究对象，将其变成证明的"工具"。这样看来，一种绝对工具至上的实证主义将教育的本质异化了，所求证的结果也失却了教育的意义。而人文主义范式的实证研究，正是将人置身于"人"应有的位置，不把研究对象看成"工具"或是为了求证的数据，而是将人看成是有情感、有思维且在生活情境中进行复杂实践的活生生的人。

首先，人文主义范式的实证研究体现了教育学科的真实属性。教育是一门捉摸不定的实践科学，它充满了多元化的情境、复杂而细腻的人际沟通、心灵的碰触与思想的交锋，全程伴有微妙的情感体验。因此，对教育实践的研究，一定不能是被固化的，因为教育现象从来都在不断发生、不断改变、不断更新。人文主义范式的实证研究正是体现了对教育学科的忠诚，它首先是以动态、发展的眼光，包容的态度，无限逼近真实的存在为指向的。它更多关注复杂思维之下的活生生的人的活动，更多关注那些个性丰满、情感丰富的个案的阐释，更多指向人们在工具技术泛滥、唯利是图的荒诞生活中的心灵唤醒和情感回归。

其次，人文主义范式的实证研究一定是将研究对象看成"人"的，给予研究对象最大的尊重和包容并对其报以深切的同情甚至是共情。这并非接受情感化的诱导，将自身装扮成救世主，而是以人类命运共同体的姿态，关心人类、关心共同命运、关心自己，以人文主义方式不断践行应有的态度。将研究对象置身于"人"的位置，也是教育学科研究的根本要求，人文主义范式的实证研究无限逼近"人"的思维活动和情感体验，它的价值将胜过任何工具理性所计算出的结果。

最后，人文主义范式的实证研究也是要提倡科学实证的，在教育实际研究中尤其重视科学研究方法的选择。所谓科学的人文主义方法的选择，不仅要利用方法来证实其真实性，还要证明其可靠性及人文性。这对研究者自身的人文及科学素养都提出相应更高的要求。在本研究中，笔者尝试的方法有这样明显的特征，比如，在词频分析统计方法的应用方面，笔者更关注的是研究对象生活体验的表达、现实状况的描述以及分析结果背后隐藏的深刻教育意义。再比如，笔者在案例写作与论证中，对案例的处理并不是简单编码取样，而是尽量将"人"还原到研究现场，逼近人物的情感世界。

（二）具体方法及应用

1. 个案研究：基于历史人类学研究思想寻求小人物对大历史的补充

本研究主要的研究方法为历史人类学研究思想指导下的个案研究法。历史人类学（historical anthropology），主要运用历史学与人类学综合研究方法，既重视运用历史学的叙述和考证方法，又采用了人类学的实地调查方法。它从历史学的领域出发，研究和回答人类学提出的问题，是历史学和人类学相互渗透、相互结合逐渐形成和发展起来的一门学科。历史人类学着重于普通民众日常生活的研究，社会亚文化（或称俗文化）是其研究的中心，如衣、食、住、行、人体、性爱、恐惧、死亡、婚变、家庭、节日、礼仪、书籍、信仰、迷信、神话、传说、民俗、想象，都可以成为它的研究对象。它在资料来源方面主要依据传统史学所忽略的档案、账目、原始记录、口述史料和考古发现。我们相信，历史是由一个个具体丰满的人物、一桩桩细致入微的事件聚合，趋于真实而完整的。[1] 人永远生活在历史中，每一个个体都承担着历史的角色。历史人类学意在让那些平凡生活中的一个又一个小人物及其历史发出光泽，将平凡世界中小人物的遭遇及日常生活体验映射在大的历史背景中，如此还原出更可靠真实的历史面貌。对于微观层面的普通小人物日常生活的研究不仅可以对大历史进行细微的补充与还原，而且还正视了平凡民众的生活对历史对人类的贡献，在微观层面洞见历史，让每一个生活片段、每一个身在其中的人们都成为言说历史的亲历者、体验者，让小人物主动地创造在大历史背景下的小舞台，展现出更生动、丰满、真实的历史长河中泛起的朵朵浪花。

  基于对历史人类学研究思想的理解，笔者将研究对象设定为贵州省四地五校内的几十名乡村教师，他们的情感生活纷繁复杂，日常生活却表现得普通平凡。笔者寄希望于这些研究对象承担起这个时代赋予小人物应扮演的角色，焕发他们为历史增添的光彩，让我们更加清楚地看到这个时代那些尚未被我们看到的历史角落。

  基于此，本研究采用了个案研究的方法。个案研究法（case study method）亦称个案历史法，是追踪研究某一个体或团体的行为的一种方法。它包括对一个或几个个案材料的收集、记录，并写出个案报告。它通常采用观察、面谈、收集文件证据、描述统计、测验、问卷、图片、影片或录像资料等方法，通过现场收集数据进行实地调查。案例研究的主要特征表现为研究对象的典型性（个别性）、研究过程的深入性、研究成果的可操作性（综合性）。在大多数情况下，尽管个案研究以某个或某几个个体作为研究的对象，但这并不排除将研究结果推广到一般情况，或在个案之间做比较

---

[1] 朱小棣，朱小蔓. 朱启銮画传 [M]. 北京：中国大百科全书出版社，2015：序言2.

后在实际中加以应用的可能。对个案研究结果的推广和应用属于判断范畴，而非分析范畴，个案研究的任务就是为这种判断提供经过整理的经验报告，并为判断提供依据。在这一点上，个案研究有点像历史研究，它时常需描述或引证个案的情况。

笔者将研究对象的职场与职场相关的生活及生活体验作为个案研究的重点。尽管这仅仅是个案，尚未确定其是否有足够的代表性，但是这些案例在笔者的论证中充满强烈的支持力量，换句话说，恰好是这些案例证实了笔者所论证的乡村教师自我教育的情感机制的存在。因此，笔者在此只将案例作为分析范畴和进行论证的材料和证据，属于价值范畴，至于涉及推广及一般的应用问题，那是属于判断范畴，不在笔者的研究范围之内。但笔者不排除该研究可以为未来做进一步判断提供理论及实践证明的依据。

2. 草根式的田野调研：实地考察与体验

"草根"英文的解释为 grass roots，被理解为：①群众的，基层的；②乡村地区的；③基础的，根本的。所谓草根化也就是平民化、大众化的很朴实的、接地气的、极为普通的日常范式，它有两个特点：①顽强。它代表的是一种"野火烧不尽，春风吹又生"的生命力。②广泛。它遍布普通人生活的每一个角落。草根式田野调研，顾名思义，反映的是研究者与研究对象对教育生活朴素而真切的向往、关怀和共同参与。它表现在参与人员的草根性，不是专家、学者、精英教师组成的学院派研究，而是由一线最平凡的教师广泛参与其中；还表现在研究内容的草根性，即来自教育职场生活中一线的、持久地和孩子学习生活最贴近的一些细小又有影响力的问题的研究。

草根式田野调研的特点可以用"小""近""实""真"来概括，"小"就是从小事、小现象、小问题入手，以小见大；"近"就是贴近教育现场，贴近职场现实，贴近教师实实在在的生活本身，不好高骛远；"实"就是实实在在，摒弃大而空的描述预测，多一点实在的关注，多一些面对现实生活的实在体验；"真"就是真实做研究、真切参与讨论，做真实的现象学写作，分析真实教育实况。草根式田野调研具有研究范围微观、内容具体、切口小、周期短、易操作等优势。

笔者在研究中采用草根式田野调研的方式不仅是因为这种方式具有以上优势，更多的是考虑到对象本身的特点，乡村教师是教师群体中质朴、实在的一些小人物，对他们实施研究，首先一定不能以学者的姿态自居，否则彼此很难达成统一的话语沟通体系。要深入他们的生活，与他们打成一片，这就要求研究者自身具备草根的特质，善于和社会普通民众沟通交流，具备深切的同理心，不断推进研究深入开展下去的毅力和勇气。笔者曾经在贵州支教的经历，促使笔者顺利完成草根化研究者的转变，很容易短时间内和研究对象达成共识并排除沟通中的顾虑及情感屏障。另外，笔者认为，草根式田野调研对于自身处于偏远山区的乡村教师们来说是最合适不过的研究方式，科学精准的研究范式在深山密林深处的山寨学校很难奏效甚至可能失真，也只有无限地理解、逼近他们的生活现象，体验他们的生活体验，感受他们的情感表达，甚至就去用他们自己的言语方式、生活方式、良心安顿的方式、交往方式来言说，才能真实地走进草根教师们的生活，尽管它看上去很可能不是那么可爱光鲜，但是真实的教育现象就是这样的一群人于当下的劳作、生活、成长……所以，对他们的研究更要做到无限地理解与尊重：尊重"草根"的生活方式，尊重"草根"的情感世界，尊重"草根"无可替代的一切表达。

3. 深度访谈法：共同参与建构与共情反思

深度访谈法又名深层访谈法。深层访谈法是一种无结构的、直接的、个人的访谈，深度访谈过程意在揭示被访谈者对某一问题的潜在动机、信念、态度和感情。深层访谈法适合于了解复杂、抽象的问题。这类问题往往不是三言两语可以说清楚的，只有通过自由交谈，对所关心的主题深入探讨，才能从中概括出所要了解的信息。范梅南认为，为避免收集到的材料太多但不能用，使研究者陷入意义理解的混乱，我们在开始繁忙的访谈工作之前，要以严谨的态度确定自己的问题或定位自己的观点，以避免访谈过程中不着边际、毫无重点。他进而强调，所有经历的回忆、思考、描述、访谈录音、谈话记录都已经是对经历的转化，如果我们在思考中不注意生活经历的意义这一捉摸不定的因素，那对经历的解释意义不大。[①] 这启发我们在访谈之前乃至访谈过程中始终要对研究的主题意义保持清醒。

笔者在对研究对象进行具体研究时多次采用深度访谈法。由于研究对象质朴的言语表达并非是精致的编码方式，采用精准的问卷问答一定是不合时宜的，并且也是不

---

① 范梅南. 生活体验研究：人文科学视野中的教育学 [M]. 宋广文，译. 北京：教育科学出版社，2003：66，85.

大可能收效良好的。笔者采用的是以闲暇聊天的方式，不断推进话题深入。这就要求首先有一个学术话语向民间话语体系的转化机制，要通俗易懂，让乡村教师自己可以理解，有话可说，有例子可举证。其次，要打开心理壁垒，建立彼此相互信任的情感氛围。无结构、直接性的聊天会给研究对象一个宽松自由的表达氛围，随着话题的深入会激起他们表达的欲望。最后，这种深度访谈还需要研究者与研究对象一同来完成，双向互动，共同参与教育主题的生成与建构。这一过程不仅需要研究者善于倾听，抓住问题的契机和切口，追问下去，还需要研究者必要地表达同情与理解，对访谈对象内心的困惑做出简要的阐释和情感上的安慰，与访谈对象一起共情，一道参与体验。访谈中教育主题是双方共同构建生成的结果。在笔者的访谈中，的确也是如此践行的，笔者既是聆听者、主持话题的引导者，更是与乡村教师共情参与体验者，以及与他们一道探讨、不断反思的建构者。

4. 基于生活体验研究中的教育叙事

教育首要关注的应是人本身，应聚焦于人的生命和发展。教育生活体验研究把研究视角放在教师内在体验的维度，它有别于以往教师教育从专业认知、专业技能中抽象出理论知识的研究方法，这不仅拓宽了教师教育人文性的理论建构的视野，还促使研究者能在教育现象中探寻到更深刻、真实的教育实践价值。"正是从现象学独特的视角赋予教育以特殊的意蕴，充分体现着教育是人的一种生活方式，是一种生活的联系，是对人的灵魂的触动和唤醒。教育的生活世界是鲜活而富有生命意义的，是教育生存所必需的，它是丰富而充盈的，是教育意义得以实现的方式。"[①] 因此，教育理论必须关注现实并对其进行反思，即教育理论要回到事实本身、回到生活世界中去。

生活体验研究是加拿大教育学者马克斯·范梅南提出的一种方法论，这种方法论为教育学及相关的人文科学领域的研究提供了一种崭新方法。他认为："现象学将自我作为逻辑起点……一个人对自己的生活经历的描述发生在他人身上也是可能的。"[②] "因此，可以对个人内在的独特的体验进行描述性研究。现象学的一个最基本的原则

---

① 巴里特，比克曼，布利克，等. 教育的现象学研究手册[M]. 刘洁，译. 北京：教育科学出版社，2010：推荐序 2.
② 范梅南. 生活体验研究：人文科学视野中的教育学[M]. 宋广文，译. 北京：教育科学出版社，2003：67.

在于：世界不仅仅是我的'对象'，因为我原本是世界的一部分，主体与客体原本是'同一'的，'世界'如何呈现在我们面前，是和我们如何对待世界相应的。"[1] 那么，作为主客体同一的体验便可作为研究的对象。我们都在教育生活的现场，我们每天的生活都有新的意义，我们可以通过教育意义的感知来展示每个体验的具体内涵。

生活体验的研究是一种人文科学研究，不是通过实验、测试等量化方法进行的。"相反，人文科学更倾向于方法描述、解释、自我反思和批评分析。"[2] 现象学研究的目标是不同的，它研究教师生活本源的意义，所追求的不是建构性的知识，而是教育实践意义，是对教育活动过程中具体情境的理解，通过理解可以增进人们的教育实践智慧。

生活体验研究是一种解释现象学的方法。"在解释现象学写作中对日常生活现象的意义进行反思是教育学研究的根本目的。"[3] "解释现象学研究及其理论建构是无法与写作的具体实践相分离的，因此，符号学的方法便成了这种研究的方法之一。"[4] 现象学的目的是将生活体验的实质以文本的形式表述出来，也就是要通过语言陈述或描述来呈现。这是因为生活体验中充满着语言这一现象，而且也只有借助语言，人类经验的传承才成为可能。对于人来讲，语言处于至关重要的基础地位。正如海德格尔指出的，语言、思维和存在是三位一体的[5]。这样，文本的效果立刻成为有意义实物的重新体验和反思性拥有：通过文本，读者自己的生活体验就会被充分激活，产生与文本的对话。[6] 当教育者、作者进行文本描述时也就意味着再进行一次生活体验，在反思性的过程中重新拥有生活体验，当然，有了文本之后，读者也可以经由文本阅读而激发自己内在的生活体验，产生对话，所以在阅读教育叙事案例的时候，我们也会在头脑中思考自身与学生关系的状况，由此延伸到自己的教育生活当中。这也正是解释现象学的意义和目的所在，是生活体验的指导下进行从教育叙事到现象学写作的价

---

[1] 转引自叶秀山. 思·史·诗：现象学和存在哲学研究 [M]. 北京：人民出版社，1988：引言 6.
[2] 范梅南. 生活体验研究：人文科学视野中的教育学 [M]. 宋广文，译. 北京：教育科学出版社，2003：5.
[3] 同[2]：5.
[4] 同[2]：1.
[5] 同[2]：49.
[6] 同[2]：46.

值。范梅南说，教育学要求我们对生活体验保持一种现象学的敏感性，教育学要求我们具备一种解释能力，以对生活世界的现象作出解释性理解，其最终目的是理解与孩子共处情境中的教育意义。教育学还要求在研究过程中通过与文本的对话形成一个人的教育思想和教学智慧。[1]

生活体验研究这一方法强调个人体验的原始性、情境性和真实性，它试图通过对教育现象的体验、反思和描述，揭示教育过程中各因素之间的关系，展现教育事实本身，避免使教育研究远离生活。基于对教育生活体验研究的理论理解，笔者借鉴生活体验"回到现象本身"的实践经验，以研究对象内在独特的体验并进行描述性研究，通过教育叙事的方式，以一种现象学的描述写作风格原生态地将教育现象展现出来，意在逼近现象，还原本质，挖掘教育主题。因此，笔者笔下的案例采取的多是教育现象学写作的方式，对教育生活的细节、矛盾冲突及背景进行细微地描述，有教育反思的意蕴，含有教育主题的阐释痕迹。而这一切的写作基础都源于教师口述的教育叙事，收集的教师亲身体验的生活描述，记录的教师生活经历，访谈的个人生活故事，观察的生活中的逸事，查阅的文学作品、传记、日记、札记、笔记、影音记录以及现象学文献等。可以说，一切案例都源于与教师职场生活世界相联系的图文或影音材料，笔者以现象学写作的方式逼近现象、还原本质。

5. 词频分析法：基于体验的文本表达

所谓词频分析法是广泛被运用在图书馆学和情报学中的研究方法。词频分析是文献计量学中传统并具有代表性的一种内容分析方法，基本原理是通过词出现频次的变化，来确定热点及其变化趋势。[2] 词频分析法目前已经在各学科领域得到广泛应用。而当下词频分析法较多出现在某些研究领域，研究者通常以一段时期以来出现的热词作为研究趋势与研究侧重的判断。在研究中，笔者也尝试了运用词频分析法对被访乡村教师自我教育的现状进行了统计分析。在此，笔者选择词频分析的理由如下：

首先，词频分析更符合乡村教师当下的自身条件。乡村教师群体不大具有精致语

---

[1] 范梅南. 生活体验研究：人文科学视野中的教育学[M]. 宋广文，译. 北京：教育科学出版社，2003：2.
[2] 汤建民. 基于文献计量的卓越科研机构描绘方法研究：以国内教育学科为例[J]. 情报杂志，2010（4）：35.

言的编码能力,尤其是在写作表达形式方面,更显朴素自然。而利用具有体验性的核心词汇对其职场生活进行简明扼要的描述,正是逼近他们现实的一种"一语道破"的描述方式。

其次,词频编码是将有效词汇进行归类分析统计,词频的呈现意味着阐释和理解,它是具有人的切身体验的描述,这也是笔者研究自我教育的情感维度较为适切的方式。

最后,词频编码分析的结果最终指向的还是人的现实境况和内在体验。它虽然并非数据意义上的精准研究,但是它指向研究对象的内在趋势,可以集中体现研究对象当下的身心状态以及自我评价与自我理解。

(三) 写作方式

本书采用教育现象学写作方式。什么是教育现象学写作?教育现象学写作是以理解性思考为基础,将思考与理解的结果写出来,把意识中的现象用文字呈现出来。它是自我意识对生活经验的现象学反思,因此呈现在我们意识中的内容就是自我反思的内容,通过反思把目光从外在可把握的对象转移到自身体验中。现象学写作在本质上就是作者自身体验的文字呈现,是作者对现象的反思与诠释。海德格尔曾对现象学一词做过词源学的分析,认为现象学一词是由现象和"逻各斯"组成的,意思是"让人从显现的东西本身那里如它从其本身所显现的那样来看它"。[1] 现象学的功能就是让事物如其所是的那样显现自己。现象学写作就是通过不断描述无限逼近的写作方式,让事物如同现象自身一样显现其本身。通过现象学的方法对现象做无限逼近的反复描述,让事物自己表达自己,就是现象学写作的自身呈现。现象学提出一个重要的先行态度就是"悬置"。"悬置"指的是为了研究直接的意识材料而对事物的种种见解和解释存而不论,而用直观的方法去看呈现在意识中的一切事物本身,也就是现象。

现象学写作的方式有哪些?虽然现象学写作没有固定模式和程序,但是现象学本身具有一定的知识体系结构,并且也存在一定的现象学文本可以参照,这都为我们探讨教育现象学的写作方式提供了依据。以下是占主流的教育现象学写作方式。

---

[1] 海德格尔. 存在与时间 [M]. 陈嘉映,王庆节,译. 北京:生活·读书·新知三联书店,1987:41.

1. 体验描述写作方式

"体验就是去生活，去生活就是中介内在世界与外在世界的客观化的精神，就是解释我们自己的内在世界及以往精神的固定的客观化物，换言之，就是给予精神客观化物以意义。"[①] 教育现象学写作的一个重要方式就是对教育实践体验的意义描述，只有这样才能更接近教育本质。这种体现性描述要求遵循研究者先验经验的"悬置"，是不加判断和假设的描述，是要求把内部的体验、自我的感受描述出来而不仅仅是对教育事件的客观陈述。另外，体验式写作要求收集的素材具有典型性和易感性的特征。

笔者有一些案例的写作就曾以体验式的描述方式进行研究素材收集。对于乡村教师的情感事件的描述含有笔者自身作为研究者亲历现场的体验感受，是笔者对于教育现象的感触与呈现，是将教育实践体验之意义彰显出来的更加接近教育本质的叙述方式。

2. 故事性的写作方式

故事性的写作是教育现象学写作的另一个重要形式，它的成文方式有多种，比如传记式、日记式或者虚构故事等。但不是把发生的教育故事汇总在一起就是教育现象学写作方式，教育现象学呈现的文本一定是具有教育学功能、教育主题，能揭示教育学的意蕴，可以探求其教育本质的故事情节。因此如何选择故事成为教育现象学故事性写作的重点。故事文本的来源可以是多方面的，可以是亲历的故事，可以是通过观察体验的他人的故事，也可以是从他人的公开著作文献中摘录的故事。故事性的写作一定要有明确的教育主题，需要揭示某一方面的现象及教育本质，否则这些故事就仅仅是故事而没有教育的意义。故事性写作需要我们反复地描述、不断地诠释，这一过程也是不断逼近真实现象的过程——将故事文本再次作为现象进行现象学的描述，以现象学的方法重新写作故事，以便揭示故事中的教育学意义。

本研究所采用的写作方式大都以故事性写作的方式呈现，主要是来源于乡村教师深度访谈中的生命故事，以及他们曾经有的写作文本。基于乡村教师自身语言编码特征及其对现象学写作认识的不足，他们自传式的故事性写作较少，但其群体中不排除

---

① 洪汉鼎. 阐释学：它的历史和当代发展 [M]. 北京：人民出版社，2001：113.

有一些完全可以胜任者。笔者根据研究对象自身的实际情况，采用的案例有一小部分来源于乡村教师自传式的故事性现象学写作素材，另外一部分主要基于大量的口述史、录音材料、影音视频以及笔者观察体验所得的他人的故事，经过笔者反复加工，最终以现象学的方式重现，还原教育者的真实教育实践。

3. 诗化语言的写作方式

现行主流的教育学写作多是以逻辑式的理性语言表达的写作，在这样的写作范式下，教育更多的是被分解为不同的过程与元素，教育的标准化、模式化、功利化、工具化的技术理性越来越被凸显。但是，当面对现实社会的教育危机及困境的时候，这些以技术理性为指导的阐释体系对真实发生的教育现象似乎已经不那么具有说服力了，且更不足以安顿心灵。因此，用诗化语言的写作可以尽可能地接近人们的心灵，逼近教育的精神家园，回归到教育真实意义中。诗化语言的写作实际上指向教育意义的回归。诗化语言的写作是隐喻性的写作，其内容却是教育现象。把教育现象转化为诗化语言的过程就是语言隐喻产生的过程，隐喻传达着情感体验与教育意义。

笔者在文中的案例也有少部分采纳了乡村教师个人诗化语言的言说，无论是他们对教育理想执着追求的心声，还是对当下困境的呐喊与坚守，或是对学生对家人的关爱与感激，都蕴含着厚重而深刻的诗化语言的隐喻。这样的诗化语言的表达促使他们更加逼近教育真谛，是他们靠近教育本质的一种心灵自在方式，也是自己呈现教育现象的真实表达。

笔者用以上三种教育现象学写作相结合的方式来描述案例，但是笔者写作过程中只进行了体验式的现象学写作而未进行真正意义上的现象学分析，主要原因如下：首先，鉴于笔者的采访对象本身的条件限制，他们未能做到将反思文本真正呈现。而在现实条件中，笔者也不能在短期之内引导他们进行反思式的文本呈现。其次，乡村教师的生活本身具有烦琐支离的特征，无论是无结构的访谈，还是教育现场的观摩，他们受自身专业化水平的限制，都很难具备在当下情境中提炼教育主题的能力，也不大具备从教育视角看待教育问题的思维习惯。最后，鉴于调研的时间和现场收集资料的紧迫性，笔者也未能很细致地进入到每一个研究对象自我反思的领域之中。笔者以尊重事实为出发点，不做替代性思考，而是通过最质朴、最自然、最真实的事实本身来呈现。

(四) 研究现场、研究对象的选择及现象学写作的加工

1. 研究现场的选择

研究现场的选择不仅要具有丰富性，还需要具有一定的代表性和异质性。笔者选择贵州省乡村教师作为研究对象，是因为身处西南偏远山区的乡村教师教育实践是中国乡村教育的短板，也是转型社会中乡村教育现代化的缩影，具有一定的典型性和代表性；同时还兼具少数民族地区教育的独特性，可谓"一滴水折射太阳"。以此可以管窥当下中国乡村教师道德生活状况，为中国乡村教师道德建设提供关键性指标与典型样本。首先考虑到贵州省的特殊地理位置，其位于中国西南部高原山地，境内地势西高东低，平均海拔1100米，是全国唯一没有平原的省份。贵州省内多民族共居，全省共有56个民族，截至2014年末，贵州省乡村人口为2014万人，占常住人口的59.9%。贵州省特殊的地理环境和人口环境意味着这个地区拥有更为丰富复杂的乡村教师群体。本研究以省会贵阳为中心，分别选取黔南、黔西南、黔东南及黔北4个地区5所学校的乡村教师共同构成研究对象，从地域上来看，可较为全面地反映出贵州不同区域、不同层级的乡村学校较为普遍的情况。笔者以五角星符号将研究地点标记在图4上。

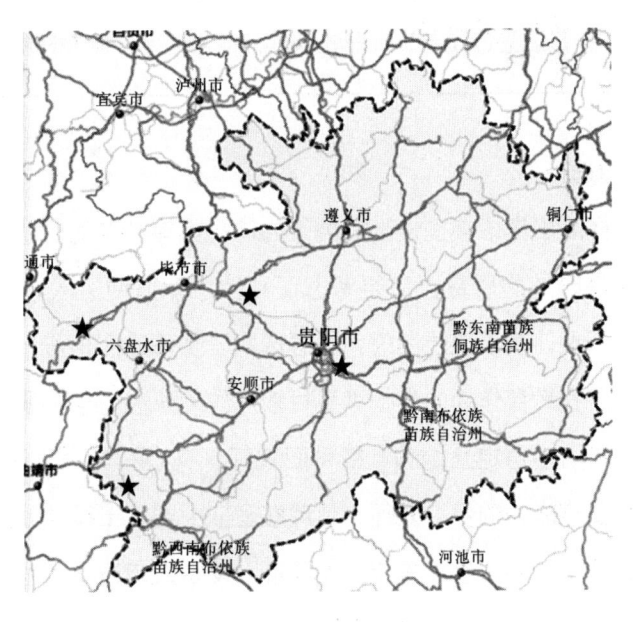

图4 研究地点的选择

同时，考虑到学校之间的异质性，笔者选择了不同层次的学校，包括完全村小学、低年级教学点、初级中学以及职业中专。在学校的选择上，笔者侧重学校属性的多元化构成，选择了公立学校、民办学校等。另外，笔者走进现场时并不拘泥于学校的场景，更多侧重于将课堂场景考察转向日常职场、教研会议、家庭生活等多角度全方位的观察体验，以便更全面客观地展现乡村教师的真实生活和自我教育的现状。研究学校及研究现场选择的基本情况如表1所示。

表1 研究学校及研究现场选择的基本情况

学校	地区（地点）	研究场景	教师人数（人）	学生人数（人）	学校层次	是否是公立学校
S校	毕节（威宁彝族回族苗族自治县）	课堂、家庭生活、教研会、家访	15	360	完全村小学	是
W校	毕节（威宁彝族回族苗族自治县）	课堂、家庭生活	3	42	一年级、二年级教学点	是
H校	兴义（黔西南布依族苗族自治州）	课堂、家庭生活、教研会	7	89	完全村小学	是
Y校	修文县小山坝	课堂、教研会、德育讲座、学生访谈	15	220	职业中专	否
Z校	贵阳市南明区小碧布依族苗族乡猫洞村	课堂、教研会、家庭生活	13	280	初级中学	否

2. 研究对象的选择

研究对象的选择既要考虑典型性，其携带的信息具有特定的价值，有助于研究问题的解决，能够保障研究的质量；又要考虑便利性，即方便进入，能够获得有效信息，否则研究难以开展。基于上述考虑，笔者选取了贵州省四地五校的"情感-生命"较为丰盈且有一定自我教育作为的青壮年乡村教师作为研究对象。所谓"情感-生命"较为丰盈指的是情绪情感稳定且饱满、精神面貌好、身心和谐、生命状态积极向上、有较高情感素养和情感能力的乡村教师。其考察表征主要源于授课教态举止、日常情绪情感表达情况、师生关系质量、重要他人评价以及本人自述性体验感受。所谓"有一定自我教育作为"指的是在自己的教育职场有自我教育的意识并且付诸行为，有一定的自我教育实践的结果呈现。主要考察指标为访谈中的口述、成果的展现、日常工作的行为观察、他人的评价与实物的证明。

选择他们作为研究对象，主要是受马斯洛对"自我实现者创造力""高峰体验"等研究的启示。马斯洛根据研究内容的需求，从历史人物和身边学生、熟人中选择基本符合他所设想的优秀者（他称之为"案例"），通过对这些案例的传记、访谈、体验以及心理测验、自由联想等方法，发现他们的共同特征及潜能、价值等。因为在马斯洛看来，这些案例潜藏着一定的潜能和价值，这些潜能可以得到开发，从事实的存在到潜能的开发，这正是研究的工作所在。人本心理学者基本上都认为，正像一粒橡籽"迫切趋向"长成一棵橡树那样，人在自己的本性中也"迫切趋向"人性的完善实现。[①] 本研究就是要发现、揭示这种"迫切趋向"。这些优秀教师作为"过来人"，其过往的情感经历、情感体验、情感品质及情感能力等支撑着其专业发展的方方面面，这个群体是真实存在的。表2是研究对象选择的基本情况。

表2 研究对象选择的基本情况

教师	出生年份	性别	教龄	学段	学科	编制（内/外）	岗位	婚育	学历（初始）	家庭出身	地域	少数民族（是/否）
杨元松	1977	男	15	小学	全科	内	教学	已	中专	农民	兴义	是
杨昌洪	1982	男	14	职教	德育	外	管理兼教学	已	本科	农民	修文	是
胡定霞	1978	女	10	初中	全科	外	管理兼教学	已	本科	农民	小碧乡	是
李波	1987	男	7	小学	全科	内	教学	已	大专	农民	毕节	否
丽娜	1989	女	3	小学	全科	内	教学	已	大专	农民	毕节	否
张军	1985	男	8	小学	全科	内	教学	已	大专	农民	兴义	否
刘艳	1980	女	16	小学	全科	内	教学	已	中专	农民	毕节	否
徐强	1981	男	12	小学	全科	内	教学	已	大专	农民	毕节	否
王丽	1988	女	5	小学	全科	内	教学	已	大专	农民	毕节	是
张华	1984	男	10	小学	全科	内	教学	已	大专	农民	毕节	是
韦富饶	1984	女	10	小学	全科	内	教学	已	大专	农民	兴义	是

---

① 马斯洛，等. 人的潜能和价值[M]. 北京：华夏出版社，1987：前言5.

*对有重大贡献或已经取得社会公开表彰的教师，经与其本人达成共识，保留真实姓名；对作为研究对象的其他教师进行化名处理。

通过访谈及实物整理，在访谈资料之外，研究者还收集了受访对象的其他资料，例如发表的文章及著作、日记札记、活动发言、课堂实录等，以作为对访谈资料的印证与补充，尽可能保证研究主题的真实。详见表3。

表3 主要案例研究材料的生成基本情况

教师	访谈时间	发表文章及出版专著	日记札记	课堂观察	活动发言	其他
杨元松	2015年5月—2015年7月，累计9小时	《中国留守儿童日记》		专题讲座1次	公益活动2次	媒体采访及网络报道
胡定霞	2015年5月，2016年1月，累计20小时					老校区照片、校史、学校实物证明
杨昌洪	2015年5月，2016年1月，累计48小时	诗集、主编德育教材等	近两年来的博客日志	德育专题讲座1次	公益活动2次	老校区照片、校史、学校实物证明、媒体采访与网络报道
其他教师	2015年5月，各访谈2.5和3小时		部分教学反思与随笔			课堂观察与他人评价

3. 现象学写作的加工

现象学写作过程是分三步来完成的，即初稿形成—反思—重写。而文本的解读是一个不断寻求意义的循环往复的过程[1]，需要研究者细致并反复阅读现象学写作所呈现的文本，不断返回访谈现场，与受访对象移情换位，同时又能够回归研究者的身份和立场，在不断往返中确定案例的分析线索和写作架构。教育现象学写作不仅要在最终文本中呈现出教育现象，还要指向教育主题或教育意义。表4是关于研究对象的现象学写作文本勾勒的情况。

---

[1] 徐改. 成功职业女性的生涯发展与性别建构：基于生活历史法的研究 [D]. 上海：华东师范大学，2007：76.

表 4　研究对象的教育现象学文本的勾勒

教师	素材来源	文本名称	教育主题呈现	现象学写作方式
胡定霞	自述及他人评价	《两千万也抵不过办一所学校》	乡村教师"情感-生命"的形象	故事性写作
	访谈、参与式观察、实物证明	《做生意的学校》	乡村教师"情感-生命"的形象	故事性写作
	自述	《那个大眼睛的放牛娃》	乡村教师的联结感	故事性写作
	自述	《辍学路上》	乡村教师的教育爱	故事性写作
李波	参与式观察、体验	《仅仅是一份谋生的工作》	乡村教师"情感-生命"的形象	体验描述写作
丽娜	参与式观察、体验	《凭着良心做事》	乡村教师"情感-生命"的形象	体验描述写作
杨元松	自述及媒体报道	《传递梦想》	乡村教师情感运行机制	故事性写作
	自述、访谈材料整理、媒体报道	《十三次劝学》	乡村教师的理智感	故事性写作
张军	参与式观察、体验	《大自然中的课堂》	乡村教师的乡土情感	体验描述写作
刘艳	参与式观察、体验	《就做一颗美丽的铺路石》	乡村教师的乡土情感	体验描述写作
杨昌洪	博客日志	《向自己索要生命的意义——到最需要的地方去办教育》	乡村教师情感运行机制	诗化语言写作
	博客日志	《曲折向前那般难》	乡村教师情感运行机制	诗化语言写作
	他人报道、博客日记	《站在哈佛讲台背后的贵州乡村好校长》	社会对乡村教师的期待与支持	故事性写作与诗化语言写作
王丽	访谈录音	《孩子们的爱促我成长》	关系型师生关系建构	体验描述写作
张华	口述	《父爱如山》	家庭生活的情感补给	故事性写作
韦富饶	口述、参与式观察、体验	《还好，我只承担一半的责任》	家庭生活的情感补给	故事性写作

需要说明的是，对乡村教师自我教育困境现象的描述，仅仅是用镜头记叙，属于现象呈现部分，未作为教育现象学写作的主体部分，也不作为研究对象分析，仅仅是证明论点的存在。因此，它不属于本研究的重点，也不属于本研究的研究对象，在此不予以罗列。

八、研究意义及研究伦理

（一）研究意义

1. 理论意义

意在探寻"情感-生命"存在的机理以及其在自我教育中发挥的功能价值，为乡村教师自我教育之路的情感维度提供理论参考。

2. 实践意义

在情感机制的视角下探讨乡村教师自我教育实践模式的突围，为乡村教师自我教育模式提供参考。

（二）研究伦理

本研究充分尊重每一位被访者的个人隐私，在征得其同意的情况下进行录音及拍摄。对于不愿意透露真实个人信息的案例提供者，笔者采用了化名。出于对访谈对象的保护，本书对学校的名称及具体地理位置的信息采用模糊化处理。但经过协商后，如访谈对象有意愿将姓名及信息真实呈现，笔者也在本研究中进行了真实表达。

在整个草根式田野调研过程中，笔者既是一个全情投入的研究者、学习者，又是一个要为此寻求改善力量的积极奔走者。笔者不仅与访谈对象建构了非常深厚的友谊，还尝试为改善现状贡献微薄之力，鼓励乡村教师来笔者所在高校进行专题讲座，释放民间草根教育的力量，汲取高校师范教育的精神营养；联系合作联盟学校加以支援、提供帮扶、相互学习；在与乡村教师共同进行专业化学习的研讨中，笔者也倾其所知，促进他们的专业化发展。

（三）情感教育研究者在研究中的情感处理

本研究无论是从视角还是从取材以及价值指向上来看，都属于情感教育的研究领域，是关于教师情感教育方面的研究。而情感教育研究属于新人文主义思潮倡导之下的具有后现代教育学意蕴的研究范式，它不仅具有较为完整且不断建构的理论体系，同时还在实践中不断地践行以印证其理论的生命力，另外它还具有相应可操作的研究方法，为学术研究开辟了更广阔的空间。在研究过程中，情感教育研究者需要不断地从情感的视角透视教育现象，触摸教育现场，逼近有教育意义的教师情感真相。这对研究者的"情感-人文"素养以及情感教育研究者在研究中的情感处理方式提出了比较高的要求和期待。

首先，情感教育研究者需要有较高的"情感-人文"素养，要有敏感的情感现象的洞察力、觉知力和细微情感差别的辨别力、理解力，以及丰富细腻的情感的表现力。他们应是易感于情感现象的人，这样才能在他人的情感世界中不断地挖掘教育意蕴和生成可为的教育时空。因此，在研究情感现象的过程中，是允许情感教育研究者带有自身对教育的理解与个人偏好的，但这并不是毫无节制或过度的夸张强调，我们所提倡的是情感教育意蕴在研究实践中的自然流露，即含有教育价值的情感的顺势流露。进行情感教育研究不应抑制研究者自身裹挟的真实情感，而应倡导适当的情感表达，以促进与研究对象共情，建构"情感-人文"型研究共同体，以最佳逼近教育现象本质，共同提升教育研究的质量。笔者努力尝试承担情感教育研究者的使命，行文中会呈现本人的真情流露以及对情感教育现象的研究直觉与感性阐释。

其次，情感教育研究者绝不是泛泛谈论情感，更不是情感主义高于一切，情感教育研究者有其结构完整的系统理论作为支撑，无论是人类原初的情感体验或是后天习得模塑而成的社会情感，在情感教育研究者看来都可以从教育学、伦理学、神经学、心理学、脑科学等领域的研究成果中找到理论依据。另外，情感教育的理论发端于哲学、伦理学，它是对人性情感、生命情感以及关系中的情感的论证，并建构其发生发展的逻辑与完整的理论系统，且这些理论在实践中不断得到回响与印证，而新实践在回溯中得以创生新的理论。可以说，情感教育的理论是伴随整个人类的发展而动态建构生成的。因此，情感教育研究者势必要有这些情感理论储备，他们历经教育实践的洗礼，自然地将这些理论加以运用或在实践中发现理性的光辉。值得注意的是，情感教育研究者的理论阐述并不是冷冰冰的抽象概念陈述，而是有温度的，这并不影响理论的力量，反倒证明了情感教育的本质属性和自身鲜明的理性特质。因此，在本研究中有大量的关于情感教育理论的阐释,在其理论的建构与运用上,笔者始终带着一种来自情感教育理论"生命内部"的温度。

最后,由于情感的内隐性和高度个体化,情感教育研究几乎无法采取量化方式进行,大多是利用质性研究方式不断地靠近研究对象的情感世界。对个体化情感维度的研究主要利用阐释学原理,在生活世界中不断进行切身体验、对话、理解,向内探寻自我,共同建构创生新的教育意义。情感教育研究需要大量的情感阐释来将情感现象解释清楚,因此,在研究中会出现大量的情感性词汇以及细腻的情感描述,这会造成人们对情感教育研究行文方式的误解,但这并非感性修辞的渲染,而是研究情感教育本身所需要的灵魂深处的探问、体验式反思与逼近式阐释。其案例多采用生活体验式的写作方式,意在反复体验情感现象,不断逼近人的真实情感。基于此,笔者顺应研究需要,对研究对象的情感不断描摹刻画,以求共同创生新的教育意义。

值得说明的是,情感教育研究还在路上,其未来还有很漫长的路要走,这就需要情感教育研究的后继者坚持不懈地进行自我反思、实践尝试与理论开拓,更需要那些肯付出艰辛与毅力、坚信人文主义力量的人们薪火相传。

第二章
贵州省四地五校乡村教师自我教育实然考察

> 没有自我教育,就没有真正的教育。这样一个信念在我们的教师集体的创造性劳动中起着重大的作用。
>
> ——苏霍姆林斯基

笔者以情感体验为线索将乡村教师自主生活现实样态以镜头管窥的方式加以描摹，意在呈现真实的乡村教师的自我教育图景。虽然这些真实情况未必有美的感受，但是它确实是每天都在发生着的，往往又是我们理论想象中所容易屏蔽、过滤掉的。在此，笔者结合实际中乡村教师自我教育所触及的生活领域，将其生活划分为物质生活、职场专业生活、职场情感生活、家校关系生活以及休闲生活五个维度。这五个维度不仅几乎覆盖了乡村教师所有的日常生活领域，还凸显了当下乡村教师自我教育的主要矛盾。另外还强调乡村教师在自我教育中可驾驭的主要内容以及需要克服的问题，如物质生活的富足与精神生活的贫乏之间的矛盾，专业生活的匮乏与职场情感生活的缺失，家校关系的矛盾以及休闲生活的百无聊赖。笔者用五个维度整体编织出教师自我教育的生活镜像，意在呈现乡村教师的生存现状与教师自我教育的可为空间或需要突围的困境，五个维度的生活并非是割裂的，而是交织在一起，对乡村教师自我教育起整体的影响作用。

第一节　贵州省四地五校乡村教师自我教育存在的问题：基于案例管窥透视

一、教师自我教育意识蒙蔽

物质生活保证乡村教师的基本生存需求，正如经济基础决定上层建筑，每一位乡村教师都是基于物质生活开展一系列自治活动的。如果说上一代乡村教师是在生存边缘挣扎的悲壮坚守者，他们更多凭借着一腔热血、一颗红心孤独地战斗，其面临的自我教育困境很大程度上来自外界的压力，如物质极度匮乏、资源相当短缺、机会严重不均；那么，随着乡村教师工作待遇的多倍增长，安居工程的按步骤落实，校园环境的逐步改善，教师进修机会的不断增多，新生代乡村教师的物质生活已经有了很大的改变，应是迎来自我发展的大好时机。但走进乡村教师的现实生活，笔者惊诧地发现，在物质生活质量不断加速提升的过程中，乡村教师的自我往往被蒙蔽，自我教育的意识被物欲生活所淹没。

（一）"特岗致富"中的"苟且"

【镜头一】老王归乡的传奇经历

老王是贵州一个贫困县办学点的小学全科教师，教龄7年。他中专学历，专业为药品销售，毕业当年他就去广东打工，听同乡人说家乡招聘特岗教师，自己寨子上的村小正缺人，于是，一切如人所愿，老王经过考试被顺利地分配到距离自己家只有50米的村小办学点做乡村教师。看似非常艰辛困顿的办学条件，丝毫没有阻挡老王的选择，用老王的话说，"在这里比进城打工挣的钱多多了，守家待地还可以照看老人和孩子，媳妇也能帮衬着挣点钱"。当下老王薪资到手5000多元，有医保、社保、住房补助，经过调研发现，他一个月的工资相当于当地一个普通农户一年的收成。老王回忆说："以前去广东打工干得好也就3000来块，除去吃住基本上每个月也剩不下多少，还又苦又累，没啥意思。反倒是归乡干特岗教师这几年挣下了不少钱，老婆也不唠叨责备了，在同村人眼中还算是马马虎虎可以喽！"笔者问起老王做老师与打工哪个更辛苦些，老王皱起眉头，叹了口气："要说辛苦些啊，还是动脑子这活计（教书）更累人些，在外打工干的是体力活，出一身汗，躺倒就睡，第二天就没有啥了，教书得动脑子，自己的学历不高，动脑子的差事不好受啊！"从老王的话语间，笔者捕捉到了老王对教书的发怵与面对专业的压力感。

老王的个人生活哲学聚焦在"划得来"与"不合算"的"钱"字上，无论是外出打工还是特岗归来的人生经历，或是教书与打工的自我感受，在老王的心里，温饱与安逸地生活便是好的日子，即便是当村小老师煞费脑力并没有卖力气出汗痛快，他也觉得钱到位了，便是自在的全部了。即便我们不愿意看到老王的归乡从教是为了生计的钻营，围绕着"吃饭的哲学"，并不是可登大雅之堂的高尚，但是他的情感体验却是真实存在的，而这样的情感意愿甚至是偏好确实更能逼近真相。老王的归乡经历是当下不少特岗教师的真实写照，也是市场经济之下一切以钱为衡量尺度的一种苟且的选择。长此以往，教师为人师的生命姿态萎缩了，本应有的起码的道德观、价值观、人生观被打上价格的标签，最初选择成为特岗教师便是被金钱诱惑而来。我们不禁要问：在乡村教师的薪资待遇不断增长的同时，他们究竟为了获得什么样的生命体验？在物质大力支持的情况下，真正诱使他们成为仁师的动因又是什么？而"80后"乡村教师的"苟且"是否会影响到"90后""00后"？而最终付出惨重代价的是我们一代代乡村的少年儿童，成长不能等待，成长又怎么能被如此辜负……我们不得不承认，那种钻营于"吃饭的哲学"不是乡村教师要抵达的真正的道德生活，至少不能止于填饱肚子而忘却教师的道德初心。而在制订任何惠及乡村教师的各种政策规划的层面上，我们忽略的却是那可以超越物质的最根本的东西——人的情感。忽略了此，便忽略了作为人的生活质量的根本尺度，造就了无动于衷的"物质人"。

（二）当灵魂跟不上物质的脚步：唤醒自我教育的契机

不同心境的人们，面对同样的物质生活，表现出不同的生活模样。由老王的案例可知，在现实生活中，物质财富的不断增进未必可以带来生活质量的提升，这不仅需要驾驭物质的智慧和能力，更需要与之相匹配的高峰情感体验，如此才能将浮在表面的好日子转化为可感触的、直达心灵的道德生活。我们深切感受到当物质发展速度不断加快，财富不断堆积，科技不断精进，人们被提供了相当多的便利服务，这其实也在不断地挑战着人性和人文，会对相匹配的人的精神世界提出更高的要求。当灵魂跟不上物质的脚步，我们不妨停一停，驻足回望一下来时的路，看一看那曾经的教育初心是否还在。当贪图物质享受的欲望占据了内心的时候，是否也会有某一时刻的厌倦、麻木、无奈？此时，尚可以多驻留片刻，向生命深处回溯，唤醒那依然向善、求真、尚美的自我意识。事物都有其两面性，谬误再往后退一步或许就是真理的指向。因此，当灵魂跟不上物质脚步的时候，也正是自我意识需要得到唤醒且有很大生长空间和潜能的时候，我们不仅要看到贪婪的人欲对自主性的阻隔，更要以积极乐观的心态看到在这样的生活中自我教育存在的张力和暗藏的生机。尽管这需要坚定的信念和忠于实践的科学方法指导，以及那对人性唤醒的无限信念，但是这似乎都不能阻挡人类前进的脚步，也不能抑制教师职业所固有的生命活力。

二、教师自我教育动力不足

人的生活原本是充满着真情实意的，人为的活动也应体现人性指向及人情体验，但在被机械化、工具化、数据化所填充的物质生活中，人们对生活意义的主观层面的感受及体验越来越钝化，精神世界的人性之光被遮蔽了，只留下靠物质拼凑的暗淡枯竭的生活碎片。当人们曾有的那颗体验之心被物质所累的时候，那些蕴藏着人生价值、生命意义而饱含丰富情感的生活也就被摒弃尘封。再也没有任何一个时代如此需要激活情感生活的体验之心与感受之力，当人们开始麻醉于物质的过剩和滥用的时候，情感生活对于生命的意义与价值显得尤为重要。可以说没有情感的生活是不道德的，压抑人性的低质量的情感生活并不是真正意义上的道德生活。教师的情感生活直接关系到教师的职业幸福与生命质量。正如苏霍姆林斯基对教师职业的本质描述所言："真正的教育者向来都是情感丰富的人。他对欢乐，对忧愁，对令人担心的事，都有着深刻的内心体验。如果儿童觉察出自己教师的感情是真诚的，他们就会信任他。"因此只有当教师首先是情感真诚的人，自己经营好自己的情感生活，他才能获得学生的认可与信任，促进融洽的师生关系达成，进而才能拥有作为教师的幸福感与价值感。优质的情感生活还体现在与环境、与他人的和谐共处中，当下乡村教师的情感生活的两个重要维度便是人与乡土的关系和师生关系。实践与文献的综合考察表明，新生代乡村教师情感生活的困境主要表现在"乡土情感疏离与城市化特征明显""教师情感匮乏与师生关系的危机"两方面。接下来，笔者用快闪镜头将这两组主题呈现出来，以揭示生活背后的忧思。

（一）乡土情感疏离与城市化特征明显

国内学者郑新蓉教授及其团队在 2016 年对新生代乡村教师的调研颇有价值。研究表明，1980 年之后出生的新生代乡村教师，从出生到就业的人生经历与 20 世纪 90 年代开启的社会和教育变革是同轨的；他们是第一代完成离土、离乡、离农户身份角色转变的乡村教师。乡村教师城市化特征是指在我国特定的城镇化进程中，乡村教师所表现出来的疏离乡村、趋向城市的态度和行为，主要表现在居住地点、子女教育、择偶与婚恋、网络消费、育儿方式、教育教学等方面。与城市化趋势相对应的是新生代教师对乡村的陌生感或疏离状态。他们的城市化特质是社会发展的必然，并将对其个人命运、乡村教育和社会产生很大影响，对乡村教师队伍的稳定性也提出了一定的挑战①。

只有热爱乡村教育的教师才是真正可以留下来且教得好的好教师,也只有那些饱含着乡土情怀、自然之爱,持有乡土人自然而质朴品行的人才能肩负起真正改善乡村文化教育的使命。乡土情感是一种特殊的情感体验,具有很强的乡村境域性及乡情亲和性,表现为对乡村文化风俗的顺势适应及与村民间的接近亲和友善。乡土情感是对足下土地发自内心的满足与热爱,那是一种绿叶对根的反哺情怀,是人性对自然环境及生存境遇的亲近与归属。乡土情感是扎根在大自然乡间村落中的精神依托,是生活在其间的人们取之不竭的精神养料。而对肩负应积极传播乡村文化使命的乡村教师而言,乡土情感是他们实现专业理想的内在动力。受当今时代巨变及城镇化程度的影响,新生代乡村教师在完成了离开土地、离开乡村、离开农村户口的巨大身份转变之后,乡土情感严重缺失,表现为对乡村生活的陌生、摒弃与疏离,对城市生活的盲目追逐、崇拜、模仿。

【镜头一】每日钟摆人

敖老师是镇中心小学唯一的"每日钟摆人"。他每天都要在崎岖的盘山路上骑两个小时摩托车回县城的家。他一年四季都是一身黑色中山装的打扮,偏分的发式,头发油光锃亮像是刚刚洗过一样。敖老师家住在县城,每日不惜奔波劳苦,哪怕是下雨天也要坚持飞驰归家。敖老师喜欢进城的感觉,他到了县城的家,坐在自己装修漂亮的客厅里,躺在舒服的席梦思床上,饭后在街边的夜市和超市里闲逛和采购,似乎那种城里人的生活才是先进富足的生活,想起村小临时安置房的简陋,他觉得所有旅途劳顿都是值得的。

【镜头二】暗藏在教辅下的《申论》

杨老师是镇中心小学的语文老师,刚刚成为特岗教师第二年,他的办公桌上除堆了几本教辅资料以外,最厚实的就是那用作公务员考试复习资料的《申论》了。感受到了考试的迫近,杨老师似乎对一切外来的影响都是屏蔽的。他不喜欢多言,他很在

---

① 郑新蓉,王成龙,佟彤. 我国新生代乡村教师城市化特征研究[J]. 河北师范大学学报(教育科学版),2016(5):70.

意自己用零星的时间复习公务员考试的效率。这是杨老师第四年参加公务员考试了，在杨老师心里，做特岗教师一辈子，隐藏在半山腰的学校里"不见天日"，那是没有出息的表现。他认为自己是注定要走出去做公务员的，当下做特岗教师仅仅是暂时的，他和那些整日昏聩过日子的乡村教师是有区别的，用杨老师的话说："我心里有目标，他们没有。"

【镜头三】校内联姻与进城安家

当地分配特岗教师到学校时有个颇有趣的现象。按照当地老校长的话说："教育解决不了人家（教师）的终身大事，还是留不住人心哪！现在不一样了，现在上面（上级教育行政机构）再派人都是按照标准来的，一个未婚男教师就搭配一个年纪相仿的未婚女教师，一起派下来的都是互不认识的未婚适龄的一对又一对的教师。这可把我乐坏了，没几年，校内就有了一对对青年教师夫妻档。他们不仅稳定地留下来了，生了娃还是学校的生源哩！"确实是这样，在笔者采访的学校中，有很多夫妻档的乡村教师组合，尤其是最近几年，几乎每个学校都有根据安排自由组合完成"人生大事"的例子。一个比较极端的案例是，一个乡村小学，80多名学生，7位老师，就有三对夫妻。

即便是校内联姻的教师，也不一定就会在此地安稳下来，他们一般都会买一辆轿车，进城买下商品房，用夫妻中一个人的工资支付房贷。在校内联姻，在城里安家，"钟摆式"两地生活，已经是当下乡村教师有代表性的生活常态。每到周五放学，就驾车赶回自己在城里装修精致的家里，享受都市的生活，在他们心里，乡下的教师工作是一份差事，城里的生活是应该尽情享受的。但是如果没有乡下的这份差事，怕是也不能拥有城里的这份哪怕只有周末两天可以享受到的安逸。

【镜头四】互联网中的城市生活

互联网几乎覆盖着新生代乡村教师的所有业余生活，在对五所乡村学校的所有教师的访谈中，笔者发现一个共同的亟待解决的需求：学校网络的畅通，免费无线网络的惠及。互联网已经成为乡村教师最大最迫切的需求。它不仅象征着乡村教师对城市的生活方式的追求，还标示着对一切以城市化为参照的触屏技术的推崇。一元化的城市孤岛文明必然带来对乡村学校生活的摒弃。访谈中，发现几乎全部乡村教师都热衷于网购、网上聊天及网络娱乐。网上充值消费就像一日三餐一样习惯成自然，有的学校条件很差，学校网络几乎是瘫痪的，年轻的教师甘愿自己支付流量费也要实现网络顺畅，享受其带来的便利，他们每个月的流量费少则几百多则上千。

（二）教师情感匮乏与师生关系危机

教师情感素质是教师专业化过程中一个具有人文取向的概念，它是指个体在教育情境中扮演教师角色时，在人际互动关系中所产生的具有道德引领作用的、较为稳定的整体精神面貌或特定类别的情感体验。教师情感是教师专业素质的组成部分，与教师专业知识和专业技能紧密相联、相互影响。教师情感素质是教师专业素质的灵魂，内隐于专业知识及专业技能之中发挥重要影响。教师情感对教师专业发展起着重要的作用。积极良好的教师情感有助于提升专业知识水平，有助于加深对专业知识的深度理解和运用，有助于帮助教师精益求精地钻研专业技能并有效地抵御教师实践的低效能，同时可以促进和谐融洽的师生关系的形成。基于教师情感在教师专业发展中的基本认识，并结合对乡村教师教师情感方面的调研访谈情况，笔者发现：乡村教师的身份认同感、职业幸福感及爱生乐业感是支撑乡村教师职业道德生活的三大情感支柱，也是积极和谐的师生关系的情感纽带。教师情感充沛、深刻、积极向上，教学质量就会提升，师生关系就会被促进，然而当下很多地方乡村教师的情感呈现出不容乐观的窘迫之态，教育质量非但没有优质提升，师生彼此之间还呈现出令人生畏的关系危机。

【镜头一】身份认同危机：熟悉的陌生人

丽丽老师家就住在学校附近，当笔者问起丽丽老师为什么选择就近当乡村教师，她的回答是如此坚定："这里是那样的熟悉，这里就是我的母校哦！这里有教过我的老师，还有我们以前的老校长，这么多年一点也没有变化，在这里教书会更加有安全感和亲近感。"接着，丽丽老师说起在儿时她心里对乡村教师的崇拜和向往之情。丽丽老师一边回忆一边摇头："现在不一样了，真的不一样了，我再也找不到曾经的感觉了！别说受到乡里乡亲的敬重了，就是连起码的作为教师的尊重都没有了。现在当老师就是个差事，仅仅就是个工作而已。有时候我都感觉自己是不是选错了职业，看着周围那些匆匆来急急走的同事，我都不知道自己在这里教书图个啥！我对这里越来越陌生了,感觉再也回不去了。"

【镜头二】幸福感来自何方

在乡村教师对幸福理解的话题访谈中,笔者窥见乡村教师令人担忧的职业体验,其典型特征主要可通过下面几位教师体现:

符号论:"教师的幸福就是个高大上的符号。"在镇中学从教的张老师认为:"啥是幸福,幸福是说给领导、说给媒体的话,幸不幸福自己说了不算,那是说给别人听的。人们认为我们这样的生活是幸福,那就是幸福呗!"张老师已经在教坛上耕耘了7个年头,他轻轻捋了一下鬓角的头发,将其披在了耳后,自我解嘲地说:"当初还真的相信教师'春蚕到死丝方尽'就是幸福的,但日子久了也不能老是指望老蚕吐新丝吧,这叫作'采得百花酿成蜜,为谁辛苦为谁忙?'教师这个职业啊,仅仅是在教师节那天是个幸福的模样儿罢了。"在张老师看来,幸福不幸福都是书面上的符号,跟自己好像没有太多关系。

草根论:"吃饱穿暖按部就班地活着就是了。"已在教学点从教 12 年的秦老师蹲在菜畦上一边拾掇着他的菜地一边念叨着:"隔壁的老王头才 50 出头,患脑出血,说没有就没有了,人啊,啥是福?没病没灾的,吃饱穿暖了该咋活就咋活,像我这样的,国家给我开钱,还能下班种个地,该知足了,这就是上辈子修来的福分呐!"秦老师的幸福是和吃饭穿衣相伴而来的,职业的幸福感给他带来的温饱生活是令他满意的,当老师最大的幸福便是可以保障安稳地活着,除此以外便没有更高尚的意义了。

功利论:"有钱能消费就能有幸福。"戴着眼镜留着中分头在电脑前阅览网页的高老师心不在焉地说着幸福:"现在城里的物价太高了,我们的工资除了还房贷,除去这每天来回跑的油钱,刨去上网的流量费,剩下的几个钱还不够给孩子买几次进口奶粉。没钱就别提幸福的事喽!"高老师是刚刚喜得"千金",每天"钟摆式"地奔波于城乡之间的计算机老师,他虽然偶尔也会看看基金、玩个股票之类的,但最近家里添丁,正是需要钱的时候,自然会觉得钱花得紧张些,于是幸福指数便和钱匹配得严丝合缝了。

【镜头三】学生眼中的"好教师"

在探讨"什么样的老师才是好老师"的学生群体话题访谈中,学生们展开了积极的讨论。几乎全部学生都一致认为,好教师首先要不打人不骂人,低年级的学生认为

"好老师像妈妈一样爱我们";中年级的孩子会认为,"课上得好,能把我们的成绩提上去的才算真正的好老师";毕业班的学生则认为"好老师要平易近人不嫌弃我们,我们成绩不好仍对我们好"。一个父母都在外打工的留守女孩吱吱扭扭地说:"要是老师能听我说说话、多陪我一会就好了。"当下乡村教师常常要面对一个班级至少占一半的留守儿童的行为或学业问题,如学业成绩低下、行为习惯不良、性格孤僻、人格缺陷等,这些都是迫在眉睫的问题,做个学生眼中的"好教师"的确很不容易。但是从学生质朴的话语里,可以深刻地感受到学生对乡村教师的要求并不高。

可以说,乡村教师职场情感生活是其自我教育的不竭动力。在以上一系列案例中,无论是乡村教师乡土情结的疏离还是教师情感的匮乏,都为我们昭示了乡村教师职场情感生活的贫瘠、枯燥、无奈。教师工作时的情感状态是其开展智育活动所需要考虑的重要心理维度。认知心理学研究表明,认知活动需要情感积极参与才能达到最佳的效果。良好的情感状态是积极认知的活动的助力条件,在愉悦、安全、自由、宽松的心理状态下,智育活动会产生高度专注、全情投入、潜能激活、灵感突显等最佳的认知体验。伴有积极情感的认知体验才能产生深度学习,抵达自我反思、创造性思维等高阶的人类理性境界。伴有积极情感体验的认知实践将不断给予人自信与持续探究的求知欲,将会促进人产生巨大的主体能动性,它是人不断进行自我觉醒、自我解放、自我实现等一系列自我教育的动力之源。

教师是个充满情感与人文性的职业,无论是从当地乡土文化、校园文化以及外来的城镇文化中被注入的与乡土相关联的情感元素,还是从师生关系、同侪关系、自我关系之中感受到的情感体验,无不影响着乡村教师的职场工作状态。可以说,教师职场情感生活顺畅了,自我感受力才会被激发并唤醒,教师才会拥有更自信更饱满的情感状态去面对不利的处境。教师的情感得到安顿与慰藉,职场生活就会越发充满活力,在积极丰富的职场体验中教师强烈的为人师的意义感与价值感很容易被触发,这些宝贵的情感使教师避免陷入职业的倦怠中。换句话说,教师的职场情感生活的质量关系到教师职场的幸福。教师职场情感体验是教师自我检视的重要维度,教师在职场中往往以自我感受作为职场生活质量的判断标准。顺畅饱满的职场情感体验是教师自我意识不断被唤醒的良好心理状态,在和谐的情感氛围中,教师的自我教育力达到最大的效果。

三、教师自我教育力量缺失

相比而言，乡村教师面临的家校关系问题比任何教师群体显得更迫切、更有难度。可以说乡村教师至少有一半的精力花在了家庭教育的改造上，面对班上至少占半数的留守儿童，乡村教师除了要完成日常的集体教育工作，还要做好代理家长的工作。长期和家长分离，没有得到足够的可感触的父母之爱，造成留守儿童的性格及人格发展出现了种种令人揪心的问题，使之付出了惨重的成长代价。在笔者走访中，乡村教师大多能罗列出一连串的留守儿童的各种行为问题，用他们的原话就是"恼火得很"。从他们的表述中，笔者捕捉到了这样的信息：好像留守儿童的问题不解决，这个书是无论如何不能教得好的。班上的孩子不争气，那是家长不作为的结果，家长不配合，光靠老师，杯水车薪！面对留守儿童问题，乡村教师往往会存在这样的两极情况：要么就是干脆撒手不管，漠不关心；要么就是全权做代理家长，放弃了自己的家庭生活，全身心扑在留守儿童身上，不断透支情感，甘愿自我牺牲。

（一）情感透支与道德冷漠

【镜头一】小美老师眼中城乡孩子的大不同

小美老师是刚刚毕业便经招考进来的音乐老师，每次谈到在学校遇到的留守儿童都会眉头紧锁，她会很细致地讲述当下的留守儿童基础是多么薄弱，比起她以前在城里做家教时带的孩子差得多。用她的话说："小学一年级的孩子不会握笔，根本就不懂拼音，一个字都没有写过，基础这样差的孩子怎么可能被教得好呢？家长在家里根本就不重视教育，啥都不教给孩子，光指望在学校学习，孩子怎么会学习得好？我以前做家教时遇到的孩子特别聪明，一点就透，家长也重视教育，每天督促孩子学习。"

【镜头二】胡老师的心底呐喊

胡老师是非常喜欢和孩子们在一起的高年级老教师，她对班上的学生从来不放弃。用胡老师的话说："这些娃从小生在大山里，没有见过山外的世面，真想让他们好好学习，有出息后出去深造，再有出息后回来建设家乡。但是现在的留守儿童没有父母管很危险，动不动就会有辍学随父母一起进城打工的事情发生。所以，一旦遇到有孩子请两天假的，我就坐不住了，就是害怕，担心孩子就此辍学了。"胡老师眼睛总是闪烁着泪花，"说实在的，跟这些孩子是有感情的，我也试图进城找过他们好几次，有被我劝回来的，有被我'骗'回来坚持读完书的，还有的找不到了，只能等到年底他们回家的时候能被我逮个正着。但是，往往回不去了，孩子一旦出去打工，心思就乱了，更没有心思学习了。唉，回不去了……"胡老师的泪水终于流淌了下来，"我对孩子们的关爱太有限了，当我把他们看成自己的儿女一样对待的时候，我真的希望我的付出没有白费，我希望社会能给予他们包容和呵护，毕竟我自己的力量太小了，我多么希望有更多的人能帮帮这些可怜的孩子们，救救孩子！"

（二）关心关系的建构：自我教育的生长点

正如诺丁斯所说，学校是建构关心关系、学会关心而非充满竞争的地方。转型社会中的乡村学校，仅仅建构学校内的关心关系是不够的；面对当下乡村留守儿童及其具体的特殊家庭处境，仅仅依靠学校的教育职能来解决是远远不够的。几乎每一个乡村教师都会有面对留守儿童的教育经历，将教育触及对家庭的全面支持，更是当下乡村教师专业生活所面临的挑战与需要解决的燃眉之急。然而在现实中，家校关系对乡村教师而言是非常尴尬的自留地，就好像是永远留白的沙漠一样，寸草不生，荒废到了没有开垦价值的地步，但正是因为它的荒凉与惨淡才牵动着乡村教师的道德生活，牵扯着他们的教育良知，诱发着阵阵心酸与思考。乡村教师的家校关系虽然不是他们生活的主旋律，但它就像那刺耳的噪声一样，冷不丁地引起阵痛，干扰着正常生活。无论是小美老师，还是一心扑在留守儿童身上的胡老师，这都不应该是乡村教师家校关系的伦理常态。冷漠不符合人性道德，而透支又违背教师伦理，我们不应容忍像小美老师这样的对学生的淡漠与对家长的抱怨，我们也不能眼睁睁地看着像胡老师这样的真正爱孩子的好教师备受挫折，无助地呐喊。

家校关系的矛盾是乡村教师自主探求、自我突围过程中必须要直面的重要一环。它也是乡村教师相较城镇教师而言，需要面对的更重要的工作内容，可以说没有任何一个教师群体像乡村教师一样面对这样复杂艰巨的家校关系疏导问题。而解决这一系列问题都要靠自己摸着石头过河，硬着头皮蹚出一条路来。这种必须要直面的甚至是不得不解决的问题，迫使乡村教师必须要自救，必须自我摸索、自我学习，并需要他们积极开拓自我教育的新内容与生长方向。可以说，乡村教师的家校关系涉及他们的职业幸福，而家校关系的根本在于家与校真正建立起关系——不漠视、不替代、不放弃。而当下留守儿童出现了新的特征：随着物质生活的不断满足，他们的精神生活表现得更为空虚匮乏，上演着一幕幕惨烈的留守之殇。基于此，乡村教师的应对方法与态度都会对他们的命运起着至关重要的影响。乡村教师在家校关系中的角色应该是留守儿童及其父母的可感触的亲情的指导者与协助者，是父母与子女彼此之爱的联结者，是提升家庭教育质量的促进者。很显然，当下部分乡村教师确实没有准备好……正是由于在家校关系中出现的两极分化现象，才更应该引起乡村教师进一步的思考和反思：如何在家校关系中找到自己的角色位置？如何借用自己的教育身份建立家庭和留守儿童真实的情感联结？在没有任何关于留守儿童及家校关系的系统理论学习的情况下，面对眼前必须要解决的问题，需要我们自己来完成，在实践中走出一条突围的道路。正是现实教育情境的不尽如人意，给予乡村教师自我学习、自我教育、自我突围的可能生长点。这是一种实践反思中的成长，也是职场现实可能赋予他们的独特生命活力。

四、教师自我教育路径闭塞

专业生活本应该是乡村教师的立身之本，专业生活的质量决定着乡村教师的职业尊严和实践价值。为何要成为乡村教师？为何当年意气风发要从事乡村教育的激情渐渐消退了？面对扑面而来的细碎、烦琐、反复、单一、枯燥的学校生活，有的乡村教师渐渐地迷失了来时的路，深陷在甘愿平庸与碌碌无为之中，于是，曾经"能吃上皇粮"的教书先生的荣耀消弭了，本应该作为城乡多元文化的持有者、传递者的乡间知识人的坚守摇摇欲坠了，孩子们心目中期待的可爱可亲可敬的乡村教师之爱殆尽了……笔者在乡村教师的专业生活的访谈及观察中，看到了以下触目惊心的一幕又一幕。

（一）专业生活的平庸之殇

【镜头一】全科读教者

小张老师是镇中心小学的一位全科教师，至今已工作了5年。课堂上，他全然不顾学生的反应，操着方言一个字一个字地读着教科书。没有任何的抑扬顿挫，不带任何的情感。每一个字音从他沙哑的喉咙里发出来，都让人感到随时要哽住。小张老师所学的专业是计算机，但现在却充当了全科教师，他常常是在上课前才看了一遍教科书，大致有个印象就直奔教室。小张老师经常抱怨："我就一个人，我又不是那些专业毕业的，没有学过的科目领导还一定要我上，我就只能这样上课了。我的精力也很有限啊！"

【镜头二】喂猪的价值

老李是村小教学点的老师，教龄10年。老李是皮肤黝黑、有一股子力气的乡村好把式，喜欢干农活，尤其喜欢喂猪，在喂猪的时候，笔者能见到他少有的舒展的眉宇及和悦的神态。老李喂猪时不仅要端详猪的举动，还要拍打拍打这头，用小木棍拨拨那头，就像见到一天都未曾见到的自己的孩子一样欣慰欢喜。老李看着猪争先恐后地进食分外高兴，跟我畅所欲言："我这一天天的，上课的时候总是觉得那个时间过得最慢，简直就是在熬。只有放学了，喂喂猪，种种地，收拾收拾院子，忙活忙活，这才算是舒坦。不然的话，那种每天都上课的日子是很恼火的。"

【镜头三】一件令人"感动"的事

周老师是镇中心小学的数学教师，在此地可真的算是科班出身根正苗红的专业教师了。他刚刚工作2年，负责全校所有年级的数学课。周老师一本正经地跟我侃侃而谈："不怕您笑话啊，自从我来了，这个学校终于有人会做五年级的数学题了！"随后，他缓缓地坐了下来，喝了一口水，又叹了口气，"我来了，五年级的数学平均分翻了一倍，只是可惜啊，我接手的时候太晚了，现在孩子们的平均成绩刚刚到40分……"周老师脸色黯淡了下来。

（二）告别平庸之殇：自我教育的路在脚下

如果把教师的专业生活比喻为一面镜子，透过它反映出的是教师自己的精神模样，那么，不知会有多少教师明明站在这扇镜子面前却没能看到镜子中的自己。有些乡村教师完全无视自己在专业生活情境中的生命状态，完全沉溺在得过且过的平庸之殇里——被周遭平庸无为的生活折磨，甘愿主动遮蔽自己的双眸，没有任何自我驾驭的想法或意识，混沌地随着日常生活过下去。当淹没在日复一日的没有自主思维的平庸生活之中的时候，人不仅会安于其中的一成不变，而且会自然而然放弃直视自己的精神镜像和自觉情感世界的勇气。无论是无动于衷的困顿者小张老师，还是将喂猪当作最大的生活乐趣，在课堂中备受煎熬的老李，抑或是略带反讽意味的"数学能手"周老师，他们的乡村教育百态虽然并不那么可爱美好，但确是真实存在的。其实，他们可能自己也不知从何时起对乡村教师的小而平庸产生了高度认同。如此也就主动放弃了职业的幸福。当下部分乡村教师即使物质致富也未能专业乐道，即便国家将高配置的电脑搬进了教室，创建了崭新的实验室，成批地采购图书与教具，如此大规模地开展"国培"，不惜代价地制订各种可能提升乡村教育质量的政策，但是面对教师照本宣科的教学过程，面对对喂猪的兴趣胜过上课的老师，面对大家在一起吹吹牛、拉拉话、传达上级指示的教研生活，我们在给予乡村教师系列支持的过程中，唯独忽略了首先将他们定位为活生生的可以自主的人。人的主体性、精神的需求、情感的满足将是他们开展专业生活首先要解决的问题。当我们将乡村教师贴上"要被援助""要被改造"的求救标签的时候，实际上就已经成为这平庸齿轮间的一分子，尽管那是出自善意动机，但事实上我们谁也没有逃过平庸之殇。生活就是这样继续着，它上演着各种真情实意，身临其中的人似乎无法自拔，也不愿意尝试改变，更不乐意激起那颗尘封已久的心的一丝波澜。

令人欣慰的是，现实生活中，在广大乡村教师群体中，仍有那么一小群创造者，他们不甘平庸却似乎也没有什么更好的办法去改变，仅仅认准了目标，脚踏实地去做，努力地去尝试，不懈地去追求，在自己的教育实验田里辛勤地劳作，默默耕耘，不畏惧、不气馁，更不放弃。就是在这样日复一日的坚持中，他们终于冲出了平庸之殇，迎来了自我教育的曙光。当问及他们有何种秘籍或是用何种方式实现了自我的时候，他们几乎众口一词：只管去做吧！他们的方式很质朴简单，在没有雄伟蓝图或是高尚的教育愿景的时候，只管从做中学，在做中求得进步，在做中找到自我教育的路径。于是越做越有自主性；越做越觉得生活没有那么困顿无聊，相反还挺有奔头，很有意义；越做越自信有为，越觉得自己的生命有价值，自己的事业值得去奋斗。在这些乡村教师看来，自我教育之路别无选择，就在脚下，只要肯踏踏实实地做，就一定就会像种在地里的庄稼一样，总会有个收成。

五、教师自我教育时空狭窄

不会休息的人大概也不会集中精力投身于工作。乡村教师休闲生活的质量的确是考察他们工作状态时一个往往容易被忽略的尺度。积极健康的休闲生活是有利身心发展，促进事业及良好人际关系的调味剂。休闲生活不健康，很难有积极的人生指向，整个人活得也没有生息，很容易进入日常生活慵懒、烦琐、混沌的消磨中。乡村教师的休闲生活常常隐藏在黑暗里的角落，很少有人关注过，更没有发现其价值，但是乡村教师的整个生活就是这样真实地发生着，即便它只是构成完整生活的碎片，但它确实也填充着生活的意义，至少反映着身在其中的人们的精神寄托与生命所属。在此，用镜头碎片的方式描摹乡村教师普遍存在的休闲生活样态，期待用生活本身的模样予以呈现。

（一）慵懒散漫的生命状态

【镜头碎片】麻将·赶场·吹牛

麻将：打麻将在这里似乎就如同吃饭一样平常，孩子们习得第一个数字或文字几乎都是在这麻将桌上，即便是作为乡村教师的教书先生也不大可能逃离这样炙热的麻将文化。晚饭后他们大多会出了校门走街串巷转悠转悠。说是串门溜达，其实大家聚在一起总归是离不开那张麻将桌。据很多乡村教师自己所言，一天在学校里的生活确实是太枯燥乏味，总是想找个娱乐调剂一下。

赶场：赶场是这里惯用的一种说法，类似赶集的一种活动。到了赶场的那一天，大家就像过节一样，很多学校都会停课。有的乡村教师干脆请一天假去忙着采购；有的还会打发学生去市场里代购些东西；有的专程过来会朋友交流感情；有的干脆在城里批发了东西装进车里，在赶场那天搞起副业做起买卖来。

吹牛：这里的人们喜欢将聊天、寒暄、拉话——只为了休闲漫无目的的谈话沟通称为"吹牛""吹吹牛""吹一哈"。乡村教师自然是"吹牛"的核心人物,他们聊天的话题很多,畅所欲言,无所不谈,但大概就是把在县城里的生活、出差的经历、自己的传奇见闻等"大事",一本正经地跟大家说说,一般都是要说到一壶茶水下肚,边炉里的木炭燃尽了,大家才各自散去。

(二)闲暇消费:自我教育的助力器

"休闲是生命的一种状态。"[①] 休闲的"价值不在于提供物质财富或实用工具与技术,而是为人类构建一个意义的世界"[②]。休闲对于人的发展具有本体性意义,它关涉人的存在样态和生活品质。休闲生活的质量很大程度上取决于"是否有能力充分利用闲暇去创造丰富多彩、令人满足的生活"[③]。休闲对于教师是必要且必需的,休闲与教师在本体性层面休戚相关。休闲生活是一把双刃剑,积极健康高尚的休闲生活有助于教师工作的效果,有利于教师的身心发展,促进教师生活的良性循环;而当休闲生活没有节制地与浅层的感官享受关联,且丧失了意义世界自主性的时候,休闲就变成了百无聊赖、游手好闲,且容易闲生是非、玩物丧志。在以上镜头碎片中,我们看到了令人忧心的不务正业、贪图享受的乡村教师的休闲生活方式,这样的生活方式具有强烈的传染性、易感性及破坏性。慵懒、无所事事的生活遮蔽了主动思维与情感自主的能力,人主动的德行生活之创造力被扼杀在一时的感官享受及贪图物欲中,严重地被消极的休闲生活腐蚀,人却还表现得非常沉醉与习惯于此。对此,乡村教师的自我教育应该有所作为——"要想控制人的内心障碍,我们需要做出其他一些努力,在这些努力中,最为重要的就是休闲而做出的教育"[④]。在此,尤其是要针对乡村教师关于休闲生活的认识误区与不当判断做出澄清与积极引导,而生活永远都只能是专属于生活在其中的人,因此,健康高尚的休闲生活除了需要文化的惯习及榜样的引领,更需要依靠乡村教师自觉与自我创造。乡村教师的休闲生活是他们专业成长的助推

---

① 刘海春. 休闲:生命本体意义上的解读 [J]. 杭州:浙江社会科学,2005 (5):95—99.
② 马惠娣. 休闲:人类美丽的精神家园 [M]. 北京:中国经济出版社,2004:78—79.
③ 曼蒂,奥杜姆. 闲暇教育理论与实践 [M]. 叶京,潘敏,鲍建东,等译. 北京:春秋出版社,1989:167.
④ 古德尔,戈比. 人类思想史中的休闲 [M]. 成素梅,马惠娣,季斌,等译. 昆明:云南人民出版社,2000:279.

器，相比城镇教师而言，乡村教师的休闲时间会略多一些，时间是开展自我教育的客观保障。自我教育需要一定的实践反思的时空，需要乡村教师时不时地驻留、回望、反思，而紧锣密鼓的快节奏生活方式使人难以有自我教育的余地，恰恰是张弛有度、紧张活泼的工作节奏为自我教育提供了时空和氛围的保障。因此，如何利用好休闲时间助力自主成长将是每一个乡村教师需要深思的问题：是任时光飞逝还是将其转化为生命的助力器？过休闲生活的方式不同，所得到的结果也就不同。

第二节 贵州省四地五校乡村教师自我教育困境分析

自我教育首先是一定要由自我发生的一系列主体性的积极谋求发展的教育实践活动。而当自我教育陷入困境的时候，需要聚焦的是自我的主观性层面是否出现了问题。具体到乡村教师自我教育的困境分析，笔者首先关注的是乡村教师自我的情感体验维度，将触及乡村教师自我教育的这五个领域以情感体验的线索编织起来，用镜头管窥的方式以情感之眼不断透视聚焦。乡村教师所在场域的一系列自我体验本身就是其自我教育的一种直观的、切身的表达状态。其次，一切自我教育都是通过自我意识的唤醒、自我感的激发、自我主体性情感的支援，加之与自我相关的一系列情感事件及情感环境的助力等因素的积极参与而达成的。可以说，情感因素的考察是自我教育的起点与本源性的支持力量。再有，笔者对自我教育的质量与程度的考察很大程度上依据情绪情感表征，自我的情感体验是最明显、最真实的达成自我教育效果的观察指南。自我教育"如人饮水，冷暖自知"，外界任何的评述和测量都没有"身在此中，情在此处"的亲历者的感受更有说服力。

对乡村教师自我教育困境的分析，无论是从自我教育主体本身出发，还是从自我教育情感形式的线索探究，或是从情感维度对其质量效果的考察，都要出自情感、体验情感、汇聚情感，同时指向情感的自我价值系统。这触发了笔者对乡村教师自我教育困境之情感维度的进一步认识与深入阐释。经过上文与乡村教师自我教育相关的五个生活维度的案例描述，笔者以"情感-生命"为线索（内在线索），以道德生活为指向（外部价值取向），经过文献材料及实践案例的梳理得知，造成乡村教师自我教育困境的主要成因包括：在主体本质层面，乡村教师"情感-生命"的遮蔽导致其自我教育缺失与无力；在价值指向方面，乡村教师道德生活的困境造成其自我教育困顿和迷茫。

在对乡村教师自我教育的困境成因的探究中，笔者利用《关于乡村教师自我教育相关因素》对受访 5 所学校的 53 位老师进行问卷调查，并将调研结果进行词频分析来进一步求证。以下是关于该调查的介绍。

一、揭开自我教育的情感深处：基于词频编码导向

笔者就乡村教师自我教育困境的成因为主题发放开放题型问卷，就问卷答案进行词频分析统计。本研究采取的是定量与定性相结合的词频分析方法，研究工具是含有 3 份开放问题的调查问卷。笔者利用词频分析法主要是基于乡村教师的自身条件限制，相比精致的语言编码，他们更愿意用质朴凝练的词汇，一针见血地描述自身的生存现状。由此，选择用词频分析方法较为适切，更符合研究对象的群体特征，有助于促使他们用最关键核心的词汇简洁表达生活体验，旨在以最短的时间，高效地提炼人在复杂情境中的生存状态及感受，立竿见影地寻找到问题的成因。这种以伴有体验性的词汇的自我描述为特征的统计分析与结果阐释，是科学性的人文实证范式。它同一般量化研究不同，它不是简单地用数据证明，而是将体验性的词汇作为与人产生内在关联的文本数据导入归纳总结，阐释词频背后的意义指向与人的情感态度价值观。

（一）研究设计与过程

研究前提：笔者首先对乡村教师就自我教育的界定进行了分析，另外利用熟悉的教师自我教育的案例进行阐释，在对话交流中促成乡村教师对自我教育有了初步理解之后再发放开放型题目问卷。

研究工具：《关于乡村教师自我教育相关因素》开放型题目问卷的匿名调查。

调查对象：5 所乡村学校的所有乡村教师，共计 53 人。

问卷题目：

Q1：请回忆您的职场生活，用词汇描述一下您当下自我教育的状态。

Q2：如果在自我教育中出现了一些困境，您认为都是哪些因素造成的？哪些因素最为重要？（用简短词汇表达即可）

Q3：请从您身边找出 1 位您认为最优秀的且擅长自我教育的教师，他（或她）是您最熟悉、大家都公认的榜样同事。然后，请您列举出他（或她）与同事们对比，在自我教育实现（胜任力）方面有何突出特质。（用简短词汇表达即可）

回答数量：受访人数 53 人，关于 Q1 回答词条为 75 个，关于 Q2 回答词条为 104 个，关于 Q3 回答词条为 95 个。

词条分类：

关于 Q1 词条分类：Q1——A 混沌迷茫、Q1——B 凑合一般、Q1——C 追求进步、Q1——D 完全没有。

关于 Q2 词条分类：Q2——A 认知判断、Q2——B 情感态度、Q3——C 行为能力、Q2——D 外在因素、Q2——E 人际关系。

关于 Q3 词条分类：Q3——A 内在情感、Q3——B 自我教育意识、Q3——C 自我教育能力、Q3——D 自我教育机会、Q3——E 自我教育动力、Q3——F 个性特征（区别于他人、相对稳定的心理特征）、Q3——G 实践经验（实践经历得到的认识和总结）。

研究方法：

（1）本研究采用问卷调查法。对贵州省四地（毕节、兴义、修文、小碧乡）五校（S 校、W 校、H 校、Y 校、Z 校）的所有在岗乡村教师发放匿名问卷，共计 53 份。

（2）问卷数量：受访人数 53 人，有效问卷 53 份。收集 Q1 问题作答词条数目为 75 个，Q2 问题作答词条数目为 104 个，Q3 问题作答词条数目为 95 个。

（3）运用 Word 和 Excel 软件，对以上每个问题的作答词条进行分类，标出每个词条字母对应的序号。

（4）按照词条出现频率找出出现次数最多的前 3 位，以此对乡村教师自我教育困境成因及自我教育的榜样特质进行分析和描述。

（二）研究结论与发现

运用 Word 和 Excel 软件，就每个问题分别对其分类条目进行编码，并将词频出现较高的词条进行列表排序。

1. 关于自我教育状态的词频编码及结果分析

(1) 关于Q1作答的词条编码分类与词频排序

关于Q1作答的词条编码及词频排序如表5、表6所示。

表5 关于乡村教师自我教育现状的词条编码

主维度及频次	编码及频数统计	原始词条举例
Q1——A 混沌迷茫（48）	教育内容枯竭（8）	没有长进、照本宣科、读教材、没有参考书、知识面窄
	教育方式守旧（8）	老一套、按照常规、按部就班、墨守成规
	情感遮蔽（18）	无聊、混沌迷茫、无所事事、浑浑噩噩、混日子、煎熬、沉睡、挣扎、无望
	生活价值迷失（14）	没有意义、人生没有方向、不知所措、迷失、不求进取
Q1——B 凑合一般（3）	出现概率小（3）	还可以、马马虎虎、偶尔会有
Q1——C 追求进步（19）	学习内容丰富（4）	不断钻研获取新知、主动学习、开阔视野、追求进步
	教育方式创新（4）	反思创造、积极实践、做中学习改进、不断尝试新方法
	价值方向明确（6）	道德追求、良知、求放心、热爱教育、事业心驱动、有道德有底线
	自我感受良好（5）	情感饱满、学习快乐、充实、成就感、价值感
Q1——D 完全没有（5）	自我否认（5）	没有自我、没有自我教育、随大流、从众、跟风

表6 关于乡村教师自我教育现状的高频词条频数排列（前3位）

特质	情感体验混沌迷茫	生活价值迷失	内容枯竭方法守旧
频数	18	14	8

(2) 关于被访乡村教师自我教育现状的研究结果分析

第一，"情感体验混沌迷茫"和"生活价值迷失"两个维度成为被访乡村教师自我教育状态的集中描述，凸显问题的指向。

在小群体教师的开放型问题中有如此尖锐的问题指向，可见其自我教育的现状确实不容乐观。通过对被访乡村教师自我教育现状的词频编码和排序，从表5来看，被访乡村教师的自我教育现状主要指向了"情感体验混沌迷茫"和"生活价值迷失"两个维度。这两个维度将生命感受与生活的意义凸显出来，也将笔者研究的问题很自然地聚焦在情感与生活的维度上。这与本书选取的"情感-生命"视角以及道德生活语境如出一辙，并且得到印证。

第二，被访乡村教师群体出现了两极分化的自我教育状态，一部分人深陷困境，一部分人享受到自我教育实现的正向力量。

从表 5 中可以看出，乡村教师自我教育状态的自我描述出现了两极分化的情况，虽然有绝大多数受访者认为自我教育状态是混沌迷茫的，价值方向是迷失的，但也有一部分乡村教师主动地创造着自我教育的机会，拥有着积极向上的情感体验和道德生活的价值归属。

第三，被访者中那些自我教育状态较好的乡村教师，他们对自我教育的评价多集中体现在"自我感受良好"和"价值方向明确"两个方面。

在表 5 中可以看到被访乡村教师多认为要在职场中不断地追求进步，"自我感受良好"和"价值方向明确"（正向、积极、道德的）这两个维度是其自我教育状态的集中体现。这与笔者选取及考察个案的维度是密切相关的，正是有了前期的词频分析及现象逼近作为调研的结果，才坚定了笔者的信心，奠定了笔者以"情感-生命"作为视角，将指向道德生活之自我教育的实现作为本研究的主要内容。

2. 关于自我教育困境成因的词频编码及结果分析

（1）关于 Q2 作答的词条编码分类与词频排序

关于 Q2 作答的词条编码及词频排序如表 7、表 8 所示。

表 7 关于被访乡村教师自我教育成因的词频编码

主维度及频次	编码及频数统计	原始词条举例
Q2——A 认知判断（4）	理性认知判断（4）	自我认识、理性、运用知识、观念
Q2——B 情感态度（60）	自爱、自尊（16）	自尊感、自爱、自我理解、自我悦纳
	联结感、关心、同情、依恋（8）	关心自己、同理心、同情、依恋、联结、善良、爱心
	正义、道德、理智感（10）	公正、正直、理性、道德感、正义
	教育爱（12）	热爱儿童、事业感、教育情怀、教师情感、敬业乐群
	成就感、价值感、效能感（14）	高峰体验、上进心、进步体验、积极进取、收获感、成就感、自我超越

续表

主维度及频次	编码及频数统计	原始词条举例
Q2——C 行为能力（13）	自主学习（4）	学习能力强、自主性强、追求专业进步
	学习方式（5）	敢于尝试新方法、创新、新技术使用、方法灵活
	实践经验（2）	经验丰富、敢于实践
	自律（2）	严格要求自己、自律
Q2——D 外在因素（4）	学校文化（2）	学校风气好、鼓励自主学习
	组织制度（2）	有学习机会、与绩效相关
Q2——E 人际关系（23）	同侪关系（6）	同事关系和谐、和平相处、相互鼓励、竞争合作、互助、同侪促进
	师生关系（8）	师生关系良好、学生的关心、师生关系顺畅、师生相互欣赏、共同建构
	家校关系（3）	家校来往密切、家长鼓励、家长认可
	家庭关系（4）	家人鼓励、家庭和睦、原生家庭影响、父母榜样
	社会期待（2）	外界的看法与评价、社会重视度

表8 关于乡村教师自我教育成因的高频词条频数排列（前3位）

特质频数	情感态度	人际关系	行为能力
频数	60	23	13

（2）关于被访乡村教师自我教育困境成因的研究结果分析

第一，被访乡村教师归纳自我教育实现的成因主要集中在"情感态度"和"人际关系"两个方面，尤其是在"情感态度"方面占有绝对的优势。

这为笔者探寻乡村教师自我教育实现的路径提供了参考，也印证了从内部发力，从"情感-生命"处探寻自我教育实现的可能性和切近性。正是基于被访乡村教师的自我教育实现的归因指向，笔者就"情感-生命"的视角切入乡村教师自我教育考察才有了现实的依据和研究的价值。

第二，在被访乡村教师自我教育实现因素之"情感态度"方面，有其不同侧重的层级排序。在表7中，自尊感是比较公认的自我教育实现的情感，有16个词频表达此意义；其次自我价值感有14个词频表达；之后是"教育爱""理智感""联结感"。由此可以得知在被访乡村教师中，这些层面的排序是有所侧重的，大家可能更多地认为，自尊感一定会在自我教育的实现中起着至关重要的作用，而代表着收获、成就的自我价值感则是其重要的效能维度。由此看来，在自我教育实现中不同情感的品种实现着不同的功能，这需要进一步从理论到实践的阐释。

第三，在被访的乡村教师看来自我教育的实现还需要人际关系的巩固。这又为笔者的研究开启了新的着眼点，考察乡村教师职场生活中影响自我教育的关系维度。在表7中可以看出，师生关系的和谐和同侪关系的促进是主要激发和强化自我教育的因素。这将为本研究在职场关系维度的考察提供借鉴。

第四，由表7"人际关系"层面可知自我教育的实现不是孤立的事情，它不仅需要内部的条件支持，还需要外部条件尤其是人际关系的补给和满足。而在人际关系对于自我教育的影响中，也有先后的排序，师生关系是首位的，其次是同侪关系，再次是家庭关系、家校关系，最后才是与社会的关系。这为笔者接下来关于乡村教师自我实现的外部因素的研究提供了现实的参考。

3. 关于自我教育胜任力特质的词频编码与结果分析

(1) 关于Q3作答的词条编码分类与词频排序

关于Q3作答的词条编码及词频排序如表9、表10所示。

表9　关于被访乡村教师自我教育胜任力特质的词频编码

主维度及频次	编码及频数统计	原始词条举例
Q3——A内在情感（51）	情感饱满（16）	热情好学、自我悦纳、开朗、精神好、精气神、情感饱满、精力充盈、情感丰满、生命活力十足、生命丰盈
	专注投入（8）	全情投入、专注、聚精会神、坐得住钻得深、用心投入
	敏感（10）	敏感、善于表达情感、易感性、觉知力强、举一反三、敏锐
	积极正向（13）	善良有道德、事业感、教育情怀、教师情感、敬业乐群、教育爱、自爱上进、追求进步
	感染力（4）	感染力强、活力四射
Q3——B自我教育意识（13）	自我觉察（8）	理解自己、感觉自己能力强、自己反思对话、体验、本分、关注自己
	自我与他人关系（5）	洞察力强、关系敏锐、关系好、合群、人缘好
Q3——C自我教育能力（4）	自主学习（4）	喜欢学习、钻研、主动求教、喜欢阅读、学习能力强

续表

主维度及频次	编码及频数统计	原始词条举例
Q3——D 自我教育机会（6）	时间利用（4）	时间安排得好、充分利用时间学习、时间安排合理、不荒废光阴
	空间利用（2）	在哪里都爱学习、善于利用不同场所学习
Q3——E 自我教育动力（12）	自强自立（6）	自主性、主体性强、自求发展、奋发图强、独立、自我实现、自我动机强
	外界刺激（6）	家庭鼓励、学校制度好、学习氛围强、班级竞争、同事进步、同事互助、学生求问、学生促进
Q3——F 个性特征（8）	性格特质（8）	幽默风趣、开朗阳光、自信、魅力四射、人格魅力、德行好
Q3——G 实践经验（1）	经验丰富（1）	实践经验丰富

表 10　关于乡村教师自我教育胜任力特质的高频词条频数排列（前 3 位）

特质 频数	内在情感	自我意识	自我教育动力
频数	51	13	12

（2）关于被访乡村教师自我教育胜任力特质的研究结果分析

第一，被访乡村教师认为自我教育实现所需要的特质多集中在"内在情感"维度。由此说明，被访乡村教师更关注自我教育产生的内在情感支持和感受体验，而并非理性层面的关于自我教育的技能与知识判断。情感维度是被访乡村教师较为公认的重要维度，由此看来，较为偏远地区且成分复杂的乡村教师群体很可能对理性层面的认知并不是很深刻而全面，维持他们职场生活，寻找生命意义，进行自我实现的活动的源泉便是那不可忽视的情感维度。

第二，被访乡村教师所认为的"自我意识"带有自我理解、自我体验和自我与他人之间的关系层面的特殊含义，而并非完全理性层面的自我认知、评价、调整或是观念上自我教育的理性结构。被访乡村教师的自我意识更为朴素且含有丰富的感性经验，这与外界对他们的看法有所不同，也为笔者进一步探求其自我教育的实现提供了独特的实践参考。

第三，被访乡村教师也较为重视自我教育的动力系统，他们将自强自立与外界支持作为自我教育实现的归因。一来说明他们看到了问题的主要矛盾、内部矛盾和外部矛盾，知晓要实现自我教育就一定要内外因素共同起作用；二来说明他们看到了自我教育发动机制的重要性。内外因素同等重要，二者不可缺失。这为笔者探求优秀乡村教师自我教育实现的成因提供了现实参考。

第四，在"外界刺激"中，被访乡村教师更注重在外力支援下的体验与收获感。"家庭鼓励""学校组织文化""同事互助"以及"学生促进"一起作为高频词汇不断出现，这说明对外界支持的需求方面，被访乡村教师更在意那些可以感触到的、切近的、可以直接得到收获的条件和因素。

（三）研究结果指向：关注教师自我教育情感深处

（1）被访乡村教师自我教育现状存在着两极分化的情况：绝大多数乡村教师自我教育出现困境，生活困顿，深陷迷茫，价值方向迷失；而有一部分乡村教师可以在职场中找到生命价值，可以自主创造有道德意义的生活，他们追求专业进步，与周围关系和谐，自我感受良好，同时是周围其他乡村教师可以学习的典范。

（2）被访乡村教师自我教育困境成因多集中体现在深层情感体验与人际关系生活维度。他们的自我教育更多的是来源于感性层面的动力机制与生活层面人际间的道德观照。为寻找他们自我教育困境的突围之路，势必要抓住这两个核心层面，在此基础上向更深处探寻。因此，这奠定了笔者以"情感-生命"视角在道德生活的土壤之中寻找自我教育实现路径的现实基础与实践逻辑。

（3）在情感维度对自我教育的促进方面，不同的情感种类之间是有一定关联的。被访教师更重注的情感种类依次为自尊感、自我价值感、教育爱、正义感、联结感，可以说这些情感种类奠定了他们自我教育实现的情感基础。

（4）关于外界对乡村教师自我教育的支持层面，被访乡村教师更侧重于希望得到可以感触到的、直接产生生活体验的、有收获感的外力支持。而且在自我教育实现的外部因素方面，他们从不同角度进行多元化阐释，其中职场生活、家庭生活、社会环境是他们依次关注的方面。

对以上观点进行综合梳理，可得出以下图示（图5），如此可将它作为本研究的重点与写作的现实逻辑参照。

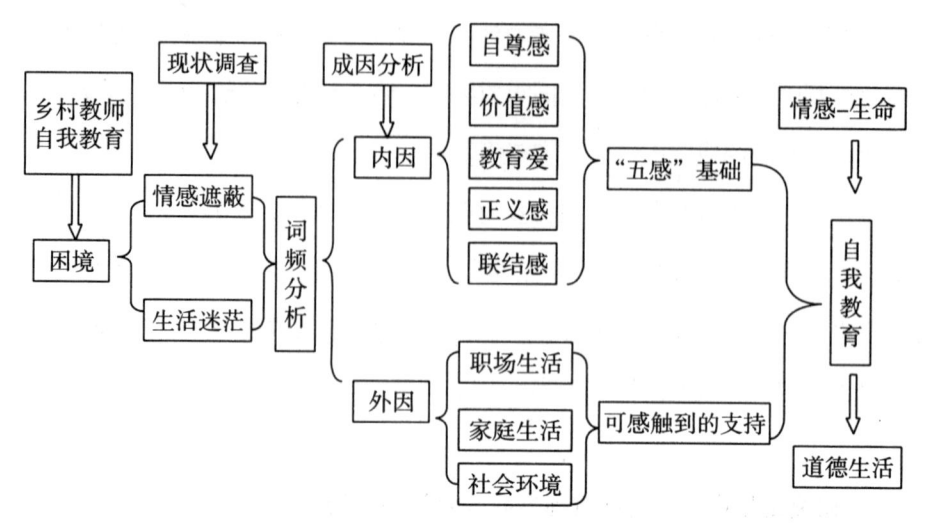

图5 乡村教师自我教育困境的成因分析图

二、洞悉自我教育的"情感-生命"之维

生命本身是完整的有机体,本不该有分割性的指称或符号标记,但是因其特殊结构及独特的功能性,人为地对生命进行特别的归类与结构性的划分,其意图在于将生命的本质属性阐释得更为深刻明确。将生命的独特个性置身于整体性之中,理解生命的不同维度与构成,有利于我们认识自我、解读自我、发展自我、实现自我。因此,笔者在此所拟用的"情感-生命"视角意在凸显生命中的情感维度的价值。依据生命不同的属性特征可以将其凸显的部分归类界定为:"生物-生命""精神-生命""社会-生命""情感-生命"等。而"情感-生命"则是与先天生命的神经系统密切相关,拥有后天的培育潜能,与整个人的生命相伴而不断生长的、完整的动态情感系统。它是人类在不断演化过程中形成的高级的情感系统,其发达及复杂程度决定着人的生活体验的深度、广度以及生命质量的高度。"情感-生命"也是人不断进行自我反思与自我改造的前提条件,没有强烈渴望要改善求进步的"情感-生命"的主体参与,是不可能有自我改变的意识的,更不会有在逆境中坚韧不拔的内在支持力,也不可能实现真实而持久的自我教育。只有那些内化到生命中的积极影响才能生成真实的自我教育。而这种内化除了需要认知思维的参与,更多的是依靠情感上的接受和情感的直接作用。"情感-生命"的存在形式是在自我教育中自然流淌出来的,而且是必须与其相伴

而生的，没有"情感-生命"参与的活动不能算是人类意义上的活动，那就像是机器的机械性工作一样，毫无人性可言，陷入钝化与异化。而只有人的"情感-生命"浸入的活动才是个体产生意识、激发理解的自主活动，自我教育正是在全情投入的积极"他育"的影响下产生的强烈自我意识，并实现对自己行为的反思、调适、促进、改善。在学习心理学中强调的深度学习也着重强调，那些与自己的境遇、经验、体验等主观层面的感受产生强烈联结的身心投入的学习，才是真正走向学习快乐的捷径，它是超越了机械灌输的被动学习及浅层识记的真正可持续激发兴趣及动力的自主学习。这也一定是自我教育的主要培育模式。值得注意的是，在自我教育中，情感就像春天里的种子一样不断萌生、破土而出、努力绽放，虽然"情感-生命"的初期可能会遇到些风雨挫折的洗礼和生活的磨砺，或是要经历艰难跋涉的向内探寻过程，但越到后期，所形成稳定的情感习惯和顺畅的情感通路就会越加显示出它的功效来。于是，情感和自我教育必然会不可分割地统一起来成为情感主体的自我教育。关于"情感-生命"参与自我教育形式的考察主要通过内外两个输出系统实现，外在输出系统主要是情绪情感表征，通过观察个体的情绪情感的外显情况，比如体态、神情、动作、语言等来推断"情感-生命"参与的程度与种类，基于此进一步考察个体呈现的"情感-生命"样态所导向的自我教育的情况；而内在输出系统来自个体的自我意识唤醒、自我情绪情感的觉察、自我反思等自传式的觉知系统，通常是通过自述及参与式回溯、自我对话等主动表达形式来考察。

"情感-生命"的遮蔽导致自我教育的无力与缺失。人若没有了高级的情感体验，也就没有了自我的觉知与判断，从此便陷入了自我的迷失中。以上乡村教师那些不尽如人意的自我教育现状便是显证：老王对生活的态度，其"情感-生命"被强烈的庸常所占据，而那追求上进、为人至善的自我意识以及精神的感受力被遮蔽。其他人亦然，于是有了以"全科读教者"自居的小张老师的"无所谓""不想改变"的教学态度，有了老李对喂猪的极大兴致以及在教学生活中的苦苦煎熬……他们的教师专业情感似乎是无从谈起的，教育学生的热情与兴致，在他们那里已经降到零度以下，而身在其中的人却全然不自知。面对胡老师对留守儿童的心疼与希冀，和小美老师对乡村儿童的抱怨，我们在两极分化的情感体验中，依旧能分别捕捉到教师正常情感被压抑和透支，以及教师正义公正情感被蒙蔽。没有正常的、积极正向的教师情感的参与，教师很难在情感生活事件中发现自我，反思自我，也不会进行自我突围；而在一系列慵懒散漫的休闲生活中，有些乡村教师的精神需求达到了令人吃惊的荒漠状态，人性高尚的道德情感体验与情操迷失了，自我陷入一片混沌的状态，他们难以自拔更不想改变，牺牲了宝贵的自我教育的时空；在一系列因教师职场情感匮乏导致的师生关系及自我认同的危机之中，教师宝贵的情感动力源泉枯竭，教师职业幸福感稀缺，整个生命由于情感力不足而陷入黯淡凋谢的状态。可以说，以上案例的种种表现，都指向了乡村教师的"情感-生命"系统所囊括的内容，当"情感-生命"被遮蔽时，教师很难拥有自我改善的意识，更不会拥有自我教育的能力。

三、乡村教师"情感-生命"与其自我教育的关系性价值

关注人的情感发展是教育中的一个本源性、根基性的问题，因为只有情感才是真正属于个体的，它是内在的、独特的，是人类真实意向的表达。从这一意义上说，人的本质正关联于其情感的质量及表达。一个人对某种价值认同、遵循乃至形成人格，虽然需要以一定的认知为条件，但根本上是一个人情感变化、发展，包括内在情感品质与外在情感能力提升和增长的过程。[①] 因此，可以说情感是标识生命质量的重要价值尺度。而从"情感-生命"的视角考察乡村教师自我教育现状，是期待用最为真诚直接的方式抵达生命质量的内核，以此逼近自我教育的真相。这也是试图揭开生命内源性支持的一种实践探索，是为自我教育真实发力、持续赋能而提供的内质性诠释。教师"情感-生命"与自我教育并非完全独立的领域，它们有交织与重叠部分，它们共同拥有着内在的关系性价值，相互联结，互为表里，彼此共生而又共进。

在价值影响层面，乡村教师的"情感-生命"是有道德意蕴的，它是自我教育的源头活水，决定其价值流向，源源不断地给予自我教育精神动力、使命初心、信念光亮。以上词频编码分析不仅为我们开启了乡村教师自我教育的情感维度，而且让我们逼近乡村教师自我价值选择的真相。调研中发现，大多数乡村教师的道德选择与职业认同都与情感的道德性相关，他们的情感丰盈而质朴，蕴含着对美德的价值追求——对人的真诚理解、对弱者的善良关怀、对正义的坚守，这些情愫就像基因片段一样根植于他们的心

---

① 朱小蔓. 情感是人类精神生命中的主体力量 [J]. 南京林业大学学报，2001 (1)：55.

灵深处，印在"情感-生命"内核中，尤其是遇到生活挫折或困境的时候，就会焕发出强大的建设力与复原力，使他们勇敢而自信地抵御外界危机与挑战。

在质量保障层面，"情感-生命"能量与乡村教师自我教育力是相互补给与促进的。"情感-生命"为乡村教师自我教育提供重要的内生发展支持，高尚的"情感-生命"样态将会激发乡村教师积极的生活态度，由此更加自信地寻求自我革新与改善，这直接关系到他们进行自我教育的精力投入以及热忱程度，可有效保障自我教育质量。通过对优秀乡村教师进行深度访谈，不难发现大多数乡村教师的自我教育活动并非有意识有计划的行为，很多时候他们自身都未能觉察到"这就是在进行自我教育"，他们甚至更乐意把这种现象称为本能的"应该"，像是身体内部储存了一股天然的力量，到了适切的时候就自然而然地发生了，而这股浑然天成之力来自师者仁心，离不开他们对教育事业、对儿童的真挚热爱。由此可知，乡村教师的自我教育质量与其"情感-生命"的状态休戚相关，教师的"情感-生命"是其自我教育的内生发展机制源头，教师的"情感-生命"顺畅了，他们的精神世界就会更加自由、自主，他们去改造生活世界的兴趣与行动就会更强烈，他们参与专业学习的意愿与能动性就会更强。与此同时，辨识自我教育质量的重要表征系统往往也是情感维度，如自我价值的悦纳与确信，对自我创造的满足感与收获感，对自我成长的胜任感与幸福感。由此可知，自我教育与"情感-生命"互为表里，相互支持，我们可以借助情感层面的观测表征系统来考察乡村教师自我教育对其自我的内在影响，还可以通过培育优质的"情感-生命"品质而不断促进自我教育焕发内生动力。

在内容补给层面，乡村教师的自我教育与其"情感-生命"之间存在相互支撑、彼此共生共建的关系。深刻而可感触的自我教育内容是丰盈其"情感-生命"质料的现实基础。一方面，"情感-生命"所构成的质料与元素滋养并深化了教师的自我教育活动。从"情感-生命"的视角去理解自我教育，实际上是在探寻自我教育活动触及心灵深处的实现机制与路径，由此，教师的自我教育活动需要走心，需要可感触，更需要来自"情感-生命"的震颤，它不能停留在自发学习的形式层面，更需要自觉的深度学习过程，将关乎自我价值实现的学习内容贯穿其中，这一过程饱含着深刻而细腻的情感体验供给，丰富而坚定的情感品质保障，健康而优质的情感文化滋养，这种躬身入局、全情投入、浸润生命的学习状态富有极大的建设性、开拓性与创造性，促进教师自我教育活动渐入佳境、豁然开朗，发生质的升华。另一方面，乡村教师自我教育实践历程与经验反思同样有效补充并丰富了其"情感-生命"的种类与范畴。笔者在调研中发现那些优秀乡村教师对自我教育活动的道德认同与价值期待似乎是相似的，但考究其具体的情感品格与精神风貌时却又呈现出各自的不同，表现为和而不同、美美与共的"情感-生命"实践姿态。有些乡村教师因其屡次受挫的劝学经历增进了对教育公平与正义的执着追求与自我使命感，有些乡村教师因学生家长的信任托付而重获面向困境的勇气与解决困难的自信，有些乡村教师因和谐顺畅的师生关系而自我赋能与自主成长，有些乡村教师因其童年教育中爱的滋养而更加坚守于乡村的自我价值与时代担当……如此，乡村教师自我教育的实践蕴藏着丰盈而多姿的教师情感。实践经历不仅丰富了乡村教师"情感-生命"的种类与样态，还不断地触发并完善了他们的"情感-生命"品质的深化与优化，而自我教育实践的历程也会有效地促进其"情感-生命"完成自我革新，走向新质，通达更好的自我价值境界，实现不断成长。

四、 乡村教师道德生活境况中的自我教育之殇

笔者认为，自我教育并非一个抽离出来的形而上的概念，它有具体而生动的生成过程，还有明确的价值指向。可以说，任何形式的教育都需要有目的地在做中求证，依靠情境而达成。对于个体而言，自我教育也具有教育的实践性、情境性与目的性。自我教育的实践性更多地表现为生活体验，自我教育的情境性在个体特有的生活时空中得以表达，而自我教育的目的性则蕴藏在具有个体个性的价值取向中。在此，笔者基于对自我教育与道德生活的关系性的理解，将自我教育的过程及价值目标系以道德生活做概括。道德生活既是教师自我教育的土壤，又是教师自我教育的方向，即教师在道德生活的过程中进行自我教育而不断指向并实现教师道德生活。以往我们谈教师自我教育聚焦价值抽象性、目的模糊性，如此将概念窄化，仅仅是将其理解为教师主体性的、自主的教育，从而将教师自我教育搁置于空洞无内涵的浅滩上。笔者之所以将教师自我教育拉回到道德生活实实在在的可以感触到的土壤中，是期望教师的自我教育可以真实地发生，期待它能落地、生根、绽放、结果。总之，教师自我教育应该接地气，回归有道德意蕴的生活中去考察，这本身就为教师自我教育拟订了价值方

向，尽管这个价值取向似乎并不高大，但是其中暗含的深意却耐人寻味，在与他人共享的生活之中，在不危害他人甚至可以惠及他人的情况下谋求自己过得更好，实现自我的价值，这便是道德的，也是自我教育应该达到的人人过得上的道德生活路径。因此，笔者研究的教师自我教育根植在道德生活的生动而真实的案例及鲜活丰富的人物中，而教师自我教育指向扎扎实实地为教师本人职场道德生活服务，从而最终引导人们走向更加丰满的道德境界。

　　道德生活既是自我教育的过程又是目的。"道德生活的一切也既是手段，又是目的的一部分，是既为自身又为整体而存在的东西。德性在完善的个人那里有其绝对的价值，但就完善的生活是通过它们实现而言，它们又具有作为手段的价值。"[1] 道德是为了创造更好的生活，"道德是通向美好生活的一种手段"[2]。"我们在把道德视为目的和内在价值的同时，不忘道德还有作为工具和外在价值的属性，在将道德作为工具运用的同时，亦不忘它还有作为目的而存在的价值，道德目的的实现离不开道德手段的运用，道德手段的运用又是为了更好地实现道德目的。"[3] 从道德生活的价值或意义来看，人在生活中创造道德本身不是目的，目的是为了更好地生活。道德为了生活也就是为了人，那自然就是以人为核心的、表征出来的情感需求为基本特征的。道德生活无论是作为手段还是成为目的，都伴有道德主体无法取代的亲历情感，在过程中有强烈的现实感、奋斗感、生长感，甚至还会有短期的负向情绪，如挫败感、无助感、迷茫感等。（这里指向的是负性感受，但完全可能具有锻炼成长的积极价值）当道德生活作为目的的存在，将会凝聚着道德主体对未来的渴望、对美好生活的向往、创造可能的期待、自我实现与超越、追求价值意义的审美等一系列自我教育的高尚情感，也正是这样的情感体验一直鼓舞着不断进行道德努力的人们坚信"精心创建有道德的生活，是我们人性的义务"[4]。由此可知，自我教育的根本目的是创建有道德的生活、实现人性的义务，而自我教育的过程是在情感的积极参与下，在道德生活的锻造磨炼中不断生成的。

---

[1] 包尔生. 伦理学体系 [M]. 何怀宏，廖申白，译. 北京：中国社会科学出版社，1988：11.
[2] 贝克. 学会过美好生活：人的价值世界 [M]. 詹万生，译. 北京：中央编译出版社，1997：7.
[3] 周忠华，易小明. 人为性与为人性：道德的本质属性 [J]. 求实，2008（1）：31.
[4] 克莱曼. 道德的重量 [M]. 方筱丽，译. 上海：上海译文出版社，2008：108.

道德生活困境导致自我教育的混沌与迷茫。道德生活的质量影响自我教育的效果，当道德生活陷入困境的时候，自我教育会在其过程中深陷混沌、举步维艰，人还会在其价值方向上出现迷茫、漫无目的的状况，很难真正实现自我教育。在以上考察的案例中，个别乡村教师所表现出的对物质生活的贪图享受与精神生活的凋敝贫困，休闲生活的慵懒无聊与教师情感生活的匮乏，家校关系的紧张与师生关系的道德冷漠，无不体现了这些乡村教师道德生活的重重困境。他们尚未找到可以促使心灵安顿、内心舒畅、情感顺畅的教师道德生活的方式，不仅没有能够具有驾驭物质财富的能力，也没有与人和谐相处的态度及其情感体验，甚至连与自己相处的时候也表现为甘愿碌碌无为地消磨日子的状态。当自我没有意识去改变，安于混沌迷茫现状的时候，任何外界因素都无法改变他们。因此，自我教育首先要明确道德生活的价值方向与道德生活的现实途径，没有这两个根本立足点很难奏效。换句话说，脚踏实地依据自身的条件不放弃职场道德追求的自主生活的创造过程就是乡村教师在其特殊情境中的自我教育，而如果无所谓道德生活，耽于物质庸常而不惜忽略自我、压抑自我，就绝不可能拥有自我教育，更不可能享受自我教育过程中的巅峰情感体验。

讨论与小结：乡村教师的"情感-生命"现状不容乐观

基于以上关于乡村教师自我教育困境成因的词频分析，以及真实的乡村教师的生活窘态和他们的道德生活日益衰竭的案例描述，笔者发现相当一部分乡村教师更关注物质生活享受，宁愿在机械的教学生活中苦苦煎熬，以丧失自我思维与自主情感为代价博取眼前的苟且与安逸。内在情感被遮蔽与割裂，意味着在庸常的生活状态下，功利的原则取代了德行的原则，教师追求的是表面的快乐和幸福，不是基于人性深处的领悟、思考而形成的体验，而是以获得的利益作为衡量标准；学校也是一样，最大利益成为一切行动的原驱力。道德的价值就是实践带来的利益。[①] 有的乡村教师无视自己作为教师的情感，也无视自己的鲜活情感需求，主动放弃了教育的事业感，放弃了对学生施以关心的责任感以及教育者的神圣感，教师工作对于个体的意义感和价值感

---

① 金生鈜. 德性与教化：从苏格拉底到尼采［M］. 长沙：湖南大学出版社，2003：236.

消失了。从事教师这一工作除了可以带来经济上的收入和回报以外，与个人的人生意义和价值追求不再密切关联。在这样的自我教育的困境下，个体从事教师工作不再具有幸福感和实现感，不具备生命的深远意义，教师自我教育的意识无从谈起，何况自我教育的实践和愿景。因此，我们应重新回归乡村教师的道德初心——倡导基于情感视阈下的教师道德生活，倡导那些与整个生命相联结的、贯穿于教师生活全域的成为仁师的"情感-生命"，如此才能真实地彰显教师生活样态的情感基础，由内而外地激发教师专业成长所需的情感素养，助力于建构教师情感型生命关系的道德生活共同体。

第三章
优秀乡村教师自我教育的"情感-生命"系统考察

> 教育的最终目的不是传授已有的东西,而是把人的创造力量诱导出来,将生命感、价值感"唤醒"……一直到精神生活之根。
>
> ——斯普朗格

虽然在贵州四地五校乡村教师的个案调研中，我们发现确实有部分乡村教师的自我教育存在问题，他们的"情感-生命"状态也令人担忧，但在乡村教育实践中，我们不难发现依然有一批优秀乡村教师心甘情愿留在乡村贡献力量，几十年如一日地留在乡村学校，高度认同乡村教师职业使命，追求自我价值的实现。他们敢于面对困境的挑战自觉地创造道德生活。他们在广袤乡村天地间尽情绽放青春梦想，在平凡的岗位上书写着大写的"我"，以"我"之力默默滋养着乡村儿童的心灵与人格。正如美国心理学家古诺特的深情表达——在经历了若干年的教师工作之后，"我"得到了一个令人惶恐的结论：教育的成功和失败，"我"是决定性因素，"我"个人采用的方法和每天的情绪是造成学习气氛和情境的主因。身为老师，"我"具有极大的力量，能够让孩子们活得愉快或悲惨，"我"可以是制造痛苦的工具也可以是启发灵感的媒介，"我"能让人丢脸也能让人开心，能伤人也可以救人。可见，优秀乡村教师作为乡村教师群体中的优秀代表，在乡村教师群体中发挥着引领与榜样的作用，他们的自我教育经验可有效地促进乡村教师群体自我成长。本章致力于对优秀乡村教师群体进行系统的质性研究，将运用扎根理论对历届"讲述：寻找最美乡村教师""寻找最美教师""感动中国"等大型公益活动进行系统而全面的考察，从中筛选出具有自我教育价值意蕴与行动力的乡村教师进行文本分析，考察优秀乡村教师自我教育的"情感-生命"品质及其影响因素、生成机制及实现路径。

笔者力图在本章对乡村教师自我教育的"情感-生命"源头进行回溯性的考察，力求还原乡村教师生命深处基模性的情感质料本真面貌，厘清他们后期自我经验模式的情感支撑系统的运行轨迹。依据"情感-生命"本身可以自主生长、可以被教育活动所培育的属性，参照朱小蔓教授的《情感教育论纲（第二版）》中对情感教育的结构性论述，将"情感的姿态－特征－目标建构－内在过程－外在教育模式"作为本研究的理论基础。笔者认为"情感-生命"有着自主创生及后天培育的可能，可以将"情感-生命"理解为完整而丰富的系统模式。对乡村教师的"情感-生命"，笔者将其生动描摹并结构化为四部分：由"情感-生命"的姿态出发的现实隐喻；由"情感-生命"的生命根基出发，通过深度访谈及案例剖析，探索乡村教师自我教育的情感基础；由"情感-生命"的人格特质出发，建构生命的保障性情感，即情感"品种-品质"；由"情感-生命"的内在目标建构及内在过程的形成，集中演化生成占据主流的"情感-生命"的内在运行机制。值得注意的是，乡村教师的"情感-生命"的生长和培育每时每刻都是在道德生活中进行的，教师所表现在日常道德生活中的样态是整个"情感-生命"系统与道德生活相互磨砺的结果。"自我教育内部因素考察：创造道德生活的'情感-生命'系统结构导图"如图6所示。

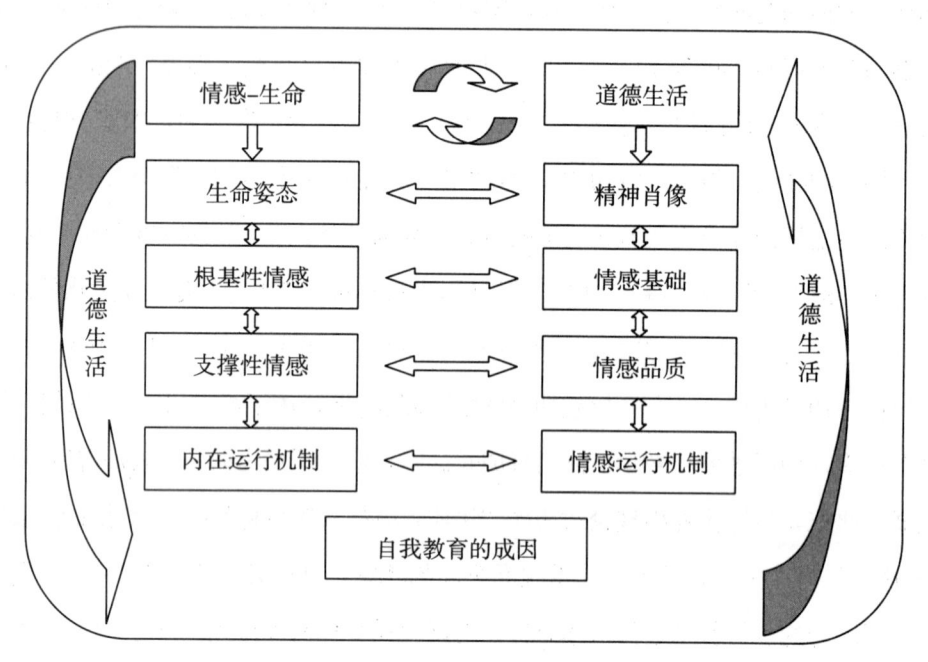

图6 自我教育内部因素考察：创造道德生活的"情感-生命"系统结构导图

第一节 精神群像：优秀乡村教师自我教育"情感-生命"的现实隐喻

理解乡村教师"情感-生命"最适切的办法便是将其从形而上的抽象概念层面释放到乡村教师自己的现实生活中去，这样"情感-生命"便隐退了学术理论的艰深晦涩，有了鲜活生命承载后的"情感-生命"便躺在了现实情境中并被赋予个性化的特质，呈现出真诚的人性之光，只有这样，真实的问题才会自然地根植在心田，而由此长出来的生命姿态或许不尽如人意，但这却是逼近乡村教师"情感-生命"真相的人文尝试。基于此，笔者需要经历转化、创生的建构过程（即便这种建构不能涵盖所有的现象），借助日常生活中语言隐喻的强大力量，基于"寻找最美教师"等系列报道与生命叙事的文本分析，试图找到与乡村教师的"情感-生命"相联结的现实隐喻，以此勾勒出乡村教师丰满生动的精神群像，赋予"情感-生命"真正的生命气息。笔者通过对贵州四地五校优秀乡村教师的案例整理，结合当代关于优秀乡村教师的系列报道与生命叙事的结构化呈现，归纳其情感体验线索，呈现其情感品质类型，以此聚焦优秀乡村教师自我教育"情感-生命"的姿态，借助现实语言进一步表达为：困境中不断抗争秉持自我而实现教育民主的"跋涉者"，崇真向善的"关怀者"，道德生活的"创造者"，终身成长的"学习者"。

一、聚焦"最美"系列乡村教师的文本分析

本研究通过目的性抽样的原则来选取研究对象，主要选取了"讲述：寻找最美乡村教师""寻找最美教师""感动中国"（以下依次简称为："讲述""最美""感动"，且统称为"最美"系列）等大型公益活动中获奖的乡村教师[①]。一方面，"讲述""最美"活动由光明日报社、中央电视台联合举办，目的是通过展示乡村优秀教师高尚的精神风貌来引起全社会对乡村教师的关注，其评选标准和选择程序非常严格，具有很高的社会认可度；"讲述"是中央电视台的一档品牌栏目，内容以社会类纪录片为主，目的是通过展示百姓的真实生活来宣扬社会主义核心价值观，其推选标准和选择程序同样具有很高的水准和社会认可度；"感动"是中央电视台打造的一个优秀品牌栏目，以评选出当年度震撼人心、令人感动的人物为主打内容，被媒体誉为"中国人的年度精神史诗"。另一方面，"讲述"纪录片中既有对"最美乡村教师"的采访，也有对"特别关注乡村教师"的采访，以及与乡村教师有关人物的采访，它向我们全面、形象地展示出乡村教师的感人事迹及其执教历程与情感世界，可以从乡村教师的教育活动、情感经历与道德生活中分析其自我成长内源性动力、自我教育"情感-生命"的

---

① 中央电视台和光明日报社从 2011 年起联合主办"寻找最美乡村教师"大型公益活动，"以农村中小学教师为特定对象，通过深入寻找、发掘、宣传有代表性的、高素质的乡村教师，展示我国农村教育事业的发展，表现感人的乡村教师生活，展示基层教育工作者无私奉献、甘为人梯的风采"。2015 年该活动更名为"寻找最美教师"，评选对象包括而不限于乡村教师。

生成及变化过程，以及实现自我价值的情感品质、机制与路径。

　　本书的研究对象有的是"最美乡村教师"称号的获得者，有的是"特别关注乡村教师"称号的获得者，有的是"感动中国"评选出的具有时代精神者，还有一些是引发社会关注的乡村教师道德模范。他们当中有已经离世却依然活在我们心里的永远的教师，有即使已经退休也不愿意离校的老教师，有虽只是任教几年但富有激情愿永远留在乡村学校的青年教师，还有支教代课一直坚守留下来的志愿者教师。他们当中有主动放弃更好的工作条件自愿在乡村执教的教师，也有一开始被分配到乡村学校但后来愿永远留在乡村学校的教师，当然还有一部分起初并不是那么甘愿做这份工作但是日久生情越来越离不开乡村学校的教师。他们是广大乡村教师群体中的优秀代表，能够展现优秀乡村教师"情感-生命"的真实风貌。

　　"最美"系列乡村教师公益活动，还原了部分新生代乡村教师的真实日常工作和道德生活，使我们得以管窥他们自我教育的情感镜像。选择乡村教师职业是全部最美乡村教师的初心，正如《光明日报》评论员文章所说："他们的事业说不上轰轰烈烈，只需要一个坚定的选择：选择偏远艰苦，选择奉献青春。他们能耐得住寂寞和清贫，踏踏实实地去教好孩子。他们是伟大的，因为他们选择了教师这个太阳底下最光辉的事业。"为了研究的严谨性，本研究通过对历届"最美"系列乡村教师情况的整理，梳理了75位最美乡村教师的基本情况，并结合调研中发现的2位乡村教师的道德模范事迹，共计梳理了77位优秀乡村教师作为典型代表。从广义上看，"最美"系列乡村教师不同程度上都是在进行关于自我教育的活动，他们各自在不同的环境下进行自我突围、自我挑战、自我调适、自我实现。可以说，每一位最美乡村教师都在各自不同的境遇中书写着与困境抗争、主动寻求突围的自我教育生命史诗，也许各自的韵律、修辞或是写作风格各有不同，但其精神要义、价值取向、情感期待却是非常趋同的。因此，笔者根据每一位人物的主要事迹与精神属性进行梳理概括，试图进一步呈现他们在情感维度的最美姿态，得到一些同质化的元素或是规律。其主要事迹与精神属性的具体信息如表11所示。

表 11　"最美"系列乡村教师典型人物属性表

序号	姓名	性别	称号	省份	学校	主要事迹	精神肖像	最美人格速写或社会评价
1	李灵	女	2009年"感动中国人物"	河南	许湾乡希望小学	为300名留守儿童创办学校,给村里学校300个孩子建阅览室,孤身到郑州骑着三轮车收购旧教材、旧读物	"80后"最美乡村女校长	"每次看到其他学校的孩子能坐在宽敞的阅览室里看书阅读,我真的很难受,我也想为自己的学生搭建一个阅览室,哪怕是最简易的。""现在的目标,还是要把这个阅览室建好,别的事情想都没想过。""现在大家都关注起来了,虽然获得的捐赠也多了很多,但是我的压力也大了很多,生怕做不好,辜负了社会对这些孩子的期望。我的梦想没有变,其他都得靠边。" 社会评价:身旁是300多名不同年龄阶段的孩子,背后是那些在外打工父母们心中的挂念与寄托,这位乡村女教师赢得众人尊敬。为了孩子四处奔走,眼角有了皱纹,双手不再细腻,但是她把爱与温暖带进了乡村学校的课堂,她是让全国人民尊敬的"80后"最美乡村女校长
2	胡忠、谢晓君夫妇	男/女	2011年"感动中国人物"	四川	西康福利学校	为了涉藏地区的100多个孤儿,坚守雪域高原支教21年	高原上怒放的并蒂雪莲,孤儿们心中永远的港湾	夫妻二人依旧在涉藏地区工作,胡忠虽成了西康福利学校校长,但还是志愿者身份,工资只有300元。当被问到何以坚持时,胡忠说:"我觉得是靠一种信念,对孩子的付出让我很满足,这份工作让我感觉非常有意义,这种意义超越了内心所有对物质的渴望。在成都市,孩子们不会因为我的离开不读书;但在这儿,这些孩子的命运,可能因为我的到来发生改变。我就是个老师,在哪里不能教书育人?" 社会评价:夫妻二人用最美好的年华,改写涉藏地区孤儿的命运。他们带上年幼的孩子,是为了更多的孩子;他们放下苍老的父母,是为了成为最好的父母。这不是绝情,而是极致的神情。这一生,他们虽愧对家人,却也深刻诠释着什么叫作"深情"。人最大的富庶在于爱和信念的坚持,他们用生命提携了孤儿的成长,在一个物质繁盛的时代里,他们仍然让世界相信:精神无敌

续表

序号	姓名	性别	称号	省份	学校	主要事迹	精神肖像	最美人格速写或社会评价
3	石兰松	男	2011年"最美乡村教师"	广西	南宁市上林县大龙洞村刁望教学点	25年如一日摆渡接送学生上下学	一根长篙撑起的摆渡人生	25年、2公里湖面、往返3万多次、撑坏了8艘小木船;如今,学生走了一拨又一拨,小木船换了一个又一个,而壮族乡村教师石兰松的桨声依旧。他说:"桨声承载着梦想,我要再坚守15年,直到离开三尺讲台。" "无论多么困难,我都会克服,即便是再做木船,也不能让孩子们没书读。因为每当看到孩子们相互牵着小手,在岸边等我时,我就感受到肩上那份沉甸甸的责任。" "没有老师,误了孩子,一辈子都会自责!" "每次听到家长们的这些嘱托,看到他们信任的目光,我就告诉自己要坚持下去,把孩子教好。" "25年来,好在我身体好没生病,孩子们的学习才没落下。我现在最牵挂的一是船的问题,再就是担心我退休后,如果条件还不改善,谁来接替我。"

续表

序号	姓名	性别	称号	省份	学校	主要事迹	精神肖像	最美人格速写或社会评价
4	薛跃娥	女	2018年"最美乡村教师"	山东	青岛经济技术开发区辛岛小学	扎根山区小学25年，代课15年才转为公办教师，从教的最初3年不仅没有一分钱工资，还倒贴家里的100元钱，欠下100多元的账单，在破烂不堪的教室里一个人教6个年级……	山村教书25年的"傻姑娘"	"'喜欢'是相互的，教师对学生的感情要纯真、要深厚，爱自己的学生就像父母爱自己的孩子那样用心、那样用情，才能真正地走进每一个学生心里。" "真心喜欢每一名学生，蹲下身来，做学生的好朋友。"下课了，学生们在办公室门口向她一招手，叫她一声好朋友，她立马换好鞋，成为学生的玩伴，和学生一起跳大绳、踢毽子、转呼啦圈，和他们讲讲小笑话。"喜欢他们，就要关注他们的内心情感体验，注意在一些生活的细节上与他们进行心与心的沟通，我有了喜悦，第一个与孩子们分享，孩子们有了苦恼，第一个跟我诉说。就这样，我们成了好朋友；就这样，孩子们的成绩名列前茅，孩子们的品行令人骄傲。" 薛跃娥喜欢笑，喜欢"牙齿天天晒太阳"的感觉。 社会评价：相比较这些苦难的经历，薛跃娥老师身上展现出的"知性"之美更引人注目，正是这份充满教育智慧和教育艺术的"知性"，照亮了一代代乡村孩子的童年，让他们获得了可能连城市孩子都得不到的良好启蒙。 "有人说，跃娥身上有一种独特的气质，这种气质吸引着我去了解她。我发现，她是一本值得品读的书！第一次见到她，就发现她有一种美，那是一种单纯的美、淳朴的美，这种美丽来源于心灵的光芒。品读薛跃娥，首先让我想到的，她不仅仅是一位好老师，更重要的是一个好人。她爱学生，爱教育事业，爱家庭，爱生活，爱自然，爱朋友……她乐观向上，心中充满美好。这样的人怎么能不美丽？" 真心、真情、真爱，造就出薛跃娥老师的知性之美

续表

序号	姓名	性别	称号	省份	学校	主要事迹	精神肖像	最美人格速写或社会评价
5	李修雄	男	2011年"最美乡村教师"	海南	屯昌县乌坡镇乌坡中心学校茅石铺民族教学点	代课老师坚守民族教学点18年。32岁时，他砸开了黎苗山寨教学点石板房门上生锈的锁；18年后，他依旧在这里坚守。作为民族教学点复式班的老师，他每堂课要教3个年级的孩子。这种高强度的教学任务没有将他压垮，反而将他锤炼成一名优秀的小学教师。大山的孩子让他留了下来，一份沉甸甸的责任支撑他将这副担子一挑到底	大山的孩子让我留下来	"这生锈的锁，我砸了。这教学点我干了！"面对负责教学点的乌坡镇中心小学校长，李修雄给自己下了军令状。那一年他32岁。 有关领导找到李修雄问他还能不能坚持，他毫不犹豫地说："这副担子，我挑到底了。" 和黎苗族同胞欢聚在一起，让李修雄激动不已，他在心里悄悄地念着："能让黎苗族同胞认可，我就知足了！"
6	庄巧真	女	2011年"最美乡村教师"	福建	漳州市南靖县奎洋中心上洋小学	25年来，庄巧真老师始终守在最偏远的山区小学任教，无怨无悔。即使突如其来的癌症，也未能使她退缩。三尺讲台成了她战胜病魔的力量源泉，孩子的笑脸就是驱散她心里阴影的阳光。她就是"让教育的阳光照亮偏远山村"的使者，就是"播撒爱的天使"	三尺讲台给她战胜癌症的力量	"虽然我身患癌症，但仍要认真备课、上课、批改作业、辅导学生、深入家访，因为孩子们的课程不能耽搁。我一边服药疗养，一边适当运动，特别是跟孩子们在一起的快乐，陶冶了身心，唤起了希望。我要如春风化雨般滋润孩子们的心灵，用自己的一言一行感染他们、打动他们，为他们的人生开启新的希望。" 手术住院期间，庄巧真经历了无数次与病魔作斗争的痛苦时刻。每次躺在病床上感到绝望时，她一边流泪一边想：我还能做什么？光伤心、痛苦、怨恨只能让家人难受。不如找老师、学生聊一聊。于是，她拿着手机给班级任课老师发短信，问孩子们表现如何、学习怎样。当她得知孩子们表现好、学习认真，还挺想她的时候，她禁不住感动得哭起来："这辈子选择当老师真是值了！"

续表

序号	姓名	性别	称号	省份	学校	主要事迹	精神肖像	最美人格速写或社会评价
7	杜顺	男	2011年"最美乡村教师"	吉林	松原市长岭县大兴镇万福村小学	瘫痪17年，却在轮椅上教书育人17载，风雨不误	残缺的身体挡不住他教书育人的梦想，讲堂上虔诚的跪姿，是他无私奉献的真实写照。虽然不能用双脚走路，但他用轮椅和双拐"走"出了一条别样的人生路	"就算趴在课堂上，也要给学生讲课。""我那些孩子，一点儿不比城里的差。""要是村小学有城里那样的师资力量和教学设备，这些孩子都能变成凤凰。""孩子"是杜顺对学生亲切的称呼，"把班级当成家，把学生当成自己的孩子"是他的人生追求。"病不怕、疼不怕，我最怕被学生问倒，最怕误人子弟。""把学生当成自己的孩子，无论什么时候、无论担子有多重。报道前我是杜顺，报道后杜顺是我。" 一副拐杖、一把轮椅、一辆三轮车，开拓着他坎坷的人生之路；一支粉笔、一块黑板、一间村小学教室，铸就着他精彩的人生舞台；一个内胎软垫儿、一块儿火炕、一个虔诚的跪姿，放飞着他教书育人的人生梦想
8	徐其军	男	2011年"最美乡村教师"	江苏	南京市六合区竹镇日友希望小学	尿毒症缠身，仍坚守讲台	愿做吹笛人把牧童引向山外；"许身孺子平生愿，三尺讲台写春秋。"	"我想快点好起来，尽早回去给孩子们上课。""毕业那会儿觉得自己作为一名老师能改变很多事，现在看来，我能真正做好一个合格的小学教师就不错了。"他特别强调了"合格"两个字："一个人的能力是有限的，我只能倾我所能做到最好。像我们这边山里的孩子，父母大都在外打工，本身学习条件就不如城里的孩子，我能做的就是给他们多一点关心，多一点呵护，让他们学到更多的知识。" "我就是死，也要死在讲台上。""学生需要我，我不能走。"为了不影响上课，徐其军放弃了血透，选择了腹膜透析，"血透效果好，但是要去医院，而且比较贵，腹膜透析容易感染，但是可以在下课间隙自己操作，这样就能多一点时间给学生上课。"有时候，学生见老师面色不好，就会走过来给他擦擦汗、捶捶背，"正是这些很细小轻微的动作给我的鼓舞最大，大家都觉得我帮助了学生，但是我自己知道，是学生帮助我挺了过来。" "我想快点好起来，尽早回去给孩子们上课。"养病时，徐其军经常会提到这句话

续表

序号	姓名	性别	称号	省份	学校	主要事迹	精神肖像	最美人格速写或社会评价
9	张桂梅	女	2020年"感动中国人物"	云南	丽江华坪女子高级中学	坚守教育报国初心，牢记立德树人使命，扎根贫困地区40多年，立志用教育扶贫斩断贫困代际传递，倾力建成全国第一所全免费女子高中，让1600余名贫困山区女学生圆梦大学，托举起当地群众决战决胜脱贫攻坚的信心与希望。办一所贫困女子高中，让山里的女孩子都能免费接受高中教育，不再陷入"低素质母亲、低素质孩子"这种恶性循环中，让她们有机会实现自己的梦想	坚守初心圆山区女孩上学梦；百个孩子的最美"妈妈"	"三尺讲台，给了我诠释教师为人师表的小舞台、传授知识和施展才能的机会。儿童之家的孩子们，让我懂得了做一个母亲的伟大，使我的人生丰富多彩。孩子们已经一个个长大，有的上了大学，有的已有了工作，还有的已经结了婚。我忘不了那一幕幕温馨的情景。" "一个重病的人，为什么浑身有病却不死，却没有倒下，因为始终有一种精神支撑着我，那就是感恩，那就是回报！" "是这片热土的父老乡亲和我的学生们，他们的坚韧、向上的精神感染了我。有的孩子为了读书，竟然放弃了和父亲见最后一面，强忍着悲痛坐在教室里，去完成他们的学业和人生理想。" "老天啊！你怎么就对我这样不公平，怎么把那么多的不幸都集中到我一个人身上？少年丧母、青年丧父、中年丧夫，难道就不能允许我有一个健康之躯，为教育事业多做点贡献吗？"

续表

序号	姓名	性别	称号	省份	学校	主要事迹	精神肖像	最美人格速写或社会评价
10	任影	女	2011年"最美乡村教师"	安徽	临泉县城关镇希望小学	花季年华的她罹患"不死的癌症"——类风湿性关节炎，从此瘫痪在床。但是倔强的她并没有向命运低头，她选择了在轮椅上做一名教师。从零星为村中儿童义务补课的大姐姐到如今的小学校长，她把两间茅草房发展成4层教学楼，学生人数翻了10多倍。她在农村教育的舞台上培养出上千名学生，自己也在轮椅上圆了年轻时的大学梦	初心未变：教书育人理念深植乡土；"只要心中有太阳，人生就没有阴雨天。"	"哪怕有一个学生，我也要把学校办下去。这是我的初心，不会改变。"任影把学校起名为"希望小学"。她说："之所以取名'希望'，因为我热爱教育，这是我人生的希望，同时也期盼农村教育大有希望，期盼更多的孩子成才。"从1998年的1个学前班24名学生，到目前的覆盖小学6个年级300多名学生，22年来，上千名学生从这里走出。 "我觉得上课也是一种康复训练，因为你在给孩子们讲课的时候，当你所有的注意力都集中到孩子们身上和课堂上时，会忘了自己身在何处。那时候我根本想不起来我是站着还是坐着，也忘记了疼痛。"任影笑着说。直到今天，任影依然坚持亲自授课，"我觉得我离不开孩子们。每天离开教室，离开孩子们，觉得生活很乏味。" "我的每一步孩子们都看在眼里。我希望用我的行动告诉孩子们什么是坚持不懈，告诉他们做任何事情都不可能一蹴而就。"

续表

序号	姓名	性别	称号	省份	学校	主要事迹	精神肖像	最美人格速写或社会评价
11	达芳	女	2011年"最美乡村教师"	新疆	生产建设兵团农十四师一牧场中心小学	30多年来，扎根在偏远艰苦的边疆小学从教。2001年担任校长后，针对学校少数民族学生多的现状，从教学和社会需要出发，率先进行了"双语"教学试点，即学校以汉语教学为主的同时开设维吾尔语教学，并身体力行，亲自带班，全校呈现出师生一起学汉语的场面。"双语"教学对提高教育质量、促进民族团结起到积极作用。她还抓住民族团结教育这条主线，定期与周边学校交流，取得了良好的效果。曾获全国模范教师、兵团优秀教师等荣誉称号	昆仑山下的"达芳汗"	"那时候一道数学题我可以找到四五种解题方法，不知道什么叫累，什么叫苦，一门心思就为了做好自己的工作。没想到一晃几十年过去了，我也变成老太婆了。但我很知足。一个高中生，国家给了我许多荣誉，我知足了，很幸福。" "我一直认为，没有学不会的学生，只有教不好的老师。这么多年，我一直把学生视作自己的孩子。牧工们把孩子交给我们，我有责任教好他们。孩子是牧工们最大的希望，我必须通过自己的努力让他们的希望更大，让孩子更快地成长、健康成长。" "老师和孩子们都说，我在课堂上时最严厉，谁都怕我。但我下了课堂后，与老师和同学们又最能疯玩，哪里有我哪里就热闹。因为我深深地了解，孩子是家长和祖国的希望，他们是未来的国家主人，我必须用百倍的努力让这些孩子享受到最好的教育。"

续表

序号	姓名	性别	称号	省份	学校	主要事迹	精神肖像	最美人格速写或社会评价
12	孙影	女	2018年"最美乡村教师"	贵州	毕节市大方县大水乡鞍山小学	原本可以尽享深圳大都市的繁华,却两度放弃深圳令人羡慕的工作,只身前往贵州偏远贫困山区支教;5年里10次奔赴贵州山区,捐建4所希望小学,为300多名贫困生找到爱心资助	绽放在山区的城市花朵;最美深圳女孩	"许多贫困家庭无力负担这些费用,爱心人士的捐助帮了大忙。我做的事情,就是让这些爱心捐款能帮到真正需要的孩子。"山里的艰辛没有难倒孙影,当地孩子们艰苦求学的境遇却让她揪心。"那一双双渴望、期待的眼神,看着让人心疼不已。"孙影暗下决心,不管遇到什么困难,一定要帮帮这些孩子！5年来,她徒步上千公里,走访了毕节大方县、赫章县等地山区8所贫困学校的300多名贫困生家庭。她把每一笔捐赠都登记好,并给每一位捐赠者都寄去了感谢信。她说:"有了这些好心人的帮助,我更有勇气和毅力把事情做下去。"
13	蒋国珍	男	2012年"最美乡村教师"	江西	新余市渝水区罗坊镇天元小学	蒋国珍到江西省铜鼓县任代课老师,之后又到罗坊镇天元小学任教。他用无悔的付出送走了一批又一批的学生,他用爱与奉献为山里娃点亮了希望的明灯。因病退休后,他数十年捐款40万余元,资助、奖励2万余名学生。2016年6月15日,他与世长辞了,但他捐献的眼角膜却给他人带来光明	苦行助学;一生节衣缩食捐40余万助学子	"不需要想。因为对我的生活来说,这是多余的,因为我本来生活就很好,现在我教书比农民收入得多一些,我已经足够了,我足够了,我就不贪多。"

续表

序号	姓名	性别	称号	省份	学校	主要事迹	精神肖像	最美人格速写或社会评价
14	阿力甫夏	男	2012年"最美乡村教师"	新疆	马尔洋乡小学	从2005年到现在,"80后"的塔吉克族老师阿力甫夏,在这片大山里已坚守7年,让山里的孩子从一年级开始学习了汉语,他骑着骆驼上百次地翻山越河,劝说家长,7年来共挽救了40多名失学儿童,为大山里的人们能够走出大山做出了贡献	"他们因播种光明而美丽,你我为弘扬崇高而寻找。"	"我留下来,是为了让他们能走出大山。"2011年2月,当班迪尔乡小学条件改善以后,阿力甫夏又被派到更为偏远、条件也更为艰苦的马尔洋乡小学。马尔洋乡小学距离县城130公里,学生都是周边牧民的孩子。阿力甫夏来到这里后,学校只有十几名学生,而且没有一个能代课的老师,更别说汉语老师了。为了让孩子们都能够上学,阿力甫夏骑着骆驼挨家挨户地去劝说家长,一共走访了四十多家。最远的路程骑骆驼来回要半个多月,最近的也要四五天。每次走访都要穿越叶尔羌河24次,爬过十几处陡峭的悬崖路,阿力甫夏的脚都磨出血来。现在马尔洋乡小学已经有61名学生,阿力甫夏用自己的实际行动和努力挽救了四十几名已经失学的孩子
15	张彩青	女	2012年"最美乡村教师"	河南	赤眉镇庙北村郭家小学	庙北村地处偏僻,该村郭家小学原有的一个老师退休后,因为外地教师不愿去该校教书,自1988年起,仅有高中学历的张彩青当上了郭家小学的"编外"代课教师。张彩青既当老师又当保姆,全身心照顾着村里数量不多的孩子,在郭家小学坚守了23年	在"只有一个老师的学校"守护山里娃	张彩青一直这样身兼老师、校长、"妈妈"和保姆的多重角色。回首20多年的执教路,她依然清晰地记得那难忘的一幕。"那一年我打算去庙山小学做代课教师,如果我一走,郭家小学就面临关闭。当我收拾好东西要离开时,我的那些孩子们都喊着说:'老师,以后我们会听你的话,你别去庙山,你走了我们咋办?'第二天天没亮,有的小孩便在爷爷奶奶的陪同下来到我家里,恳请我留下,看着这些孩子们,我心里特别难受。他们单纯地认为我的离开只是因为他们偶尔的调皮,他们觉得只要他们不惹我生气了,我就不走了。看着他们一个个流泪伤心,我却不顾及这些可爱孩子们的感受,要去庙山小学照看其他孩子,我真的于心不忍。当确定我留下不走时,孩子们都蜂拥地抱着我,那场景至今我还记忆犹新。""趁着现在还能为孩子们、为家乡的父老乡亲们做点事情,我会和他们一起开开心心地过好每一天。"

续表

序号	姓名	性别	称号	省份	学校	主要事迹	精神肖像	最美人格速写或社会评价
16	邹桂芬	女	2012年"最美乡村教师"	湖北	郧县罗堰教学点	从19岁起,在罗堰村教学点教学,坚守30多年。该教学点前面有一条60米宽的河,每遇到雨季或上游水电站放水,河水暴涨,邹桂芬就得背学生过河。为了大山孩子的求学梦,邹桂芬背学生过河10万多次,最后落下风湿病	深山教学37年,背学生过河行程2万公里;滔河滚滚,大爱浩荡。背送两代人过河上学	她用生命守护着每一个孩子的生命。罗堰教学点山高坡陡,道路崎岖,村组之间不是隔山,就是隔水,有10多个学生住在学校对面高山上,中间横着一条滔河。以前,河上没有架桥,每到雨季河水暴涨,学生往返的拱桥常常被洪水淹没、冲断。而让人防不胜防的是,罗堰村上游的小水电站常常不定时地放水,即使在晴天,上游的大水也会毫无预兆地奔涌而下。为了不让河水阻拦学生上学,更为了减轻学生家长的负担,她就坚持每天背学生过河,一背就是三十多年。她安全地背学生过河10万余人次,在水中行程2万多公里。冰冷的河水使她落下严重的风湿痛、关节炎,双脚一遇冷风和凉水就会麻木疼痛、僵硬肿胀。但是她觉得牺牲她一人的身体,换来了众多学生的安全很值,这更是一个共产党员应该做的。 37年,滚滚流淌的滔河水带走了她美好的青春,却把浩荡无私的大爱永远留在了大山深处,把自己的热爱和追求都寄托给了学生,她今生无怨无悔
17	刘习聪	男	2012年"最美乡村教师"	贵州	宝塔村新发民族小学	2008年大学毕业后,考上了特岗教师,从湖南益阳来到了贵州威宁县新发乡民族小学任教。四年来,他对全校五六百名学生家庭都进行了家访,有的家庭甚至去过七八次。募集款物总计近30万元用于资助学生和学校建设,学校已有300多位学生得到了资助	布依族的山歌;家访500余人,四年募集30万元款物资助300余学生	刘老师说,自己改变不了过去,但希望能改变将来,他要努力让这些山里的孩子们多读点书。第一次募捐成功后,刘老师和越来越多的好心人取得了联系。从2008年至今,他已经募集了30万元资金及物资,使300多位学生得到资助。他还找到了两位捐助者,从3公里外的山顶上为学校拉来水管,不但使小学第一次有了饮用水源,还让村民们都受了益。 在刘习聪的努力下,村民们不但不用发愁孩子的上学问题,自己的土地也有了好收成,这让大家喜欢上了这位外省来的年轻老师

续表

序号	姓名	性别	称号	省份	学校	主要事迹	精神肖像	最美人格速写或社会评价
18	吴述玲	女	2012年"最美乡村教师"	河南	杨湾村星火幼儿园	为农村幼儿创办幼儿园，20多年初心不变	一个平凡园长的幸福生活	"我热爱孩子，热爱学前教育，和孩子们在一起，是我生活的全部内容。投身乡村学前教育这块热土，在农村干好幼儿园，教好孩子，是我的快乐，也是我一生无悔的选择和追求。""20多年来，随着时间的推移，人们的观念在变，孩子的成长在变，我的教育、讲课也应与时俱进，不断改进创新。为此，我系统潜修了学前教育大专课程，潜修了园长管理学、幼儿心理学、幼儿教学等多门课程，并取得了相关资格证书；我的'情景设置'教学、'情感渗透'教学、'故事情节'教学等立体教学法深受学生喜爱，成效显著。"
19	吉拉	女	2012年"最美乡村教师"	西藏	琪琪盲童幼儿园	她是一位盲女，却自强不息，坚韧地成长，排除现实的歧视，用知识改变了命运，学习外语、出国接受培训，并参与创办西藏首座盲童幼儿园——琪琪幼儿园，精心经营这片天地和乐园，用自己的力量试图改变一群盲童未来的命运	盲童之光：西藏首座盲童幼儿园创办者	为失明孩子和健全孩子创建的综合性幼儿园——琪琪幼儿园，坚持一个理念：同时接收这两类孩子的幼儿园不仅可以教会他们必要的技能，还能跨越残疾的鸿沟，在他们之间架起沟通的桥梁。盲童们将学会日常生活技能，接受体能训练，成为能读写盲文的有文化的人；健全的孩子们将学会承认和信任他们失明朋友的能力。他们，将推动社会重新审视关于盲人的观念。"我要让更多的盲童有一个快乐的童年，让他们对自己的童年充满美好的回忆，千万不要让他们再像我和哥哥一样，除了黑暗，就没有什么值得回忆的。"

续表

序号	姓名	性别	称号	省份	学校	主要事迹	精神肖像	最美人格速写或社会评价
20	田育才	男	2012年"最美乡村教师"	湖北	新塘乡河溪小学	一位山村小学的老校长，他带领老师和村民用背篓背回了30多吨水泥，让学校改变了模样	"背"出一所山村学校	"翻过了一座山，心里说，好，又是一座山了，再背的时候，快了（不停地给自己加油鼓劲），那又快了。" 为了省钱，田育才决定自己背水泥。一包水泥100斤，来回60里路，一天只能走一个来回。这一年，田育才50岁。 修好了操场，修好了教室，就在河溪小学越来越好的时候，田育才却突然向教育局提出，要辞去校长职务，并推荐年轻的周阳艳担任校长
21	杨贤生	男	2012年"最美乡村教师"	湖南	蒿吉坪乡民族学校	这位土生土长的瑶家汉子，在大山深处的三尺讲台一站就是36年，把全部青春和心血献给了瑶乡的教育事业	瑶乡深处的坚守；瑶族文化传承人	"让孩子们穿上瑶族服饰，是为了传承优秀民族文化。"杨贤生说，"如果优秀的瑶族文化失传了，就是我们教育工作者的失职。" "我愿做瑶乡一束光，照亮孩子们的成才之路。还希望我这束光，星星之火，可以燎原。"在杨贤生看来，乡村教育的振兴，离不开能扎根乡村的优秀师资力量
22	林子闳	男	2012年"特别关注乡村教师"	四川	达祖小学	四川盐源县木垮村达祖社有一所叫"达祖小学"的民办学校。林子闳老师是达祖小学的校长，"80后"，来自台湾，他成立了"达祖助学基金"，以捐款来资助贫困孩子。林子闳帮助学校的第一任校长李南阳建立起学校后返回台湾。李校长因工作繁忙，在岗位上去世。林子闳从台湾回到达祖小学，让学校生活变得更加丰富	富有激情的"80后"将爱传递	1983年出生的林子闳显得比同龄人更加稳重。由于达祖小学是一所民办的爱心小学，林子闳每年都要去上海等地筹集资金，以维持学校的运转。在他的带动下，越来越多的年轻人选择来到这里支教，如今，学校已经有18位老师。学校筹集的所有款项每一笔用途都会在网上公示。随着这些年轻老师的到来，学校发生了巨大的改变。美术学院毕业的老师教孩子们绘画，根据每个孩子不同的特长激发孩子们的创作能力和兴趣；英语老师将国外的语言和文化带到了这些摩梭孩子面前，让他们看到了山外更广阔的世界。现在，这些孩子不少都能流利地唱英文歌曲，对世界各地的文化都有了认识。而在林子闳的努力下，公益基金还为学校修建了一个电脑教室，孩子们学着在电脑上写作业，利用网络看到了更加广阔精彩的世界

续表

序号	姓名	性别	称号	省份	学校	主要事迹	精神肖像	最美人格速写或社会评价
23	张晓	男	2012年"特别关注乡村教师"	云南	梁河县芒东乡小学	57年自费教研，将一生贡献给祖国的教育事业，并取得重大教育创新成果，而不求任何回报	天才的教研家，执着的追求者	进行艰苦细致的教育教学实践，探索创新，终于在1985年9月2日晚上12点，设计出了将"先用右脑想象、再用左脑表述"具体化的198个复脑字母（新"象形字"），并组成一套"用一幅图启动、使学习内容形象化的复脑自学教育新方法"（简称"复脑教育"）。自费连续10年请过8位青年做复脑教育的实验教师，直到所有实践者都取得不同程度的超常教育教学效果
24	郭秋维	男	2012年"特别关注乡村教师"	福建	仙游县度尾镇埔尾小学	将所学到的一些实验方法、技能及其仪器设备等载体，不计代价地迁移到学校，带动团队，共同推动学校教学工作，促使该校的科技教育工作成绩斐然，特色凸显	为乡村小学科学教育增光添彩	他全身心地投入，一直倾注在偏远的农村基层小学，在新课程的实施中，命运多舛的他有了用武之地，将所学到的一些实验方法、技能及其仪器设备等载体，不计代价地迁移到学校，带动团队，共同推动学校教学工作，促使该校的科技教育工作成绩斐然，特色凸显，推动度尾中心小学被确认为"福建省基础教育小学科学学科教学研究基地学校"
25	高淑珍	女	2012年"感动中国人物"	河北	洼里村炕头课堂	14年来她用自己的爱心帮助39位失学残疾儿童走上了求学的道路。她大爱无疆的宽广胸怀和坚持不懈的韧劲打动了大家	爝火燃春浩浩；河北爱心小院；残疾儿童的炕头学校	"咱家离学校远，赶明儿妈妈在炕头给你办个学校。"粗糙的手支起课桌，宽厚的背挡住风雨。有了爱，小院里的孩子一天天茁壮起来。你的心和泥土一样质朴，你撒下辛苦的种子，善良会生长成参天大树。14年的奉献让爱变成了接力赛。志愿者让爱心小院更幸福。这一切都源于这个普通的农村妇女。十几年如一日为一群不幸的孩子挡风遮雨，"幼吾幼以及人之幼"的心怀使她成为最伟大的母亲

续表

序号	姓名	性别	称号	省份	学校	主要事迹	精神肖像	最美人格速写或社会评价
26	刘坤贤	男	2013年"最美乡村教师"	重庆	天元乡新田村小学	高位截肢，身患重疾，坚守乡村小学30年	"独腿教师"30年坚守乡村小学，一条腿为山里娃撑起一片天	"只要被他们的笑脸围着，就有种被阳光普照的温暖。""只要能为学校出力，没什么值不值得。""只要我还能站起来，这个学校怎么也不能垮。""不管得到什么荣誉，我依然是最初的我。"
27	廖乐年（马来西亚）	男	2013年"最美乡村教师"	广东	湖寮镇长教村	1999年在马来西亚退休。2002年开始回到老家湖寮镇长教村开展英语义教活动	"美丽南粤广东年度贡献人物"；爱的传递，将放大慈善的力量	"我哭了。直到那时，我才知道母亲的苦心，多少年来，无论生活如何辗转艰辛，父母魂牵梦绕、挥之不去的永远是乡情乡梦，树高千尺不离根啊！""从事义教以来，我克服了语言、饮食、居住、信任等许多困难，自创了一种学习英语的特殊方法，利用拼音思路来拼读英文单词，使补习班越办越好，参加补习班的学生人数从最初的几十名发展到几百名。11年来，我教的学生超过了5000人。我在教孩子们英语的同时，还教他们给予与奉献。我常鼓励学生，一辈子最少要帮助两个人。爱的传递，将放大慈善的力量！"
28	王金花	女	2013年"最美乡村教师"	海南	儋州番打小学	山村从教34年，每天划船送学生，保障零辍学	因爱坚守大山深处；从教34年，零辍学；每天划船送学生，被誉为"女艄公"	"因为有爱我才能坚守在大山深处，因为有爱我天天送孩子们回家……""有人说是金子总会发光，但我不是金子，我只是凭着一颗朴素和纯洁的心，在平凡的工作岗位上做了一些力所能及的事，发出了自己的一点正能量。"因为热爱教育事业，热爱家乡的土地，更热爱山区的孩子们，她十分珍惜代课老师的这个岗位。也正因为爱，王金花在这个山区学校坚守30余年，其间，没有一个学生中途辍学。最让山区学生及家长感动的是，每年雨季来临的时候，水库水位上涨，淹没了学生上学的道路，王金花便向乡亲借来一艘小船来回接送孩子们，34年如一日，从未间断

续表

序号	姓名	性别	称号	省份	学校	主要事迹	精神肖像	最美人格速写或社会评价
29	潘立华	男	2013年"最美乡村教师"	安徽	上丰中心学校岩源村吴家坦教学点	37年坚守在海拔1500米偏僻山村的四个教学点任教，先后有28名学生考取大学本科。曾教过学生800多名学生，最多时一个人教36名学生，现在教三个年级9个学生	大山深处"圆梦人"	"山里的孩子要读书，要走出大山，需要我这个老师！""天天跟孩子们在一起，高兴！""这么多年下来，山里的每一户人家都认得我，都尊重我，孩子们也喜欢我，所以我也非常开心。人家都说我不像是55岁的人，头发是黑的，脸上也没有什么皱纹，我说首先是因为山里水好空气好，第二就是天天跟孩子们在一起，高兴！"
30	仲威平	女	2013年"最美乡村教师"	黑龙江	工农乡兰河小学	在"一人一校"的状况下，一干就是20多年。20多个寒来暑往，每天上下班近20公里乡村土路，10余名孩子造就了一个甘守寂寞、甘愿奉献、尽心竭力为未来播种希望的人	"天上下刀子我也"来上课	这个偏远的教学点，最多时有10几名学生，最少时只有4名。为了不让孩子们失学，仲威平风雨无阻，每天骑自行车往返在乡间小路上。20多年来，仲威平走过了近10万公里"送学"路。她的信念是：成就一个孩子，造福一个家庭；成就一个家庭，造福整个社会。她一直不放弃对贫困、单亲、留守儿童的关爱，在各级领导的大力支持下，2013年6月，成立了以仲威平名字命名的爱心工作站，工作站的办站宗旨是：凝聚社会爱心力量，关怀农村留守儿童群体，关心农村留守儿童健康，关心农村留守儿童的情感需求，关注农村贫困、单亲、残疾儿童的生活救助，实施爱心传递
31	杨元松	男	2014年"最美乡村教师"	贵州	安龙县万湖镇草坪小学	关爱留守儿童，鼓励孩子追求梦想，促成《中国留守儿童日记》出版，使留守儿童得到社会关注，秉承师德、传递梦想	《中国留守儿童日记》；"教授知识不如让孩子们自己有梦想"，让大山留守儿童们获得更好的梦想教育	2010年5月，杨元松萌生一个念头："把学生们的日记汇总整理成书，让更多的人看到这些孩子的坚强，让更多的人来关爱他们。"杨元松花了三个月时间收录整理好孩子们的日记，通过艰辛努力促成该书出版。这些文字震撼人心，引起强烈反响，读者看到孩子们的贫乏生活和困惑童心，更被孩子们的坚强、勇敢所打动。通过长时间的整理，把这26个留守孩子的220篇日记、21幅象征梦想的画、21个发自心底的愿望、12封写给爸爸妈妈的信，整理成12万字的《中国留守儿童日记》，几经周折，于2012年1月由江苏文艺出版社正式出版

续表

序号	姓名	性别	称号	省份	学校	主要事迹	精神肖像	最美人格速写或社会评价
32	格桑德吉	女	2013年"最美乡村教师"	西藏	墨脱县帮辛乡小学	12年来，她教的孩子有6名考上大学本科，20多名考上大专、中专，而她自己的孩子却留在了拉萨，一年才能见一次。村民们亲切地称她为门巴族的"护梦人"	美丽格桑花，门巴筑梦人	"家乡有我的童年，我的记忆，我的信仰，我的梦想。""我要把我的所学全部授予他们，我没有理由放弃任何一个孩子。" "教育不仅改变了我的人生，还将改变更多像我一样在农村长大的孩子。我为能在孩子们的成长路上尽自己的一份力量而感到格外幸运。""你们生病了去药店买药，自己家的孩子通过上学就能认识字，知道买什么，去买菜种子也不用再请我做翻译，孩子就能帮忙。" "没有文化，很难步入社会，即使出去找工作也会很难。现在党和政府的政策这么好，一定要把握好。要是家里困难上不起学，我们一起来想办法解决，孩子的上学问题不能耽搁。要是辍学不读书，他们今后很可能成为社会就业的一个负担，重复你们的生活。" 不想让乡亲的梦跌落于山崖。门巴的女儿执意要回到家乡，坚守在雪山、河流之间。她用一颗心，脉动一群人的心，用一点光，点亮山间更多的灯火
33	药噶查夫子	男	2013年"最美乡村教师"	四川	坪坝乡三十户村小学	大凉山深处，彝族乡村教师药噶查夫子从20世纪80年代末在全乡扫盲，带领上千人完成基础教育，扫盲结束他又四处奔走，筹钱建起山村第一所小学	替彝族儿童插上梦想翅膀	如今60岁的他主动开办学前班，药噶是村庄三代人的老师、山乡的启蒙者。 感受学生准备的特殊生日聚会上的浓浓报恩情。 乡村教育的启蒙者，倾尽一生精力，完成2300多名村民的基础教育，建立起村庄第一所小学，花甲之年办学前班。如今，已经当爷爷的他，背着孙子给学生上课。倾尽一生，他是乡村所有百姓的老师

续表

序号	姓名	性别	称号	省份	学校	主要事迹	精神肖像	最美人格速写或社会评价
34	杜广云	男	2013年"特别关注乡村教师"	河南	留山镇大沟小学	1990年，杜广云为修理校舍落下了半身不遂。20多年来，杜广云依然以残疾之躯屹立三尺讲台；杜广云的妻子李正洁则用坚实的脊梁背着他，日复一日行走在从家到学校的3公里山路上。李正洁背起丈夫，也肩负起山村几代人读书的希望	16年，妻子背他上讲台	"老师，你别走动了，有啥我们到你跟前问。""娃儿们这样懂事，我咋忍心不教他们？大沟小学，其实就背在我媳妇的脊梁上啊！"夫妇俩最大的愿望是：学校能再多建几间校舍，好留住新来的老师。杜广云还想再给学校添一根旗杆，也能像电视里那样，让孩子们唱国歌升国旗。建校20多年来，大沟小学的代课教师换了一茬又一茬，最终只有杜广云坚持了下来。16年风雨无阻，杜广云在妻子的背扶下从未耽误过一堂课。"大沟村是留山镇最偏最穷的地方，自建校起先后来过20多位教师，但在这里没待多长时间就走了。现在我们最大的愿望是能有年轻教师来这里任教，让这里的孩子接受更好的教育。"
35	敖双英	女	2013年"特别关注乡村教师"	湖南	茶庵铺镇中心小学	身为山区教师，她的月收入迄今不足2000元，但她倾其所有"武装"着自己的教室。积沙成塔地攒了6年，如今她的教室拥有一流的教学设施：3000多册经典童书、录音笔、照相机、摄像机、台式电脑、手提电脑、网络、投影仪、电视机、影碟机、扫描仪、封塑机、打印机……	每间教室都是生命的原野，将精神的感人泪水升华为智慧的灿烂笑容。她充满活力，乐观开朗，勇于专业追求，不仅扎根乡村教室，更努力探索如何让山里娃也能享受到最好的教育	"一个爱打扮的女子，买到美丽的新衣会感到幸福，而一个爱上讲台的老师，打扮自己的教室同样会感到幸福。"丰富的课程，立体的阅读，长期的坚持，使得她的这群最普通的山村学生个个身手不凡。10多位孩子的写绘作品发表在《家教与成才》《中国教师报》等十几家报刊媒体上；省、市、县里举行的写作、书画、文艺大赛中，10多位同学获奖；全镇运动会上，连续多次获得同年级组精神文明代表队第一名、团体总分第一名、团体接力比赛第一名；在县里举办的"探寻红色三湘做四有新人"征文活动中，全班18位同学囊括了年级组全部奖项……

续表

序号	姓名	性别	称号	省份	学校	主要事迹	精神肖像	最美人格速写或社会评价
36	蔡曾萍	女	2013年"特别关注乡村教师"	广西	博白县马塘村小学	"80后"乡村女教师蔡曾萍，筹集近30万元善款，使乡村小学大为改善。学校条件好转，她再次被调到更艰苦的学校，继续为学生寻找社会救助。而立之年，她依旧孤身一人	她说自己是大山里的一棵小草；被称作草美人，像小草一样微小，却带给孩子们改变的希望	"越是在大山里，越要了解山外的事情。"她通过网络，找来外界朋友，使志愿服务形成了机制，开阔孩子们的视野。如今，她再次被调到更艰苦的学校，继续为学生寻找社会救助，她用行动给青春交了一张满意的答卷。然而，而今而立之年的她，依旧未婚。和别的女孩一样，她爱美、爱做梦、渴望白马王子。而她的问题也是很多乡村女教师所面临的困境，农村知识青年外出打工，她们在偏远山村没有机会接触同龄男孩，婚恋面临很大困难
37	汪昌祥	男	2013年"特别关注乡村教师"	青海	隆口镇尼麻隆村小学	扎根偏僻贫困山村小学40多年的一名普通乡村教师，把毕生的青春和才华奉献给了乡村教育事业。特别是身患癌症17年来，始终坚定"只要活着一天，就要为村里的孩子当好一天教师"的信念，用自己的生命燃起大山深处那簇最明亮的烛光	山村教师情系家乡教育；三尺讲台上的生命之歌	19岁，他成了80多个孩子的"爹"。"窗框没玻璃，娃娃们没桌椅，学校没厕所……""尼麻隆小学就是我的第二个家，娃娃们就是我的命根。""三尺讲台是我最终的归宿。""我不能让孩子们只会动脑，不会动手。""那时候实话是给城里人添麻烦。"汪昌祥开口了，但每一个字却沉甸甸地压在大家的心头。也就是他如同夸父追日的信念，扛出去一袋袋大豆、洋芋和一筐筐鸡蛋，换回了村里孩子们上课用的铅笔和书包，换回了许多即将面临失学的孩子们的学费，换回了尼麻隆村的希望……

续表

序号	姓名	性别	称号	省份	学校	主要事迹	精神肖像	最美人格速写或社会评价
38	刘芝莲	女	2013年"特别关注乡村教师"	甘肃	胡家洼村旗山头社小学	刘芝莲30多年来靠一己之力办学，16年不收孩子一分钱，打工办学，暴雨冲垮学校，她把孩子接到家里上课，目前依旧每天步行3个小时去上课。她翻山越岭劝学，19年酷暑寒冬她为学生打工	边打工边办学的无悔奉献与坚守	十几年前，乡村教师刘芝莲嫁入邻村，却发现村里没学校，村民都认为"上学无用"，村里孩子全部失学，于是她拿来自家桌椅、板凳，决心创办一所乡村小学。办学之初，她奔走全村各户，苦口婆心劝说，甚至长达16年不收孩子一分钱，为使学校能办下去，十几年，她坚持假期外出打工，端盘子、搬砖头，换来课桌、书本。26年，刘芝莲让一座从没人上过学的乡村，走出10多名大学生，很多学生只要回村，第一件事就是拜访改变了他们命运的刘老师
39	杨富生	男	2013年"特别关注乡村教师"	甘肃	海原县马营村小学	杨富生作为特岗教师回到家乡，成了这个山沟沟里的村小第一个会讲英语的老师，他不仅想打开孩子们的眼界，更希望为这些山里娃培养自信，播种梦想	把外面的世界带回家	一个读书日，孩子们拜会了两位大作家，更分享了他们穿越时空的智慧。他在山村课堂里搞起了演讲，题目就是20年后的自己。在孩子们追梦的路上，杨富生还用相机把每一个光辉时刻都记录下来。杨富生的同事都说他在现代化教育上更是花了"血本"，他给自己买了台二手电脑，又配了无线网卡，这样就可以了解教育的最新资讯，他又花了1600多块买了一台复印机，复印有意思的书给孩子们看。像很多乡村教师一样，杨老师要做"全科老师"。数语外、音体美等11门课程，门门都要教。城里的孩子都会学几门乐器，他就想也让山里娃见识一下。他托人买了葫芦丝天天对着视频练，可是他学着很吃力，视频里的老师都吹了5个音符了，他还在一个音符上挣扎

续表

序号	姓名	性别	称号	省份	学校	主要事迹	精神肖像	最美人格速写或社会评价
40	曾祥志、朱文君	男	2013年"特别关注乡村教师"	江西	慈化镇柘塘村小学	两位"85后"男青年，从学校毕业后到偏远山村执教，其间考取了大学生村官，却为了大山里孩子们的学业与未来，而主动放弃了舒适的职位，重回深山学校教书	孩子们开心我们就幸福	"选择回到山村继续教书，是否也曾经后悔过？"朱文君表示，"选择的时候的确很矛盾，但当我们选择回来的那一刻我们就不再后悔，因为我们看到孩子们见我们回来开心高兴的样子，我们也感觉很幸福。"曾祥志还补充说，"同龄人固然能享受到外面世界的精彩，但自己也有在山区里别样的幸福。" 一对"85后"好同窗，放弃城市生活、公务员稳定工作，回到偏远山村，执教三尺讲台，为孩子们带来现代教育理念。他们自创"师生快乐健身操"，语文课像表演，数学课用泥巴做蛋糕讲解分数，让学生大开眼界
41	周胜群	女	2013年"特别关注乡村教师"	广西	西山镇碧滩小学坪冲分校	大藤峡附近，有个偏僻的教学点，全国优秀教师周胜群在此扎根28载，并"化缘"建起新教学楼	"炮台"旧址当教室，泥巴墙摇摇欲坠；四处"化缘"，弱女子集资建学校；自创"土办法"，慈母之心育桃李	一座只能摆渡进出的偏僻村落，一名倾尽一生建校的乡村教师。从桂平市区到学校，坐渡轮、转小舟要3个多小时；学校及周边没有网络，手机70%的时间没信号。在这偏远的地方，一位乡村女教师独自一人扎根固守28载。凭着一颗挚诚的心游说村民集资，建起一栋教学楼。 51岁生命长度、28年青春岁月，深山小学、一人一校坚守了半辈子，她三建校舍，从"炮台"小学、"哨所"小学到两层教学楼，让这个曾没有学校的山村有了漂亮校舍。孩子回家要过江，夫妻俩买来小艇，专职接送孩子；她教学繁忙，很少出门，可因她的存在，28年，400多个孩子走出大山
42	王琛	男	2013年"特别关注乡村教师"	甘肃	五库乡寺坝小学	2011年大学毕业，选择了在陇南市武都区最偏远的一所山村教学点五库乡寺坝小学任教	乡村教育公益人	在教学之余，他通过手机微博向山外世界首次传递和介绍这块最偏僻山村的生活状况，不知不觉间竟走出一条公益之路。两年来，正是因为他的"微光"传递，让这个偏僻落后的小山村悄无声息地发生着某种变化。他的梦想，是做一名乡村教育公益人

续表

序号	姓名	性别	称号	省份	学校	主要事迹	精神肖像	最美人格速写或社会评价
43	孙占恒	男	2013年"特别关注乡村教师"	山东	陵县凤凰小学	中国海洋大学儿童文学专业硕士,喜欢教书,爱读童话。但他的生活离童话太远——这个在德州市陵县凤凰高级小学支教快两年的清贫教师,被一种名为"强直性脊柱炎"的疾病折磨已久,站在讲台上的他背越来越弯……	瘦弱的肩膀托起新生的希望;那个驼背的年轻人	他脊柱的病变,让身体不由自主地弯曲,他讲课时需要用一只手支撑在桌子上,时刻忍受着背部的疼痛。"就是想当老师,把自己学到的东西教给他们。""我上小学时候的教室,大约就是这个样子。"他没想到,已经快二十年过去了,一切依然如故。只剩下他一个,还在这里坚守。他已经决定申请再续期一年,"已经舍不得这些孩子了。"他平静地说
44	王世明	男	2013年"特别关注乡村教师"	甘肃	临江铺乡羽毛山小学	邓家山孤悬在山巅,像孤岛一样,王世明一待就是9年,一个人撑起了一个学校。他一个人,带3个年级,既是语文老师,也是数学老师,既是音乐老师,还是生活老师。当时村子里200多人几乎都是文盲。邓家山小学最多的时候一学期有40多个娃娃上学。王世明坚守深山22年,17.5元的月工资他拿了整整10年,山里缺老师,他让女儿考师范学校当教师,目前一对父女执教深山	"木头抵工资";30年乡龄代课老师	"英雄是能够为百姓谋利益的人。我没有干出什么成绩,做得不够好,只能教山里孩子多识几个字。"他坚信:"要走出穷山沟,必须要学本事。没文化,出去只能卖死力气。"妻子对王世明说:"为了不识字的娃娃都能识几个字,管它有钱没钱。"当时,4个孩子渐渐长大,需要有人看管。王世明最终决定上山教书,在邓家山小学一待就是9年。他曾因微薄工资供不起女儿上学,选择外出打工七年,可依旧奉劝女儿报考师范学校。女儿毕业,他带着教书梦重返乡村。老师工资微薄,村民给他一根木料,100多斤木头他翻三座大山扛回家,女儿听从他的意见,回乡同样做了一名乡村教师

续表

序号	姓名	性别	称号	省份	学校	主要事迹	精神肖像	最美人格速写或社会评价
45	彭绍贵	男	2013年"特别关注乡村教师"	云南	大寨乡藤蔑河村小学	37岁的彭绍贵一人一校在史上有麻风村之称的家乡坚守14年,并与清华大学教授共同关注麻风病后代教育问题,改写村庄没有大学生的历史	与大学教授的一段忘年交情,成立"麻风病人第二代关爱基金"	一人一校14年,放弃打工,回家乡当教师,建起村庄第一所小学,麻风病后代被歧视,不能完成"小升初",他四处游说。与清华大学教授郑在熙结缘,成立"麻风病人第二代关爱基金",改写"麻风村"孩子从未上过初中的历史,村庄第一次走出大学生。为了让学生按时领取基金,他每月写信通报学习情况;为了邮信,他要走六个小时山路。乡村教师与清华大学教授结为"忘年交",书信来往200多封,可14年前一别,再也没能见面。现在彭绍贵老师最大的心愿就是见郑在熙教授一面
46	郭建芩	女	2013年"特别关注乡村教师"	山西	大蛇头乡中心小学	2003年4月,郭建芩从师范学校毕业后到海拔1800米的山西省岚县南沟小学任教。南沟村里的适龄孩子有13个,但开学后前来读书的只有几人。郭建芩走村串户,挨家挨户做工作,说服家长送孩子读书。经一个星期的奔波家访,13个孩子全部到校。郭建芩一人承担起一到三年级的复式教学工作	"教育就是用生命感动生命,用灵魂唤醒灵魂。我爱孩子,爱学校。"付出爱,收获爱。爱心是教育的基础,事业心是教育的关键	为实施素质教育,探索教改之路,郭建芩借来书籍,边阅读边思考,记了30本学习笔记,参加各种形式的研讨班、培训班,外出取经,网上跟专家探讨,课外跟其他教师切磋,精心设计每一堂课,获得"吕梁市课改标兵"称号。打开郭建芩的教学日记,其中有这样一段话:"教育就是用生命感动生命,用灵魂唤醒灵魂。我爱孩子,爱学校……""作为教师,把爱渗透在教育过程中,不吝惜自己的每一句爱的语言,不保留自己的每一个善意的微笑,不轻视自己为孩子做的每一件微不足道的小事。我相信,只要付出了爱,就一定会在孩子们身上收获爱的果实。"

续表

序号	姓名	性别	称号	省份	学校	主要事迹	精神肖像	最美人格速写或社会评价
47	唐文汉	男	2013年"特别关注乡村教师"	湖南	新宁县白沙镇中心学校	怀着对体育事业的不懈追求,唐文汉数十年如一日默默耕耘,培育竞技体育学生600多名,其中残疾学生280多名。他带出的学生参加国内外体育赛事,先后获世界冠军9次、亚洲冠军1次、全国冠军17次	为山里孩子托起"冠军梦";大山里的体育"伯乐"	"学生为国争光,是我最快乐的事。"对学生,唐文汉满怀爱心,想方设法帮助他们。举重学生贾友华曾得小儿麻痹症,双腿残疾,靠双拐行走,但她家离学校有3公里崎岖小道。10多年来,唐文汉风雨无阻按时去她家,指导她训练。有一天下大雪,在去贾家途中,唐文汉摔伤了左脚,仍一瘸一拐走到贾家。生活上是慈父,训练中是严师。唐文汉慧眼识珠,根据学生年龄、伤残级别、个人特性等因材施教,逐步总结出独具特色的训练方法。学校没有专业训练场地,唐文汉就带学生们沿江边、河岸、鱼塘、田埂跑步;没有专用器材,他自己动手制沙袋、跳板、杠铃等。至今,唐文汉已自制体育器材上百件
48	郁雪群	女	2013年"特别关注乡村教师"	江苏	邢楼镇耿庄小学	她是一名普普通通的乡村教师,先后在村里创办了7个"向日葵阅读点",让留守儿童能够在每个周末、每个寒暑假徜徉在书的海洋;她工作13年,是留守儿童的"好妈妈",同事眼中的"拼命三娘"……	"拼命三娘"的"向日葵梦想","薄田里也要耕耘出一地希望"	"我心里只有一个单纯的信念:不求一日成才,只求点滴进步。后来我又先后主动调往邢楼镇5所师资匮乏的小学,先后接手了8个类似的'差班'。凭着埋头苦干的耕牛精神,我每一次将班级'成绩差'的烙印擦尽,改写成闪亮的'名列前茅'。我愿永远做一株扎根在乡村教育土地上的向日葵,面朝阳光,热爱生活,再将爱和阳光化为阅读的种子播撒在乡村娃的生命中,迎来硕果累累收获的秋!"

续表

序号	姓名	性别	称号	省份	学校	主要事迹	精神肖像	最美人格速写或社会评价
49	周丽娜	女	2014年"最美乡村教师"	新疆	亚勒克村双语幼儿园	身为卡依拉克村中唯一的汉族人，周丽娜有幸成为这个维吾尔族乡的一名汉族乡村教师。为了让大山深处的孩子学会"用知识改变命运"，她自创"兴趣教学法"	爱在新疆；用自己的辛勤付出托起了孩子们的希望，也用自己的美丽情怀感染着学生，让大山深处的孩子懂得了如何"用知识改变命运"	"我面对的这些学生，都是维吾尔族孩子，所以我要适应他们，我要融入他们的生活中，去了解他们的生活习惯。""新疆的孩子非常热爱大自然、亲近大自然，不一定非要把书本上死记硬背的东西教给孩子们，从生活中学习，也是对孩子兴趣爱好的启发。""孩子，一个人如果没有知识，在这个世界上就不能很好地生活，就是当一个农民也需要懂汉语、懂知识，要不然连地都种不好。""我是一名乡村教师，每当看到孩子眼中那种对知识的渴望，我的职业使命油然而生，关心学生，是我一个教师该做的事情。"
50	胡清汝	男	2014年"最美乡村教师"	河北	平乡县长河镇学区	胡清汝对于乡村教育有着特殊的感情，因为他来自一个特殊的教育世家，这个家庭已经有近70年的从教历史，出过20名乡村教师，有两万多名孩子是他们家族的学生。胡清汝从教35年，让一所地处偏僻的农村小学吸引了三县十二村的孩子，教学成绩名列全县前茅	"四世家传，一门师表，两万弟子。"	"我已经从教35年，从师教学，不仅仅是我的职业，也是我们整个胡家的信念。"他牵挂那些乡村留守学生，"这些孩子们因为家距离学校较远，吃住都在学校，我不光要负责任课及学区工作，还要照顾好这些孩子们的生活起居。这些孩子的家长都出门打工了，走的时候把孩子交给我，我就是他们的父母，在学校里我不但要严格要求他们好好学习，还要培养他们诚恳做人的准则。""我国有很多的乡村教师，我只是他们中普通的一员，我们都在默默地奉献着，在平凡中坚守着，其实这没有什么，这恰恰是我们应该做的。因为只要我们能把学生培养成材，这就是我们一生最宝贵的财富。"

续表

序号	姓名	性别	称号	省份	学校	主要事迹	精神肖像	最美人格速写或社会评价
51	陈腊英	女	2014年"最美乡村教师"	江西	大城镇中心小学	十几年来,陈腊英用真情坚定了乡村孩子求学的信念；她身患重病,却忘我工作,坚守三尺讲台,凭着顽强的毅力创造了生命的奇迹	用生命坚守教育	2003年,几次在课堂上晕倒后,陈腊英被查出患尿毒症,只能靠透析维持生命的她写下遗嘱:要把治病的钱捐给学校那些家庭困难的学生,还联系了捐赠协会,准备捐献器官。学校和社会捐款支持陈腊英完成肾移植手术,陈腊英奇迹般活了下来。康复后,立即重回校园回到学生身边。被爱包围过的陈腊英又把这份爱传递给更多的人。不管走到哪儿,她都是"正能量"——用亲身经历和28本日记帮助了十几个身患重病对生活绝望的陌生人。她还是南昌监狱的特殊帮教,至今还和一名杀人犯保持着书信联系,每年都去探望,给予他重新做人的信心和勇气。陈腊英会特别留意那些性格内向孤僻、学习困难、家庭情况特殊的学生,牺牲周末休息时间带他们一起爬山、做游戏,激发他们的自信心和学习兴趣
52	刘月升	男	2014年"最美乡村教师"	天津	刘岗庄中学	20多年来,刘月升扎根在刘岗庄中学这所只有300名师生的偏远农村学校,并带领这所农村学校的孩子完成了350多项国家专利的设计和申报	做学生"发明"梦的梯子；用心血浇开孩子慧之花	"设立发明课的初衷是调动学生的积极性,让他们学会探索、研究,提升综合素质,现在看来,很多学生都受益了。别看是农村孩子,想象力和创造力一点儿也不输城里孩子,现在,学生们对钻研科学的热情越来越高了。"
53	张美丽、张秀丽姐妹	女	2014年"最美乡村教师"	内蒙古	武川县特殊教育学校	从学校开办到现在,学生不用交一分钱学费,却学会了编织、剪纸、绘画等生存本领。学校走出的150多名学生大都掌握了一技之长,其中4人考上了大学	特殊教育中的"姐妹花"	当了9年老师的张美丽接过这一重任,5个儿童,老师只有张美丽一人。从未接触过手语的张美丽开始一点一滴地学习手语,又自费到外地学习盲文。1998年,武川县特殊教育学校挂牌成立,在两间不足20平方米的教室里,设有聋哑、视障和智障3种教学复式班,共有7个年级。老师仍然只有张美丽一人。每天10几个小时的操劳让她身体透支。她劝说同样是教师的妹妹张秀丽加入特教行列,两人成为孩子口中的"大张老师""小张老师"

续表

序号	姓名	性别	称号	省份	学校	主要事迹	精神肖像	最美人格速写或社会评价
54	王偏初	男	2014年"最美乡村教师"	四川	俄亚纳西族乡小学	王偏初说18年前的俄亚乡小学，老师只有9名，学生只有30名，一间像样的教室也没有。他挨家挨户劝说和资助因贫辍学孩子返校上学，筹资增添教学设施、改善教师生活，让学生人数增长了好几倍，"现在有近700名学生，学生最多的时候，能达到800人。"并且，在他的影响下，他的两名从师范院校毕业的学生，现在也选择了回家乡教书	木里俄亚的"骑马校长"	乡里第一个考上师范院校的"高才生"，许多在外工作的机会摆在王偏初面前，他都没有选择，"家乡的教学条件很困难，我当然要回家去！"当时学校要发展，需要不断从外面运来各种器械、教学物品，每次都是攀爬、溜索、翻山六七天。每年他要踏上"征途"在悬崖绝壁上攀行八九趟，每趟来回七八百公里。"路上来回需要10天。"危险吗？"很危险，窄窄的道路旁边就是悬崖，每次经过的时候心里都倒吸一口气，眼睛根本不敢往下看。"那为什么要经常去？"要给学校采购用品，还要去开会。"就是这样的条件，他已经在俄亚小学待了18年
55	朱敏才、孙丽娜夫妇	男/女	2014年"最美乡村教师"	贵州	龙坪镇中心村小学	夫妇俩退休后，选择回贵州山区支教，已逾9年	9年支教情动苗乡	72岁和61岁，这个年纪的北京人多数都徜徉在各大公园休闲娱乐。可有这样一对北京夫妇，他们本来过着跟大多数人一样的生活，但对故乡的眷恋和对教育工作的热爱，召唤他们矢志不渝、克服困难在贵州山区坚持支教9年，为苗乡播撒文明，赢得各族群众的尊敬

续表

序号	姓名	性别	称号	省份	学校	主要事迹	精神肖像	最美人格速写或社会评价
56	曾维奋	男	2014年"最美乡村教师"	海南	澄迈县儒林小学	即使挂着双拐，也要保持腰身挺直、形象端正。在14年的教师生涯里，他从未坐着上课，一堂课40分钟，一天最多时有6节课，在讲台上要挂拐站立240分钟。他没有请过一天假，每天第一个到校，最后一个离开	"翅膀折了，心也要飞翔"；"双拐老师"	讲台上，曾维奋用力撑着双拐，身体笔直，双手拿着课本带领学生们大声朗读。虽然才开始上当天的第二节课，但汗水已湿透了他的整个衣背，豆大的汗珠不断顺着额头滑下来。就这样靠着双拐教学，曾维奋送走了一批又一批孩子。春去秋来，寒来暑往，他快乐地坚守三尺讲台14年，用双拐为乡间的孩子们撑起了未来和希望
57	秦开美	女	2014年"最美乡村教师"	湖北	浩口镇第三小学	以自己为人质换取52位学生的担当。2014年6月10日上午，身带自制炸药、手枪和汽油的农民张泽清闯进秦开美的课堂，将她和52名学生劫持。约40分钟里，秦开美与其周旋，主动担当人质，说服张泽清让所有学生安全撤离	"保护学生是我的天职。"	"我留下，让孩子们走。""我在这里18年了，学校的游泳池是我跟着老校长一起挖的，每棵树、每朵花都是我们亲手种的。我的追求、我的事业、我的足迹，都在学校！"

续表

序号	姓名	性别	称号	省份	学校	主要事迹	精神肖像	最美人格速写或社会评价
58	邵英文	男	2014年"最美乡村教师"	安徽	铁佛镇岳集中学油榨小学赵楼教学点	他在农村小学任教近40个春秋，带过32年的毕业班。19年前，弥漫性肌肉萎缩致使其肢体瘫软，直至无法板书，但他依然坚守课堂，没缺过学生一天课	讲台上，坚守18年坐轮椅教书，从不缺席	"孩子在邵老师班里，还有什么不放心？"在黄淮平原皖豫交界处的濉溪县铁佛镇，东南几个庄的村民常常会这样议论孩子的学习。教书近40年时间里，邵英文手把手教过这偏僻乡村里2000多个孩子。其中，上中专、大学的有100多人，还有的后来成为硕士、博士。"邵老师把精力都放在学生身上，他在学生的成长中找到了自己的价值和快乐。"
59	张伟	男	2014年"最美乡村教师"	河南	郸城县秋渠一中	张伟担任校长的10年里，几乎所有事情都亲力亲为。他是乡村推广新课改模式的积极推行者。从老师讲学生听到学生讲学生听，还要让老师学电脑制作电脑课件，这在张伟推行之初阻力不小	焦裕禄式的好校长	很多老师认为：新课改放在这样一个偏远的乡级中学，根本实现不了。张伟却认为：没有好的教学质量，学生就不会来学校，学校也就不存在了。为了让大家开阔眼界，张伟组织大家去省内外先进的学校学习，并且自己带头开展为期一学期的评课赛课。因为生活清苦，张伟的妈妈甚至要每天在学校的食堂捡别人吃剩的馒头。2014年3月17日，张伟脑干出血猝死在办公桌前。追悼会当天，3000多名学生、家长和乡邻挥泪送别。张伟去世后，家人在他钱包里发现了两张银行卡，一张上的余额为零，一张为1700多元。这是他干教师20年、任校长10多年给家里留下的全部积蓄。2014年4月9日，时任中共中央政治局委员、国务院副总理刘延东在郑州接见张伟同志家属时，称赞张伟同志是新时期"践行焦裕禄精神的好校长"

续表

序号	姓名	性别	称号	省份	学校	主要事迹	精神肖像	最美人格速写或社会评价
60	罗丽秋	女	2014年"特别关注乡村教师"	吉林	通榆县培智学校	为了让周边各村各屯的智力残疾孩子们都能够有学上,2009年,当地政府修建了一所"培智学校",从食宿到学习全部免费。罗丽秋从一开始就在那里教学,而她最大的特点就是"好脾气"	爱洒特教人生	让智障孩子有尊严地活着,是罗丽秋的追求,为了这句承诺,作为一个智障儿童学校的年轻女老师,她为孩子们尽心尽力,无数个白天黑夜,无尽的辛勤付出,没有惊心动魄的经历,也没有可歌可泣的功绩,但是,日复一日,年复一年,不是母亲胜似母亲,最终赢得了孩子们的爱与信任,绽放成最美丽的生命之花,也得到了家长们的认同和社会的尊重
61	陈发喜	男	2014年"特别关注乡村教师"	湖北	点军区土城小学	扎根基层教育工作35年,走访学生家庭千余户(次),先后资助学生80余人	孩子们喜欢的"喜伯伯"	"滴水之恩,当涌泉相报,我只想接起这根爱心接力棒,去关爱那些需要关爱的学生,尽一份社会责任。""我自己是贫苦家庭出来的,我太了解一个孩子面对贫困的无助和悲哀。"陈发喜说。正是这种感同身受,让他这个铮铮男子汉在面对这群孩子时总柔软了心肠。他时刻惦念着他们,同时也记挂着这些贫困孩子背后的贫困家庭,力所能及地给予这些家庭帮助。"我没有你们说的那么高大上,我做的都是很普通的事。"
62	杜爱虎	男	2014年"特别关注乡村教师"	四川	玉龙西村小学	2012年8月,从清华大学电机系硕士毕业的杜爱虎,放弃了进入国企拿20万年薪的机会,来到贡嘎山下的玉龙西村支教。在两年时间里,他想尽办法帮当地多所学校找来师资人员,改善了教学条件	20万年薪抛脑后,清华硕士支教贡嘎山	"那里的孩子很腼腆,他们不会送你礼物,但那份情谊我能感受到,这就够了。"清华大学某次聚会时他导师说,所有的学生中最令他骄傲的就是杜爱虎

续表

序号	姓名	性别	称号	省份	学校	主要事迹	精神肖像	最美人格速写或社会评价
63	杨昌洪	男	2014年贵州省"最美乡村校长"	贵州	知行科技职业学校	12年来为"差生"逆袭办学，历经挫折，披荆斩棘，5次"漂流"找学校，最终师生共建一座没有围墙的学校。他的学校里80%的学生都曾是问题学生。但他的理念是"教育没有拒绝的权利，教师没有嫌弃的理由，不嫌弃、不放弃、不抛弃每一个学生"，以及"多办一所学校，人间少一所监狱"	12年坚持逆转"学渣"人生	"多办一所学校，人间少一所监狱。""教育没有拒绝的权利，教师没有嫌弃的理由。""不嫌弃、不放弃、不抛弃每一个学生。""做教师的意义是什么呢？"杨昌洪反复问自己。他决定辞职，办一所专门收留"问题孩子"的职业学校，他希望能改变一些孩子的人生轨迹。 12年间，杨昌洪和他的学生们经历了5次"漂流"：从山外搬进山里，从这个废弃的营房迁到那个闲置的厂房。他发誓，两年内一定要把学校建起来。毕业的学生们都懂杨昌洪的难处，毕业离校时，他们在车上对着杨昌洪大吼："校长，5年后我们来帮你修学校。"
64	谭兰霞	女	2015年"最美教师"	湖南	郴州市宜章县天塘乡学校	谭兰霞奔波于500多个贫困学生和留守儿童的家庭，成立了"一个都不能少"爱心助学会，为贫困孩子找到爱心资助，为他们编织了一个爱的摇篮，让一个个心生怯弱的孩子变得阳光，重拾自信，燃起希望	她为山区孩子架起了一道通往外的"天梯"，先后帮助80余名孩子重返校园，被称为"网络妈妈"	"我想做一个幸福的老师，得到孩子们的喜欢和学校、家长、社会的认可。"谭兰霞说，她很享受做一名教师的快乐，一走进教室，学生们自发报以热烈掌声；无论何地都有学生热情呼唤"谭老师"；曾经资助过的孩子依然记得她，并亲切唤一声"谭妈妈"。谭兰霞说，"这就是对我的最大的肯定。" "德育"才能真正教育、引导好孩子。"只要他们向上、向善，将来就一定有出息。"谭兰霞坦言，曾是留守儿童的她小学成绩并不好，"家乡这些孩子跟我小时候很像，调皮不爱读书，但只要善意地去引导，帮助他们养成好的学习习惯，多鼓励他们，发现他们的闪光点，这些孩子会往好的方面发展的。" "思源实验学校有不少留守儿童和贫困学生，我要鼓励他们，人在最平凡、最艰难的时候，只要默默努力，总有一天，你会站在最闪亮的地方，活成自己想要的样子。"这是谭兰霞对学生说得最多的话，也是支持着她一路走来的人生格言

续表

序号	姓名	性别	称号	省份	学校	主要事迹	精神肖像	最美人格速写或社会评价
65	加措	男	2015年"最美教师"	西藏	扎囊县扎其乡民主教学点	教学点教师，他一干就是22年。从1996年分配到扎囊县任教，一直担任村办教学点教师。当时没有教室，他将自家的三间房子改造成教室；没有课桌，砌土墩、担木板做课桌；没有课本，他跑到外地向其他学生借旧课本；没有学习用品，他用每月的工资给贫困生购买教学用品	他是新时代"老西藏精神"的传承者，也是新时代教师精神的塑造者。他那句"宁可愧对妻儿父母，也无愧于学生"的朴实话语，响彻雪域高原	"青春是美丽的，但一个人的青春可以平庸无奇，也可以绽放美丽的花朵；可以因虚度而懊悔，也可以铿锵的步伐，走到辉煌壮丽的成年。""特别能吃苦、特别能战斗、特别能奉献、特别能团结、特别能忍耐"的"老西藏精神"，在加措身上得到充分的体现与发扬
66	莫振高	男	2015年"感动中国人物"	广西	都安瑶族自治县高级中学	连续30多年用微薄的工资资助近300名贫困生，让他们进入大学；先后筹集3000多万元善款，资助1.8万名贫困生圆了大学梦	"校长爸爸"靠"化缘"圆了1.8万名贫困生的大学梦	在家人、群众和贫困山区孩子眼中，他是一个"总是惦记着山里贫困孩子"的校长爸爸，一个被瑶山的孩子称作"莫爷爷"的好心人。没有惊天动地的伟业，没有豪气干云的话语，但莫振高以毕生的心血，用爱与责任铸就的丰碑，长留天地之间，耸立万千学子心中。如果说清贫是一种生存状态，莫振高在这样的状态中锻铸了震撼人心的坚韧精神
67	张拉毛东智	男	2016年"最美教师"	甘肃	天祝县抓喜秀龙乡代乾教学点	扎根高原牧区29年的乡村教师，孩子们的"阿爸盖干"	牧区教育的守望者	当有人问他苦不苦时，他微笑着这样说道："不苦，那是假话。虽然忙，虽然苦，但只要家长放心，我吃点苦没啥，只求代乾的孩子能多学点知识，多一个走出大山。"

续表

序号	姓名	性别	称号	省份	学校	主要事迹	精神肖像	最美人格速写或社会评价
68	王伟平	男	2016年"最美教师"	浙江	大柘镇小学	36个春夏秋冬，王伟平一直在基层农村小学从教	尝百草中蛇毒的"傻"老师	"小学的科学课，意味着什么？""它意味着对科学的启蒙，是每个孩子对自然科学产生兴趣的火种！"放弃进城扎根农村，他是别人眼里一根筋的"大傻子"。"县城学校需要我这样的科学老师，但农村学校可能比县城更需要。"出身农村的他，更懂得农村孩子对知识与科学的渴望。"我觉得能做这样一个'傻子'，也很值得嘛！"为了制作标本，他进到原始森林抓过毒蛇，还遭遇过砒霜中毒。"农村没有好的条件，那我就给学生们创造条件。"
69	支月英	女	2016年"感动中国人物"	江西	澡下镇白洋教学点	36年坚守乡村学校，是两代人的老师	从"支姐姐"到"支妈妈"，教育了大山深处的两代人	"跋涉了许多路，总是围绕大山。吃了很多苦，但给孩子们的都是甜。坚守才有希望，这是你的信念。36年，绚烂了两代人的童年，花白了你的麻花辫。"
70	慎魁元	男	2017年"最美教师"	江西	修水县何市镇知青希望小学	他扎根乡村，立志为乡村教育"脱贫"	让每个孩子得到同样多的爱	他让山里的孩子享受素质教育的阳光，给他们带来了无数个"第一次"：第一次有了趣味运动会、第一次有了图书阅览室、第一次有了入学照……他坚持以校为家，家访300多户，累计路程达10000余里。他积极参加公益，受益的孩子达500余人。他先后在全国14个省进行事迹宣讲，听众超过5万人，传播社会正能量，彰显乡村教师风采。"这些年来，我们不放弃任何一个孩子，我们希望每一个孩子都能受到良好的教育，都能享受爱的阳光，都能闪闪发亮。我们唯愿用自己的努力为每一个家庭点亮希望！"

续表

序号	姓名	性别	称号	省份	学校	主要事迹	精神肖像	最美人格速写或社会评价
71	程风	女	2019年"最美教师"	江西	鄱阳县莲湖乡四望湖小学	2011年，带着教师梦，从赣南于都回到鄱阳，主动投身农村教育。在游城乡北塘教学点，她克服了师资不足、条件艰苦等困难，通过自己的努力，把一个生源流失严重、成绩全乡倒数第一的教学点，办成了有学生120余人、成绩位列全乡第一的乡村小规模学校，赢得了当地百姓的认可和尊重	校园里的"钢铁侠"	"比起城市老师，乡村老师的幸福感、价值感会更强一些。"相比起乡村的"苦"，程风更愿意说一说乡村孩子、家长回馈的"甜"。"我从不把自己当校长，我就是一个乡村教师，用自己的一点力量改变他们，有多少力使多少力。"
72	周贤怡	女	2019年"最美教师"	贵州	惠水县第四幼儿园	一个工作在幼教一线的青年女教师，凭着对幼教事业的无比执着和热爱，以顽强的意志与癌症病魔抗争，忘我工作，无私奉献，以实际行动诠释了社会主义核心价值观，倡导了"爱国、敬业、诚信、友善"的崇高品德	病魔来临不知觉，愿化流星放光芒	"人生的意义在于奉献，我愿意用青春、热血与生命，奉献给我所热爱的幼儿教育事业。"主动请缨担任"移民子女欢乐之家"的筹建、帮扶工作。她暗下决心——"我会尽我最大的努力，将教育延伸到农村去。"

续表

序号	姓名	性别	称号	省份	学校	主要事迹	精神肖像	最美人格速写或社会评价
73	胡定霞	女	2019年贵州省"行业道德标兵"	贵州	南明区林海中学	执着办学30年,"让更多贫困孩子有书读"	举着火把劝学的好校长	"两千万也抵不过一所学校。""学校不卖,还要继续办,并且要办得更好。""我们一家人的愿望是让更多贫困孩子有书读,让他们走出贫困。"
74	刘秀祥	男	2020年"最美教师"	贵州	望谟县实验高中	考上大学后,在大学期间,刘秀祥一直都是一边照顾生病的母亲,一边打四份工来维持母子的生活,不接受外界的资助。同时,他还为许多在校学生联系兼职工作,为贫困学生减轻了家庭负担。刘秀祥,他对母亲不抛弃,对学业不放弃,在如此窘迫的环境里坚强地走了出来	"贵州第一孝子";"千里背母上大学"。当年携母求学的刘秀祥如今当上了望谟县实验高中的副校长,助力千名贫困学子圆了大学梦	"我能走出去,大家也一定能走出去,现在条件艰苦一点,不要怕,只要有梦想,有行动,未来一定会更加地美好,我们每个人都在努力,为自己,为家人和家乡。""一个人活着不应该让人觉得可怜,而应让人觉得可亲和可敬。"他之所以这么做,就是为了"给孩子一个希望"。刘秀祥还应邀到各地演讲。他分文不收,只有一个条件:每讲一场,必须资助两位孩子上学。每次演讲,结尾的都是同一句话:"相信奋斗的力量。"到目前为止,刘秀祥资助或对接资助的学生达到了1900多人。刘秀祥从大山里来,又回到大山里去,他几乎在用生命诠释着这句话:"世界以痛吻我,我报之以歌。"每一个孩子都应该有更好的未来。不要用我们的现状去评判我们的未来。越是偏远的地方,越需要优质的教育,更需要优秀的教师。我们怎样,未来的中国就怎样。所以未来的中国,就在今天的课堂里

续表

序号	姓名	性别	称号	省份	学校	主要事迹	精神肖像	最美人格速写或社会评价
75	王菲	女	2020年"最美教师"	山东	荆家镇中心中学	从教十几年的王菲老师，现在有两个"课堂"：一个是线下，在桓台县荆家镇中心中学；另一个课堂则是在网上，她为四川、云南、甘肃等贫困乡村的学生们教授音乐课。桓台县荆家镇中心中学，即便在乡村学校中，条件也并不算好。2013年参加全国中小学信息技术创新与实践活动比赛时，王菲意识到，网络课堂或许能够弥补乡村教育现存的不足，从而开始在荆家镇中学进行小范围"试水"	带着乡村孩子一起成长	"其实乡村孩子只是生长在这个乡村而已。通过互联网我们可以链接全国的名师、优质的教育资源，就可以让他们享受教育的公平。""其实，这么多年一直通过网络教学也是有一个愿景，当大家再提到乡村老师的时候，我们新时代的乡村老师应该是什么样子的？我觉得就是阳光、自信，拥有新的理念、新技能，能够带着我们乡村孩子们一起成长，成为更好的自己。"

续表

序号	姓名	性别	称号	省份	学校	主要事迹	精神肖像	最美人格速写或社会评价
76	马建国	男	2021年"最美教师"	黑龙江	北极镇中心校	他是漠河市北极镇中心校校长兼初二地理教师。他20年的坚守，用点滴的言行感染和教育着茁壮成长的青年一代，他用自己的行动及人格魅力赢得了全校教职工的信赖及学生家长们的支持	坚守中国最北学校，为孩子们撑起更好的未来	"说来也巧，就在那一年，我第一次看见了极光，或许这就是我，一个山东大汉和东北的缘分。我爱北极镇的孩子，他们活力、美好、朝气，跟极光一样。我希望更多的人可以投身到边疆的教育事业中，为孩子们撑起更好的未来，这样你也会寻找到属于自己的北极光。"
77	张玉滚	男	2021年"感动中国人物"	河南	高丘镇黑虎庙小学	大学毕业后，放弃在城市的工作机会，回到家乡，从一名每月拿30元钱补助、年底再分100斤粮食的民办教师干起，一干就是17年。学校地处偏僻，路没修好时，他靠一根扁担，一挑就是5年，把学生的课本、文具挑进了大山	担起乡村未来的"80后"教师	他是这里的全能教师，手执教鞭能上课，掂起勺子能做饭，握起剪刀能裁缝，打开药箱能治病。由于常年操劳，"80后"的他鬓角斑白，脸上布满皱纹。扎根黑虎庙小学多年，先后教过500多名孩子，培养出16名大学生。当地人把他的事迹编成歌曲传唱，感动了无数人。 如今17年过去，这里的老师换了一茬又一茬，而这位乡村教育守望者一直都在。"不耽误一节课，千方百计上好每一节课。"数学课上，张玉滚运用直观教学法，和孩子们一起制作钟表表盘、正方体、长方体等教具；科学课上，他带领孩子去野外考察，自己动手做实验，激发他们热爱大自然探究大自然的兴趣。学校缺少体育设施，大课间时，他就和孩子们围成一圈玩"抵羊斗鸡"，活动课还经常领孩子们去爬山

（注：相关报道中包含的支教团队报道人数未列其中，工作年限计算截至获得荣誉称号当年）

二、视域融合下的理解与对话："最美"系列乡村教师自我教育之精神镜像

一切理解都意味着交流与对话，只有在阐释与对话中，我们才能更好地理解他者，同时也能更好地理解自己，如此达成理解交融与共情。生存阐释学认为，人总是在尝试理解周围的一切，理解就是人的生存方式，对世界的每一种理解都是对生存的理解。而对生存的理解，伽达默尔认为，人具有认知的有限性，我们只能从一个现有的框架开始自己的理解，也就是从一系列的"前见"（Vorsicht）开始。这些前见是在家庭、学校、社会、文化、传统中形成的；简单来说，就是被我们的历史和传统塑造的。这些前见给我们提供了一个"视域"（Horizont），也就是一个视野范围，让我们在这个范围内理解和判断事物。我们需要承认我们每个人的前见和视域都是带有局限性的，也都只是暂时的。这就需要我们带着开放的心态，去展开与历史文本、历史人物的"对话"。在这个对话中，我们才能越来越清晰地看到我的视域和他的视域有什么差别；然后认识到，我之前用来理解历史文本和历史事件的那些前见，哪些是随意的、妨碍理解的、应该抛弃的；哪些又是合理的、有助于理解的、可以保留的。通过对话，理解者的视域和被理解者的视域交汇在一起，能更好地把握被理解者的意图，实现"视域融合"（Horizontverschmelzung）。而实现视域融合之所以成为可能，是因为一切文本和事件，说到底都和人的生存境遇有关，对其文本或事件的阐释就是进入他者的处境与生存经验中，而这种可以进入并且可以分享而又可被阐释的可能性，共同指向一个关键性的共识要素——语言。人类语言的可交流性，语言的本质就是共享的经验，即"语言就是能够被理解的存在"。我们的理解是和语言同在的，而他人的精神世界也是通过语言进入我们的理解。因此，通过"视域融合"，我们改善着我们自己对他者世界的理解，也通过这种理解更好地理解塑造我们自己。而这种来自历史的、文本的与他者的"对话"，"把遥远的、陌生的东西带到近前，让他们再次开口说话，以一种新的声音说话"。而我们也能在他者的声音中被唤醒，如此也超越了曾经的自己，真正实现了"视域融合"下的更大的"我们"。

通过对 77 位"最美"系列乡村教师的先进事迹、精神风貌与情感姿态的汇总与整理，借助阐释学理论解析，根据新闻报道以及主流媒体宣传，将具有"生存境遇"

"自我理解""精神品质"及"情感体验"意蕴的语言进行系统分类,并以现实隐喻进行标识,同时以自我教育范畴为线索,进行结构化整理与可辨识性界定。由此,得出关于当代"最美"系列乡村教师的自我教育的精神镜像群,即教育民主的跋涉者、崇真向善的关怀者、道德生活的创造者、终身成长的学习者。如表12所示。

表12 "最美"系列乡村教师自我教育的精神镜像群

序号	代表人物	自我教育范畴（列举）	主要情感品质/元素	精神镜像/现实隐喻
1	张玉滚、马建国、胡定霞、周贤怡、支月英、加措、张伟、杨昌洪、陈发喜、邵英文、秦开美、曾维奋、王偏初、陈腊英、王世明、孙占恒、周胜群、刘芝莲、汪昌祥、杜广云、药噶查夫子、仲威平、潘立华、王金花、刘坤贤、杨贤生、吉拉、邹桂芬、阿力甫夏、任影、张桂梅、徐其军、杜顺、庄巧真、李修雄、薛跃娥、石兰松	坚持不懈家访劝学；长期扎根乡村学校；收入微薄艰难执教；执着为村创业办学；身残志坚坚守岗位；用生命捍卫讲台	使命感 职业感 悦纳感 信念感 正义感	教育民主的跋涉者
2	张拉毛东智、谭兰霞、罗丽秋、张美丽、张秀丽、周丽娜、郁雪群、曾祥志、朱文君、格桑德吉、高淑珍、刘习聪、张彩青、胡忠和谢晓君夫妇、李灵	爱生如子；以校为家；无私奉献，以苦为乐；严慈相济，关系和谐；付出爱，关怀特殊儿童；创办儿童关爱机构，好善乐施	关怀弱者 奉献师爱 仁爱善良 宅心仁厚 热情乐观	崇真向善的关怀者
3	刘秀祥、慎魁元、莫振高、杜爱虎、朱敏才和孙丽娜夫妇、胡清汝、彭绍贵、王琛、蔡曾萍、廖乐年（马来西亚）、林子闳、田育才、蒋国珍、孙影	以身立教；为人师表；道德模范；时代新人；家庭和睦、支持理解；邻里乡亲友善互助；热爱家园亲近乡土；新乡贤致力脱贫扶贫；传递爱开拓公益助学	立德树人 道德感召 价值感 联结感 实践感 乡土情怀 变革发展	道德生活的创造者
4	王菲、程风、王伟平、刘月升、唐文汉、郭建芩、杨富生、敖双英、杨元松、郭秋维、张晓、吴述玲、达芳	跨学科自学；创新校本课程；本土课程有特色；教研生活多姿多彩；专业化自主成长；教育生活丰富多彩；教育资源利用与拓展；教育方法灵活、独特	目标感 自信感 收获感 成就感 幸福感 自我感 胜任感 创造感	终身成长的学习者

三、澄明之境："最美"乡村教师自我教育的"情感-生命"要素分析

人借助语言见证本质。海德格尔认为"有语言处，才有世界"。基于此，语言并不是人们使用的工具，而是规定了人之存在的东西。因此，理解存在首先要学会直接作用于语言之上的倾听，去倾听语言存在之"本真"的声音，让存在自己显现出来。无论是"最美"系列乡村教师的事迹报道或是讲述寻找"最美"乡村教师故事，还是"感动中国"人物颁奖点评致辞，甚至是乡村教师日常质朴的表达与实践反思，无不倾注着语言之下的存在之境，为我们打开了一个完整的、有意义的世界。就像是在原本混沌一片、备感焦灼的困境中，出现了一道光亮，照亮了一片场域，作为常人的道德生活之境，形成了一个有意义的整体，构建起一个世界——最美乡村教师真实的自我意义世界。而那些具体实在的每一位最美乡村教师也正是在这样的一个世界里，不断去除遮蔽，让"自我存在"显现出来，获得了自己对存在的"本真"意义的澄明。如此可以说，每一位最美乡村教师都是亲历者、言说者，同时也是正名者，他们的故事是在展开对自我意义不断追寻的存在，是在迈向真实的自我理解、自我突围、自我实现的精神世界的祛蔽与澄明。因此，对最美乡村教师自我教育的情感维度考察仍然需要进一步借助语言照亮本质之功能，对具有澄明之境的要素进行结构化整理，以此达成不断逼近最美乡村教师自我意义世界的"本真"。

为了保障研究的严谨性、完整性与精准性，笔者进一步对77位"最美"系列乡村教师呈现出的关于自我教育中情感意蕴的（如自我突围、自我理解、自学自强、自我实现等）原始资料进行开放式编码，对原始资料中出现频率较多且意思表达相近的词语、语句等进行贴标签、概念化、范畴化，从而获得如下标签项、概念以及范畴（如表13所示）。由此，得到其自我教育的"情感-生命"要素，包括价值性成分、认知性成分、能力性成分、情感性成分四个部分，其中价值性成分有价值选择、教育信念、精神引领；认知性成分有认知观念（教育观、学习观、儿童观、职业观等）、专业知识、实践经验、生命经历；能力性成分有胜任能力、自我感受力、情感能力（觉察－理解－表达－调适等）、创造力；情感性成分有基础性情感、特殊性情感、关系性情感、实践性情感。

表13 "最美"系列乡村教师自我教育之"情感-生命"维度开放性编码

原始资料（节选）	开放性编码		
	贴标签	概念化	范畴化
"我留下来，是为了让他们能走出大山。""我会尽我最大的努力，将教育延伸到农村去。""我已经从教35年，从师教学，不仅仅是我的职业，也是我们整个胡家的信念。""就是想当老师，把自己学到的东西教给他们。""说来也巧，就在那一年，我第一次看见了极光，或许这就是我，一个山东大汉和东北的缘分。我爱北极镇的孩子，他们充满活力、美好、朝气，跟极光一样。我希望更多的人可以投身到边疆的教育事业中，为孩子们撑起更好的未来，这样你也会寻找到属于自己的北极光。""人生的意义在于奉献，我愿意用青春、热血与生命，奉献给我所热爱的幼儿教育事业。""两千万也抵不过一所学校。""学校不卖，还要继续办，并且要办得更好。""我们一家人的愿望是让更多贫困孩子有书读，让他们走出贫困。"……	喜欢当老师；回馈家乡故土；到乡村学校去；这里更需要我；当乡村老师挺好；……	价值选择	价值性
	留下来教书；相信教育可以改变；点燃孩子梦想；教育根植于爱；用爱洒满心田；……	教育信念	
	播种乡村教育希望；阻断贫困代际传递；师者如光，微以致远；执守初心，筑梦育人；师者匠心，止于至善；学高为师，德高为范；……	精神引领	
他是这里的全能教师，手执教鞭能上课，掂起勺子能做饭，握起剪刀能裁缝，打开药箱能治病。由于常年操劳，"80后"的他鬓角斑白、脸上布满皱纹。"小学的科学课，意味着什么？""它意味着对科学的启蒙，是每个孩子对自然科学产生兴趣的火种！""了解和掌握每一位学困生的根源后，主动走进他们，和他们做朋友，帮助他们树立学习的信心。""对待调皮的学生，暗地里用心观察，找到他们的共同爱好。""相信奋斗的力量。""我能走出去，大家也一定能走出去，现在条件艰苦一点，不要怕，只要有梦想，有行动，未来一定会更加的美好，我们每个人都在努力，为自己，为家人和家乡。""家乡有我的童年，我的记忆，我的信仰，我的梦想。""我要把我的所学全部授予他们，我没有理由放弃任何一个孩子。"……	知识改变命运；相信孩子；赏识儿童；鼓励儿童；呵护完整心灵；付出爱，收获爱；……	认知观念	认知性
	学会生存；学会生活；学会学习；学会做人；全科教学；跨专业学习；道德榜样学习；……	专业知识	
	生活教育；自然教育；乡土课程资源利用；劳动教育；民族教育；留守儿童情感教育；……	实践经验	
	童年教育爱之印迹；师范教育经历；乡村执教心路；家庭维系师道传统；关键事件冲击与催化；重要他人托付与信任；……	生命经历	

续表

原始资料（节选）	开放性编码		
"比起城市老师，乡村老师的幸福感、价值感会更强一些。""学校留守儿童、单亲家庭、贫困家庭学生多，面对这一情况，提出'孩子完整的成长'，坚持课程育人、文化育人，激扬学生生命活力，激发学生成长潜力。""其实，这么多年一直通过网络教学也是想有一个愿景，当大家再提到乡村老师的时候，我们新时代的乡村老师应该是什么样子的？我觉得就是阳光、自信，拥有新理念、新技能，能够带着我们乡村孩子们一起成长，成为更好的自己。""不耽误一节课，千方百计上好每一节课。"数学课上，运用直观教学法，和孩子们一起制作钟表表盘、正方体、长方体等教具；科学课上，他带领孩子们去野外考察，自己动手做实验，激发他们热爱大自然探究大自然的兴趣。学校缺少体育设施，大课间时，他就和孩子们围成一圈玩"抵羊斗鸡"，活动课还经常领孩子们去爬山。……	甩手干起来；边干边学；教学做合一；智慧的爱；一分耕耘一分收获；相信自己能干出来；勤能补拙；日复一日坚守；硬着头皮闯出来；……	胜任能力	能力性
	知足常乐，充满干劲；良知安顿，初心不变；相信自己一定能行；自我悦纳，值得付出；无怨无悔，问心无愧；……	自我感受力	
	情感觉察；情感表达；情感调适；情感命名；情感理解；……	情感能力	
	专注研发课程；科学实验课程；体育特色课程；留守儿童关爱机制；网络公益助学行动；……	创造力	
"教育就是用生命感动生命，用灵魂唤醒灵魂。我爱孩子，爱学校……""作为教师，把爱渗透在教育过程中，不吝惜自己的每一句爱的语言，不保留自己的每一个善意的微笑，不轻视自己为孩子做的每一件微不足道的小事。我相信，只要付出了爱，就一定会在孩子们身上收获爱的果实。""看到孩子们吃着透心凉的饭菜，心疼极了，每天中午放学后，把孩子们的饭盒收上来，用自己的煤气灶一个一个加热。""那里的孩子很腼腆，他们不会送你礼物，但那份情谊我能感受到，这就够了。""遇到很多农村学生家庭贫困，常常因为饥饿而没有精力读书学习，我故意多买一点早餐，邀请舍不得吃早餐的同学'帮自己'多吃一点。""比起城市老师，乡村老师的幸福感、价值感会更强一些。相比起乡村的'苦'，我更愿意说一说乡村孩子、家长回馈的'甜'。"……	依恋感；安全感；归属感；联结感；……	基础性情感	情感性
	乡土情怀；爱的传承；甘于奉献；悲天悯人；舍我其谁；果敢担当；……	特殊性情感	
	关爱学生；师生融洽；双向关心；亦师亦友；理解包容；共同体；……	关系性情感	
	劳动乐趣；探索欲；能动性；身体力行；亲力亲为；奋斗；……	实践性情感	

第二节　内生动力：影响优秀乡村教师自我教育的内源性动力因素

一、"最美"系列乡村教师自我教育的内源性动力

"美"的原意是：美丽的、好看的，多形容风景和人物。所形容的对象一般都是可感触到的实在物，如今的"最美"不仅仅用于形容物的外观形象之美丽，而且还可以表示一个人的高尚道德，他的行为被公众认可和赞赏，并在社会中广泛流传。因此，"最美"被赋予道德优美的意蕴伴随神圣纯粹的情感体验。"最美"从媒体大众传播中的热词到社会公认的时代精神，这源于公众对善良、道德、正义、爱心等价值观的态度趋同，更离不开主流大众传媒对历届"最美"人物事迹的深度报道与叙述。例如"寻找最美教师"节目旨在展示优秀乡村教师无私奉献、甘为人梯的精神品格，在全社会弘扬尊师重教的良好风尚，弘扬社会主义核心价值，倡导更多的优秀教师扎根农村，做农村教育的生力军，为我国农村教育事业贡献力量，并将活动打造成一个持续的长期的文化帮扶平台和家喻户晓的社会公益品牌。节目引发了社会各界的关注，感动了善良的人们，凝聚起全社会的爱心和力量。那么，促使"最美"系列乡村教师自我教育的动力是什么？他们追求自我实现的动机是什么？驱动他们自我超越的内在需求是什么？这需要对价值观的发生展开进一步思考，价值观的基础被认为是可以发现的内部，而不是物质世界的外部。简言之，内在生命、更高的觉悟、认识到创造好生活的大量资源存在于个体内部，既是这个即将到来的时代所需要的特征之一[1]，也是乡村教师自我教育的动力特征。当自我实现者的所有基本需求（包括归属感、情感、受尊重和自尊）都已然得到了满足，他们就会受到其他更高级方式的激励，称之为"超越性动机"[2]。这种"超越性动机"表现为更多的热情、无私、深厚情感，是一种更高层次的精神追求与价值奉献，以及身心合一、乐在其中的和谐工作状态。而

---

[1] 罗杰斯. 论人的成长 [M]. 石孟磊，邹丹，张瑶瑶，译. 北京：世界图书出版公司北京公司，2015：256.
[2] 马斯洛. 人性能达到的境界 [M]. 曹晓慧，张向军，译. 北京：世界图书出版公司北京公司，2014：271.

这种"超越性动机"取决于内源性动力的支持与保障。

动力（Dynamic）指的是"激励并影响事物稳定发展的一种力量，具有基础性和动态性特征"。内源性动力是一种推动力量，一种能够推动事物发展、个体成长的力量，不过这种力量来源于事物或个体内部。[①] 由此可见，乡村教师自我教育的内源性动力同样也是一股力量，一种来自教师主体内部，能够推动教师自我教育的力量。

乡村教师自我教育是由其内源性动力与外源性支持相互作用的结果。乡村教师自我教育的内源性动力一经产生，会随着外界环境刺激、外源性条件和自身需求的变化产生波动。部分乡村教师因其生存条件的艰苦，会遇到难以突破的困境，有的会产生职业倦怠，有的会陷入"习得性无助感"，有的甚至有逃离教师岗位的念头，因此自我教育的增速或力量就会减弱。还有一部分优秀乡村教师，他们拥有极其强大而丰盈的内源性动力，逆境并不能阻断他们追求进步，反倒强化了他们坚定而执着的信念。他们不畏惧挫折，也不辞劳苦，无怨无悔地努力尝试改变，坚持探寻自我教育的一切可能。优秀乡村教师自我教育的内源性动力来源于他们内在的情感系统，表现出能提升教师自我教育素质的某种力量或力量的总和，常伴有情感的弥散性、流动性与主体性。内源性动力在乡村教师自我教育的过程中呈现情感价值属性，它不仅促使乡村教师保持持续的热情乐观，增强他们的事业感，抑制职业倦怠感；还能发挥乡村教师的自主性与创造性，增强乡村教师的自我价值感与获得感；同时还能够强化乡村教师的职业认同感、乡村教育使命感，提升归属感，厚植乡土情感。

二、"最美"系列乡村教师自我教育的内源性动力构成：基于扎根理论编码分析

本研究采用扎根理论（Grounded Theory）梳理收集到的经验资料，在此基础上建立理论。研究者在研究开始之前一般没有预设，直接从原始资料的归纳得出经验，再将经验上升到理论。本研究主要采用施特劳斯与考宾的程序化版本对文本和视频材料进行手动编码处理，运用的编码程序为开放性编码、主轴性编码和选择性编码。开放性编码（Open coding）即以对优秀乡村教师事迹材料进行整理，选择符合归因特

---

① 陈向明. 扎根理论的思路与方法 [J]. 教育研究与实验，1999 (4)：3.

点的原话直接贴标签进行命名,"将最初的代码或标签分配到资料中,以便将大量零散的、混杂的资料转变成不同的类别"[①],以保证资料的原始性与真实性。从原始资料中抽取出开放性编码,根据编码间因果关系及语义关系对开放性编码进行有规律地归类与整理,从而形成主轴性编码(Axial coding)。在此基础上,依据拟定的核心概念和观点将主轴性编码进一步提炼加以概括,最终归纳出选择性编码(Selective coding)。原始材料采用连续接近法,通过不断反复和循环的步骤,将目标样本中所呈现的模糊观念以及混沌的细节提炼为一个整体分析的概念。通过归纳"最美"系列乡村教师自我教育事迹的情感表现性指标及其自我教育内源性动力的影响因素的表述,提炼概括出优秀乡村教师自我教育的内源性动力因素及其生成过程。为尽量减少某些条件和偶然事件的影响,研究者根据扎根理论的编码框架,不断修改概括其与证据的连接,以使概括更好地反映证据,进而揭示普遍意义上的理论或规律。

(一)研究对象的目的筛选

通过分类整理,得出优秀乡村教师群体的共同精神属性,同时,依据自我教育的情感价值与表现性指标,再从中选出 20 位明显而明确具有自我教育意蕴的乡村教师作为研究对象。他们是:敖双英、蔡曾萍、郭建芩、胡定霞、刘月升、刘习聪、刘秀祥、彭绍贵、薛跃娥、孙影、谭兰霞、唐文汉、王菲、王伟平、杨昌洪、杨富生、杨元松、郁雪群、张桂梅、张晓。其自我教育情况与情感属性如表 14 所示。

表 14 "最美"系列乡村教师自我教育情况与情感属性表

序号	姓名	性别	地域	称号	体制内/外	教授学段	是/否新生代	自我教育事迹概要	涉及领域
1	敖双英	女	湖南	2013年"特别关注乡村教师"	内	小学	是	创办生命教室;创设特色课程	改造教室文化
2	蔡曾萍	女	广西	2013年"特别关注乡村教师"	内	小学	是	筹集近30万善款,使乡村小学大为改善	公益助学

---

① 风笑天. 社会学研究方法 [M]. 北京:中国人民大学出版社,2001:305.

续表

序号	姓名	性别	地域	称号	体制内/外	教授学段	是/否新生代	自我教育事迹概要	涉及领域
3	郭建芩	女	山西	2013年"特别关注乡村教师"	内	小学	是	用生命感动生命；课改标兵；爱的教育	课程改革
4	胡定霞	女	贵州	2019年贵州省"行业道德标兵"	外	中小学	是	执着办学30年，让更多贫困孩子有书读	创业办学
5	刘月升	男	天津	2014年"最美乡村教师"	内	中学	是	设立发明课，带领学生完成350多项国家专利申报	科技发明
6	刘习聪	男	贵州	2012年"最美乡村教师"	内	小学	是	走遍563个学生家庭；改变乡村教育生态	致力脱贫
7	刘秀祥	男	贵州	2020年"最美教师"	内	高中	是	千里背母求学；经历感召学生	自我救赎
8	彭绍贵	男	云南	2013年"特别关注乡村教师"	内	小学	是	与大学教授的一段忘年交情，成立"麻风病人第二代关爱基金"，完成学生"小升初"工作	公益助学
9	薛跃娥	女	山东	2018年"最美乡村教师"	内	小学	否	坚守教坛25年；乐观热情；爱生如子；与学生亦师亦友	师生促进
10	孙影	女	贵州	2018年"最美乡村教师"	外	小学	是	多年支教，创建爱心助学基金，创办4所学校	公益办学
11	谭兰霞	女	湖南	2015年"最美教师"	内	小学	是	奔波于500多个贫困生家庭，利用互联网成立爱心助学会	公益助学
12	唐文汉	男	湖南	2013年"特别关注乡村教师"	内	中学	否	为山里孩子托起"冠军梦"；做大山里的体育"伯乐"	体育特长
13	王菲	女	山东	2020年"最美教师"	内	中学	是	通过互联网连接全国的名师、优质的教育资源，让乡村儿童享受教育的公平	信息化助学
14	王伟平	男	浙江	2016年"最美教师"	内	小学	否	执教36年，尝百草中蛇毒；全力以赴创造科技教育条件	创造科技教育条件
15	杨昌洪	男	贵州	2014年贵州省"最美乡村校长"	外	职中	是	12年来为"差生"逆袭办学，历经挫折，披荆斩棘，5次"漂流"找学校	艰苦卓绝办学

续表

序号	姓名	性别	地域	称号	体制内/外	教授学段	是/否新生代	自我教育事迹概要	涉及领域
16	杨富生	男	甘肃	2013年"特别关注乡村教师"	内	小学	是	全科教师，打开孩子们的眼界，培养山里娃自信，播种梦想	全科教育
17	杨元松	男	贵州	2014年"最美乡村教师"	内	小学	是	关爱留守儿童，鼓励孩子追求梦想，促成《中国留守儿童日记》出版	写作生活
18	郁雪群	女	江苏	2013年"特别关注乡村教师"	内	小学	是	创办7个"向日葵阅读点"，让留守儿童徜徉在书的海洋	阅读生活
19	张桂梅	女	云南	2020年"感动中国人物"	外	高中	否	坚守初心圆山区女孩大学梦	为女童公益办学
20	张晓	男	云南	2012年"特别关注乡村教师"	内	小学	是	进行艰苦细致的教育实践，探索创新，开创"复脑教育"	教研生活

（注：新生代乡村教师泛指参与"特岗政策"转岗执教的乡村教师以及以"70后""80后"作为新生力量的乡村教师）

由上表可知，最美乡村教师自我教育典范20人中，男性10人，女性10人，性别比例相等。从地域分布来看，涵盖10个不同的省、市、自治区，地域分布也较为均衡。其中体制外4人，体制内16人；执教小学段13人，中学段7人；另外，16人是新生代乡村教师，占据80%，可见新生代乡村教师在乡村教师群体中占据绝对主力，有着不可替代的优势。自我教育领域涉及自我救赎、专业化发展、公益助学、师生促进、创业办学、教育脱贫6个领域，具有典型性与代表性，且涉及的自我教育内容较为全面，基本可以展示优秀乡村教师自我教育的全貌。

（二）研究资料的编码分析与导向

如上所述，通过对目标样本进行归纳总结，将符合归因特点的原话挑选出来，最终得到开放性编码。然后，依据归因的特点与分类对开放性编码进行整理，依据基本的或初步的编码主题去阅读、整理资料，并在分析过程中不断将各种观点、主题联结起来①，得出系列相关主轴性编码。最后，根据已经整理出来的核心概念和观点进一步提炼、概括主轴性编码，得出的 6 个选择性编码就是影响"最美"系列乡村教师自我教育内源性动力的因素（如表 15 所示）。

表 15 "最美"系列乡村教师自我教育内源性动力影响因素

开放性编码（节选）	主轴性编码	选择性编码	情感品质/元素	提炼种类	归纳属性
"老天啊！你怎么就对我这样不公平，怎么把那么多的不幸都集中到我一个人身上？少年丧母、青年丧父、中年丧夫，难道就不能允许我有一个健康之躯，为教育事业多做点贡献吗？"（张桂梅） "多办一所学校，人间少一所监狱。""教育没有拒绝的权利，教师没有嫌弃的理由。""不嫌弃、不放弃、不抛弃每一个学生。""做教师的意义是什么呢？"杨昌洪反复问自己。他决定辞职，办一所专门收留"问题孩子"的职业学校，他希望能改变一些孩子的人生轨迹。12 年间，杨昌洪和他的学生们经历了 5 次"漂流"：从山外搬进山里，从这个废弃的营房迁到那个闲置的厂房。他发誓，两年内一定要把学校建起来。毕业的学生们都懂杨昌洪的难处，毕业离校时，他们在车上对着杨昌洪大吼："校长，5 年后我们来帮你修学校！"（杨昌洪） 6 年间，蔡曾萍募集爱心捐款 161750 元，募集爱心物资价值 164370 元，帮助上百个孩子完成上学梦想；"从他们的身上，我能感受到自己的这种价值，这么多年坚持的意义和价值就在这体现出来了。我感觉动力就是心中有一种坚持自我实现的需要和梦想吧。当孩子们哭着对我们说，老师我还要做你学生的时候，我心里面真的特别自豪特别感动，几乎是超乎了一切金钱权力之上的一种感觉。"她说学生是她的止痛剂，是她全部的寄托和内心深处的慰藉，"相当于给我增添了另外一个灵魂，有了学生，我就换了一个人，又活了一回；我就觉得没有什么天大的事情，可以让我得到这么多的快乐。只要我还有口气在，我就应该做我该做的事，就是说我不死，我还有生命存在，我就尽量做我想做的事。"（蔡曾萍）……	社会价值实现；自我价值实现；道德直觉；正义之心；崇真向善尚美；……	价值驱动	价值感；存在感；使命感；道德感；正义感；自尊感；事业感；奉献感；荣誉感；……	价值感；道德感	价值性

---

① 风笑天. 社会学研究方法 [M]. 北京：中国人民大学出版社，2001：306.

续表

开放性编码（节选）	主轴性编码	选择性编码	情感品质/元素	提炼种类	归纳属性
"'喜欢'是相互的，教师对学生的感情要纯真、要深厚，爱自己的学生就像父母爱自己的孩子那样用心、那样用情，才能真正地走进每一个学生心里。""真心喜欢每一名学生，蹲下身来，做学生的好朋友。"下课了，学生们在办公室门口向她一招手，叫一声好朋友，她立马换好鞋，成为学生的玩伴，和学生一起跳大绳、踢毽子、转呼啦圈，和他们讲讲小笑话。"喜欢他们，就要关注他们的内心情感体验，注意在一些生活的细节上与他进行心与心的沟通，我有了喜悦，第一个与孩子们分享，孩子们有了苦恼，第一个跟我诉说。就这样，我们成了好朋友；就这样，孩子们的成绩名列前茅，孩子们的品行令人骄傲。"（薛跃娥） "那一双双渴望、期待的眼神，看着让人心疼不已。"（孙影） "三尺讲台，给了我诠释教师为人师表的小舞台、传授知识和施展才能的机会。儿童之家的孩子们，让我懂得了做一个母亲的伟大，使我的人生丰富多彩。孩子们已经一个个长大，有的上了大学，有的已经有了工作，还有的已经结了婚。我忘不了那一幕幕温馨的情景。"（张桂梅） "教育就是用生命感动生命，用灵魂唤醒灵魂。我爱孩子，爱学校……""作为教师，把爱渗透在教育过程中，不吝啬自己的每一句爱的语言，不保留自己的每一个善意的微笑，不轻视自己为孩子做的每一件微不足道的小事。我相信，只要付出了爱，就一定会在孩子们身上收获爱的果实。"（郭建芩）……	善良使然；悲天悯人；感恩惜福；知足常乐；亲近自然；相亲相爱；热爱家乡；热爱儿童；……	情感驱动	联结感；依恋感；教育爱；同理心；归属感；愉悦感；满足感；幸福感；……	联结感、教育爱	情感性

续表

开放性编码（节选）	主轴性编码	选择性编码	情感品质/元素	提炼种类	归纳属性
"设立发明课的初衷是调动学生的积极性，让他们学会探索、研究，提升综合素质，现在看来，很多学生都受益了。别看是农村孩子，想象力和创造力一点儿也不输城里孩子，现在，学生们对钻研科学的热情越来越高了。"（刘月升） "小学的科学课意味着什么？""它意味着对科学的启蒙，是每个孩子对自然科学产生兴趣的火种！"放弃进城扎根农村，他是别人眼里一根筋的"大傻子"。"县城学校需要我这样的科学老师，但农村学校可能比县城更需要。"出身农村的他，更懂得农村孩子对知识与科学的渴望。"我觉得能做这样一个'傻子'，也很值得嘛！"为了制作标本，他进到原始森林抓过毒蛇，还遭遇过砒霜中毒。"农村没有好的条件，那我就给学生们创造条件。"（王伟平） "其实乡村孩子只是生长在这个乡村而已。通过互联网我们可以链接全国的名师、优质的教育资源，就可以让他们能够享受教育的公平。""这么多年一直通过网络教学也是有一个愿景，当大家再提到乡村老师的时候，我们新时代的乡村老师应该是什么样子？我觉得就是阳光、自信，拥有新理念、新技能，能够带着我们乡村孩子们一起成长，成为更好的自己。"（王菲） ……	专业发展需求； 自尊心需求； 成长型思维； 互联网助学； 职业认同； 专业化需求； 教育观念更新； 课程改革尝试； 兴趣使然； 探索实验； 学习共同体； ……	认知驱动	目标感； 期待感； 自我感； 胜任感； 成就感； 自信感； 能力感； ……	理智感； 自尊感	认知性
"自己改变不了过去，但希望能改变将来，我要努力让这些山里的孩子们多读点书。"第一次募捐成功后，刘老师和越来越多的好心人取得了联系。从2008年至今，他已经募集了30万元资金及物资，使300多位学生得到资助。他还找到了两位捐助者，从三公里外的山顶上为学校拉来水管，不但使小学第一次有了饮用水源，还让村民们都受了益。在他的努力下，村民们不但不用发愁孩子的上学问题，自己的土地也有了好收成，这让大家喜欢上了这位外省来的年轻老师。（刘习聪） 母亲是当地远近闻名的接产医生，一辈子都在见证新生命的诞生，一直到临终都在鼓励女儿要为这些孩子坚持下去："你毕业后，就留在村里当老师吧，咱们村人少，偏僻，又穷，没人愿意到这儿来。"妈妈退休前是一名音乐老师，正是妈妈的教师身份，给了蔡曾萍教师的梦想。（蔡曾萍） ……	村民尊重、信任； 生命的托付； 教育延续传承； 融入乡约乡情； 重情重义； 淳朴善良； 文化自觉； 乡土课程资源； 新乡贤作用； ……	文化驱动	尊师重道 亲师信道 根土文化 差序格局 以人为本 舍生取义 人文关怀 ……	情本体； 秩序感	文化性

第三章　优秀乡村教师自我教育的"情感-生命"系统考察 / 147

续表

开放性编码（节选）	主轴性编码	选择性编码	情感品质/元素	提炼种类	归纳属性
"一个重病的人，为什么浑身有病却不死，没有倒下，因为始终有一种精神支撑着我，那就是感恩，那就是回报！""是这片热土的父老乡亲和我的学生们，他们的坚韧、向上的精神感染了我。有的孩子为了读书，竟然放弃了和父亲见最后一面，强忍着悲痛坐在教室里，去完成他们的学业和人生理想。"（张桂梅） "许多贫困家庭无力负担这些费用，爱心人士的捐助帮了大忙。我做的事情，就是让这些爱心捐款能帮到真正需要的孩子。""有了这些好心人的帮助，我更有勇气和毅力把事情做下去。"（孙影） "我想做一个幸福的老师，得到孩子们的喜欢和学校、家长、社会的认可。""我很享受做一名教师的快乐，一走进教室，学生们自发报以热烈掌声；无论何地都有学生热情呼唤'谭老师'；曾经资助过的孩子依然记得我，并亲切唤一声'谭妈妈'，这就是对我的最大的肯定。"（谭兰霞）……	师生关系和谐；家庭成员支持；出身教师家庭；同侪互助促进；师生相亲相爱；乡民尊重信任；社会关注与支援……	关系驱动	师生情谊；同侪促进；乡土情怀；家国情怀；亲情关爱……	关系感；关爱感	关系性
"两千万也抵不过一所学校。""学校不卖，还要继续办，并且要办得更好。""我们一家人的愿望是让更多贫困孩子有书读，让他们走出贫困。"（胡定霞） "德育"才能真正教育、引导好孩子。"只要他们向上、向善，将来就一定有出息。"谭兰霞坦言，曾是留守儿童的她小学成绩并不好，"家乡这些孩子跟我小时候很像，调皮不爱读书，但只要善意地去引导，帮他们养成好的学习习惯，多鼓励他们，发现他们的闪光点，这些孩子会往好的方面发展的。""思源实验学校有不少留守儿童和贫困学生，我要鼓励他们，人在最平凡、最艰难的时候，只要默默努力，总有一天，你会站在最闪亮的地方，活成自己想要的样子。"（谭兰霞） "我心里只有一个单纯的信念：不求一日成才，只求点滴进步。后来我又先后主动调往邢楼镇5所师资匮乏的小学，先后接了8个类似的'差班'。凭着埋头苦干的耕牛精神，我每一次都将班级'成绩差'的烙印擦尽，改写成闪亮的'名列前茅'。我愿永远做一株扎根在乡村教育土地上的向日葵，面朝阳光，热爱生活，再将爱和阳光化为阅读的种子播撒在乡村娃的生命中，迎来硕果累累收获的秋！"（郁雪群）……	童年生活经历；难忘师爱师恩；艰难求学经历；没上过学的遗憾；支教经历；致力家乡脱贫；劳动智慧；集体劳作；大自然课堂……	实践驱动	劳动感；实践感；安顿感；自主感；获得感；创生感；奋斗感……	实践感；获得感	实践性

基于以上编码分析，可以将"最美"系列乡村教师自我教育内源性动力划分为6个维度，分别为价值驱动、情感驱动、认知驱动、文化驱动、关系驱动、实践驱动。结合情感教育相关理论及情感品质的分类与结构化理论，梳理自我教育的6个驱动相对应的情感性维度，整理其导向的情感性表现指标或情感性品质（品种），最后提炼成所关注或聚焦的12类主要情感品种，依据其属性归类为6项，分别为价值性（价值感、道德感）、情感性（联结感·对内、教育爱）、认知性（理智感、自尊感）、文化性（情本体、秩序感）、关系性（联结感·对外、关爱感）、实践性（实践感、获得感）。由此，可以揭示出"最美"系列乡村教师自我教育所涉及的情感品质需要关注的方向性与品性，这为进一步理解或逼近优秀乡村教师自我教育之"情感-生命"的本真提供了有效借鉴与研究向度。基于上述材料的扎根理论的编码分析，可得出"最美"系列乡村教师自我教育内源性动力的主要影响因素呈现出由内而外的两个维度，即主体因素与外部因素。显而易见，就自我教育内源性动力而言，无论是外部因素还是内部因素，都是主体通过交互关系的运动从而促进主体做出变化，发生于主体，作用于主体，变化于主体。因此，主体是第一因素，即一切根源在于关系中的自我。影响"最美"系列乡村教师自我教育内源性动力的主体因素由"情感""认知""价值"3个向度交互作用共同驱动主体做出内在改变，而在外部因素中，则由"文化""关系""实践"三者交织共同影响主体做出改变。

三、突围与超越："最美"系列乡村教师自我教育内源性动力影响因素分析

内源性动力是促发乡村教师自我教育的前提，对教师自我实现具有重要意义，但内源性动力不能单独存在，它的发生是内、外条件共同作用的结果，且与教师的现实境遇及其中的体验密切相关。因此，考察"最美"系列乡村教师自我教育内源性动力的成因，需要回归到乡村教师处境中去逼近他们的本真生活与内在自我。相对而言，乡村学校生活境遇较为艰苦，其矛盾性所产生的张力与冲突也较为鲜明，这会带给乡村教师更多的挑战、更剧烈的体验，以及多元的创造空间，而面对共同的处境，有的乡村教师会采用闭目塞听的态度，选择了沉沦状态，有的乡村教师会勇敢直面本真生活，把它们当作契机去寻求自我的突围与超越，实现自我价值。

(一) 主体因素:"边界性境遇"中的三重自我

自我是理解乡村教师自我教育的核心概念,解析影响其自我教育的主体因素离不开对他们内在自我及自我关系的理解。这就需要思考他们置身其中的"边界性境遇"的反应与感受。"边界性境遇"(Grenzsituationen)指的是必然与我们的存在联系在一起的,界定了我们作为人的生存的境遇,特别是那些威胁到我们日常生活的安全感和稳定感的境遇。实际上我们面对"边界性境遇"已然是常态,只是我们没有意识到它的存在,还不习惯用"威胁"来形容它,内敛的文化习惯让我们更情愿用逆来顺受的思维方式去应对它、感受它。乡村教师的边界性境遇更是如此,他们存在的边界性感受几乎盛满了苦难、艰难、荆棘、混沌的体验,但正是因为这样的感受力抵达了边界,沉浸下去是沉沦,跋涉过去就是新生,就会迎来困境的突围与自我的超越。

优秀乡村教师实现自我不是一蹴而就的,而是在"边界性境遇"中实现着发于情感、改变认知、抵达价值的三重层面的自我超越。"情感""认知""价值"这3个范畴与上文乡村教师自我教育内源性动力的主体因素中的情感驱动、认知驱动与价值驱动相互印证。

1. 在情感层面:开启对自我个体化的情感体验

第一重超越是开启了对自我的个体化的感受性,是对自己物化或异化的突围。在"边界性境遇"中乡村教师感受到自己不仅仅是一个抽象存在着的自己,自我不能仅仅是物化的存在,不能过着没有反思、现成给定的生活,而是可以真切地感受到"我这个独特的个体"的存在,这种存在伴有深刻的情感体验和强烈的情感色彩,它可能是刻骨铭心、难以忘怀的痛苦,也可能是深深的恐惧与焦虑,还可能是忘我的喜悦与欣慰,或是淡淡的平静与安宁……而这些由境遇而来的情感体验,不再是与我无关的,它们是切身的,是可以被感触到的,并且是不能用遗忘和回避的态度回避的,这种无处可逃必须直面的置身其中就构成了具体而独特的"我"的"边界性境遇"。这种现实境遇中的个体自我感实现了对普遍意义上的被规限、被物化自我的超越,呈现出个体的生存的本真,如此完成了第一重对自我认识与理解的超越。优秀乡村教师也是在困境中不断被"边界性境遇"带来的情感体验触动、感染、激发,唤醒其对自我力量的觉知与自我价值的重构的。

2. 在认知层面：超越边界重获可能

"边界性境遇"需要从认识上把握这些边界，把它们看作人生的各种可能性或成长的契机。而这种认识的边界往往是一种非此即彼的取舍或决断，是超越边界重获"彼岸"还是选择平庸，深陷沉沦。比如，作为一名优秀的乡村教师，会在其心目中有个鲜明的选择序列：哪些对自己的生存真正重要；哪些可有可无；哪些可以果断地排除舍弃。经过多次边界性体验的考验与研判，他们最终会从容淡定地保留教师这个对生命最重要的可能性，为他们敞开真正生存的可能性。当乡村教师真正把教师作为生命的重心而不是把它看成谋生的工具时，他们就会享受自己作为教师的角色，全情投入在教师创造的生命可能性里，把更多的时间放在备课、上课、跟学生相处上，而不是参与到为自己牟取利益，或者争取各种荣誉上。而精神世界的价值选择与消耗性物质世界的取舍是不同的，标识着自我人格特质的主流价值选择是具有增值性的，其精神内生动力是可以无限递增循环的，若这样的精神自觉的内源性动力模式被广泛使用，就会被越来越多的人分享共用，就会因此凝聚更多边界性选择的生命意义的附加值和难以拒绝的自我觉醒、自我塑造、自我教育的精神魅力。

3. 在价值层面：由"边界性境遇"走向新生

乡村教师的境况是典型的"边界性境遇"，乡村教师通过自我的情感理解与觉察，加深了对存在边界的辩证认识，进而会抵达价值的重塑与自我的更新，他们可以带着不再畏惧苦难的决断去创造新的生活。由此，边界性体验通过境遇中的抉择，逐渐积累与实践，最终走向质的飞跃，获得价值的创造，达成自我的更新与本真的呈现。这是一个被自我塑造的价值生成的动态过程，需要反复经验、反复思考、反复实践。优秀乡村教师就是在日复一日的教育生活中明确自我成长的方向，坚定自我教育的价值，重构自我的新质。可以说，情感是价值的推动器，优秀乡村教师正是在"边界性境遇"情感体验中不断淬炼与模塑，无论是正面积极的给予人强大力量的价值感、使命感、信念感，还是导致人颓废麻木的疲惫感、无助感、沉沦感，或是乡村生活带来的宁静感、踏实感、秩序感。在他们日常生活中流淌着的情愫可能是刻骨铭心的师生情谊，也可能是震撼心灵的教育爱，还可能是润物细无声的关爱呵护……这些情感带来置身体验与心灵震颤，让沉浸其中的乡村教师果敢地做出边界选择，这是一种教育价值的取舍与教师信念的重构，继而他们的实际行动也蕴含着价值意蕴，指导行动方向，最终达成自我实现。这些正义善美的情感品质不断向着主流价值流淌、汇聚，历经了实践的考验，迎来了新生，铸就起新的价值观大厦、心智模式以及行为方式。

（二）外部因素：共同体境遇下的本真生活

虽然我们的选择和行动塑造了自己生存的意义，但"生存就意味着超越，只要我真的是我自己，我就确信，我并非由于我而是我自己"。一个人并非孤立地存在于世界，从出生之时，所面临的是一种把个体自我与他者牢牢绑定在一起的社会境遇。我们每一个人都生活在与他者联结的关系之中，为此我们每一个人都无法独立地定义自己活着的意义，我们把自己的完整生命意义交给所属的共同体，如此形成一个前后连贯的叙事或者评价。共同体是一个公共生活空间，可能是一个家庭、一个工作单位，或是一个国家、整个世界，它取决于我们和谁在一起，做了哪些事，影响了哪些人和事，如果不想让自己的行动徒劳无功，就要把自己的行动编织进他人已经进行了或和正在进行着的活动，而这只能在一个共同的境遇中实现。为此，我们的自我不再是单独个体的"我"，而是意味着复数的、多元的与共同体密切相关的"我们"。由此共同体的境遇和个体"我"共构了境遇中的自我，那些塑造了自我的、"我"自由选择的行动，看似是"我"这个个体进行的选择，其实都和"我"所处的共同体，以及"我"的社会性密不可分。在公共生活里，我们让自己的言谈和行动暴露在公众的视野之中，同时为公共的利益考虑，用公共的理性交流，承担公共的责任。在这样的生活里，"我"才能充分发挥自己全方位的能力，才是一个大写的"人"，才能充分展现"我"的自由，如此，公共生活才是更加本真的生活。这样，在共同体情境下，真正拥有了本真生活的人，才能像新的生命一样去行动，每一个这样的自由行动，都是一个新的开端，带来新的可能性。

我们所在的共同体境遇之下的公共生活空间由"人""时空""行动"三者构成，是作为与社会联结着的人们（关系中的人）在共同时空（历史的、现实的、未来的时空）下的相互影响的行动。也正是这三个要素诠释着每一位乡村教师的现实境况，共同影响着他们的乡村学校实践，这与乡村教师自我教育内源性动力的外部影响因素相互印证。共同体境遇之下，理解优秀乡村教师自我教育的本真生活需要走进他们密切相关的生活世界。具体而言，依据他们特定的共同体境遇的特殊性，他们的公共生活应该包括他们面向乡村儿童执教的生活，面向同事关系与制度化管理的职场生活，面向两点一线的"家-校"的日常生活，面向乡村民情民意的乡土生活，面向自我理解、自我价值的精神生活。如果从人人共享的、具有公共福祉的生活处诠释，优秀乡村教师的公共生活空间诱发着道德的力量，是一种蕴含大爱与教育关怀的道德生活。依据优秀乡村教师所属的生存现实以及与其生命联结的重要维度，结合以上编码分析的结果，从优秀乡村教师自我教育这一道德生活中找到所属共同体境遇的关键要素，分别是穿越时空的"文化-社会"力量、与重要他人的关系、道德生活中付诸的行动，即文化（时空）、关系（人）、实践（行动）。在乡村学校生活的特殊情境中，优秀乡村教师自觉于文化时空中的教师使命与担当，主动地与重要他人营造和谐关系，用实际行动开启自我的本真生活。

1. 在文化层面：情本体中的"亲师情感"表达

情本体即以情为人生的最终实在、根本，视情感为本体，其核心认为情感是人和人类社会存在的实在意义。李泽厚认为"所谓本体即是不能问其存在意义的最后实在，它是对经验因果的超越。离开了心理的本体是上帝，是神；离开了本体的心理是科学，是机器。所以最后的本体实在其实就在人的感性结构中"。中国传统中的情本体形成了一套道德思想体系，规定着中国人的"文化-心理"结构，将情感及其"情-理"结构作为人生的根本实在维度，它就像一个巨大的旋涡，将人与人的关系和行为卷入其中，汇聚更多的心灵，形成无限增值的循环，递增着精神世界，如此渲染着共同体境遇的德行底色，强化着对人性审美的共同追求，从而建构一种与时代更为贴近的情感体验。中华文化强调人性中具有趋美向善的根源性情感，要使之在一定条件下得到扩展与张扬，由人的这种情感出发而达成一定的道德品质直至学成道德人格。[1]中国传统儒家文化倡导"天地君亲师"的心理文化秩序及"师道尊严"的师承传统，同样如文化旋涡一般穿越了历史时空，流淌在每一个中国人的血脉里，为此，我们拥有了共同的"向师性"文化特质，我们共同营造了社会对"亲师情感"的共识，对教师道德人格的文化形象期待，以及身为教师所拥有的行为世范的高尚审美体验。这种"尊师""亲师""爱师"文化的洗礼，诱发了教师自我的慎独，使文化的情感基因得

---

[1] 刘巧利. 情本体：情感教育对中华情感文化的继承与运用［J］. 中小学班主任，2019（9）：16

以进一步表达，促使每一位在困境中坚守的教师找到心灵安放的文化根基与重获希望的文化自觉。就乡村教师而言，情本体将"亲师情感"文化与师范精神深深烙印在乡村教师生命里，促使他们自觉诱发教师的仁爱与正义，驱动他们无私地热爱儿童，奉献教育事业，无怨无悔坚守乡村学校。就像许多乡村教师所说的那样，"对孩子的爱是一种本能"，"爱是教师的天性"，"我生来就是为当老师而来"，而这种师爱本能或天性是"亲师情感"文化的集中表达，它规定着优秀乡村教师学为人师、行为世范的情感动力方向，师者仁心、仁爱为本的情感性质和状态。

2. 在关系层面：共同体中的"关心关系"建构

理解优秀乡村教师自我教育外部影响因素，除了需要从宏观层面认识到情感文化对自我教育的外在驱动，还需要重新审视与乡村教师休戚相关的重要关系。在对优秀乡村教师的调研中发现，他们所属的社会关系充满了关心体验。教育的目的应该是培养有能力、关心人、爱人也值得人爱的人。而乡村教师实现自我教育的价值维度也是通过自觉培育自尊、自爱的自我关心的能力而进一步去爱他人、关心他人，建构相互理解、相互关心的美好关系，进而影响彼此成为更为完善的文明人。为了实现这一目的，"关心关系"的建立必须成为教师实施教育实践的主导。德国哲学家海德格尔将关心描述为人类的一种存在形式。他认为，关心既是人对其他生命表现的同情态度，也是人在做任何事情时严肃的考虑。关心是最深刻的渴望，是一瞬间的怜悯，是人世间所有的担心、忧患和苦痛。我们每时每刻都生活在关心之中，它是生命最真实的存在。在海德格尔看来，关心是不可避免的。一切有认知能力的人都在关心着人或者事物，这是人之所以成为人的一种标志。但事实是，并非所有人都具备关心别人的能力，也不是人人都学会关心的知识就能去关心其他生命以及客观物体。基于此，优秀乡村教师实现自我价值的道德使命之一就是面向生命真实的存在付诸关心，甚至可以认为，关心外界与自己是他们进行自我教育的第一步，他们付出关心的程度与质量将会回馈以鲜明的关系性的情感体验与行动指南，直接影响其实施自我教育的进展与成效。正如美国教育学者内尔·诺丁斯认为的关心最重要的意义在于它的关系性。关心意味着一种关系，它最基本的表现形式是两个人之间的一种连接或接触。成熟的关系是相互作用的。在交流和接触的过程中，双方交换位置和角色，关心者可以变成被关心者，而被关心者也可以变成关心者。关心关系的建构是一切自我教育维系的纽带，乡村教师最初实施关心也许仅仅是出于对教育事业的热爱或对弱者的同情怜爱，但这却给他们带来具有价值递增的爱的联结，可以说每一位优秀乡村教师自我突围与自我教育过程中无时不在享用这份充满关心的关系红利。优秀乡村教师融合"关心关系"之力重构自我理解，重新焕发生机，他们正是抓住了与周围重要他人建构"关心关系"这一核心要素，才拥有了顺畅和谐的日常生活，为自我教育营造了健康人际环境，同时也为扎根乡土执教提供了人文性支持与情感文明的植入。优秀乡村教师的"关心关系"所属的共同体范畴是多元而广泛的，其状态是双向运动且相互交织的。他们关心自我内在成长与现实困境的关系，表达为超越现实、逆境突围，寻求自我救赎或自我变革，为此他们勇敢地面向外界挑战，不断创造道德生活的可能性；在家庭生活中，他们的关心也时常要给予家人，虽然他们中的大多数人对父母、对爱人、对儿女满是愧疚与亏欠，但这份亲情关心也时常会演化为他们坚守教育岗位、捍卫教育公平的亲密的心灵慰藉，而家人的支持与宽容，甚至做出的牺牲，也正是对这份关心的积极回应与深度理解；在专业生活中，面对学生，每一位优秀乡村教师都致力成为真诚的关心者，他们关爱每一位学生，爱生如子，严慈相济，亦师亦友，而学生表达的依恋、感恩与进取又是教师最大的收获与幸福；在职场生活中，多数优秀乡村教师表述自己在专业化进程中并不是单打独斗的，自己的专业成长离不开团队的支持与合作，尤其是同侪关系的促进共育、乡民亲朋的信任爱戴，这些人群与他们一起构成学习共同体，一同面对乡村教育困境，开创乡村教育未来；大多数乡村教师对乡土生活并不陌生，他们大多有乡间生活的童年经历、艰难求学的跋涉、饱含师恩、师爱的生命叙事，这些来自生命内在的情感记忆，就像一坛陈酿越经时间考验越香醇，无时不发挥出潜在的生机与力量，如此，乡土情结早已印刻在他们的心田里，热爱家乡故土、爱家乡的儿童、为家乡教育事业做贡献也就成为他们本能的教育信仰，同时厚植了他们为国家育才、为民族复兴的家国情怀，由此促发了他们排除万难，寻找自我突围的一切可能为乡村儿童、乡村家庭的福祉砥砺前行的内在力量。

3. 在实践层面：成长型情感劳动的坚守

成长型思维（Growth Mindset）使优秀乡村教师自觉付出的一切教育劳动有了更多的价值诠释与情感体验。笔者访谈过的优秀乡村教师，他们的目光是很相似的，往往保持着对教育的希望感和对成长的期待感，他们对自我也保持着成长的心态。而自我教育实践都是基于成长型思维模式而推进的。不管条件如何艰苦，他们始终有这样一种信念：所有对抗困境、迎接挑战的能力是可以通过努力来培养的。即使是那些先天才能或资质不是很好的、最初想成为乡村教师的兴趣或意愿也不是那么强烈的人，只要肯付出努力，愿意不断试错，勇敢坚定地去尝试，都可能获得改善和成长。当教师拥有了成长型思维模式时，他们就更容易提升自我控制感与自我觉知力，他们更能准确地评估出个人能力，更注重自我学习本身的过程与内在的力量，而不受到外界的各种影响与干扰，更能确定甚至是笃定自我教育的必然选择与价值追求。

教师的劳动是富有情感的，而乡村教师的劳动蕴藏着更为丰富而朴素的情感实践。直接审视优秀乡村教师自我教育实现者，我们会发现他们都是有奉献精神的人，乐意献身于乡村儿童的教育事业，而且其献身精神和奉献精神非常显著，我们甚至可以用"天职""使命""感召"描述他们对教师工作的全情投入。在最美乡村教师生命叙事中，大多数乡村教师将日复一日对乡村儿童付出的爱形容成为一种"爱的实践""付出爱，收获爱""对儿童的爱是老师的天职"，而他们描述自己的教育实践时往往会用"这是每一个老师都应该做的""这是个良心活""这就是教师的使命"，这似乎是在强调一种由内而外的处于师爱天性的情感冲动与忘我行动。这种朴素的道德直觉规定着他们的教育正义的行动，很多时候他们也说不清楚到底是为了什么，或者也说不好自我价值到底在哪里，但是在他们的认知里，这就是事业本身，就得去干、去行动，这已经内化为一种价值或是信仰融入他们的生命，成为生命中的一部分，割舍不下，也不可能放下。实际上，在自我教育的道路上，乡村教师唯有"干"出来的才能有自我价值的证明，而相伴的实践感、奋斗感、事业感在优秀乡村教师心田里是相互交融荟萃的，他们的理想追求与现实工作是合二为一的，相互依存，不可分割。同时，值得注意的是优秀乡村教师的实践精神不仅体现在实干上，还贯穿在充满智慧与体验的生活教育与生命教育中，体现在综合素质全面提升方面，表现为劳动的情趣、科学探究的兴致、审美的趣味、情操的陶冶、道德学习的自觉等，如此乡村教师为自我教育找到了内容载体与价值方向。

第三节 质量保障：优秀乡村教师自我教育的情感品质——"最美"系列乡村教师案例分析

一、乡村教师自我教育的基础性情感

可以说，每一位乡村教师自我教育的实现都是一部丰盈生动而又真实深刻的生命叙事，而这整个叙述的基调无时不充盈着丰富的情感体验。在这些情感体验中，总是会有那么一些可以被我们抽离出来的最为普适的、最根基性的情感元素，对整个生命起着基础性的支撑作用，成为他们自我教育实现的精神底色和内在动力，在此称之为"情感基础"。在对11位乡村教师的访谈中，笔者拟订了访谈的提纲，就自我教育实现的情感体验进行了个人生活史的回溯，对乡村教师的情感体验进行了梳理，加之对这些乡村教师的日常教学及家庭生活的考察，以及学生、同事、乡亲的反馈并结合词频分析结果，将其整理并结构化之后，得到如下一个关于自我教育的情感基础导图，见图7。

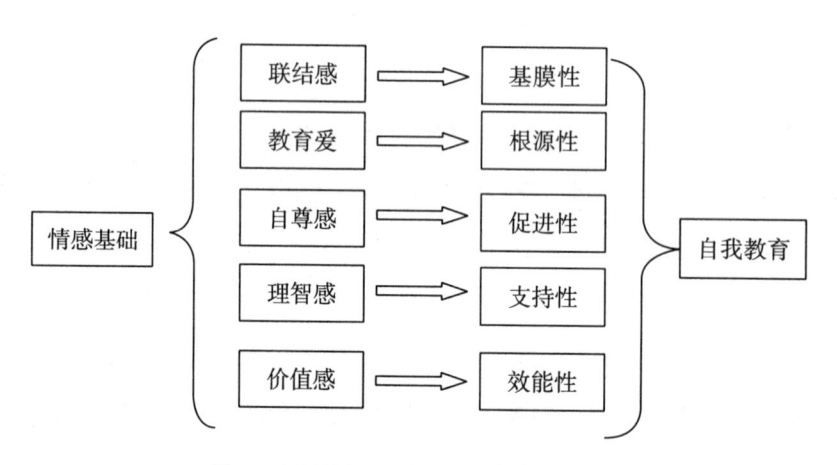

图7 乡村教师自我教育的情感基础导图

（一）基膜性[①]情感——联结感

向内部探源，教师的"情感-生命"是根基性的、支撑性的、稳定性的情感，其

[①] 这里采用生物学意义上的"基膜"来界定教师道德生活中的情感基础，意在借助"基膜"的支持性、渗透性、内部调节分化性等功能来隐喻联结感的奠基性享用功能。

情感力量在持续发挥着中流砥柱的作用。人的道德发展是建立在与他人交往的过程中的。没有交往，没有联系，道德行为就无法产生。联结感的定向深化最终实现了道德生活。教师道德生活的情感基础显得更加内隐、弥散甚至是不易察觉，但是也正是这些情感基础作为教师"情感-生命"的根基，才能产生联结效应，不断供给精神力量，延展出新的情感变体，支持并创造着教师美好的道德生活。

1. 联结感的生物学证明

笔者希望用"联结感"而非用"联系感"来描述和界定上述最初生命体验的一系列情感，主要是由于"联系就是彼此接上关系"①，是一种动作意味更浓的关系状态，而"联结"不仅有"联系"之意，还有"结合"的状态表征，是一系列复杂而又整体的顺势进行的结构化勾连，有其内在秩序，在此蕴藏着主体人的主动激活的神经元积极活动，以及内部神经系统的整合、深化的心理活动。它不仅是一次实时产生的心理层面的联系动作，更是可以铺展开来不断深化并产生深远影响的情感状态。人际神经生物学研究表明，人类大脑的发育依赖于基因信息和生活经历的共同作用。自生命之初，人类的大脑就能对由神经元（神经系统最基本的构成元素）之间的联结产生的种种经验做出反应，这种联结支撑着大脑结构，帮助大脑记忆。大脑可以对过去的经历产生反应并创建新的脑内联结，这一过程就是记忆。记忆产生是由于"神经元相互发送信号、相互联结"。精神病医生兼神经科学家埃里克·坎德尔证实，当神经元重复发出信号（即被激活）时，神经元核内的基因信息就会被打开，进而指示合成新的蛋白质，促使新的神经元突触联结产生。神经发送信号（经历）开启基因遗传机制，从而使大脑改变其内在神经联结（记忆）。虽然基因决定了大多数神经元的联结方式，但生活经历通过激活基因的表达影响着这种联结过程的发生，这同样重要。② 研究认为最初的联结感是发生在子女与父母或其他家庭成员之间的。过去哲学家们根据生理学的研究认为，人在1岁的时候产生联结感，但近来美国加州大学伯克利分校的神经心理学家的研究发现，胎儿在发育到3个月的时候就已经开始和人产生联系。如果胎儿的父亲每周有两次对着胎儿说话，那么在其出生后对人的声音的辨别和人的生命气

---

① 中国社会科学院语言研究所词典编辑室. 现代汉语词典 [M]. 北京：商务印书馆，1981：694.
② 西格尔, 哈策尔. 由内而外的教养：做好父母，从接纳自己开始 [M]. 李昂, 译. 杭州：浙江人民出版社，2013：23—25.

息方面就显得特别敏感,表现为想要和人相联系的欲望就特别强。这就证明了人作为高级生物,由于其脑部的特殊构造与生俱来地就有一种要和他人发生联系的需求,所以说,人的社会性本身就是人的自然天性。传统的观点往往把两者割裂开来,似乎人的自然天性是与生俱来的,而社会性是后天环境和教育给予的,所以过去常常把教育的目的规定为把一个自然人转化为社会人,似乎人天生只有动物性而没有社会性的人性。其实,在人类进化过程中,社会性联接的需求也是与生俱来的。从这个意义上讲,人的社会性的需求和自然天性的需求在基础层次上是一致的。当然,越往上发展,它们之间的矛盾会越突出,而教育存在和发生作用的根据也在此。[①] 教师生命本身被天然地赋予了人与人之间的直接而又长时间的联系,这样的独特的生活经历,让教师在师生关系、家校关系、同侪关系之中产生种种经验反应,以此来激活情感基因片段,不断满足联结需要、寻找新的联结,促使生命活力不止。因此,教师就是在不断与当下生活的联结中充满情感力量地建构自己的道德生活的。

2. 联结感与孩提时代

联结感是一种自然－社会性情感,它深深植根于人的自然天性之中,与人的先天性需要相联系,具有早发性、自发性和直接感受性。根据情感教育家朱小蔓教授的研究,在生命发展的不同阶段存在着不同类型的、和道德教育相关的情感体验。在生命早期,联系感、依恋感和归属感的体验对道德的最初成长有着非常重要的意义[②]。这为笔者探索联结感于生命早期的价值提供了理论的支持。心理学研究证明,3个月的婴儿开始有社会性微笑,6个月的婴儿出现依恋感,不足8个月的婴儿已经有表示高兴、愤怒和其他情感的非语言表达方式。幼儿在1岁左右出现最简单的同情感,2~3岁出现最初级的道德感。总之,婴幼儿成为社会的人,情感是一种有力的工具。儿童首先通过情感表明他们的需要,情感帮助他们建立或割断与别人的联系。与此同时,他人的情绪表情和事物信息的情绪性也是儿童借以进行判断并接受某种信息的主要线索[③]。在此所谓他人表情和事物信息的情绪性在生命早期的表现是极其具象和感性的,主要与感性的故事以及孩提时期的重要情感记忆紧密相关,这种生命早期的联结

---

① 朱小蔓,其东. 关于学校道德教育的思考[J]. 中国教育学刊,2004(10):32—33.
② 同①:38.
③ 同①:32.

感并非割裂与抽离的，而是弥漫于整个自传体生命体验之中。

长期以来，人们之所以强调早期情感经历对人未来情感发展的重要性，主要是因为发现两者之间存在着密切的关联。早期情感经历中的某些情绪反应的印记会在人格中保留下来，并固着于个体的情感反应机制中，成为个体一种独特的反应方式，对以后的情感反应和情感习惯产生影响。神经生理学最新的研究为我们提供了一种观点。这种观点认为，情感的唤起使婴儿接受的养育变成了牢固的线路进入了神经结构，进而在以后的发展中保持着它们的持久性。[1] 大脑在早期被认为具有很大的可塑性，婴儿出生时，大脑的神经系统并没有发展完善，这时个体的神经组织和大脑结构仍然处于它的形成阶段。大脑神经系统的充分发育与大脑结构的完善特别依赖婴儿所接受的最初的养育方式、对新生活的情感反应以及婴儿早期所经历的情感联结方式。心理学家艾斯沃斯经过观察，发现在母子交流中存在着不同程度的依恋关系。她从敏感—不敏感、接受—拒绝、合作—干涉、易接近—忽视四个纬度刻画母亲的抚养方式与儿童的情感特征。她发现母亲如果能保持稳定而一致的接纳、合作、敏感和易接近的特征的话，其孩子大多为安全型儿童；而如果母亲倾向于不敏感、拒绝的特征，其孩子大多为回避型儿童；当母亲对孩子的需求经常拒绝、干涉或忽视的话，则这些孩子多为拒绝型儿童。[2] 柏拉图指出："我认为快感和痛感是儿童的最初的知觉，德行和恶行本来就取快感和痛感的形式让儿童认识到。……我心目中的教育就是把儿童的最初德行本能培养成正当习惯的一种训练，让快感和友爱以及痛感和仇恨都恰当地植根在儿童的心灵里，这时儿童虽然不懂得这些东西的本质，等到他们的理性发达了，他们会发现这些东西和理性是谐和的。整个心灵的谐和就是德行，但是关于快感和痛感的特殊训练会使人从小到老都能厌恨所应当厌恨的，爱好所应当爱好的，这种训练是可以分开来的，依我看，它配得上称为教育。"[3] 在此，柏拉图不仅看到了在儿童早期情感先于理智发育的特点，还强调儿童情感和谐是德行习惯形成的先决条件，指出了情感定势在儿童日后的特殊训练——道德教育中的特殊作用。同时，柏拉图也为我们勾

---

[1] ESTHER URDANGH. Human Behavior in the Social Evironment: Interweaving the Inner and Outer Worlds. The Haworth Social Work Practice Press, New York, 2002: 307.
[2] 宋海荣，陈国鹏. 关于儿童依恋影响因素的研究述评 [J]. 心理科学，2003 (1): 172.
[3] 柏拉图. 文艺对话集 [M]. 朱光潜，译. 北京：人民文学出版社，1997: 300.

勒出在幼童阶段充分而鲜明的爱憎的情感体验的情感定势与德行习惯养成的密切关联性，在此，促使整体心灵和谐的情感，如充分的爱憎情感便是幼童时期联结感的基础性情感。

3. 联结感与教师自我教育

在早期情感发育中，联结感是人的高级社会性情感的启蒙与内在动力机制，联结感的发育直接影响人未来生活的生存能力、人际交往能力、自我意识及自我价值的实现。因此，联结感在基本情绪、情感发育的过程中最为根本。朱小蔓先生一直关注儿童阶段作为基础性情感的联结感的发育，认定联结感是个体最早出现的最原始、尚未分化的整合形态的情感。联结感是最早出现的一个情感，是一个混沌的未分化的情感，它里面包含着日后产生的多种情感萌芽，如果把联结感维护好了，多种多样的情感可以在里边产生出来。它就像母体细胞一样，具有很强大的根基性、生长性力量，作为基础性情感，它不断孕育出较为复杂而丰富的情感种类，形成一系列情感种类的变体。[①] 在幼童时期，联结感发育极为迅速而直接，它奠定了整个生命的情感底色，由此触发更为丰富而深刻的情感品质与道德想象力。孩提时期的感受力极为敏感而作用于生命的潜意识中，因此对生命早期的回溯，是找到"情感-生命"种子发育的嫩芽，是探索"情感-生命"的最初形态的过程。对乡村教师追根溯源的访谈要重视生命早期联结感的建立，尤其是他们儿时记忆中教师及生命中其他重要他人的情感依恋状态，这奠定了他们日后成为教师的情感基础。

首先，联结感是教师自我教育的奠基性情感，积极正向的联结感是教师优质情感"品种-品质"的发端。在众多社会情感之中，联结感已经成为教师生命最初和最基本的需求。教师联结感可以被理解为建立在关系基础上的一种自主的情感互动。它对教师的"情感-生命"有着根基性、渗透性、支持性及延展并分化的哺育功能，它是一切教师美德及高尚情操的情感基因片段，为教师面对未来更复杂多样的情感体验提供源源不断的支持性供给。

其次，保障教师自我教育实现的绝大多数优质情感种类是联结感的变体。可以说，教师的大多数积极正向的情感种类源于最为基膜性的联结感变体，它们共同构成

---

① 钟芳芳. 用心呵护"爱的联结"[J]. 中小学班主任，2019（9）：18

了教师自我教育最为基础性的情感保障，发挥潜移默化的渗透性功能。教师形成的关怀、同理心、同情、依恋都发端于联结感，从一种亲密联结的内在需要出发，而逐渐与外部世界产生丰富而复杂的勾连，尤其是促使人际关系联结得更为发达、深刻而细腻。教师的职场情感联结顺畅，尤其是师生关系和谐、同事关系融洽将会为其创造舒畅正向的心理环境，有利于促进其自主性的发展，为其自我教育奠定最为基础的情感土壤，由此将会不断分化为更具体、更复杂的情感品种，如教师的关心、依恋等。而教师的联结感并非独立成分割状态而存在，它需要由自主的、复杂的心理活动整合而成，在联结的过程中，需要其他的情感参与其中，才能达成有效而真实的情感联结效果。在众多联结感中，更重要的联结是促使人产生内心的安全感、亲密感和信任感，它促进人与人之间相互尊重、相互理解、相互学习，在和谐共处中不断建构自己、教育自己的积极正向联结与发展。人的联结感是与生俱来的，每个人都渴望与他人、与外在世界产生联结来证明自己的存在和价值，特别是希望与他人有心灵上的积极联结，这样我们才能毫无顾忌，敞开胸怀，建构信任感与自信。当缺乏安全感时，人们大都会主动尝试以可感触到的方式与他人进行联结，例如亲和温暖的话语、轻柔的动作，这样便可以在彼此心灵之间搭起桥梁，特别是能够产生共鸣，建立起一种亲密感。教师就是在自我感受到安全、信任及亲密的情感体验中，不断地与外界接触，不断地理解与强化这样积极正向的情感驱动，如此教师的自我教育才得以实现。

最后，教师联结感需要在道德生活中培育，这一过程体现了教师自我教育的实现。教师的联结感有极为强大丰厚的现实基础，它需要在生活中不断得到浇铸与模塑，道德生活是积极正向联结感的发祥地，它就像肥沃的土壤一样，孕育着多种多样的情感质料的种子，当外界条件刚好适合的时候，这些情感质料便被深深扎根盘结成更为丰富复杂的情感种类，在经历了生活经验的模塑之后会结出累累硕果——升华为稳定的情感品质，自然而然地在生活中表现出来。因此，教师的联结感通常表现为习惯性的流露及由内而外的生长。教师在选择过有道德意蕴的生活的同时，不仅被生活所模塑，还表现着充分的自主性与创造性，在实践中反思，不断自主学习，建构自我，达成了自我教育的实现。

4. 乡村教师孩提时代的特殊联结：亲情之爱与教师依恋

乡村教师自我教育的实现有其深厚的情感积淀，而那些促进自我教育实现的情感种类绝大多数源于乡村教师的联结感。而这种联结感是有着时空的独特性的，是需要在漫长的岁月里不断蔓延扎根生长的。因此，它们大多发端于乡村教师孩提时代，经过历史时空的锻造与主体性的实践，逐渐促成当下的乡村教师。在笔者对乡村教师的访谈中，尤其是在不断追溯乡村教师"情感-生命"的源泉及最初形成的内在动机的时候，笔者惊奇地发现，大多数乡村教师会自然而然地进行生命叙事，会对周围重要他人的积极影响进行自我解读。这种谈话中自我参与的情感联结的建构，是乡村教师最适切的情感流露方式。在追忆童年的访谈中，乡村教师的情感是很真切甚至是情不自禁的，笔者经常可以捕捉到乡村教师回味童年时代脸上洋溢的幸福的笑容，看到时不时挂在眼角的亮晶晶的泪痕，聆听到他们绘声绘色地讲述具有传奇色彩的生命历程和情感经历，感受到他们的童年被重要他人所温暖的那份沉甸甸的深刻情感体验。笔者也常常置身于其中，时时被洋溢的爱感动着……在娓娓道来的那一段又一段刻骨铭心的情感记忆中，对亲情或求学期待的追忆以及对早期启蒙教师的情感依恋，几乎是每个乡村教师心底最甜蜜的珍藏。也许是生长于大山村寨、劳作于田野地头的缘故，天然的居住环境和自然的气息，以及简单而朴实的人际关系，让这些乡村教师从孩提时代就具备了质朴、善良、感恩的清澈心灵，他们的童年简单而快乐，感动于人间宝贵的情感，时常会被那些人性中的美好所感染，这一切便在他们年幼的心田里播下了与人为善、积极向学的"情感-生命"种子，伴随他们的终身发展。

在大多数乡村教师对童年的描述中，几乎都会存在一段以"教师"或"亲情"为主题的记忆，它们根植在内心深处永不能忘却，时时拨动着心弦，如此鞭策他们的初心。亲情几乎是每个个体生命最初邂逅的最宝贵的情感体验，换句话说，联结感的发祥地便是这生命最初的亲情之爱。无论是来自母亲的生命赐予及养育爱的体验，还是来自父亲如山伟岸雄厚之情感的洗礼，抑或是来自其他重要他人甚至胜似亲人的关爱呵护，都会在幼小的心田里潜移默化地雕刻出爱的印记来，也只有充分享受到世上这样无私无悔的亲情之爱的儿童才能真正成长为一个可以去爱人、可以无私奉献社会的成年人。由于在乡村的生活中，教师一直承担着非常令人瞩目和期待的专业知识传播者的角色，尤其是在乡土社会中，对教师的尊重似乎有着天然的伦理道德色彩，伴随着仰慕、向往、亲近、效仿的情感诉求。尤其是对那些有过与优秀乡村教师亲密接触经历的学生来说，教师的一颦一笑都牵动着他们稚嫩的心灵，教师那看起来极为平常的鼓励和期望都有着极大的情感潜能,甚至会激起学生要改变世界的斗志与理想。在单纯而封闭的以亲缘为主流的村落关系中,乡村教师不容分说地承担着乡村儿童的心灵导师角色,他们不仅为乡村的儿童打开了一扇通往未来的门,更重要的是为他们播下纯美、善良、正直的"情感-生命"种子,默默陪伴他们生根、发芽、开花、结果。对乡村教师的依恋与渴望,几乎是每个乡村儿童内心深处的秘密,他们每次对教师渴望关切的眼神,每次毕恭毕敬的问候与关心,每次战战兢兢又满怀欣喜地期待老师的理解与支持……无不蕴藏着乡村儿童对乡村教师的爱恋与信任。有些乡村儿童是幸福的,更是幸运的,他们遇到了好教师,尽管一路的求学经历是那么艰辛与无奈,但是他们拥有了最为高尚的教师之爱,面对困境总能咬紧牙,凭着一股对教师的感恩之情,坚强地面对艰难的生活,成为生活的强者。如此深刻的师生之情,让他们在今后的人生中做到为人师表、不忘师恩、不敢懈怠。

【案例1】那个大眼睛的放牛娃

每当我看到电视上播放希望工程的宣传片,看到那个趴在窗子上向教室内张望的"大眼睛小女孩",我都会情不自禁地哭泣。说实话,之所以这么深有感触,不是因为这激发了自己的同情心,也并不是因为作为教师的那种怜爱。扪心自问,好像那就是自己,对,我分明就是看到了儿时的自己,那种全神贯注的神态,那种对知识的渴求,那种盼望上学而情不得已的挣扎,像极了自己。我出生在贵州一个再不能更偏远的村寨里,父母在我很小的时候就病逝了,家里的姊妹多,我是最小的一个,被寄养在大伯家里。我在很小的时候就与牛作伴,开启了放牛娃的生活。每天就像散养在大山里的野孩子一样,渴了就喝山间小溪水,饿了就翻地里的红薯和土豆吃,困了就把牛拴在树上,躺在树荫下睡一觉,每天都是骑着牛、牵着牛、赶着牛、吆喝着牛在田野山间游荡。直到我九岁的一天,我在村小附近放牛,听到里面传来一阵阵读书声,真的是好听极了。我忍不住走进那废旧的村小,悄悄摸到教室的窗台,踮着脚聚精会神地看了起来。就这样,我从此每天放牛都要选在距离学校最近的草地,把牛拴好,就急匆匆地去趴在教室的窗台上开始听课了。我一个年级一个年级地听课,我当时也不知道哪里来的那些力气,牛也不管,饭也顾不上吃,每天都趴在窗台上听课,那是最幸福的事情。再后来一位好心的乡村教师找到了我的大伯,请求我大伯放我回学校读书，那天我的人生完全改变了。直到大伯告诉我第二天去学校上课，我才意识到这不是在做梦，这是真实的，而此时大伯眼里也含着为我高兴的泪水……

——来自胡定霞校长的访谈自述

一个人的成长都是在与他人建构的关系中顺势而为的过程发生的，这种联结的建构在孩提时代尤为根深蒂固，对于乡村教师来说，他们诞生的居住环境比较封闭，接触到的重要他人几乎只有亲人和老师。但简单的人际关系完全不影响他们自发生成深刻持久的情感体验。再微薄的情感联结的力量对于成长中的他们来说都会如久旱逢甘霖一样畅快淋漓、终生难忘。以上的案例1记录了乡村教师儿时的求学记忆，虽然与"大眼睛小女孩"的具体际遇不大相同，但是他们接受到的亲人之关怀和教师之鼓励都是显而易见的。这样深刻的情感记忆已经深深隐藏在胡校长的内心深处，诱发出更深刻更丰富的情感品质。之后她凭借着顽强的毅力办学，帮扶失学儿童顺利入学；每到春节她都要感恩，杀猪做腊肉送给曾经帮助过她的人分享；她对学生、对教师体贴入微……这一系列的行为都指向了更加复杂深刻的情感品质，而这一切无不都出自在她童年最渴望读书、最需要成人给予援助的时候，她的亲人、她的老师们没有放弃她，给了她学习的机会和未来的希望……

（二）根源性情感——教育爱

教师的自我教育需要强大的情感能量来支持与补给，保障教师自我教育的内在精神力量是发自内心深处的教育爱。没有爱的教育，不是关注人本身的教育，对人本质的影响无从谈起；没有爱心的教师的精神世界是萎靡困顿的，容易陷入不可自拔的无助与迷茫，更不可能过上真正意义上的道德生活。教师进行自我教育的源头活水是由人类的原行为的爱而诱发出来的人性之爱，他们继而在职场中实践出教育爱，这种爱被深化、分化出不同爱的品质，促进教师自觉自主地选择并创造着道德生活。

1. 由自爱走向教育爱

爱是人类的原行为，这是情感现象学家舍勒的立场与思想主旨。"人，在他是思之在者或意愿之在者之前，是个爱之在者。"① 爱作为所有认识和意愿的活力原则在舍勒著作中到处都可见。舍勒认为，爱是人之为人的本质，这一原则恒常支配着主体如何看待世界和他的行为活动。人类关系的重要组成部分之一——师生关系，这一关系的维系当然也是由爱这一核心价值营造的。

人性中的爱类似于舍勒说的爱，是人类的原行为，应该说属于人性的层次，也就是说凡是人，都应该具有这个爱。舍勒认为，爱是人与世界发生关联、认识世界的前提和动力。他说："我们所谓之'认识'，始终以爱之原行为为前提。"② 人首先是通过爱，或者说首先是在爱中与世界发生着交往关系。所以，爱是人的"原行为"，这是指爱处于人类价值体系的中心位置。基于此，每个人在与世界接触之前先是感受到自己的存在，这种人的"原行为"要求我们首先要爱自己、悦纳自己，这不仅是人性中的爱的体现，更是生物学意义上的自我保护、趋利避害的生存之道。自爱就人类而言，关系到种群的生存与繁衍，是最基本的适者生存的要求。自爱就个体而言，不仅是个体自我生存的基本需求，还是其基本人性的保障，更是其自我实现的根本支撑。只有自爱才能够对自己负责，有实现自我价值的意愿，有追求进步的情感动力。爱自己才能够爱自己从事的事业，悦纳自己职场中的一切，乐意付出努力积极寻求向善的结果。由此可以推论，教师的自爱是其对教育事业爱的情感内核，教师就是在自爱情感的激发下唤醒自尊感、责任感、价值感、自我效能感等更为复杂深刻的情感体验的，才促使自己在职场中不断地付诸努力以自我证明、自我实现。

教育爱是一种相互影响的生命的力量，而教育是一种激发生命潜能、促进发展的活动，爱是教育的源泉。从自爱的价值功能上来说，如果说没有爱就没有教育，那么具体到教师来说，没有教师的自爱，就不会有真实可靠的教育爱。教师教育爱的前提首先是教师对自己的爱，是对自己的悦纳感、自信心与向善的生命力，可以说那是教师自己生命中自然天性的纯良、善意。教育爱是教师由自爱转向对教育事业的爱，它体现为教师在自爱情感的促进之下，为事业乐于付诸实践的责任与努力。因此，教师首先要对自己热爱，关注自我的生存状态和未来的发展趋势，关注自我生命本身，做

---

① 舍勒. 舍勒选集[M]. 上海：上海三联书店，1999：751.
② 同①：750.

好爱自己之后，才能够对学生实施爱心，与他们的生命真实相遇，成为彼此成长的陪伴者。教师应该由自爱出发不断走向教育爱，在饱含师爱深情的氛围中，将师爱变成一种"与生俱来"的情感习惯。

2. 教师的教育爱

"教育是人与人精神相契合，文化得以传递的活动"，"是人对人的主体间灵肉交流的活动"。[①] 教育是唤醒心灵的文化传递活动，爱则是润泽生命的教育精神内核，教育与爱从来都是水乳交融般地作用在一起的。教育是灵魂的相遇、情感的交融，是生命对生命的影响，其出发点和归宿是人的生命成长，唯有教育爱才能保证教育中人的发展方向与人文的回归；唯有在爱中，师生彼此的"我"才能真正与彼此的"你"的精神相遇，达成心心相印；也唯有此时，作为教师的"我"才真正把作为学生的"你"当作活生生、具有鲜明个性、可以主动思考的"人"，而非被教育规训的对象。正是教育爱且唯有教育爱赋予师生彼此最大的生命质量和成长时空。因此，爱是教育的内在"情感-生命"的立场。也许人人都能表达自为的爱，但未必人人都懂得爱且具有爱的能力。马卡连柯曾说过："爱是一种伟大的感情，它总在创造奇迹，创造新人，唯有爱，教师才会用伯乐的眼光去发现学生的闪光点，才会把辛苦的教育工作当作乐趣来从事，它使教师感觉到每个儿童的喜悦和苦恼都在敲打他的心，引起他的思考、关怀和担心。"[②] 这种植根于教育的爱就是教育爱。教育爱是教育实践中产生的教育者和受教育者之间相互作用的情感体验，它是一种自觉、真诚、无私且持久的高尚情感体验，是一种充满理性精神、教育学意蕴、道德理想和奉献情怀的独特情感境界。教育的理性和人文性让它成为人类复杂情感中的高尚情感结晶。正如情感教育专家朱小蔓教授所指出的教育爱的真谛：所谓"教育爱"，是指教师对教育事业、学生和自我的尊重、关爱、信任与平等的态度。教育的本质属性也规定了教育爱具有无私性、无差性和恒常性的基本特征。[③] 赞可夫认为："不能把教师对儿童的爱仅仅设想为用慈祥的、关注的态度来对待他们。这样的态度当然是需要的，但对学生的爱，应该表现在教师毫无保留地献出自己的精力、才能和知识，以便在对自己学生的教学和

[①] 雅斯贝尔斯. 什么是教育 [M]. 邹进，译. 北京：生活·读书·新知三联书店，1991：1.
[②] 王正平，汤才伯. 中外教育名言集萃 [M]. 上海：百家出版社，1989：58.
[③] 朱小蔓. 教育的问题与挑战：思想的回应 [M]. 南京：南京师范大学出版社，2000：21.

教育上，在他们的精神成长上取得最好的成果。"现实中，可能有些教师把对学生的关爱作为交易，认为爱学生就应该得到学生的感激，但真正的教育爱从来不会想从学生那里获得情感报偿，相反，真诚无私的教育爱也一定会得到学生同样纯净的情感回应，获得积极的学习效果，达成和谐的师生关系。苏联伟大的理论家、教育家捷尔任斯基说过："谁爱孩子，孩子就爱他，只有爱孩子的人，他才能教育孩子。"教育爱是教育实践的情感基础，只有心中有爱的教师才能走进学生的心灵，激发学生爱的种子。这就使教育爱尤其显得崇高和具有超越性。正如日本学者铃木镇一所说："我对每一个人都怀着尊敬和善意的感情，我尤其对小孩子们更加感到热爱和亲切。我的心洋溢着一种愿望，我要亲自帮助生长在这个地球上的孩子们，都成为优秀的人、幸福的人和多才多艺的人。"作为教育者，我们必须像阳光雨露，无条件无保留地把情智施予学生，因为真正心心相印的教育爱是师生彼此"情感-生命"的最大价值。教育爱就意味着它是一种真正的不求索取无私奉献的全情投入，意味着面向全体学生不忽视任何人的发展，全心致力于与教育有关的全部活动，最突出地表现为一种有教无类的无差异的爱，这种爱不仅伴随着教师的全部职业生涯，还融入他们全部的生命过程之中。强烈的教育信念、社会责任与人性美德寄予教师的重托，促使教师拥有了宝贵的教育爱的立场，于是便超越了以血缘为依托的个人情感需求层次，抵达生命价值的自我超越与自我实现。

教师的教育爱应该具有教育学意蕴，这是师魂的体现，也是教育的本质。教育不仅是一个理性认知的过程，更是一个情感体验的过程。在教育活动中，教育的本质属性与教育水平不仅取决于教师承担的角色和教育质量的水平，更重要的还在于教师对教育事业和学生的热爱程度以及师生关系的质量和水平。教师对学生真诚的关爱与呵护，以及相对应的学生对教师的信赖和爱戴，即是教育爱。教育爱是否存在及达到何等程度是教育本质是否达成的重要前提和表征。它不仅利于理性认知的传授，还可促进师生彼此的情感发展、道德实践和个性成长。既然教师的教育爱充满了教育学的理性精神和人文性关怀，那么它不仅是教师对教育事业的一种崇高的、负责的、道德的教育专业理性意识，还汇集着教师以对教育生活的忘我钻研与不懈创造为表征的专业情感、专业精神和专业态度，最难能可贵的是它深藏着教师情感的价值体验——对学生无差异的、恒常的、无私的关切与从不放弃、更不抛弃的坚定信念。

苏联著名教育家苏霍姆林斯基是一位超越时代且不懈努力实践的真情学者，他之所以取得如此璀璨的成就，除了与他的教育实践基础和虔诚的教育信仰有关，更重要的因素就是他对儿童深沉的爱。他在《把整个心灵献给孩子》一书中写道："我生活中什么是最主要的呢？我可以毫不犹豫地回答说：'爱孩子！'"植根于爱，不断释放师爱，播撒爱的种子，让爱满天下，这便是教师取得成就和获得人生幸福的奥秘所在。夏丏尊先生在亚米契斯的《爱的教育》译者序中说："学校教育到了现在，真空虚极了。单从外形的制度上方法上，走马灯似的更变迎合，而于教育的生命某物，从未有人培养顾及。好像掘池，有人说四方形好，有人又说圆形好，朝三暮四地改个不停，而于池的水所以为池的要素的水，反无人注意。教育上的水是什么？就是情，就是爱。教育没有了情爱，就成了无水的池，任你四方形也罢，圆形也罢，总逃不了一个空虚。"这段话虽年代久远，却道出了教育的真谛。这是一种对教育本身怀有深厚真挚感情、具有责任心的爱。它是由人的原行为的爱引出的下位价值品质，是对教育职业或事业的爱，是一个教师的天职和师德的灵魂，是仅次于人类原行为爱的本体性爱。所谓本体性爱，是指这种爱已成为人道德生活中的需要、习惯，在此基础上会衍生出道德观照下的一系列不同的爱。不同教师对教育爱的表现形式或表达方式不尽相同，所以，对教育职业的爱是教育爱中最为关键的一个价值层级，它向上继承了人性中爱的成分，向下可以衍生出一系列的爱的价值品质与行为。在职业的爱的指引下，教师的爱具有显著的自然、自发的特性，没有造作之嫌。这种爱的行为是真挚的、自然的和自发的，并且是平凡的、朴实的，它渗透在每一位教师的日常生活中。从这一角度来看，教育爱是教师道德生活的情感内核。

不同主题的深化、分化的爱，如尊重、宽容、公正等，这是师生之爱的价值秩序的最后一个层级，它直接体现在教师的日常生活之中。在教育爱这一核心价值品质的指引下，不同的教师在师生交往的实践中会衍生出诸多爱的价值品质。其中，最核心的价值品质是关心、尊重、责任心、关爱等。心理学家弗洛姆在他的《爱的艺术》中也指出，爱有一些基本要素，这些要素是所有的爱共有的，那就是关心、责任心、尊重和了解。在师生交往中，教师究竟是选择尊重、关心，还是选择责任心等价值品质，这完全取决于教师个人的实践智慧与现实条件。不同的教师，其爱的价值秩序也不尽相同，这显现的是不同教师个体不同的价值理解和选择，也反映了教师不同的价值取舍。如果教师认为公正是爱的重要表现的话，那么在师生交往中，教师公正的行为可以多于尊重的行为；如果教师认为尊重的行为是重要的爱的体现，那么教师尊重的行为可能多于其他爱的行为。总之，教师在爱的共有要素的集合中，选择适合自己、适合情境，以自我的生活经验模式为依据，自主地建构自己的道德生活。

3. 社会转型阶段教师教育爱的异化

从本体论角度看，教育爱是一种驱使教师与学生融合的本体性力量，这揭示了教育爱的普遍性和迫切需要性；从情感方面看，教育爱是教师与学生间的一种纯真情感，主要表现为教师与学生彼此的真诚、喜爱等，即教育爱的内涵；从活动方面看，教育爱是一种促进学生依其本性主动成长、增益其幸福的主体性活动。教育爱的本质就是教师、学生彼此真正成为自己，实现自我最大的人生价值。而当前处于社会转型期，教育爱却表现得不尽如人意，教师的教育爱正在经受着不同程度的挑战与侵蚀，进而导致了许多以教育爱为名义的教育问题。

(1) 功利主义影响下的交换式教育爱

社会转型最大的一个特征就是社会生活根基发生了改变，也就是说在社会中的每一个人生活的背景也要随之改变，以往的以传统德行为根本的社会生活基础渐渐被以生产力创造经济效益的功利性所替代。这种替代也势必造成人们的价值观与世界观发生巨大改变，这将进一步表现为人们的思维、判断、行为的一系列变化。教育领域同样会深受社会转型中功利主义价值取向的影响，有的教师不再是具有德行的教师，不再向往与利益似乎不相关的精神层面的追求，不再以深切的教育爱作为教育生活的根本立场。当教师的教育生活根基不断向着功利主义与经济利益的方向前进时，教师由精神高尚的示范者转变为情感干瘪的生意人，这给教育所带来的直接影响就是教育爱出现了远离人性、远离德行的发展方向：师生关系陷入"学生即顾客，顾客是上帝"的依照市场经济调控的病态人际关系，教师的经济利益与学生的学业行为紧密地捆绑在一起，教师剥去了精神层面的珍贵华袍，暴露出赤裸裸的专业职场培训师的利益追逐之众生相。在物质利益的驱动下，只要挣到钱便可以交换出教育爱，教师的价值取向和行为方式更多地趋向对财富的聚敛，即对功利主义膜拜。在这种潮流中，一切向钱看，教师不再把对学生的关心和对教育事业的社会责任置于心底的首位，而将钱的多少作为衡量一切教育价值的唯一尺度。于是有了教育乱收费、高价招生、有偿家教、天价补课，出现了在形式主义风气盛行下个别学校为应付各种检查、验收、评优而做出的弄虚作假现象，教育官员贪污、受贿等腐败问题。而最令人扼腕的是这一切行径并非光天化日之下的赤裸交易，而是人类打着教育爱的幌子而做出的看似理性的行为。

(2) 受技术理性影响的一切向分数看齐的模塑式教育爱

长期以来，在技术理性思维的支配下，传统教育教学活动沦为一种片面追求功能、效率的技术性活动，这不仅使教育的世界失去了本真的面目，也使得教育教学中的人被遮蔽人文价值和本质，被异化为技术过程中的工具。尤其是在升学与应试教育的重压之下，教师作为技术熟练者的工作评价标准已经直接呈现为以基于分数的工作绩效、基于学业成绩的晋级为标准的评价体系。对活生生充满自主能动性的学习者，用整齐划一的量化方式进行评价，这对于师与生都是非生命化的判断，教育爱已然不复存在，甚至变成教师付出劳动的技术手段，在道德粉饰之下的教师教育爱更多地被家长和学生看成是作为技术熟练者的教师的伪饰，其特点是"旨在教育的技术与经营的科学化、合理化，标榜实施有效技术的有效教育"，"确定教育目标，有效地控制教育过程，客观地测定教育效果，提高教育生产率"。[①] 单纯追求功能、效率的技术性的教学活动为了实现最有效的知识传递，总是企图寻找普适性的教学规则和精巧的教学技术以应对复杂多变的教学情境——用工具对抗心灵。教师变成了工具，教师的主体性、创造性随即被渗透于教学过程的纯粹技术理性所碾压，以人文性为特征的教师教育爱更显得多余而没有生存的空间。教师自认为只有提高学业成绩的付出和劳动才是教育爱的体现，对学生的教育爱的多少和程度完全是要向学业分数看齐的，而那些真诚善待学生、关爱学生身心健康、师德高尚的教师在技术理性的洗染下甘拜下风，他们不善于钻营教学成绩迅速提升的窍门技巧，更不热衷于应试教育的唯有分数至上之金科玉律，而是真实地发自内心地关爱学生、善待学生，将学生当成活生生有情感需求的学习者，这样的教师却在这个物欲横流的时代遭受到同侪的排挤与嘲讽，艰难寻找可生存的自留地。然而，教师教育爱应该是多元丰富而具有个人魅力的情感表达，在当下的应试教育中却只剩下以高分、优异成绩为前提的等价交换，教师的教育

---

① 佐藤学. 课程与教师 [M]. 钟启泉, 译. 北京: 教育科学出版社, 2003: 263.

爱被技术理性、工具主义、应试教育模塑成为自欺欺人的符号，制造出没有多少情感体验，不懂得爱、更不付出爱的精致的利己主义者。

(3) 工业化文明负效应影响下忽视个体差异的灌注式教育爱

当下社会各行各业都在开足马力向工业文明转型。工业文明是最富活力和创造性的文明，它是以工业化为重要标志、机械化大生产占主导地位的一种现代社会文明形态。其优势是规模化生产使人类商品迅速丰富，其缺陷是对地球资源的消耗与污染也在急剧加速。工业文明的主要特点大致表现为工业化、城市化、法制化、民主化，社会阶层流动性增强、教育普及、信息传递加速、非农业人口比例大幅度增长、经济持续增长等。这些特征也可视作推动传统农耕文明向工业文明转轨的重要因素。经济领域中全部活动都严格按照效益原则运行，目标是最大限度地获取利润。在这个日趋利益化的经济和技术体系中，人丰满的个性被压榨成片面、单薄、无情的工具。无限增长需要高生产率，高生产率需要发达且精细的分工，这种分工还必须有不断的、有时是迅速的变化，因为创新不停地带来新的分工和新的产业。工业化文明的负效应在教育领域的表现，便是急需大量的标准化作业产业工人的接班人，对人才也进行了相当精准的"加工制造"。与之相对应的是超乎想象的集体化教学的盛行，完全服从社会需求的教育目标的制定，题海战术灌注知识点与死记硬背的教育方式，统一的、标准化的人才选拔制度，流水线式的课堂教学生活模式等一系列忽视个性发展、无视学生个体差异的教育异化现象。随着标准化、规模化的教育模式越演越烈，教师已然成为生产线上的监工，学生则是流水线上的工人或工具，在高效高速的教学知识生产力的推进之下，教师异化为冷冰冰的考试机器的制造者，即便是真实的人类本应该具备的情感表达也显得那么多余和低效能。于是，教师的教育爱被尘封了，对学生的教育爱也变得千篇一律——要奏效、要实用、要以制造效益为目的，教师渴望并下很大功夫探索这样的高效能教育路径——在教育实践中能够将一切教育问题的处理转换为直接使用标准的操作手册来替代。于是，教学艺术经过深度解析与高度结构化变得更加具备花哨的形式与技巧；教师情感经过一板一眼的逼真模仿变得矫揉造作；课堂经过公开课的和谐表演和机械化点评后，变得没有了人情味；而最为核心的教育爱也随之被一道道精细的标准尺度稳稳当当地浇筑成冷冰冰的符号雕塑。

"爱自己的学生，意味着与他们保持这样一种交往关系：不是事先决定好怎么样让他们成为我希望的样子,而是以这种方式接受我们对彼此的局限性,而不只是想象中的可能性。唯有如此,我们才能达到共享的真理。"① 如果老师只是通过自己的想法来改造学生,由此产生的必然是一个"永久的结构",这仅仅是我们对于学生未来形象的设计和期望,它没有得到被关怀对象的理解和接受,也无法使被关怀对象达到完善的发展。②

4. 乡村教师教育爱的价值与践行

首先,乡村教师的教育爱是乡村儿童的精神火把,照亮他们不懈前行。在物质资源与情感补给都不容乐观的乡村教育环境中,乡村儿童要比城镇家庭的儿童更加渴望教师的欣赏和鼓励。尤其是具有相当数量的留守儿童正处于身心发展的关键时期,更是需要有位重要他人来帮助他们建构一个属于他们自己的精神家园,来寄托对远方父母的思念,播下美好德行的种子。乡村教师特殊的职业属性决定了他们将最可能是乡村儿童的重要他人,他们是乡村儿童最渴望亲近、最希望可以分享、最愿意信赖的知心人。在现实社会中还是不乏乡村儿童因知识改变命运走出了大山成为对社会有用的人的例子,由此可知,即便是乡村教育环境不佳,教育资源匮乏,物质条件十分有限,还是要由人的自身因素来补给物的不足,重要他人的情感补给与关爱将会发挥出巨大的精神价值,促进身在逆境中的儿童在爱的润泽中更坚强自主地发展。乡村教师对乡村儿童的任何积极主动的情感观照都会在乡村儿童的心田上打下深刻的烙印,永久地伴随他们一生的发展。而被教育爱陪伴成长的儿童,身心会健康发展,这势必将惠及每个乡村家庭的未来,也将源源不断地成为乡村建设和乡村文化发展的动力支持。

其次,乡村教师对教育爱的理解是质朴善良的,且教育爱的立场坚定不移。他们几乎不会用过多的华丽辞藻来修饰或者概括,他们中的大多数只是认准了"当老师就得对学生好""教师是个良心活儿,就图个心里安生"的"死理"来践行教育爱。由于爱的立场是坚定的,所以实施爱的影响也是那样顺其自然,很多时候是下意识的道德敏感,也不会考量个人得失、权衡所得效益。在这些饱有教育爱的乡村教师看来,

---

① 史密斯. 全球化与后现代教育学[M]. 郭洋生,译. 北京:教育科学出版社,2000:29.
② 陈大伟. 道德故事与师德修养[M]. 北京:北京师范大学出版社,2006:106.

"在那紧急的最困难时刻，还想着个人的事情那就不配当老师。哪有不顾孩子光想着自个儿的老师呢"。是的，在他们眼里，教育爱就是这样质朴和纯粹，可以超越人间的一切物欲诱惑，是更高尚的价值追求与精神慰藉，在这些乡村教师心里教育爱不仅是对孩子好，而且要"不想着自个儿"地忘我地对孩子好，要"配得起"乡村教师的职业价值。这不仅体现在为他们对乡村教育事业的忠诚挚爱，对乡村教师职业的虔诚崇拜，对自己成为乡村教师的高度认同和随时可以无私奉献的师德风范，还体现为对乡村儿童无限的希望和毫无保留的疼爱，想方设法排除万难地走出适合自己的教师专业发展道路，千方百计地为学生创造更好的学习条件，保证他们的学习质量，孜孜不倦且循循善诱地矫正儿童的行为问题，帮扶留守儿童自主成长，尽全力将那些处境不利的乡村儿童引领到真善美的道德追求中来。

最后，乡村教师的教育爱在日复一日与乡村儿童打交道的教育生活中自然而然生出道德意义。没有人告诉他们应该如何去爱这些可怜的学困家困的少年儿童，也没有太多正规的教育来引领他们更加优化自身的情感去表达他们的爱，然而就是在真情相伴的教育岁月里，他们的爱深深地铭刻在乡村儿童的心里，发挥着伟大的潜能。这是一种看似最为普通的近似"人之初，性本善""老吾老以及人之老，幼吾幼以及人之幼"的人性善良美德，被乡村教师描述成"不学而能的人的良心所依"，似乎这样的道德生活是不用教化的，仅仅秉持着人性最柔软的、美好的部分，只要持有一颗纯净真诚的心，保持做人的道德本分，坚持在生活中与人为善、不愧对良心，便可以抵达这样的可爱与伟岸。也许这些乡村教师的教育爱的生成未必能登上被精准界定和详细论证的学术殿堂，他们也许只作为现象被一次次的报道、描绘、勾勒出来，但是他们却是多么地有价值。他们蕴藏着天底下最为宝贵的身为仁师的精神财富和巨大的情感力量，他们属于这个时代，他们的存在为我们展示了教育的真实发生，也为我们致力于做教育研究的人开启了一扇迈向教育灵魂深处的大门。

【案例2】辍学路上

我遇到过这样一位孩子，他叫小亮，父母外出打工好几年了，把他一人留在家里，刚刚13岁的他，除了上学，每天还要忙着做饭、喂猪、洗衣服、下地干农活。有一次小亮两天没有来上学，我真的担心小亮出什么事情。当我来到小亮的家，看到他正在准备包裹,一件一件收拾行李准备出门,显得焦急又无助。"小亮,这是要干吗去呢?"我望着眼前这个瘦弱的孩子,心疼地问。"我要进城打工,反正爸爸妈妈也不要我了,我干脆进城谋自己的生活去!"小亮脸上掠过一丝绝望和不屑一顾的神情。看着这个只有13岁的孩子在这样令人担忧的处境里绝望失落,我心如刀绞,生疼生疼的,但是面对仿佛要被全世界抛弃的孩子,我不能再成为压倒他的最后一根稻草。我要给孩子松绑,将师爱,也许是最后一次师爱,播撒到他的心田里。于是,我将散落在地上的衣服一件一件给小亮平整地折叠好,递给他让他放进包里。之后,我跟他心平气和地说:"你要进城谋个差事,老师不拦着你,但是咱们得体体面面地进城,不要让城里人笑话。走,老师带你去理个发!"我领着小亮来到自己家里,认认真真地用洗发水给他洗了个头,又拿起电推剪给他修整了头发。"瞧,咱是多精神的小帅哥!"我和小亮一起望着镜中的他,他嘴角露出难为情的笑容,一头扎进我的怀里。"老师,我不走了,我要跟你好好读书!"

——来自胡定霞校长的访谈自述

又是一段刻骨铭心的关于辍学的故事,这个案例中充满了教师智慧的爱。故事发生在留守儿童特殊的生活情境中,面对灰心丧气的对未来充满绝望、对家庭充满厌恶的留守"心理孤儿"[①],胡校长没有第一时间采取任何的说教或是劝解措施,她的反应沉着冷静,这与她长期和留守儿童家庭打交道的实践经验分不开。为此,她自然而然地选择了机智应对,这种教育方式看上去并没有那么高超,似乎也没太多的技术含量,但体现的都是浓浓的教育爱。在胡校长看来,她很可能是留不住这个正值青春叛逆期且要辍学闯社会的孩子的,唯有去深切关心孩子遭遇了什么样的心灵伤害,经历了什么样的痛苦之后才会有这样自暴自弃的决绝。孩子的心灵是稚嫩的,他们受到的伤害是很难愈合的,但是正是他们心灵的纯净使他们对爱又是多么渴望、多么敏感。在孩子即将辍学之际,能做出的最后挽留除了再给予他教育爱之外,似乎其他的

[①] 人的健康成长除了需要物质营养素,同样也离不开精神营养成分,这便是社会、家庭,尤其是父母、老师等营造的无形"精神营养素",它对孩子的健康成长有着与物质营养素同样重要的作用。如果一个人从小得不到或很少得到"精神营养素",长期处于孤单、寂寞、失望的境地,就会形成孤独心理,拥有这种心理的孩子,我们把他称为"心理孤儿"。留守儿童是这个时代最明显的"心理孤儿"之一。

都无济于事。胡校长更像一位家人，心疼即将出行的孩子，用心为他做出行前的准备，为他洗头，这些事情在我们外人看来似乎已经与教师的身份不大相关了，但正是这伟大的人道主义的关怀和人心最柔软的怜爱挽救了绝望的少年。尽管胡校长所表现出来的情感是质朴而简单的，但对于马上要失学的少年来说简直就是雪中送炭，教育爱又燃起了他面对生活的希望，让他获得了重生的力量。

（三）促进性情感——自尊感

自尊感是教师达成自我教育的促进性情感体验，它是教师能够认识自己、要求自己、追求自我价值和生活意义的内在心理需求。它对主体性发展起着重要的动力支持性作用，自尊感强的教师会以更为饱满积极的情感状态应对职场生活的困境。强烈的自尊感促使他们不断追求职场生活的自我价值，不断付出自我改善的努力，积极面对困境与机遇，在教育实践中体验到满足，从而发现自己、证明自己，并将这些经验强化为较为稳定的自我教育力。

1. 自尊感的界定与理解

《心理学大词典》如此界定自尊感："自尊亦称自尊心、自尊感，是个人基于自我评价产生和形成的一种自重、自爱、自我尊重并要求受到他人、集体和社会尊重的情感体验，认为自己有价值、重要，因而接纳自己，喜欢自己。个人在社会生活中，对客体自我和主体自我的认知和评价而产生的这种正向的情感体验，意味着自己尊重自己，不向别人卑躬屈膝，不愿让别人看不起，更不允许别人歧视、侮辱自己。自尊有强弱之分，过强成为虚荣心，过弱则变成自卑，这两种极端对个体发展均有不利影响。"[1] 由此可知，即便是在注重实验理性的心理学领域，对自尊感的界定也是以丰富而复杂的情感体验与价值指向为依据的。就价值判断而言，"自尊心（自尊感）就是个人的价值判断"[2]，自尊就是一个人对自己的尊重，是一个人最为核心的需要。它由两个方面组成，一方面指向他人，是内心意识到别人对自己的认识、承认和评价以希望得到他人的尊重；另一方面指向自己，是指内心认为自己有什么价值、有多大

---

[1] 林崇德，杨治良，黄希庭. 心理学大辞典：下卷 [M]. 上海：上海教育出版社，2003：1738.
[2] 科恩. 自我论 [M]. 佟景韩，范国恩，许宏治，译. 北京：生活·读书·新知三联书店，1986：434.

的价值。就情感体验而言，自尊感是人在进行他人对自己以及自己对自己的价值判断的时候表现出来的一种态度、情感，是一种重要的内心需求，自尊感是否被满足将会直接影响到人的切身体验和意志行为。自尊感得到满足将会满足人安全的心理需求，激活愉快积极的情感体验。

2. 自尊感与自我教育

人和动物不同，人是有自我意识的，人可以认识自己的需要并以此来要求自己、评价自己。有了自我意识就有了自我教育的可能。那么是什么激励着自我教育并促进自我教育的实现呢？那就是自尊感，是人对自尊的需要，是人维护和发展自我价值的动力需求。因此，自我教育的实现首先要关怀自尊感、满足自尊需要，正如苏霍姆林斯基指出的："自我教育需要有非常重要而强有力的促进因素——自尊心、自我尊重感、上进心……人类有许多高尚的品格，但有一种高尚的品格是人性的最高峰，这就是个人的自尊心。"自尊感比较敏感的人不仅会对自我有着极为深刻细腻的觉察与认知，还会以高尚的道德标准来要求自己、评价自己，更乐意于专注地投入到实践中去，在从事的创造性活动中发现自己的力量，在自己的双手与智慧创造的成果之中证明自己的价值，感受到满足。而体验到成功的快乐的人，更容易严格要求自己，更容易设定更高的价值追求，他们希望这样的正向情感体验不断得到强化，促使自己成为一个更好的人，从而实现自我教育的良性循环。可以说，自尊感是自我教育实现的动力机制，它是保障自我教育顺畅进行的重要因素。其主要体现在以下三个方面：

(1) 自尊感的满足是最稳定最深刻的自我教育动机

"自尊是自我教育之母。"[①] 苏霍姆林斯基认为，自尊心和上进心是自我教育极重要而强有力的促进因素。人有自我觉察、自我认知的能力，人对自己的态度和情感是有着内在体验与觉察的，较为敏感的人可以很自然地辨别出情感的类别、方向、强度以及作用力。人的情感趋向将贯穿在生命活动的全部领域中，人们常常为了达到自我目的而采取以情感冲动为特征的行为，尤其是在处理日常事务时，情感是根源，而理性成了依据。因而人们在施加道德行为的时候，往往不经意间，甚至没有任何理性思索，表现为瞬间道德直觉反应，体现为情不自禁的行为结果。就人类的动机系统而

---

① 蔡汀，王义高，祖晶. 苏霍姆林斯基选集：第5卷［M］. 北京：教育科学出版社，2001：336.

言，为了达成最终的效果，人的动机可以多种多样，但在众多动机系统中，自尊感是最有力、最稳定、最可持续的一种。因为，唯独人的自我尊严需要信念来支撑，自尊是需要不断被需求、被满足、被追求的，它是人精神层面的核心需要之一，具有深刻的生命价值。而在现实生活中它又不断地接受着困境的重重锤炼与命运的考验。正如著名作家罗曼·罗兰坚信的那样："世界上只有一种真正的英雄主义，那就是认识了生活的真相之后，仍然热爱生活。"这种信念是建立在自尊感满足的深刻动机之上的。另外，自我教育有一个不可或缺的条件，即主体意识到自身在成长，懂得并体验到自我价值的不断实现。"只有当一个人的心灵对良言、忠告显示温存或者责备的目光这种极细致而纯人性的教育手段非常敏感时，他才能进行自我教育。"[①] 与此相随的是体验到自我尊严得到尊重。只有在学生充分相信自己、尊重自己的条件下，才有可能进行自我教育。越是尊重自己，就越能驾驭自己，就越愿意接受有关自我教育方面的策略和指导。自我教育还是人的尊严的具体体现，只有有自尊心的人才会严于律己，对自己的行为负责。自尊感源于克服重重困难或历尽艰辛后取得的自身尊严与价值。自尊感能激发上进心，它能给孩子们注入积极向上的精神力量，促使他们勤于劳动、坚持锻炼等。对自尊的追求能驱使孩子们付出更多的努力，取得更大的成功。

(2) 自尊感让人在关系中成为最好的自己

每一个人都是在各种关系中存在的，教育即在促进我们更好地把握各种关系，更清楚地理解并利用各种联结。尽管身处这个即将迎来人文主义盛世的时代，我们依然坚信传统"他-我"教育的中坚力量，依然重视知识和工具带来的物化享受和社会效益，往往忽视了一个最值得珍视且最有价值的东西：人与人之间的联结。美国著名儿童精神科医生坎门曾说过："没有强有力的关系，学习就不会有显著的进步。"由此可知，学习就是理解各种关系，教育就是首先在师生的人际关系中把握并创造各种关系。可以说，我们每一个人都是在与他人交往中不断地逼近真实的自己的，他人是自己的参照物，我们在与他人的相处中不断地展示自己、理解自己、发现自己。换句话说，没有与他人的关系便没有与自我的关系。也正是在与他人的多重关系中，我们才

[①] 苏霍姆林斯基. 少年的教育和自我教育 [M]. 姜励群，吴福生，张渭城，等译. 北京：北京出版社，1984：772.

更清楚地看到了自己、造就了自己，尤其是看到了自己身上的东西在他人身上表现，自己的优长使他人得到满足，自然需要关心他人来唤醒自我的力量，并且将此归功于保持自我的优势的努力，这个过程由对关系的专注转向关心的位移而促进了自我教育的开始。因为一切都在关系中，在关系中遇到了"他-我"的关系流动，就会潜移默化地折射到"我-我"的内在对话，最后反映出来的是"我-他"的关心能量，不断地促进自我保持向上与完善。从关系层面上看，关心关系中的我与他人以及我与自我的关系在自我教育中贡献了启蒙的力量。由此看来，教师只要坚信我们生来就具备建构关心的联结，鼓舞他人积极地进行自主学习——激发学生进行自我教育才是真正的教育；教师只要永远不放弃学生，懂得情感关系的强大力量，在关系中不断建构关心的联结，并坚信他们可以在关心中成为最好的自己，那么每一个学生都会成为一个自我教育的佼佼者。

(3) 自尊感是道德与精神之美的自我追求

每个人生来对生命价值的实现都有着极大的好奇、探究兴致与尝试行动的驱动力，只是在历经了一系列社会化的负面影响之后，这些生命的张力和精神内核被世俗的平庸所消解或吞噬。但是这丝毫不能否定在某些关键时刻正义与善良的挺身而出，也不能否认每个拥有自觉的完整生命的个人对内在精神世界的持存与热望，每个健全的人都有着对自我现实的挑战与自我未来的美好憧憬，拥有着精神世界里不安分的心灵和情感高峰体验的需求。从这个意义上说，人对情感生活的需求，对精神之美的自觉追求是其内在的本质属性，它是区别于动物的人类高尚所在。

对精神之美的追求是道德自觉性与道德敏感性的重要方面。而对精神美的感受一定不是建构在理论的假设或是形而上的抽象概念之上的，精神美的发生有主体人的参与，是交互的思想、意识、情感、态度、品行等一系列内部精神层面的碰撞、邂逅、融合之后所产生的欣赏、喜爱、向往的情感。这种精神之美有强烈的利他性，伴随着人格实现的幸福感、在惠及他人时产生的快乐体验，通常所说的"助人为乐"便是这种精神美的彰显，人总会在他人被需要之处感受到自己的价值与人格魅力所在，其间伴随被提升的兴奋感觉和同情心抵达的欣慰感。而关乎心灵的教育便是让这样的情感体验不断地促进每一个儿童习惯于此，使其转变成他们的精神需要，如此产生道德的自觉。作为教师，不仅要熟练地掌握与精通智育领域的知识系统，而且更重要的是为学生不断地创造这种精神之美情感体验的机会，在美好的情感体验中潜移默化地促发道德敏感性的生成。即便是在智育领域的教育中也要下功夫钻研，发掘智慧的火花与理性的光芒，为那些看起来生硬晦涩的浅层知识注入情感人文的养料，赋予生命活力。这便是在教育生活中教师应保持的道德敏感性情感指向，也是教师对抗职业倦怠不断走向自我教育的心灵蹊径。

3. 乡村教师自尊感的表达与践行

乡村教师自尊感的表达既是很强烈的又是很质朴的，而自尊感的体验却是很生动而鲜明的，他们不希望外界为他们贴标签，更不乐意背负着偏见受人施舍地活着。他们自己有对教育生活的独特解读，在职场的精神家园中进行自主的劳动实践，用心经营自己的教育实验田，在辛勤劳动中看见自己的果实，证明自我的力量，发现自我的价值。乡村教师自尊感的表达主要表现在以下三个方面：

首先，乡村教师的自尊感是其在逆境中自我突围的动力保障。乡村教师的特殊境遇是对他们身心的考验，一些现实困境甚至是令人难以置信的。笔者考察的毕节地区山地高原的乡村教学点的现实情况确实令人担忧，学校没有公共卫生间，房屋开裂到早已被鉴定为危房的程度，40多个学生，2个年级，连校长在内只有3位老师，教师除去繁重的授课任务，还要负责每天轮流挑水满足全校师生的基本饮水需求。在这样严酷的情况下，仅靠混日子的心态是很难持续教育之心的，教师们正是凭借着教育的尊严，自我内在人格被尊重的需要，不断鞭策鼓励自己排除万难进行自我突围的。

其次，乡村教师的自尊感是其在职场中寻求生命意义的情感源泉。在日复一日平凡而单一的乡村教师职场生活中，教师很容易感受到职业的倦怠和生活的无意义，而改变这一切的重要前提是教师对自我尊严的珍视与被尊重的需要。教师需要在职场中建构自己存在的意义，自尊感需要得到满足，他们才会不断付诸努力，不断去创造自己心中有价值的生活。因此，自尊感是乡村教师避免在职场生活中陷入枯竭乏味而要活出自己的精彩、创生出新的生命意义的情感源泉，它也是乡村教师为自己负责，不虚度光阴，收获自我价值，建构更好的"情感-生命"支持系统的重要内容。

最后，乡村教师的自尊感表达的是他们不愧对良心的道德追求。乡村教师的教育生活是自然淳朴的，他们在职场中的情感体验是朴素而意味深长的。在他们看来，所谓的自尊感就是扪心自问，自己对得起自己的良心，凭着良心干活，不昧着良心，永远地善良下去，坚持做个好人，这些也是自己对自己最大的尊重。因此，在笔者访谈当中，不少乡村教师提到了"良心活""但求无愧于良心"，这就是对自己的认可和尊重。由此可见，他们所追求的道德不是高级理性的道德良知，也不是在复杂思维参与之下的思辨式的道德推理、判断，但他们的自尊在日复一日的道德实践中确实体现出纯粹质朴的道德意蕴，使他们的心灵得到安顿，生活有了道德的意义。

【案例3】《做世界一流的擦鞋匠》阅读课堂（见附录文本）

这是一堂最为安静且无须老师维持课堂纪律的阅读课，每一位学生都在聚精会神地听着，他们的神情是凝重的。在讲述后我们及时地发起了关于《做世界一流的擦鞋匠》的讨论。

有一个学生小声啜泣着，他第一个站起来发言："我妈妈就是擦皮鞋的，我以前觉得特别丢人，在她帮别人擦鞋的时候，我总是躲得远远的，生怕被别人认出来。现在我才知道原来擦皮鞋也可以擦出这么大名堂来，我回去一定要把这个故事告诉我妈妈。"学生小张随后补充说："我以前觉得自己家境不好，总是觉得自己的人生完了，抱怨父母没有钱，没有给我创造好的学习条件。但是，通过这个擦鞋匠的故事，我觉得擦鞋匠都可以这样骄傲地生活，我也许也可以活出点名堂来。"教室里顿时鸦雀无声，大家似乎是在美好的梦境中幡然醒悟。孩子们的遐想是贴近生活、基于生活的，他们面对文本真诚而充满着希冀。……经过老师和同学们的共同解读分析之后，最后大家一致同意将"知识可以改变命运，但命运掌握在自己手中"这句话作为本班的标语。大家认为即便是穷也要做个有尊严的劳动者，于是在学校一角成立了一个刷鞋区——提醒每一个同学到学校的第一件事情就是请先把鞋子刷干净，做个有尊严的劳动者，要认认真真地学习，清清白白地做人。

案例3展现的是初中语文阅读课的一个课堂片段。无论是从文本的选择还是从师生共读对文本的领悟与鉴赏来看，都充分体现了师生对自尊心、自尊感的珍视与践行。"知识可以改变命运"这句话对于那些即将离开学校的初中生来说或许是苍白无力的，因为他们的认知决定了他们对知识实用价值的认识是朦胧的。在逆境中给予他们与亲身体验密切相关的实例或榜样可能更具说服力。将阅读教学与生活相联系最重要的是激发师生的生活体验，并对这种生活体验不断深入追溯，升华为一种内心的支撑，即自尊感。化阅读为自身需要的生活感悟，这需要师生共建一种融洽的阅读氛围和心理环境。在阅读中寻找到切适的、需要的、发展的生活，在生活中凝练出基于文本且超越文本的阅读，在师生阅读的共情处，师生的情感得到升华，体验到劳动给人带来的人格尊严，看到生活的希望。

（四）支持性情感——理智感

理智感是自我教育实现的重要情感之一，它是复杂性思维指导下智力活动的情感体验。理智感是自我教育实现的支持性情感，它不仅规定着自我教育指向的主要内容和方式，还影响着自我教育所必不可少的意志力和道德判断。拥有强烈理智感的教师在职场中更容易找到自己的发展方向以及自主学习的内容，在面对挫折和困境的时候，会更清醒地看到事物发展的趋势和自我教育的空间。

1. 理智感

理智感是主体人在进行复杂思维活动的过程中，主体对智力认知活动及其结果进行评估时产生的一种得到满足的情感体验。它主要产生于主体获取知识、逻辑思辨、追求科学、伸张正义的活动之中，主体在进行复杂思维活动时，对于未知的问题表现出求知欲和好奇心，对于未能解决的问题表现出的反思和探索，对于经历高级智力活动——解决了问题时表现出来的欣慰、收获感以及对科学的崇尚，对自我思维能力的确信感，对生活的是非判断以及对道德的正义追求，对社会公正的捍卫与申辩，以及在任何场合表现出来的自律与意志力、对自我行为的强化与控制等都属于理智感。

一般而言，满足理智感的情感形态主要有以下三种类型：首先，直接性理智感的情感表达主要体现为智力活动中的兴趣、专注、求知欲、进取心、求是感、创造欲等一系列需要复杂思维参与，在认知过程中呈现的高级情感体验。其次，间接性理智感的形态多集中体现为促进、推动、强化作用或起到保障功能的认知系统的精神支持，如维系对科学专注的兴趣偏好，对思维创造活动的情有独钟，对事业追求的热情乃至热爱等。这样的理智感在智力认知支配下调动起整个身心，汇聚成情感的力量。一个人一旦拥有了强有力的、较为稳定且深刻的理智感，就会有明确的努力方向；一旦拥有了充沛深厚的专注兴致与对真理的执着追求，就会蕴蓄出坚韧的意志以及自律的品行，勇于苦战攻关，收获理智的高峰体验。最后，理智感还会表现为在理智的指导下需要肯定或否定的情感形态与来自道德的是非正误的认知判断。理智感不仅伴有强烈的情感体验，同时它还具有理性判断与价值指向。理智感不仅要求人们在处理问题时要有鲜明的态度和明确的解决方式，还要求人们在处理那些是非两可、道德两难的问题时显示出智慧的高明及道德的高尚，这就要求人们不断地以复杂思维的方式提升自身的理智水平，在多种处境下看清楚事物的本质，还原事物的真相。

2. 理智感与自我教育

自我教育从方法和内容的指向来说，其背后一定是要有理智感的支撑才得以实现的。不可否认的是，自我教育的全部过程几乎都包含着理性的认知判断与决策，因此，理智感对自我教育的实现有着支持性的重要价值。

首先，理智感为教师自我教育实现提供了科学精神的支持作用。自我教育是对自己的教育，其归根到底是要求自己求真向善尚美。理性认知是自我教育得以实现的支持性力量，决定着自我教育的方向和具体实施的方法策略。自我教育需要以科学为依据，需要人的理性参与才能变得真实而可靠。而在复杂思维指导下的理性认知、理解、求证、判断与思辨体现的是科学精神的观照，是人们不断追求真理、崇尚科学的具有推动性的精神支持。对于教师而言，具备了强烈的理智感就具备了理性支撑的内在力量，就更能够顺畅地在职场中选择自我教育的内容和方法，收获到可信可靠有效的自我教育的结果。

其次，理智感为自我教育实现提供了道德认知判断的依据。道德付诸行动，除了靠情感的自觉、道德的直觉，还需要理智的支撑，没有理智参与的道德是不可靠的。道德持有的正义、公正与理智密切相关，理智是道德行为的依据和道德结果的解读理由，而情感是道德实施的根源，是本体，二者缺一不可，且共同作用于人的认知活动。没有理智的指导，道德认知判断就会陷入谬误，而坚持正义、公德、科学、真理、公正是人类和谐共处的理性所在，也是人类寻求并维护共同利益的前提。因此，教师作为新时代道德人的存在，势必要掌握丰富可靠的理智认知，在自我教育的实现中重视理智感的培育。

再次，理智感有自律及克制的功能。教师进行自我教育的过程并非是一帆风顺的，它时常要伴有强制自己迎接挑战，鼓励自己坚强面对的时候，这时候较为舒畅的情绪情感就会受到压抑，而那些迎难而上、坚韧不拔、克制性的情感就起到了正面的作用。强烈的理智感可以激发人们勇敢面对挫折的勇气，鼓励人们以正确、科学、正向的价值判断来严格要求自己，克制自己的不合理、不道德的行为举止，在慎独和自律中不断激活自我教育的潜能，拓展自我教育的时空。

最后，理智感伴有复杂的思维活动，在理智感的参与下，认知活动既是自我教育的途径又是进行自我教育的重要内容。理智是人们驾驭智力的认知活动，理智感是从事一系列智力活动的情感体验。教师的理智感对自我教育具有重要的支持性和保障性功能，没有理智感的参与，教师的自我教育将会没有科学的依据，整个自我教育的过程将会陷入黑暗中，最终看不到教育的理性的光辉，达不到真正的自我教育的目的。另外，教师自我教育的实现不仅需要科学的内容，还需要有效而切合实际的科学方式策略的指导，而这一切都需要理智感参与其中，为教师自我教育的实现保驾护航。

3. 乡村教师理智感的表达与践行

在外界看来，乡村教师似乎是理性相对不足的教师群体，其自我教育的理智感表达似乎也不是那么精致和准确，但是这丝毫不会影响乡村教师对理智感的追求和自我解读。他们在职场生活中，以独特的方式和切身的体验为我们展现了鲜活的理智感的实实在在的践行。

首先，乡村教师的理智感体现为日常教育生活层面的良知安顿。乡村教师的理智感是极为朴素实在的，在其日常生活中，似乎没有用过多的理性为生活进行辩解与思考，他们大多是用赤诚的、清澈的心灵去感悟与发现。他们的理智感也更多的是与情感体验和良心安顿产生密切相关的认知判断。比如，相比专业技能的精进，他们更希望能踏踏实实对得起自己的良知，干好良心活；相比理性认知的高级体验，他们更热衷于质朴的道德生活追求和人际善良诚挚的交往伦理。这与他们生活的境遇及情感习惯紧密相关，他们每天都要面对单纯的人际环境和朴素、封闭的生活，这促使他们更习惯于用良知的安顿来抚慰心灵，用生活的感悟来指导实践，用善良的情怀来接纳平凡的生活。

其次，乡村教师在专业层面的理智感表达也是质朴的，集中体现为教育生活中实实在在的践行与自我突围的摸索前进。乡村教师的专业提升的意识是很平实而有期待的。他们并不好高骛远，也没有太多的技艺匠心追求，他们更多的是将专业生活看成谋求自我存在的一种有意义的方式。在日复一日的乡村教育的职场生活中，在相对比较封闭、物资匮乏、没有多少新意的专业生活中，他们总是希望找寻到令人内心有些期待和存在感的事情，于是，他们更多的是在教育生活中发现问题，用也许并非那么科学但最适切他们的方式来解决职场中的难题。他们很在意这些所谓的"土办法"和带着生活智慧的教育经验对他们实际生活的改善。因此，他们在专业层面的理智感是淳朴的，而这种淳朴在实践中显现出来并带有自主创造的积极情感体验。

再次，乡村教师在师生关系层面的理智感更多指向积极适切的关爱方式与谋求发展的生活智慧。他们把精力更多地投入到对留守儿童的关爱与呵护方面，更多地用科学的力量为学生谋求发展的出路，他们的理智感来自锲而不舍充满教育正义的劝学态度和严格要求自己的德行示范。尤其是在关爱那些处境不利的留守儿童的时候，乡村教师需要更多的智慧和理智——是替代父母之爱无限度地做"代理父母"，还是不断修复与建构孩子们缺失的情感联结？乡村教师的师爱关怀并非一味的情感透支和被迫的自我牺牲，它一定是充满理智与可持续的自我突围和自主发展的共生共赢。

最后，乡村教师在与自我的关系中，理智感更多体现为对自我的清醒认识与客观评估，以及对自我未来发展的切合实际的期待。乡村教师的理智感有助于其对自我存在的认知以及未来自我价值的实现。在单调闭塞的职场环境中，面对每日混沌的生活很容易迷失自我，看不见自己，更不会发现自己。而具备一定理智感的教师会始终带着理性去思考，不断地进行实践反思，总会在生活中找到自我发展的价值。

【案例4】十三次劝学

在读村小的六年记忆里，我前前后后辍学十三次之多。我每天放学后第一件事情就是打猪草搅拌猪食，就像盼着能够读书一样盼着家里的猪越来越壮，能卖个好价钱。可是在小学六年里我先后辍学十三次，每次辍学后都是村小的王老师把我唤回学校的。王老师是个矮胖略显秃顶的中年男教师，平时对我们很严厉，几乎没有见到过他的笑容，但是他每次来我家都堆着一脸的笑，跟我父亲聊天拉话，说些我在学校里的良好表现和娃娃读书的功用，我便可以顺利回到学校里了。每次辍学归来我都会倍加珍惜来之不易的读书机会，更努力地学习，很快学习成绩便名列前茅。我记忆最深刻的是王老师的第十三次劝学，那是五年级的下学期，我家的五头猪全部生了病，一夜之间全部死了,父亲愁得蹲在门槛上抽烟袋,母亲在屋里小声地抽泣,我不知所措地藏在草垛里不敢见人。王老师见状还是很不适时地来我家提到要我回学校读书。父亲的火不打一处来:"还读什么书,猪都没得喂了!"说着顺手举起一根棍子向我抡过来,就在我顺势躲避的时候,王老师护着我替我挨了重重一棒。王老师躺在地上,仍然念叨着:"猪死了咱们能够再养,孩子的教育耽误了就再也挽不回来了!"就这样,父亲扔下了手里的棍棒,颤抖地跟我说了一句:"上学去吧,记得老师的好……"

——整理自"最美乡村教师"杨元松的访谈口述资料

劝学本身就是教师理智感的最直接表现。在这个时代也许劝学已成为很稀罕的事情,但当倾听了杨元松老师徐徐道来的十三次辍学经历之后,我们才会深切感受到身为乡村教师肩负的教育正义。是什么力量促使看似严肃的王老师坚持不懈甚至冒着各种危险都要将劝学进行到底的呢?这似乎仅仅用为人师的道德准则已经无法全部诠释,它超乎我们常人对教师伦理边界的想象,很难相信仅仅靠师德规范可以如此无私无畏无悔地坚守教育的善良与正义。那一定是发自内心深处的情不自已,是来自良知的不做不休的勇气与执念。可见,教师坚守的正义一定是其深邃的情感迸发、强烈理智感的控制、对弱者的同情关切驱动所致。王老师质朴善良的劝学精神也许在他看来就是做教师的本分,甚至没有崇高的道德感,就像他认为的大道至简那样——"猪死了咱们能够再养,孩子的教育耽误了就再也挽不回来了!"正是凭借着这样简单的逻辑,凭借着他坚定而执拗的劝学态度,他终于成功地感动了杨元松的父亲,也把这段经历深深地印刻在了杨元松的心灵深处。由此奠定了杨元松今后对待他自己学生的情感基础,当他也做了乡村教师之后,他真的做到了,成了一位正直的教师,一位从来不放弃任何一个学生的教师,更是一位勤于家访劝学、为留守儿童家庭奔走努力的新时代的道德人。

(五)效能性情感——价值感

在教师自我教育的过程中,自我价值感是具有评价性、效能性的重要情感维度。可以说,自我价值感获得是保障自我教育效能的情感机制,也是教师可持续开展自我教育的催化剂。自我价值感的实现是教师自我教育的最终目标,它将源源不断地为教师自我教育的实现提供行动依据和动力支持。因此，在理解教师自我教育的整个过程中，我们需要对教师的自我价值感有较为深刻的认知与解读。

1. 价值与自我价值感

价值，从词源上说它来源于古代的梵文 wer 和 wal，意思是"护栏、保护"，与拉丁文 vallium 和 vallo 的"用堤护住、加固、保护"的意思相近。在当下的现实生活中，价值往往会被赋予有用或无用、有利或无利、有意义或无意义的利害关系取向，且与主体人的情感态度、思维认知、标准规范紧密相关，正如苏联哲学家斯比尔金所说："价值概念是与意义、益处、害处这样一些概念相关的，它影响着价值的强烈、紧张程度。"[①] 价值的定义在哲学领域中呈现出主客体之间的关系，"价值反映着主客体的关系，是客体对主体需要的满足"[②]，它体现了客体的存在以及变化对于主体需要及发展在一定程度上的满足、适合或者接近。价值是主体对客体使用时产生的关系取向，取决于主体，同时也取决于客体，客体对于不同的主体其产生的价值也会不同。关于自我价值感的界定正如心理学家黄希庭教授指出的，"个人在社会生活中，认知和评价作为客体的自我（me）对社会主体即对作为主体的自我（I）的正向自我情感体验是自我价值感"[③]。而本研究所说的与教师自我教育相关的价值感主要是指自我价值感，即教师的自我价值感，笔者认为应将教师的自我价值感看作一种态度，是教师对自己感受的方式，认为自己重要、有价值而对自己接纳、喜欢的程度，包括个人所拥有的自敬感和自我悦纳感，是关于个人价值和能力的感觉，与自我概念相联系。它是教师在整体上对自我的肯定或否定态度，对于自己是一个什么样的教师的主观认识。

2. 自我价值感与教师自我教育

自我价值感是自己对自己的肯定或否定的认知与评价，不同的自我评价程度会伴有不同的行动趋向和价值判断，它在实施对自我的影响力的时候通常具有较为明显的与是非善恶价值、个人偏好相关的情感体验与表征，同时它将指向获得、收获、效能

[①] 斯比尔金. 哲学原理 [M]. 徐小英，等译. 北京：求实出版社，1990：535.
[②] 马克思，恩格斯. 马克思恩格斯全集 [M]. 北京：人民出版社，1963：406.
[③] 陈红，黄希庭，郭成. 中学生身体自我满意度与自我价值感的相关研究 [J]. 心理科学，2004，27（4）：817—820.

等可以进行评价的内在感受性指标体系,这就需要我们进一步认知自我价值感的特征与功能。教师的自我价值感对自我教育的促进与保障功能作用主要体现在以下三个方面。

首先,教师自我价值感是伴有提升感、收获感的复杂而丰富的情感体验。教师的自我价值感与自我评价相关,每一位教师都希望收获到自己理想的情感体验。对自己的进步体验与被提升的感受是教师职场积极正向的内在需求,也是教师不至于在烦琐的职场生活中陷入混沌与倦怠的情感促进机制。自我价值感较高的教师其情感世界多是充实而丰盈的,可以在逆境中独善其身,做好理想中的自己。同时,自我价值感可以转化为他们内在的发动机制,不断地摒弃外界的干扰,向着那种提升、收获的美好体验而努力。

其次,教师自我价值感的获得实际上是自我证明、自我求证的内在情感体验。教师进行自我教育的整个过程是有其可评估的内在指向的,多表现为自我效能、自我胜任力与自我价值实现。可以说,职场中的每一位教师都渴望自己的教育生活变得有意义,期待自己成为受人尊敬、被自己悦纳的人,而其中最可靠的指标便是效能感和胜任力。因此,教师自我价值感的获得主要通过感受到了自己的力量,不断求证自我价值,是在自我认知的基础上对自我完整的正向的体验感受。

最后,自我价值感是在自我关系层面并伴随着挑战自己、超越自己、实现自己的较为高级的巅峰审美体验和追求。自我价值感的实现并非一帆风顺,它更多体现为亲身经历时空锻造后的曲折前行,正是因为途中的荆棘和风雨蹉跎,才使得它显得格外珍贵与深刻。因此,实现自我价值感的体验也是相当具有魅力和令人向往的。当人们迎接自我挑战,付出了辛勤的劳动,克服了重重困难而不断超越自己,获得自我价值认同的时候,那种如登临泰山之巅而"一览众山小"的巅峰审美体验透露着人的大气魄、大情怀、大气象。教师之所以不断地以自我价值感的获得作为教育实现的目标并付诸努力,是因为希望这样的美好高级的"心流"体验可以维持、更新、创造,且伴随职场生活的始终,不断升华自己的人格,实现更大的生命意义。

3. 乡村教师自我价值感的表达与践行

乡村教师自我价值感的表达更侧重于在情境中的价值体验部分,在他们看来,似乎本不必需要太多理性的追求和效果的达成,他们的自我价值表达在于对得起良知,使自己的生活有奔头。

首先，在自我存在层面，乡村教师更多地认为在困境中还能够进行自我突围，能够在教育生活中自主创造，让自己不至于混日子便是自我价值感。在乡村单调封闭的职场生活中还能够坚持教育的良知，寻求自我存在的意义，让职场生活不仅不混沌，反而由于自己的主动加入而变得更有意义，便是其自我价值的实现了。

其次，在生活方式层面，乡村教师更多地将自我价值感与生活的实际相结合，他们更多地认为体现自我力量与自我价值的方式莫过于自食其力、自力更生。只有依靠自己才能使自己过上好日子，也只有依靠自己，自己动手，勤快劳动，才能够使自己的价值得到体现。因此，在他们看来，自我效能和胜任力不是说出来的，也不能是体验出来的，而是干活、劳动、挥汗做出来的，须在不断践行中求证自己的价值。

最后，在价值体验层面，乡村教师的自我价值感更多体现为实践审美的情趣和朴素道德的追求。乡村教师的自我价值感主要集中在实践过程中，他们对自我价值感的描述多集中在实践之后的收获、劳动过后的快乐以及干好本分事情的愉悦，体现为做好良心活而求放心的道德追求。或许他们也形容不出那些高尚的审美体验，但在他们心里却沉浸着因自主劳动创造而真正值得骄傲的坦然与欣慰，这便是他们独特的自我价值感的朴素而深刻的体验。

【案例5】对得起良心就是对得起自己

笔者在与年轻的韦老师的访谈中提到了关于自我价值的实现。韦老师进行了自我解读："说实在的，在这样的贫困村里，谈自我价值那真的是太理想化的东西了，来做乡村教师，就意味着一辈子在这里了，几乎都没有任何升迁和调动的机会，就像到了一潭死水里，没有希望。在这里，做事情不能算计着报酬，不然真的就没有人好好干活了，更不能自暴自弃，毕竟还要在这里待下去。做事情就图个良心，对得起教师的良心，就是对得起自己了……"

韦老师的一席话，真实地表达了当下乡村教师的生存状态和他们对自我价值的看法。在环境封闭、机会匮乏却又要日复一日地面对烦琐的职场生活的情况下，做一个对得起良心的乡村教师真的很不容易。对他们自己而言，最为直接和最为切实的自我价值感也就只剩下让自己的良心安顿了，乡村教师就是这样踏实而实在，用最朴素的道德方式为我们诠释着宝贵的生活智慧和生命价值。

二、乡村教师自我教育的乡土性情感

乡村教师除了具备以上自我教育的情感基础，由于特殊的成长环境和生活境遇，他们还会呈现出比较独特的情感品质。如果说情感基础是乡村教师自我教育的底色和丰盈的土壤，那么在这个基础之上孕育而绽放出来的是更加具有乡村教师本色、体现他们独特之美的瑰丽奇葩。这也是我们常常被这样与众不同而又动人心弦的情愫所感动之处，它似乎浑然天成，与乡村教师的生命相伴相长，不矫揉造作，谁也模仿不来，是骨子里特有的禀赋，经过自然万物锤炼之后的生命姿态；它似乎又由乡土文化持久涵养而成，浓重的乡音不改，内心本能地持有"差序格局"，勾勒出向外延展的道德核心圈层，而这一切是那么自然地在情理中。这并非所谓狭隘的自我解读，在笔者看来，那更像是由乡土文化气息与现代文明所共同孕育的内在情愫。正因如此，它才散发出质朴、恬静、纯美的生命芬芳，看上去平凡却蕴藏着生命的大美！

（一）自然之爱

在笔者采访的乡村教师中，有一个共同之处——对乡土自然的亲和感。无论是他们言谈中论及的农耕节气，对山寨了然于心的描述，还是从他们信手展现的在校园里的各种劳作的身手就可以看出他们一定是好劳力。几乎每个乡村教师都有儿时在田间地头耕种收获的经历，他们的童年除了读书上学，便是"散养"在山野田间，靠"天收"——被大自然的馈赠不断滋养着而慢慢长大，这样一来，他们在生命的根基之处便与大自然结下了不解的情缘。他们的"情感-生命"像是与生俱来就对大自然有着深切偏好一样，他们对乡村田野的眷恋与善待，对层峦叠嶂的喜爱与归属，对村寨每一寸建筑的毕恭毕敬，对四季物候天道酬勤的依循与秉持，无不体现着似乎乡村中的天地万物都夹杂着丰富的情感融入他们的基因里面了。

这种情感状态蕴含着天人合一、厚德载物的自然伦理。《庄子·德充符》云："自其异者视之，肝胆楚越也；自其同者视之，万物皆一。"天人合一正是从"自其同者视之"的角度来看宇宙万物。这种"万物皆一"的认知即是"万物与我同根，天地与我同体"①的思想。天人合一的思想不仅界定了人道与天道、人与周围万物的相关性，还借助物与人交相映、兼相爱的和谐共生理念，蕴含着深刻的价值伦理取向。正如程颢所云："仁者，浑然与物同体。义、礼、智、信皆仁也。"即是说"仁者以天地万物为一体"，生命具有整体论的特性，人与天地万物是有机联系的整体，人与自然不可分割。真正有德行的人与世间万物不是对立的，而是完全统一的，与自然万物是生命的统一体。"人与天地万物的关系就如同'心'与四肢的关系一样，是一个有机的生命整体。所以人们应该体认到对待万物应如同对'自己的身体一样'，应怀着深切的生命关怀之心去对待万物，爱护万物，保护万物，因为人没有不爱护自己身体的。"②这也正是程颢的"万物一体"思想："以物待物，不以己待物，用一心而处之，必得其要，斯可矣，则无我矣。""以天下之大，万物之多，用一心而处之，必得其要，斯可矣。"

如此看来，乡村教师对乡土自然的亲近热爱与悦纳是与仁者爱物、厚德载物的思想交互生成的，童年时代被大自然潜移默化地教化洗礼，产生的对天地万物的爱、对乡村草木的情，让乡村教师在潜意识中萌生出"万物与我皆自然"的相处之道。几乎每一位土生土长的乡村教师都不同程度地持有尊重与珍视乡间自然万物的情感，他们熟识每一条山路的方向，分辨得出每一块农田耕种的作物，记得每一次山寨中重大的节日庆典，几乎都参与过繁重的春耕秋收，于是，在天地间挥汗劳作的舒坦与收获成果时的喜悦，劳动创造的愉悦与天人合一的酣畅淋漓，还有那充满传奇色彩的乡间生活的智慧，共同模塑着乡村教师的"情感-生命"之根，不断地滋养出与自然和谐共生，由爱自然升华到爱乡土、爱乡亲，更爱乡间儿童的独特的情感品质。

【案例6】大自然中的课堂

来到张军老师的美术课上，一段例行公事的问候之后，他开始发话了："同学们，咱们今天绘画的主题是'我的家乡'，绘画材料大家就在身边找，可以用笔，用石头，用树枝，用一切你认为可以代表你的家乡的美的东西在纸上作画，时间一节课，大家

---

① 《庄子·齐物论》
② 蒙培元. 人与自然：中国哲学生态观[M]. 北京：人民出版社，2004：300—301.

开始分组行动,最后每个组将作品展示出来,大家投票选出最美的家乡图。"孩子们沸腾了,兴奋地开始了讨论,自由结组,有的带着书包,有的带着塑料袋,有的赤手空拳,他们都直奔校园"后花园"的山坡上去找寻,那里可是这些孩子快乐的"百草园"!没过多久,有的孩子扛着截取下来的竹子,有的拾取了形状各异的树叶,有的翻动出来颜色不同的石头,有的采摘了山上的芬芳野花,有的手捧着泥土和着水搅拌起来……孩子们一面认真地寻找,一面相互友情提醒着:这个可以做家乡的树木,这个是家乡的房子,那个是家乡的农田,这个是家乡的校园……于是,一幅幅象征着家乡美的风景图呈现出来了。孩子们兴奋地用美好的名字给家乡命名,争先恐后讨论着如何构思家乡的美,用什么材质才能表现这种美,整幅画面表达了自己小组对家乡的美好心愿……

孩子们的语言是质朴纯真的,孩子们的作品充满着对家乡的情意,也许他们缺乏具备深厚美术功底的专业美术教师,或许这位张老师确实连画儿童简笔画都会略显稚拙,但是丝毫不影响这些内心纯良的孩子跟随这样一个五大三粗却很用心的教师一起去感受大自然赋予的生命之美,美术的真谛也不过如此。张军老师本身不是美术专业的教师,后期也没有得到美术方面的专业学习提升,但是面对当下乡村学校音体美英教师稀缺的情况,只能由其他专业的教师来做"替补消防员"应急扑火,没有办法,连简笔画都少有接触的他,只能绞尽脑汁开设艺术课堂。然而,长期在大山里劳作的经历给生活增添了许多乐趣与智慧,张老师将艺术课堂还给了大自然,让这些土生土长的山里孩子从情感的角度去欣赏、去挖掘、去创造大自然的美。无论是夜间加班制作兔笼子,设置"饲养角"让孩子们尽情观察体验,还是在美术课堂中使用灵活的授课方式,都体现了张老师汲取大自然的教育智慧,将其融会贯通于孩子们的课程中的教学机智。或许对他来说那是没有办法的"穷办法",但他的精心引导和主题设计却收到了意想不到的美育的效果,既陶冶了孩子们的艺术情操,又激发了孩子们对自然、对家乡的亲近与热爱,同时也锻炼了孩子们发现美、展现美、创造美的能力。可以说,张老师的这堂美术课展示了美术教育的真谛,蕴含着丰富的德育意味。

(二)"后乡土人情"

作为新一代正在发挥着中流砥柱作用的乡村教师,其人际关系的体验并不是一蹴而就的，它是一个由乡土传统走向现代理性的演化过程，是一个由亲族本位迈向核心家庭为主的变迁过程。很多"80后"乡村教师的成长记忆中拥有一种在礼制秩序影响下的乡土人情，礼俗的洗染让他们从小对乡村礼仪风俗及礼教规矩了然于心，这些与出生地紧密相联的礼制教化让他们从儿时便有了敬畏之心、羞耻之心、道德之心，这便是教师道德萌发的最初体验。

"礼并不是靠一个外在的权力来推行的，而是从教化中养成了个人的敬畏之感，使人服膺；人服礼是主动的。"① 在乡土社会中，由于人们长期共处一地，礼已经内化为个人的一种习惯。个人在遵从习惯或约束时，表现出一种与身份相应的姿态或行为。每个人的姿态或行为都与家庭、村寨的人产生联系。乡土人情的公理建立在对礼教规矩的敬畏之上，对人情世故关系远近的梳理也如费孝通先生描述的"差序格局"一样，"我们的格局不是一捆一捆扎清楚的柴，而是好像把一块石头丢在水面上所发生的一圈圈推出去的波纹。每个人都是他社会影响所推出去的圈子的中心。被圈子的波纹所推及的就发生联系"②。以个人为中心，像水波纹一般，一圈圈推出去，愈推愈远，形成一个个的同心圆；所有人的同心圆相互交错，就形成了乡土中国的社会关系与人情结构。对于"差序格局"或礼制秩序中的这种人情，情感要素由内而外逐渐变弱，情感是"差序格局"的根本构成要素。

乡村教师几乎都有着这样的儿时情感记忆：村寨里的老老小小彼此非常熟识，就像一个大家庭一样，可以随时随地赶往某一家的饭口，甚至一待就是几天，家里人也不着急唤回来，村寨里的娃都是大山里的娃，是寨中大家共同的娃，于是他们从小就在熟人社会中成长，备受族人的共同关心，才得以一步步走出大山。而一个村寨里的人几乎都是同族亲戚，一家有难，全族帮忙支援，一家的事情就是大家共同的事情；遇到难事需要人评断自然要邀请大家公认的族长或是年长者来论个礼数；婚丧嫁娶各种仪式全村寨的人都会热闹地操持一番，每一叩首定是要规规矩矩地存礼于心；每逢吉日定要烧香祭祖，祈求丰年保佑平安；平日里更是不敢妄自行为，秉持良心自知，始终坚信"举头三尺有神明，不畏人知畏己知"……而转眼间一代人的工夫，这一代

---

① 费孝通. 乡土中国 生育制度 [M]. 北京：北京大学出版社，1998：51.
② 同①：26.

儿童如今成为青壮年，走出了大山，求学见世面，他们不仅接触到了城市生活方式及城市文明，还被市场经济、现代化社会快速转型洗染着，当下他们带着各种动机又被大山深处的教育事业召唤回来。

当乡村逐渐摆脱伦理礼制本位的束缚而被现代文明的理性不断渗透，且多少具备了现代文明的特征的时候，乡村便进入了"后乡村时代"，历经了这个过程成长起来的青壮年们也渐渐过渡到"后乡土人情"的社会中来。其人际关系层面最大的变化就是理性化，按照马克斯·韦伯的观点，个人理性化是个人变迁过程中摆脱神灵的一种选择，人们把以往由感情、个人魅力、个人信义、仁慈心、道德等支配的东西合理化[①]。在中国的乡村，由于长期受人情往来、守望互助传统社会关系的影响，已经形成以血缘、亲缘和地缘关系为中心，每个农民及其家庭形成特定的人情圈似乎是根深蒂固的，很难因外界的现代文明而彻底颠覆，只能是在现有的乡村人情圈中多少受到市场化的影响而做出"情+利"的选择，利益因素的大量侵入确实也在不断地侵蚀着人际关系中的情感因素和亲密感，当代农民的这种双重性格是两种文化相交织的产物，也是传统礼俗遭遇现代文明的必然结果，在不断碰撞与磨合中，生成情、利互通互惠共赢的生活智慧与处世观，是后乡土社会的人情特色。身为乡村教师，他们在情、利之间的平衡兼顾似乎把握得更准一些，他们带着乡土传统礼制文化的情感印记和熟人社会的处事习惯：他们可以对同寨邻里街坊的子女视如己出，尤其对乡村儿童无条件地疼爱，就像是同辈家族中的子女一样。他们作为已经出去看过世界的"乡间知识人"，也在不断受外界现代文明影响而生出个人理性化的以核心家庭为本位的利己观念：开始以教书谋生、从教致富的职业人的形象出现，不再看好那种牺牲自我而求全的教育行为，更注重在惠及他人的同时可以达成自我的实现与超越。

【案例 7】记一次家访

在我的再三请求下，镇中心小学的陈校长终于答应我，可以到一个普通庄户人家家访。这户人家是典型的苗族住户，木质结构的房子，没有围墙的小院子，院内栽着

---

① 韦伯. 韦伯作品集Ⅶ：社会学的基本概念 [M]. 顾忠华，译. 桂林：广西师范大学出版社，2005：30—50.

一棵樱桃树，正值五月份的成熟季节，几个衣衫不整的娃在树上树下攀爬嬉闹玩耍。一个女娃看到陈校长来了，从树上跳下来，"校长，你来我家耍啊！"小女孩一脸高兴的样子，一蹦一跳地从堂屋里拿出椅子来请我们坐下。此时家里老人也都从地里回来了，老大爷给我们烧水沏茶，老大娘赶忙吩咐家里的大娃二娃去樱桃树上摘樱桃给我们吃。陈校长像是很不客气的模样，随手抓起一把樱桃，边吃边给我介绍这户人家的情况。当下老人同时抚养着大闺女的两个孩子，还有二闺女的两个、小儿子的一个。村寨上这样的情况比比皆是，外公外婆或爷爷奶奶隔代抚养几乎成为风气，一家五六个的很普遍，有的甚至有十来个。"来了都是客，来了都是客！"老大娘端出来热腾腾的刚刚烧烤好的洋芋给我和陈校长。陈校长就像到了自己家一样，一边唠着家长里短，一边剥洋芋往嘴里送。看着爬树摘樱桃的娃，陈校长发话了："可要当心呐！"陈校长跟我说他穿开裆裤的时候就来过这家爬树偷吃樱桃，他家五个娃都在镇中心小学读书，再熟悉不过了。第二天，孩子们一早将一大篮子亮晶晶的樱桃带到了学校办公室，说外公外婆一定要带给老师们吃，以后想吃樱桃尽管到家里来拿。这或许便是我品尝到的世界上最甜美的樱桃了，也是我经历的一次没谈及学业情况而是亲情相伴的草根式家访。

在家访中，我发现陈校长和学生家长之间似乎不能用家校关系来解析，他们更像乡亲邻里的串门做客。陈校长更关心的是孩子的生活问题，这对老夫妇也并没有把陈校长当成校长来看待，就像好朋友来家里做客一样，又是倒水又是烤洋芋，还招呼孩子们上树摘樱桃，他们自然地流露出热情、淳朴与善良，根本不在意你是校长还是教师或是别的什么人物。来了就是客人，就要拿出最大的诚意招待。而陈校长毫不客气地品尝樱桃，往嘴里塞着热腾腾的洋芋，还边吃边嘱咐摘樱桃的孩子们要当心点，这番画面很像是一家人傍晚茶余饭后的聚会。第二天我们收到了孩子们从家里采摘来的樱桃，尤为感动于这份沉甸甸的淳朴乡情。乡里乡亲的情感已然融入日常待人接物的生活中了，表现得是那样融洽和谐。

（三）特殊的乡土情结

乡土情结指的是乡土社会一直生活在家乡，或曾经生活在家乡，或往返于家乡与流动地之间的人们对家乡的惦念，是对故土家园的自然和人文环境的思念、依恋及归属的深厚且难以割舍的情感。乡土情结主要表现为：乐安重迁情感，指乐于依赖土地农耕生活或乡土的生活方式及生活节奏，而不想离开本土从事商业、工业等活动；落叶归根情感，指即使离开了乡村的土地及乡村生活方式，但依然怀有回归故里的情感；与同乡人的认同情感，即同乡人之间产生的一种关切、认同、乐于互助的情感；扎根坚守乡土的知足常乐的情感，指那些土生土长的故乡人，不离不弃，选择留下来致力于生他养他的土地的建设与发展，他们习惯于乡土的生活方式，满足于生活现状，享受乡土生活情趣。作家柯灵这样描述乡土情结："每个人的心里，都有一方魂牵梦萦的土地。得意时想到它，失意时想到它。逢年逢节，触景生情，随时随地想到它。海天茫茫，风尘碌碌，酒阑灯灺人散后，良辰美景奈何天，洛阳秋风，巴山夜雨，都会情不自禁地惦念它。离得远了久了，使人愁肠百结：'客舍并州已十霜，归心日夜忆咸阳。无端又渡桑干水，却望并州是故乡。'好不容易能回家了，偏又忐忑不安：'岭外音书断，经冬复历春。近乡情更怯，不敢问来人。''异乡人'这三个字，听起来音色苍凉；'他乡遇故知'，则是人生一快。一个怯生生的船家女，偶尔在江上听到乡音，就不觉喜上眉梢，顾不得娇羞，和隔船的陌生男子搭讪：'君家居何处？妾住在横塘。停船暂借问，或恐是同乡。'辽阔的空间，悠邈的时间，都不会使这种感情褪色：这就是乡土情结。""美不美，故乡水，亲不亲，故乡人。"此中情味，也只有那些生于斯长于斯，将乡土间一草一木、一山一水都印刻融化于骨血中的人们才能深刻地触摸到。安土重迁观念作为悠久的中华民族的传统，实在是根深蒂固，万物均有生之伦，都有返本归元的情感倾向：羁鸟恋旧林，池鱼思故渊；胡马依北风，越鸟巢南枝；鸟飞反故乡兮，狐死必首丘；树高千丈，落叶归根。即便当今科学的进步使天涯若比邻，东西文化的融通也促使不同文化背景的人们心灵相通，我们居住的地球变得越来越小，人与环境的距离变得越来越便利可及，但这丝毫不会让那令人魂牵梦绕的乡土之恋黯然消失。在此，称其为乡土情结而非乡土情感，是因为它承载了太丰富、太深刻、太浓重的情感，它不仅是一点一滴的挂念，而是发自肺腑的，总有一些说不清道不明的思念和情愫在里面，就是那么缠缠绕绕、绵绵不断，完全验证了"剪不断，理还乱"的思绪。有哀思，也有欢喜，偏偏这些纷杂的感情，都是你不愿放弃的，甚至乐在其中的，它就像文化基因烙印在每个人的生命气质中一样不能被化解与消退。一个人的出生地不仅给了他自然的生命，而且给了他文化，他之所以成为这个人而不是另一个人，故乡的文化起了涵养生命模塑品性的关键性作用。

乡村教师的乡土情结是乡村教师对乡村生活、乡村教育带有很强的乡村境遇性的特殊情感体验，这是一种具有倾向性的、稳定而深厚的强烈意愿——扎根于乡村为乡村教育事业努力的使命感、责任感、自我实现感。它是乡村教师在认识、了解乡村的基础上形成的，是对乡村、乡村生活、乡村教育诸方面的观念与稳定的情感体验。学者李尚卫围绕"最喜欢的教师应具备的特点"的问题，对四川省一个贫困县的200余名中小学生做了开放性问卷调查。从学生的回答可以看出，乡村中小学生喜欢有责任心、热爱乡村孩子、热爱乡村教育的教师，对乡村教师的情感态度期待更多。[1] 来自乡村儿童心声的呼唤更真实地证明了这样的观点：决定乡村教师素质的绝不只是知识的丰富和高学历，更是对乡村社会的亲近和广博的爱，以及对乡土的积极情感。可以说，乡土情结是乡村教师不可缺少的人文素质和精神品质，换句话说，那些具备了乡土情结的乡村教师更能够做到留得住、教得好，对乡土的浓厚情感已经融入他们的生命气息中，成为他们稳定的性格特质和情感品质。确切地说，乡村教师的乡土情结是对乡村儿童生命世界毫无保留、发自肺腑的希冀与热爱，是如陶行知先生"捧着一颗心来，不带半根草去"的对乡村教育事业无怨无悔的忠诚奉献。乡土情结是乡村教师专业发展的内在驱动力，也是乡村教师热爱关切乡村儿童的最直接的情感肌理，是乡村师生共同的爱乡兴乡的情感源泉和凝聚力。是什么让乡村教师义无反顾地投入到乡村教育事业中来？是什么让他们经得起外界诱惑，甘愿清贫度日也要坚守乡村办教育？又是什么点燃了他们内心的希望火把，一次次激励着自己要坚持下去？归根结底还是这些乡村教师扎根乡土、热爱乡村儿童的教育信念、对乡土的满腔挚爱与让教育事业"立农""兴乡"的文化自信。在笔者访谈的扎根乡土的乡村教师群体中，几乎所有的乡村教师给出的答案都是如出一辙："这里是生我养我的地方，我对这片土地有很深厚的感情。""我愿意为曾经像我一样的家乡的孩子留下来。""我对这里的一草一木一山一水都是那么熟悉，我很享受这里的生活。""离开这里浑身不自在，像是有什么东西牵扯着我一样。"如此看来，乡土情结已然成为乡村教师安居乐业的重要精

---

[1] 李尚卫. 师范生"农村感"的培养[J]. 内江师范学院报，2009 (24)：111.

神尺度,乡土情结在,乡村教师的生命之根就扎得下,精神流脉便找到了源头。

【案例8】就做一颗美丽的铺路石

在一次带领乡村教师开展绘本自画像工作研讨时,我鼓励大家利用现有的材料为自己的执教生涯制作一个能够倾吐自己心声、描绘心灵的绘本故事并讲给大家听。最令人感动且有新意的表达是时尚的中年刘艳老师的发言,她比喻自己的执教生涯是一颗铺路石,还特意给这颗铺路石涂上了五彩的颜色。她说:"咳,说起来都是一把伤心泪啊!我这人超要强,从上个学校调动到这个学校,我之前的职称评定据说是白费了,一切从头再来,看着一届届比我年轻的教师职称都比我高,我真的是想找个地缝钻进去算了,恨自己恨得咬牙切齿的。"说着她留下了热泪,这是一种特别无助无奈的表达,"后来我想,我虽然从教十年了,但我还年轻啊,总是要找到点寄托吧!于是,我豁达了,我开始做新教师入职的实习培训,把自己十年来的教学经验都传授给他们,把自己曾经的一些不错的教学案例都跟他们分享,倾其所有帮助他们成长。另外,我还回归到了我的课堂,越来越用心地上课,学生也越来越乐意听。我想,即便是没有评上职称,但我也可以做一颗为年轻教师发展铺路的石头啊,让他们踩着我的肩膀前进不也是很好的事情吗?我就做一颗扎根乡村教育的铺路石,注意,我这颗石头不是一般的石头,我是一颗美丽的铺路石,你们说,我美不美?"刘老师对大家充满了热望,会意地微笑着……台下一片热烈的掌声,大家异口同声地说:"美!美!美!"

这位美丽时尚的刘艳老师的绘本自画像寓意是当下很多扎根乡村的教师的心声。扎根乡土,做一颗美丽的铺路石,让后来者踩在自己的肩膀上前进,让更多的乡村孩子看到老师作为美丽的铺路石的别样风采,乡村教师再也不是凄苦的模样,也不应该以一种悲壮惨烈的牺牲者形象来坚守执教于此,他们和常人一样,一样有追求真善美的渴望,一样要充满对生活的热爱、对足下土地的深情、对自我价值实现的美好期待。刘老师的美不仅来自她的阳光热情的率真性格,还源于她对家乡的人情的熟识与依恋,这奠定了她要坚决地留下来,绽放出不一样的美丽的选择的基石。刘老师的可爱、开朗以及对美丽的大胆追求,是这个时代乡村教师的一道亮丽的风景,她对于每一位默默在乡村学校劳作的教师们来说是一股清泉，带来了畅快淋漓的惬意感，也为外界戴着有色眼镜看待乡村教师的人们开启了一扇窗，让人可洞见留得住、教得好背后所需要的更为重要的精神与情感的内在支持。

三、乡村教师自我教育的实践性情感

基于"最美"系列乡村教师情感品质的编码分析，我们发现乡村教师情感体验中饱含实践性，共同指向实践性情感品质，并且有其特定的表达系统和实践逻辑——历经时空场域的模塑及文化惯习裹挟下的自主行动与自觉创造，由此得到自我确认、自我选择与自我导向。乡村教师自我教育的实践性情感流淌在实践性关系中，具有鲜明的时空场域、行动惯习与自我评鉴三个维度的特征，由此可对应为自我关系（与自我内在场域的关系）维度情感、外显实践行动（与行动惯习的关系）维度情感与自我评鉴（与自我确认、自我价值、自我评价的关系）维度情感。聚焦到乡村教师群体的现实存在，其实践性情感具体表征为自我关系性情感品质：安顿感与惬意感；实践行动性情感品质：实践感与获得感；评鉴性情感品质：审美情感与创造感。

（一）安顿感与惬意感

乡村教师自我教育实践性情感集中表现为自我的内在关系与感受，是对自我在场的主体性感受与自我关系的实在性确证，即自我处置的情感状态与内在自我的相处关系，体现在心灵的坦然安顿与当下自洽、自在的舒适、满足，即安顿感与惬意感。从情感关系发生层面理解，惬意感与安顿感同属于自我关系处置中积极、安全的情感体验，而其情感生成的施力方向与主体内容各不相同，它们由此构成一对相互关联又彼此区别的情感性关系体验。

安顿感是在外界力量的作用下对主体自在的反馈，内外世界交互运动下，主体性与客观性达成统一，形成身心和谐的状态，是主体经历与外界作用后自我将内心调整到妥当、稳准、踏实的状态，实现心灵着落、人心安稳。安顿感是经外界环境磨砺后的自我积极适应、调整或修复，是由外向内的一种适切的自我关系感受，安顿感往往伴随内心的自足与自在，常会与职业身份的认同感、同质化生活的期待感、生命价值的归属感、精神世界的坚信感相伴，其"情感-生命"样态体现为心无旁骛、静谧自

怡。安顿感不仅是一种理想处世智慧，同时它还囊括了中国传统哲学的情感归属、情本体文化引领下的生命态度以及心灵安放带来的正能量。蒙培元先生说："中国哲学也讲宇宙论本体论，但不是构造世界的图画或原型，而是解决人的生命的'安顿'问题，也就是情感的归属问题。"① 这里的"情感的归属问题"实际上指的是安顿感本身。中国情本文化中对心灵安顿赋予德行的内涵，对安顿感的描述大多以"柔""顺"之态来蕴藏仁善之意，如老子善用水来比喻人之安顿谦下的处事品格："上善若水。水善利万物而不争，处众人之所恶，故几于道。""天下莫柔弱于水，而攻坚强者莫之能胜，其无以易之。弱之胜强，柔之胜刚，天下莫不知，莫能行。"水的品质"贵柔"与仁善之德行不分离，水之善在于安于柔而不与万物争，而攻坚克强莫过于以柔克刚，"天下之至柔，驰骋天下之至坚"，即"守柔曰强"。"人之生也柔脆"，"万物草木之生也柔脆"，"柔弱处上"，若坚守水柔之贵，就是顺应生命之机，呵护生命之力，顺势而强，欣欣向荣，蒸蒸日上。"柔"是一种对心灵的安放，更重要的，它是一种与世无争、向内自求的心态，是一种安顿、恬淡、适意的感受。若是心存安顿感，生命之根就顽强坚韧，便可遇事包容，心怀恻隐仁爱，平淡虚静而厚积薄发，如此彰显"成人"之大智慧，正所谓"大智若愚"，"深根固柢，长生久视之道"。

聚焦"最美"系列乡村教师，人们常用执着梦想、坚守初心来形容他们，可以说那些愿意长期留下来的乡村教师，他们首先要把心留下来，这便是"上善若水"的心灵安顿，而他们可歌可泣的执教事迹也确实为我们彰显了这种安顿感带给他们的精神慰藉和心灵享受。乡村教师的安顿感是纯粹而又温暖的，其往往与乡村教育困境激发的教育震撼或迫切需求相关，乡村教师大多说的就是"这里太需要老师了，一定要留下来"，这声音便是发自肺腑的安顿感，它拥有高度的自我存在与确定的道德关怀，当然还含有对现实困境的释怀与接受。

廖占富认为山里人就应该为山村做贡献，山里走出的乡村教师更是要担负教育乡村儿童的责任，这是他心灵本能的安顿。"我毕竟是山里的人，都走了，山村孩子谁来管呢？你自己本地的老师都不愿意待在这儿做点贡献，那远处的老师更不愿意。"

---

① 蒙培元. 情感与理性 [M]. 北京：中国社会科学出版社，2002：8.

而当他顺利转为公办教师后，原本是可以择优选校的，当时完全可以去县城学校。最终他没有去县城，而是选择了和火天岗村小隔山相望的庙子梁村小，"这里唯一的代课老师又走了，十多名学生没人教。"廖占富在强烈的安顿感驱动下再一次超越了自己，这在他看来似乎是让良心安稳的一件平常事，是发自内心的价值选择，就像他所说的："每当有人考上大学，家长带着学生给我们放鞭炮，就觉得一切都值了。"

乡村教师的安顿感还表现为一种通达教育正义与公平的捍卫与自我内在评价，这蕴藏着对乡村儿童深沉的共情关怀。

彭绍贵所在的藤蔑河，前身是小米山疗养院，专门收治麻风病人。他是一名地地道道的草根教师，而且是一个麻风病人的后代。彭绍贵的童年是在与世隔绝的山村度过的，七岁的他开始帮生产队放牛，从来没有上过学。至今他都记得，放牛时光里，每当听见隔壁村校园里的读书声时，他内心涌动的是无法形容的失落与对知识的渴望。时光流逝三十多载，彭绍贵说他每月都会做几次梦，梦见他依然在山中奔跑放牛，还是那样心酸失落地追赶着牛，听着朗朗的读书声，满身的冷汗，阵阵发颤。正是童年时期失学造成的不安全感和永久的遗憾，使彭绍贵久久不能释怀，他一直在探求心灵安顿的可能。由于藤蔑河收治麻风病人的历史，很多老师来了就想尽快离开。村主任实在是没有办法，找到外出打工的彭绍贵，希望他留在村里当老师，彭绍贵被唤醒了自己童年的记忆："我心里就是想着我小时候那种感受，没有学校的地方，现在孩子们到了该入学的时候，能像外面的孩子一样，有那么一个场所在里面玩耍，他们总算是有一个学生的身份。"想到可以让更多的乡村儿童不重蹈他的覆辙，他义无反顾地回到家乡，最终他感受到那种久违的心灵安顿与欣慰。正如他所说："我只是想告诉大家，不要抱恨命运，我们每个人都有追求和选择的机会，你选择了的事就要坚持。"

惬意感是一种称心满意、愉悦舒畅的感受，它是内在世界感受到的满意愉快体验外显于情态或行为的表达，其情感作用的方向是由内向外伸展，与安顿感相反，且感受程度与表达强度都比安顿感要更加强烈、鲜明。《说文解字》说："惬，快也。从心，医声。"由此可知，惬从心来，以情而动，即安于心，发于情。但大多惬意感是以安顿感为前提的，当安顿感在心灵深处扎下了根，便会有一种"不以外物所扰""内心丰盈富足"的独得之乐，表现为自我悦纳与自我确定，若再加上外界认可或赞许，为其行为赋能或道义加持，就会更加强化或提升这种自洽的、称心如意的欢畅、愉快，形成积极而恰如其分的高峰体验。基于此，可以说惬意感并不仅仅指向愉悦情感本身，它更多的是来自一种对自我从属于心的满足与欣慰，还伴有由衷的自主享受。惬意感不仅是一种美好的情感体验，同时它还是重要的教育内涵与原则，发挥着道德价值的享用功能。苏霍姆林斯基将惬意性作为其人道主义教育学的一条重要原则，认为惬意性是一些自然、社会、教育心理的因素，它们决定儿童从出生到长大成人前这一阶段，在良好的情绪环境中的生命活动。惬意性原则要求教师为学生创造惬意的条件，使他们在学校里展现出自身的活力，以实现指引孩子从家庭中的儿童成长为具有高尚精神的大写的"人"的人道主义的教育目的。同时，苏霍姆林斯基将惬意性教育原则付诸教育关系的理解，赋予师生双向度的惬意性关怀体验，在他看来，教育的秘密就是要使学生始终有这样的希望，希望教师做他的朋友，希望教师是一个有智慧、有知识、能够付出情感、道德美好、精神美好而且丰富的人。[①] 在此，将对惬意性的理解真实地作用在师生交往实践上，使其拥有了彼此惬意、共生共育的内涵。若将惬意性所带来的体验感受视为惬意感，也就奠定了惬意感的双向支持与关系运动，即对儿童成长的支持以及教师关怀的自我价值方向。可以说，惬意感对于乡村教师自身而言，意味着自我精神的成长，它不仅是教师要施加人文教育影响为儿童创设学习条件，更是自己首先要成为具有高尚情操与内在丰盈的人——成为道德优美、精神富足的师者。而聚焦到"最美"系列乡村教师，其惬意感表现得更为质朴纯粹，对他们而言，惬意感的由来也似乎非常简单，甚至只要是和孩子们在一起、与教育信念牢牢绑定在一起，就足以让他们惬意许久。

杜广云听说村里组建大沟村小学，立马放弃了在外面的工作机会，即刻启程回到家乡，终于如愿当了一名教师。当被问及为何选择回到家乡做一名乡村教师的时候，

---

① 博古什. 苏霍姆林斯基人道主义教育中的惬意童年[J]. 中国德育，2007（3）：15—16.

他说:"我的求学经历十分艰难,我想回来教书,让孩子们多学知识,这是最让我欣慰的事情。"1990年,杜广云为修理校舍而半身不遂。杜广云的妻子李正洁则用坚实的脊梁支撑着他,20多年来,杜广云以残疾之躯屹立三尺讲台,没有耽误孩子们一节课。即使拖着病重的身体,耗费毕生的精力,杜广云始终不肯放弃教学,不肯退休,甚至休假也不愿意。他说:"我的学生就是我的止痛剂,是我全部的寄托和内心深处的慰藉,和学生在一起,我觉得自己增添了另外一个灵魂,就像换了一个人,又活了一回。"在这20多年的教学生涯中,杜老师和他的爱人送走了一批又一批的学生,扛起了大山的希望,而且他们俩也共同找寻到了自我价值,收获了超越自我的惬意感。

另外,乡村教师的惬意感不仅来自对质朴而优美的教育信仰的知行合一,还来自实践性反思带来的认知的改变或思维方式的变革,这与他们对教育现状的思考,对教育理念的不断更新,对教育本质的价值追求直接关联,而每一次发生的认知变革都会带来自我成长的喜悦感,而这意味着教师自我逐渐走向成熟,就教师生命而言,同样是自我价值的实现与超越。

杜爱虎是清华大学电机系硕士研究生,毕业后,他毅然决然放弃高薪工作,继续坚守在川西高原的村小学支教;他为了保住学校,招来志愿者;他深耕教育11年,始终践行支教改变乡村儿童命运的理想。起初,杜爱虎选择到玉龙西村支教是因为他大四那年暑假曾在玉龙西村做过一次短期支教。虽然那次支教只有2个月,但也足够让杜爱虎了解到当地的师资情况:"这次支教感觉挺好的,它满足了我对支教工作所有的好奇,也让我第一次有了做教师的价值感。"当硕士毕业季来临,杜爱虎开始思考如何让支教继续下去,打开乡村儿童认识世界的大门。他想起了中央电视台柴静对德国教育志愿者卢安克的专访。卢安克在广西东兰县板烈村小学支教多年,清贫但快乐,与孩子们自然地相处。杜爱虎感叹:"打动我的其实并不是他的教育方式、理念,而是他的状态,不管外界如何看待,他还是那么开心、投入,这给了我很大冲击——原来有这样一种生活方式,也许会承受压力,也许会不被理解,但你可以跳出自己的舒适圈和既定道路,也可以过得很开心。"杜爱虎最终选择回到玉龙西村支教,"我要去那些需要我的地方，那样更能体现人生的价值。"当他看到孩子们在他的影响下，都朝着更好的方向发展，他由衷地感到欣慰和惬意。

（二）实践感与获得感

从自我教育的本质属性来看，它属于主体实践反作用于主体的交互实践性活动。而乡村教师自我教育的作用可以理解为乡村教师改造自我的实践行为对其自身的积极影响。就行为本身看，乡村教师自我教育具有浓厚的主观能动性与实践性，就行为影响看，它同时带入了整体的感受性与内在的获得性。基于实践属性的理解，结合对"最美"系列乡村教师的实践考察，显然可以发现实践感和获得感作为自我教育外显行为的两个向度，共同支撑起乡村教师自我教育的主客体相互作用的实在性，成为又一对实践性情感品质，它们相互联系，相互滋养，彼此助力。

"实践感是世界的准身体意图，但它绝不意味着身体和世界的表象，更不是身体和世界的关系；它是世界的内在性，世界由此出发，将其紧迫性强加于我们，它是对行为或言论进行控制的要做或要说的事物，故对那些虽非有意却依然是系统的、虽非按目的来安排和组织却依然带有回顾性和目的性的'选择'，具有导向作用。"[①] 由此可知，实践感是主体内外世界的联结器，它将主观性与客观性统一于"世界的内在性"，即通过实践活动生成对外部世界的主观反映，是在对外部世界施加作用的过程中同时赋予个体自我理解与自我确定。而自我教育本身是一项面向自我的价值性实践，其实施过程中充满切身实践性体验。实践感基于人类改造世界内在性的普遍理解，而聚焦到自我教育具体层面，为了进一步通达自我在现实情境中的情感性与指向性，也为了实践感这一宏观理念向自我教育实践顺利着陆，便于操作与理解，我们需要对自我教育的实践感进一步解构与明晰，将其一般意义的实践感延伸为具有实践性品质与价值方向的"德行情感"，它不仅具有主体实施行为所担承的过程实在性，而且还在实践过程中达成了主客观的内在统一、理性与感性的和谐促生、人文性与科学性的相伴共融，而整个实施行为的过程中都流淌着情感价值体验与道德判断。可以认为，实践感是人类改造外在世界与内在精神主体的必要情感，同时也是人类实施文明

---

① 布迪厄. 实践感 [M]. 蒋梓骅，译. 南京：译林出版社，2003：133.

行为过程中同源互构的共在情感，它标示着人类创造世界、改造自我的实在性与主体性，规定着人类作为主体创造共同文明的内在价值尺度与自我实现、自我超越的可能性。

乡村自然的农耕生活情境与特殊的乡土教育条件，赋予乡村教师劳动创造的天然优势与教育实践增进文化自信的底气。教育工作带给乡村教师丰盈而平凡的实践感体验，实践感自然地融入他们平常的生活中，以朴素的、日常的教育劳动作为主流形式。而乡村教师自我教育中的实践感来自他们日常生活的自我担承与创造，它并没有华丽的形式作为修饰，也没有一劳永逸的做法作为参照，在他们看来，实践感就是过好教育生活的日子，这并没有什么奇特的，这就是他们的日常，是他们在乡村学校每天必须要面对的常态，是他们作为乡村教师每天必须要直面的"活好"的"本分"。而这种看似平凡的实践活动却又蕴藏着优美的德行之光，照耀着他们砥砺前行，正如乡村教师自己所言："扎根乡村执教没什么惊天动地的，这都是我们应该做的。""看着孩子们有知识有文化，我们每天的努力都是有奔头、有干头的。"

大凉山深处，彝族乡村教师药嘎查夫子坚信孩子们的未来就是山村的未来，认为教育的价值在于改变山村落后的面貌。20世纪80年代末他在全乡扫盲带领上千人完成基础教育，扫盲结束他又四处奔走，筹钱建起山村第一所小学。如此他坚持了40年，与其说他是一位乡村教师，不如说他更像一位教育民主战士，尽其所能地劝学与扫盲，全力以赴于彝族山村的教育脱贫。如今他到了退休的年纪，60岁的他将"双基"工作让贤给年轻有活力的教师，又主动请缨开办村里第一个学前班，将启蒙教育向前推进了一大步，为小学教育做好衔接，为彝族的幼童开启学龄前教育，为整个山村更早一些播下文明的种子。药嘎查夫子始终坚定地认为自己要为山里的彝族儿童基础教育做事情，只要是自己可以做的，就竭尽所能做起来，把它一点点做好，希望给后继的乡村教师能留下来创造更好的条件，希望为彝族儿童争取到更多的尽早受教育的机会。执教40余载，日复一日地坚守与实践，让村子里三代人接受基础教育，根本上完成了基础教育扫盲任务，他一辈子都在为彝乡山寨30户村民的启蒙教育奔波忙碌着、无私奉献着、积极行动着……

获得感是与实践感同源共生的另一种指向结果的情感体验。获得感往往是在付诸努力、诚实劳动后达成内在平衡与内外和谐的积极性体验，它是一种由自我实践带来的主体正向价值感受。获得感是一种带有评价意蕴的关系性情感，它是自我实践的反思性、成长性评价的内部监测因素，标志着主体实践的社会性认可与自我确定性的统一。获得感与社会价值系统是相互联结、相互渗透的，所谓获得感的有所得的价值评价并不是由个体感受所直接决定的，它是个体价值系统与社会主流评价系统相互作用、相互印证后的积极成果，是社会主流价值系统的个体化的反馈。获得感不仅是个性化的自我体验，同时它还是社会价值对个体施加的印刻，即社会价值评价的"内在性表达"。如此看来，获得感既是个体靠诚实劳动而得到的成长体验，又是个体符合社会主流评价系统而收获的社会价值体验与文明感受。高品质的获得感一定是与那些符合社会主流价值系统的生存模式、行为模式、发展模式高度相近的，而科学与人文的、正义与公正的、符合民意的社会主流价值观也可以积极促使个体为获得感而付诸努力。除此之外，获得感也是理性情感体验，它是对照内外价值标准经过自我内外运动后做出的理性判断，与自我认知、自我理解、自我评价密切相关，需要历经反复的实践性反思与个体自省的过程，才能达成内在自我认知与社会性评价协同共生、彼此互促。就外显行为层面看，获得感表现为一种具体的、可感触的增进与成长感受。它往往会与内心存在感、自我胜任感、进步感交融在一起，有实在内容作为载体，通过行为的改变引起存在状态的改善，达成内在的收益与欣慰。

基于对获得感内涵及其社会性评价的分析，结合现实案例论证，它们共同指向获得感承载的内容本质——超越物质占有、生活富足与感官享受之上的精神层面的收获与内在成长之愉悦。这在乡村教师群体中表现得尤为明显。乡村教师的获得感是靠自己奋斗出来的，尤其是在特殊的乡村教育环境条件下，乡村教师的获得感更需要依靠他们自己全力以赴来获得，依靠他们自我教育的精耕细作。他们所表达的获得感更为质朴无华，往往直接来自兢兢业业的教育耕耘实践，正是这种靠着每一天坚持奋斗带来的收获与心得让他们倍感欣慰与豁达，与其生命存在、人生价值交融在一起，就像一股清泉缠绕在青山之间潺潺流淌，达成一种水到渠成的自在与自足。付出爱、收获爱是"最美"系列乡村教师收获感的运行逻辑，源于爱，又被爱成全，他们就是靠着扎根于乡村教育土地、将爱的种子播撒在孩子们心田来丰盈心灵、滋养精神，由此不断增进获得感。

郁雪群自述:"薄田里也要耕耘出一地希望"[①]

我家乡有句老话叫"鱼知水情,草报土恩"。2000年8月,师范毕业后我回到家乡的村小学工作。尽管学校设施简陋、师资薄弱、生源差,但丝毫没有减弱我"薄田里也要耕耘出一地希望"的犟牛劲儿。当时接手的是四年级,人数达65人,其中不少留守儿童学习成绩较差。我几乎每天都在围着学生转,从课间错别字的逐个订正到午休时和放学后的一对一补习,几乎是马不停蹄,同事给我取名"拼命三娘"。我心里只有一个单纯的信念:不求一日成才,只求点滴进步。后来我又先后主动调往邢楼镇5所师资匮乏的小学,先后接手了8个类似的"差班"。凭着埋头苦干的耕牛精神,我每一次都将班级"成绩差"的烙印擦尽,改写成闪亮的"名列前茅"。

2005年后,村子里外出打工的父母逐年增多,大部分留守孩子的校外生活空虚无聊。为此我探索将校内阅读拓展到校外,想方设法在学生家庭中建立"向日葵阅读点"。为了培养留守儿童的阅读兴趣和能力,我帮他们组成了阅读兴趣小组,并按时到读书点指导他们读书,同时举办丰富有趣的活动来提高他们的阅读兴趣。

在教育博客"雪落群山"里,我写下了自己的筑梦心声——我愿永远做一株扎根在乡村教育土地上的向日葵,面朝阳光,热爱生活,再将爱和阳光化为阅读的种子播撒在乡村娃的生命中,迎来硕果累累收获的秋!

(三)审美情感与创造感

乡村教师的自我教育意味着在困境中探寻一条自我突围、自我发展的路径,虽然在整个过程中确实充斥着不确定的挑战、反复的挫败与停滞以及难以置信的艰难困阻,但是"最美"系列乡村教师大多是有一分热,就发一分光,他们从来不吝惜投入,就像萤火虫在漆黑的深夜里依然闪耀着独属于自己的光,未必一定要等到皓月之光,这莹莹之火为幽谧的黑夜带来光亮,同样是别具一格的"心流"体验——高度的

[①] 央视网. 乡村教师郁雪群简介 [EB/OL]. (2013-07-12) [2021-11-12]. http://zmxcjs.cntv.cn/2013/07/12/ARTI1373590460957781.shtml

评鉴性情感,即对外表现为审美情感,对内表现为创造感。二者都蕴藏着较明显的形式感,夹杂着高尚、纯粹、升华的情感体验,多借助物化形态而表达,同样具有至善的品位与积极健康的德行指向,同属于人类的高级精神活动,标志着人类精神文明的程度。

审美情感始于对美的理解。美的本质是情感,没有情感就没有审美,审美活动即人类的情感文明实践。美的诞生和形成就是审美情感具体显现的结果。审美情感是指人从审美需要出发,历经审美活动过程及其物化形态中的情感状态、情感品质与情感能力。情感贯穿于审美过程的始终,审美不仅以情感为起点、自足点、发力点,而且还以情感品质发生质变为最后归宿与价值尺度。审美价值的实现体现为情感状态之全部充盈、情感品质之升华萃取、情感能力之出类拔萃。审美情感是审美活动的内在驱动,其根源就在于它和人的"情感-生命"是直接同一的,是人的"情感-生命"的确定和显现,经反复激荡、高峰体验后达到生命价值的最高境界。审美情感与其情感状态息息相关,而审美偏好是对审美对象的倾向性情感评价,并且多半是主体审美经验的主观概括,带有个性化、生命化色彩。总体而言,主体偏爱的形式、作品意义与其生活经验相近,并且这种形式与其所要表达的意义之间的关系反映其审美价值取向。审美价值取向与人们的伦理意识、精神观念相关联。在当前与自我教育日常生活广泛结缘的审美活动中,探讨自我教育过程中审美境界如何达成具有至善的品位和健康的指向,不能不考虑审美情感的道德意蕴和精神成长价值。审美情感伴随着很强的艺术形式感与现实超越感,它是一种纯然沉浸其中得到升华的高峰体验,它更多地疏离了日常生活中的功利性欲望与工具化思维,实现了人对自我的超越,通达人类情感本质。这一过程中流露出的审美愉悦就是一种高峰体验的情感状态,实际上是一种"天人合一,物我两忘"的"强烈的趋同性体验"——主体沉浸在一片纯美的幸福之中,将主观世界与客观世界紧紧融为一体,觉察到自我是这个世界的局内人,而不是局外旁观者。这在艺术创作和欣赏的领域里是可以得到阐明的。著名美学家苏珊·朗格认为,艺术是情感表现的形式,这种情感是一种审美情感,而非人的自然情感。她说:"凡是用语言难以完成的那些任务——呈现情感和情绪活动的本质和结构的任务——都可以由艺术品来完成。艺术品本质上就是一种表现情感的形式,它们所表现的正是人类情感的本质。"[1] 在朗格看来，艺术品就是将情感呈现出来供人观赏的，是由情感转化成的可见的或可听的形式，而由这种形式蕴含和呈现的情感，是人类情感的本质。

乡村教师在自我教育过程中流出较为明显的审美情感，譬如，那种"被爱充满心田的感受"，那种"靠不懈努力实现自我超越后的幸福体验"，那种"为教育美好生活崇真尚美的教育境界"，那种"浑然一体，怡然自得的状态"，等等。从"最美"系列乡村教师的事迹中不难发现，他们的审美情感离不开他们付出的师爱，更离不开学生对这份爱的回应与双向滋养。可以说，他们的审美情感是与爱的联结相辅相成、彼此成就的，没有师爱，就没有教师对育人之美的高尚精神体验，就没有师生相亲相爱，也不会有审美关系的生成，更不会得到审美情感的升华。

每间教室都是生命的原野[2]

敖双英是湖南省桃源县茶庵铺镇中心小学的语文教师、班主任，1993年毕业于湖南省桃源师范学校。在山村担任教师20年来，一直在素质教育与应试教育之间摸索探究，在乡村小学践行"过一种幸福完整的教育生活"，师生教学相长，成绩斐然。

作为一名乡村教师，她充满活力，乐观明朗，勇于专业追求，不仅扎根乡村教育，更努力探索如何让山里娃也能享受到最好的教育。身为山区教师，她倾其所有"武装"着自己的教室——积沙成塔地攒了6年，拥有了3000多册经典童书。如今她的教室还拥有一流的教学设施：录音笔、照相机、摄像机、台式电脑、手提电脑、网络、投影仪、电视机、影碟机、扫描仪、封塑机、打印机……她说："一个爱打扮的女子，买到美丽的新衣会感到幸福，而一个爱上讲台的老师，打扮自己的教室同样会感到幸福。"虽然身在乡村学校，但她的学生们拥有令名校学生也羡慕的学习生活——每天早晨6点50分，师生们雷打不动地开始晨练半小时，晴天登山、雨天跳绳。天气晴好时，一边锻炼，还一边在晨曦里吟诵诗歌、演唱歌曲，在山顶诵读、讨论。傍晚时分，则是阅读时间。天气不好，师生们就在教室里静静看书。天气好时，

---

[1] 朗格. 艺术问题 [M]. 滕守尧，朱疆源，译. 北京：中国社会科学出版社，1983：7.
[2] 朱永新. 每间教室都是生命的原野 [EB/OL]. (2013-06-21) [2021-11-25]. https://epaper.gmw.cn/gmrb/html/2013—06/21/nw.D110000gmrb_20130621_1—04.htm

要么到花坛边读书，要么干脆到校外阅读。入夜，她组织学生进行读书心得交流。孩子们争着分享所得，展示自我。不分台上台下，师生其乐融融。她以前教过的部分学生也时常返回学校"传经送宝"，因为他们已被聘请为"小小辅导员"。丰富的课程、立体的阅读、长期的坚持，使得她的这群最普通的山村学生个个身手不凡。10多位孩子的写绘作品发表在《家教与成才》《中国教师报》等十几家报刊媒体上；省、市、县里举行的写作、书画、文艺大赛中，十多位同学获奖；全镇运动会上，连续多次获得同年级组精神文明代表队第一名、团体总分第一名、团体接力比赛第一名；在县里举办的"探寻红色三湘——做四有新人"征文活动中，全班18位同学囊括了年级组全部奖项……教学之路不会一马平川，她当然也会遭遇各种困难，但她却一直笑得灿烂："真正明白自己站在讲台上的价值之后，我面对的挑战越大，创造的价值越大，赢得的幸福就越多。"

尽管身处偏僻山区，她却运用教育智慧，把窄小教室扩展为辽阔原野。她和学生们的生命，正在这同一片原野上尽情绽放。

创造感产生于创造性活动，是人类高级的、综合的理性情感体验。创造性是人有意识地进行创生活动，使人真正成为有意识、有意志的人。卡西尔认为："人只有在创造文化的活动中才能成为真正意义上的人。也只有在文化活动中，人才能获得真正的'自由'。"① 正是因为生命体内都蕴含了求知渴望、灵性智慧、情感驱动乃至成长思维、超常想象等诸多重要的精神结构与能量，所以就更需要创造活动，以整合包容的态度、自主创新的行动、精神舒展的姿态，为这些精神品质助力赋能，促使它们在开放性互动中被最大化地释放出来，尤其是在心灵的互相滋养与对话中，创造性活动体验可保障其自我觉察、自主探索、独立判断和自由想象活跃的强度、敏锐度与效度。

创造感是在创造性活动中产生的一系列情感体验，"生产革新者、发明家、科学家、作家、艺术家、教师、运动员、象棋手、作曲家等等都有创造感"②。创造感是

---

① 卡西尔. 人论 [M]. 甘阳, 译. 上海：上海译文出版社, 1985：5.
② 雅科布松. 情感心理学：第2版 [M]. 王玉琴, 李生春, 于雅琴, 等译. 哈尔滨：黑龙江人民出版社, 1997：210.

一种指向结果的理智型情感，它常常伴随整个创造过程，同时也会在创造活动成功之后持续发挥其影响，它带有欣慰感、自我悦纳感、鼓励感以及意气奋发、精神振奋等情感体验。创造感常见于科学发现带来的愉悦，被誉为"人生最大的乐趣之一"，贝弗里奇这样描述创造感："它产生一种巨大的感情上的鼓舞和极大的幸福与满足。不仅是新事实的发现，而且对一些普遍规律的突然领悟，都能造成同样狂喜的情感。正如克鲁泡特金所写：'一个人只要一生中体验过一次科学创造的欢乐，就会终身难忘。'"① 然而，只有通过实践考验过的创造感才是真诚奏效的，当它历经锤炼后才能抵达浑然天成的至美大爱，才能超越物欲的控制与羁绊，让生命臣服于心、复归于本质，如此开启更高层次的自由的"心流"创造。诚然，创造感也包括一些负向的情感体验，如挫败带来的失望、紧张、压抑、沮丧等各种消极体验。与此同时，热忱与浓厚的兴趣是重要的创造感，也是进行创造活动的巨大驱动力。正如俄罗斯科学家克鲁泡特金描述的："新颖的工作方法、卓有成效的工作以及工作本身的教育意义是那样吸引了我……我几乎忘记了生活中的一切。"② 另外，创造感是价值体验的范畴，是对自我价值与自我实践能力的高度认同与确信。创造性活动是有社会价值性体现的，它需要社会对其成果的品质评价或价值判断，主体通过社会价值系统开创自由自主的活动，将其创造性外化——"新的有社会价值的成品的活动"。③ 因此，创造性活动是"具有建设性，而非破坏性或衰退性的蜕化"④。可见，创造性活动是价值性活动，带有明显的利他性与道德关怀。

乡村教师的创造感来源于他们在自我教育实践中的劳动创造，虽然在偏远乡村学校进行创造性活动的条件尚未成熟，可利用的高科技资源也并不是很丰富，但这似乎不能阻碍持有教育敏感性与道德直觉的乡村教师带领学生共同领略有深度、有价值的创造感。在现实的乡村学校生活中，创造感常见于师生同心协力共建学习共同体，这种共同学习、项目研究模式所带来的共情体验进一步将创造感强化，赋予关系性价值能量，促使它在更高水平上得到优化与成长。同时，创造感与乡村教师自我教育实践

---

① 贝弗里奇. 科学研究的艺术 [M]. 陈捷, 译. 北京：科学出版社, 1979：147.
② 雅科布松. 情感心理学：第2版 [M]. 王玉琴, 李生春, 于雅琴, 等译. 哈尔滨：黑龙江人民出版社, 1997：211.
③ 邵瑞珍. 教育心理学 [M]. 上海：上海教育出版社, 1997：129.
④ 郭有遹. 创造心理学 [M]. 北京：教育科学出版社, 2002：8.

彼此支撑、相互影响，它不仅是乡村教师自我教育的高峰体验，还是他们获得"超我"体验的集中表现，而也正是创造感带给乡村教师的价值性与道德性感受，促使他们坚定地扎根乡村，始终保持乐观的心态与成长性思维，保持智慧劳动创造的优势与活力，不断迎接挑战，砥砺前行。

梦田农夫做一名合格的科技教育工作者[①]

刘月升深知，从事科技教育，特别是农村科技教育，必须具备高度的责任感和无私的奉献精神。没有统一的教科书，没有现成的教具，教学时间不固定，更多的问题要放到课下和实践中解决，考试评价也没有硬性要求……这就使得科技教育成为教师的"良心活儿"。自1999年走上科技辅导员岗位以来，他在科技教育领域一干就是18个年头。

他曾带领学生在方圆几十里的废品收购站中"寻宝"，只为节省资金，为发明找配件；他曾把每月的工资收入拿出来，用于资助学生搞发明；他曾悄悄拆下家里电器的电路板，拿给学生做研究；他曾不顾摔伤的疼痛，跳入一人多深的水沟里打捞好不容易寻来的零件；他的眼睛和手指，都曾在帮助学生完成作品时受伤，至今留有后遗症；他曾无数次放弃节假日，学习新知识新技术，他小小工作室的灯光常常亮到深夜。相比于过去简单粗放却费力地寻觅零件，现代科技的发展给刘月升和学生们的发明提供了新的实现形式。这就要求科技辅导员必须具有超强的学习能力。他自费购买了3D打印机学习掌握相关技术，让学生体验创意变为现实的乐趣。为了提升学生作品的美感和科技含量，他自学印刷技术、编程技术、开源软件技术、语音模块技术等。

除了带领学生搞发明，刘月升还不断丰富教学理念，提高理论水平。他自编校本教材《动手与发明》，每年进行修订补充和完善，撰写多篇发明论文、研究报告和科技方案。他在手机备忘录上存储了几千条平时积累下来的创意发明小点子。

[①] 佚名. 滨海新区大港刘岗庄中学教师刘月升：为孩子们插上科技的翅膀 [EB/OL]. （2017-09-08）[2021-10-09]. http://news.enorth.com.cn/system/2017/09/08/033693443.shtml

第四节 成长机制：优秀乡村教师自我教育的情感人文图鉴

具体到乡村教师自我教育"情感-生命"的实现机制本身，其由情感的各种功能、价值和特性所决定。情感的动力支持功能，为人们不断地由内而外创造更美好生活提供源源不断的支撑力量。情感的生存适应功能，为人们建构双向互动的情感关系提供前提，促进人们在动态平衡中和谐发展。情感的调控、评价及内部监测的功能为处境不利的人们提供"转念正心""适度钝化""及时自愈"的情感想象与评估，使那些困境中的人们转危为安，重获精神力量。情感自我发育的生命活力与外在生活世界的可塑性之间的相互作用原理证明了情感教育不仅是可能的，而且是可以大有作为的，情感教育充当的是外界模塑机制中的主要环节，其中重要他人的引领、关键事件的启发和情感场的建构将是情感价值自我实现机制的重要现实路径。值得注意的是，以上这些功能与自我实现机制并不是一一对应的，但它们也不是相互割裂的，在现实生活中它们呈现出不同程度的或单一指向或多元整合地共同作用于主体，尽管每个主体的自我实现机制可能呈现不大一样的发展路径，这取决于更为复杂的个人化因素，比如主体的自我经验模式、文化惯习、特殊境遇及个性偏好等，但是笔者从真实案例中结构化出来的比较有代表性的自我实现机制，确实在一定程度上不断地完善着主体自我价值的实现，为我们呈现了以"情感-生命"运行机制为特征的关于教师自我教育的另一种阐释。

一、内部发力机制

关于情感的动力性质，东西方哲学家有过很多哲学描述。两千多年前先秦时期《墨子》有云："为，穷知而县（同悬，系也）于欲也。"即人的行为活动，既要穷知，又同情欲不可分。近代西方的霍尔巴赫提出，如果激发有关公共福利的情欲，情欲往往会成为真实的动力。傅立叶也有情欲引力是"社会运动的第一动力"的思想。黑格尔作为理性主义哲学家，同样不否认情感的作用，甚至断言"冲动和激情是一切行动的生命性"，"没有激情，任何一个伟大的事业都不曾完成，也不能完成"。关于情感具有动力作用，现代生理学、心理学各学派做出了各自的解释。情绪心理学认为，情绪与行为之间存在动力机制原理;情绪动力学认为,情绪是人对外部世界的人和事,以及对自己身体状态和思维活动状态的直接本能的互动。情绪是一种动机。情绪就像需要和认知一样,提供行为以能量,并且指引行为。在心理学研究史中,把动机与情绪联系起来的观点早已存在。但是,关于动机与情绪二者关系的性质,心理学上仍是一个没有真正解决的问题。近几十年来,许多情绪心理学家从不同的角度对情绪与动机的关系做了大量的研究,他们的研究表明,情绪具有特殊的动机功能:它能以一种与生物动机或生理动机相同的方式激发和指导行为;它能作为一种特殊的心理背景影响行为的动机状态;甚至它本身就构成了一种基本的动机系统。纵观动机研究的历史,生理驱力(如饥饿、渴、困、性欲、疼痛)一直被早期动机理论家视为动机的基本来源。然而,情绪心理学家认为,对有机体行为的驱使,不仅出自生物的内驱力,而且出自心理的反映功能。汤姆金斯认为,情绪不仅可以放大内驱力信号,其本身也是一种基本的动机系统。与内驱力相比,情绪是更强有力的驱策因素,情绪系统具有更概括化的性质,它无论在发生的时间、对象和强度上,还是在各种情绪的相互补充或抵消上,都比内驱力具有更大的灵活性和自由度。例如,任何食物都能满足饥饿的生理需要,但情绪却使人喜欢吃这个,不喜欢吃那个。因此,情绪比内驱力具有更普遍的动机作用。与此同时,情绪也可能与动机引发的行为同时出现,情绪的表达能够直接反映个体内在动机的强度与方向。所以,情绪也被视为动机潜力分析的指标,即对动机的认识可以通过对情绪的辨别与分析来实现。动机潜力是在具有挑战性环境下所表现出的行为变化能力。此外,情绪还具有激励作用。情绪能够以一种与生理性动机或社会性动机相同的方式激发和引导行为。有时我们会努力去做某件事,只因为这件事能够给我们带来愉快与喜悦。从情绪的动力性特征看,可分为积极增力的情绪和消极减力的情绪。快乐、热爱、自信等积极增力的情绪会提高人们的活动能力,而恐惧、痛苦、自卑等消极减力的情绪则会降低人们活动的积极性。有些情绪同时兼具增力与减力两种动力性质,如悲痛可以使人消沉,也可以使人化悲痛为力量。正如苏霍姆林斯基在和谐教育中大力倡导培育儿童的"情感动力"一样,他毕生实践的是"和谐教育"——通过丰富多样的精神生活,保证儿童个性全面发展,保证个人天赋才能得到充分表现,保证学习富有成效。"和谐教育"的支柱是一种内在的"情感动力"系统。苏霍姆林斯基坚信:"学生因在某一领域取得成绩而产生自尊、自信和自豪感

（这具有头等重要意义），就能推动一个人在别的领域里努力取得理想的成绩，从而促进人的全面发展。"[1] 基于对情绪动力学的考察，为情感价值的自我实现提供了生理学和心理学的动力机制，当这种"情绪动力"不断经历社会生活的锤炼强化之后，逐渐会成为一种社会文化惯习之下的"情感动力"系统，有稳定的情感品质和情感思维习惯做后盾，人们行为的促发和选择就变得越来越具有个体化的"情感本色"，以此召唤生命内在的自觉，呈现出多向度、多样化的"情感动力"模式。

【案例9】向自己索要生命的意义——到最需要的地方去办教育[2]

从21岁放弃了"铁饭碗"生活的那一天起，我便开始挑起青春年少对人生美好的向往和涉世尚浅的懵懂，行走在别人眼里所谓的荒芜世界里，寻找，寻找，寻找一个只能用生命来回答的答案，寻找一个可以盛放圣洁心灵的地方。贵州大山，云朵底下原生态的夜郎，一个需要教育的地方，需要我们自觉的担当。22岁我终于找到了能让自己此生守望的那个责任站台。为了那些期待的眼神，我毫不犹豫地选择了三尺讲台，从此，我的青春，我的一切，就和一群人的青春紧紧连在了一起。一晃，近8个春夏秋冬了，8年的喜怒哀乐、悲欢离合，我失去了很多欢乐的相聚，失去了许多潇洒的个人空间，但更多的是我在收获。8年的人间真情滋润了我，办公室那盏青灯的温度烘干了我潮湿的心灵，看见孩子们幸福的笑，听到他们铿锵有力的口号，他们在自信地学习，快乐地生活，勇敢地前进，我何来怨、何来悔呢？反而，我很庆幸，也很幸福，生命中有那一串串温暖我一生的名字，在背后有一群人坚定而温暖的目光支持着我、鼓励着我，他们中不仅有我至爱的亲人，也有我可亲可爱的学生，还有患难相依的朋友，我的青春在学生的青春里更加绚丽，我的生命在学生的生命中成长。

这是杨昌洪校长对8年来为那些被学校开除的问题少年办学的经历的内心独白。杨校长是位文学修养很高的"80后"青年，自己出过诗集，擅长寓情于文字之间。在杨校长心里总有那么多用不尽使不完的对学生的爱，他的爱是无限的包容、无止境

---

[1] 汤小龙. 苏霍姆林斯基"情感动力"理论浅探：上 [J]. 外国教育资料，1993 (5)：75.
[2] 选自杨昌洪的博客日志。

的导善尚德。难以想象他的学校是如何一次次在废墟之中建设起来的，也很难想象就是他和他的那些被公立学校开除的孩子们辗转5次才有了最终的稳定校址。其间发生太多太多感天动地的师生故事，笔者之所以更希望展示杨校长的内心独白来表达情感动力之源，是因为有些内在生成的情感发力机制是只有当事人才最有资格阐释清楚的，也只有他们自己可以把经历过的情感事件和内心体验充分地展现出来，无论是日记，还是口述时可捕捉到的情绪状态，此时只有他们自己深情表达出来的才是最真实的，没有谁会比自己更了解自己的情绪，这也是情感动力机制的自我表达魅力。那么，这8年来，又是什么一如既往地支持他一直朝着梦想前进呢？用他自己的话说，"8年的人间真情滋润了我，办公室那盏青灯的温度烘干了我潮湿的心灵，看见孩子们幸福的笑，听到他们铿锵有力的口号，他们在自信地学习，快乐地生活，勇敢地前进"。是的，正是杨校长所说的"人间真情"温暖润泽了他的内心世界，生成一股股强大的战斗力，让他越挫越勇，一直朝着美丽的梦想前进。

二、动态平衡机制

情感是生命体在进化过程中发生和发展起来的。情绪在进化过程中先于情感而产生，情绪不仅人有，动物也有。情感是在与理性的相互作用下，并在社会关系形成进程中发展起来的。情感仅属于人。对于人类来说，情绪着重体现情感现象的过程和状态，情感主要体现情感现象的内容方面，而且是与社会性需要相联系的那部分情感现象。情绪是随着动物进化，作为适应机制产生的，其中最重要的适应功能是储备和释放能量的功能、发出信号的功能以及学习和积累经验的功能。随着人类自身的进化，人类情感对于人的生存发展的功能越来越多样化，特别是对于人类发展自身、提高生命质量的价值越来越多地被发掘出来。

情绪情感是人适应生存和生活的精神支柱。从种族发展角度来看，人的情绪最初就是为了适应生存而发展起来的。一些高等动物如猿猴的喜、怒、哀、乐等基本情绪，就是在生存适应中发展分化出来的。吃饱了，有了同伴，就产生愉快的正面情绪；反之，有外敌入侵、威胁生存、失去同伴的现象出现时，就会产生恐惧、发怒或悲哀等负面情绪。这些表情运动和姿态最初具有适应意义并在进化过程中巩固下来，在进化选择进程中，情绪的外部表现即表情获得了对该种群的其他个体发生作用的信号特性，担当起种内沟通的职责。随着机体与环境的辩证运动，原始情绪自身分裂、超出，不仅分化出厌恶、忧愁、焦虑等个体情绪，而且分化出与别的个体相关的复杂情绪，如母爱、仇恨、自我牺牲等。母猴会对幼猴照顾备至；母猿会因小猿死亡而悲哀；母狒狒能够收养"子女"，抓来小猪小狗进行抚育。[1] 达尔文时代的伦格尔和勃瑞姆都说他们所驯养的猴子，无论是非洲的还是美洲的，肯定是有仇必报。不仅如此，某些高等动物也有萌芽状态的"美感"情绪，和人一样"对同样的一些颜色、同样美妙的一些描影和形态、同样的一些声音，都同样地有愉快的感受"。[2]

从人类个体发展的角度看，情绪情感也有这种适应特点。从婴儿情绪发展来看，先有哭的情绪的产生，这是最具特征的适应方式。身体不舒服，如饿了、生病了、尿布湿了，都可以用哭来表示。人类婴儿从种族进化中获得的情绪大约有 8～10 种，被称为基本情绪，如愉快、兴趣、惊奇、厌恶、痛苦、愤怒、惧怕、悲伤等，所有这些情绪从婴儿出生到 1 岁左右均已发生，他们都是非编码的、不学而能的，是在神经系统和脑结构部位先天性的情绪反应。每种具体情绪都有不同的内部体验和外部表现，它们以不同的方式，并在不同的方向上促使机体提高行为的转换力，以利于生存。[3]整个人的成长过程都需要情绪适应机制，就成人而言，除了具有最基本的由适应而产生的情绪外，成人更能主动地通过调节个人情绪来适应社会。尤其是在现代社会，由于科学进步、文化发展和社会变革的速度越来越快，以及由此产生的社会价值观念的不断更新，个人对环境生活的适应就成为一个经常摆在人们面前的问题，调节情绪也就成为适应社会环境的一种重要手段。除此之外，成人在不断社会化过程中也在不断地学习和调适情绪情感的适应机制，其中包括准确地辨认、觉察他人的情绪，理解别人的感受以适应社会需要达成彼此的共识；觉知自我的情绪情感体验，向自我情感价值深度探求；调控自己情绪情感的表达行为以适应文化环境；借助情感表达功能实现人际情感沟通和情感认同。情绪情感的适应机制延伸到人际沟通层面可以理解为一种双向互动的情感关系建构，即动态平衡机制。所谓动态平衡指主体可以能动自主地进行情感的自我觉察—表达—调适，在处理外界刺激、面对困境干扰的时候，具备情感

---

[1] 朱小蔓. 情感教育论纲 [M]. 北京：人民出版社，2007：10.
[2] 达尔文. 人类的由来 [M]. 潘光旦，胡寿文，译. 北京：商务印书馆，1983：137.
[3] 同[1]：11.

主体的人可以自为而适恰地做出回应，以实现在动态平衡中人与周遭情境、人与人的和谐相处、共同发展。在现实中，人与人势必要建构这样的情感关系，才能真实地促进彼此价值的达成，没有调适机制参与的情感关系仅仅是纸上谈兵，只有在多重情感方式的交替支持之下才能构成真实的情感性交往关系。

【案例 10】传递梦想

杨元松所在的安龙县万峰湖镇毛草坪小学，学生几乎全是留守儿童。身为语文老师，为了培养孩子们的写作能力，他鼓励学生写日记，让他们在日记中记下自己想说的话，还可将日记拿给他点评。杨元松把优秀的日记拿到班上去朗读，班上写日记的孩子越来越多。孩子们发现，写日记是倾诉自己心声的一种好方法。读着这些日记，杨元松的心像被刀绞一样。他说："同学们写的日记，虽然不会用什么华丽的辞藻，有时甚至语句不通，但是他们写的是最纯净的文字。从他们的文字中，我看到了这些孩子在艰苦环境中的自立自强精神，我也从中获得了力量。"他冒出一个想法：把孩子们的日记结集成书，让更多的人看到这些孩子的坚强，让生活在蜜罐里的城市孩子看到，有一群他们的同龄人，在遥远的山村里，在艰苦的环境下，坚强、乐观地生活着。

杨元松把自己要给孩子们出书的打算在课堂上一宣布，教室里一下子炸开了锅。"哇，出书啊！""我们可以出书吗？""是真的吗，老师，不要骗我们啊！"……面对一张张兴奋而稚气的脸，杨元松承诺："你们好好上学，我就好好帮你们出书，到时你们就成为小作家了！"杨元松为图书出版可谓历经了千难万苦、百般挫折，终于功夫不负有心人，2012 年 1 月中旬，《中国留守儿童日记》正式"登陆"全国各地大小书店，立即产生了强烈的社会反响。

杨元松老师的一本《中国留守儿童日记》敲响了天下千千万万留守儿童的心灵之门。在和孩子们的长期相处中，杨老师不仅为孩子们打开了知识的天窗，还真正地走进了孩子们的情感世界。任何学习的活动都需要情感的参与支持，不良情绪情感无法激发和维持良好的学习状态。要保障孩子们积极的学习动机、学习兴趣、学习行为，就要求他们每天有个好心情，养成良好的心智、健康的性格，保持孩子们天真纯净活跃的心灵。情感生活顺畅了，学习就会更有动力，学习效果就会事半功倍。情感生活最重要的基础便是安全感的建立和联结感的顺利勾连，即情感关系的建构。留守儿童在这方面是极为欠缺的，亲人的分离、亲情的割裂让他们最初来源于亲情的安全感丧失了，一个家庭亲情不稳定的孩子，很难学会自信勇敢，他们对家庭的渴望，对可感触到的亲情是那样的充满热望。这种情感不能得到满足与释放就会引发他们自暴自弃、胆怯无助、自我封闭的情感体验，长此以往，就会固化形成内向自卑的性格。留守儿童内心深处非常希望有个倾听者，自己可以毫无顾虑地向他倾诉对生活的无奈、对家人的思念、对未来的梦想，这都是莫大的幸福了。杨老师正是看到了孩子们的情感需求，他不仅甘愿当聆听孩子心声的"心灵捕手"，他还愿意跟孩子们在日记本上进行情感互动，相互交流体验，彼此倾诉生活的艰辛。这样的情感互动通过日记的倾诉与聆听默默展开，它不仅让孩子们在每天写日记中得到情感满足，还促使了杨老师自己坚持认真地批阅每一篇日记，动情地为孩子们写下鼓励的评语与寄语。于是，写日记便成为孩子们的精神寄托，那是最虔诚的心灵圣地。但这似乎也不能达到杨老师内心的满足，孩子们仅仅是诉说了心声，心里话得到了倾诉，这还是远远不够的，孩子们需要来自日记的重生，他们需要重新寻找到梦想和生活的自信。于是，他跟孩子们立下军令状，要为孩子们出版日记。在这个过程中，杨老师也是一次次被孩子们的坚强和真诚所打动，这种被燃烧的情感体验久久难以让他释怀，他立志要为孩子出版日记，唤醒孩子们的自信心，不仅是出于身为教师的担当，更多的是出于每每体味孩子们日记时那份浓浓的对孩子们的怜爱。为了出版孩子们的日记，杨老师穿梭于北上广等大城市的上百家出版社，历经多种磨难，终于修成正果。

三、自我钝化机制

在日常生活中，情感存在两极，它就像一把双刃剑，积极的情感给人以动力，支持人克服重重困难前行，消极的情感往往会消磨人的意志，引发人心涣散、精神萎靡颓废。要将消极的情感转化为有利于激发人积极向上的情感动力，需要对消极情感进行本能屏蔽钝化和实时转化，因为适恰的情感钝化将会帮助在困境中，尤其是情感不利处境之中的人们"转念正心"，向着积极的价值取向发展。而情感钝化的机制源于情感凭借选择功能的延伸。正是由于情感所具备的内部监控功能，将自我觉知、自我评价、自我监察及自我感受等一系列自主的情感体验作为与自我的关系而存在，人们才有了对自己比较准确的审视，有了对自我的激励和反思的能力，有了自我意志以及战胜困难的情感思维和勇气。

情感具有"评价—选择"的机制。从认识到行为发生，其中介是以情感为核心的意向系统。情感在其中作为评价的动态机制使人选择某种行为，并使它现实化。首先，情感在评价过程中起着内部监控的作用。人的情感体验以满意不满意的感受状态把人本身的自我感觉、自我评价、自我监督、自尊心、自信心、自制力建构成一个主体对自己活动关系（物我、人我关系等）的内部监控系统。对活动关系满意，人将注意指向某类信息、采取某类信息，而忽略、回避与主体情感需要相悖的信息，或者对这些相悖的信息做出与主体情感需要相一致的理解，这时，注意会保持得长久，程度也强烈。结果，人对这些信息的加工、消化与自信心、自制力形成良性的正循环。相反，对活动关系不满意，主体处于消极的情感状态，被凄楚、焦虑、烦恼所困扰，这时，感知取向、理解向度都带有否定性色彩，导致主体缺乏自信，自我评价低，对与失败有关的信息反应阈限降低，不仅对外在事物的评价倾向于否定，而且容易对关于自己的任何信息都做出否定性的理解。其次，内部监控作用的客观存在决定了人不是依外部世界的客观要求，也不是根据主体自身的原发性需要，而是从内部世界反观自身，理解主体与客体之间各种现实或可能的关系，审度其中的利与弊，然后才可能有效地把各种心理能量聚合起来、组织起来，在情感的基础上产生意志能力，从而通过神经系统的下行传导将其信息传向感受器和外围，使人的行为上升为随意的动作水平，即情感直接控制着主体活动的发动与停止，调节活动能量的强度与速度，决定着持续时间的长短，尤其是刺激主体克服各种困难去争取活动目的的实现。[①]

基于情感内部监控功能，可以进一步推理出，情感钝化即是利用情感的内部自我监察功能进行的一系列将消极情感模糊化、屏蔽化，且化不利为有利的情感转化过程。情感钝化是个体在消极的情感环境或危险的处境中，利用情感自身的内部监控功能转变思维，以良好的心态适应情境的动态过程；情感钝化表示一系列处理消极情感的能力和特征，通过动态交互作用而使个体在遭受重大压力和危险时能迅速恢复和成

[①] 朱小蔓. 情感教育论纲 [M]. 北京：人民出版社，2007：14.

功应对的过程。情感钝化是个体能够承受高水平的破坏性的情感变化并同时表现出尽可能少的不良情感行为的能力,是个体从消极情感经历中恢复过来,并且灵活地适应外界多变环境,与他人和谐相处,转化不良情感的能力。

【案例 11】我的足球是语文老师教的①

身高 168 厘米,体重 200 斤,很难将这样的身材和足球教练联系起来。2005 年,徐召伟从石河子大学汉语言文学专业毕业后,开始了他在云南、贵州山区长达 14 年的乡村支教生涯。2013 年,他得知贵州大方县贫困村里的元宝小学师资紧缺,于是来到这儿支教,教语文。不过,他不仅教语文、数学等科目,还当起了孩子们的"足球教练"。足球队组建的原因很偶然,有人给学校捐赠了两个足球,孩子们都好奇,想知道那是什么,徐老师就动起了念头——教孩子们踢足球。孩子们非常喜欢踢足球,尽管当时的元宝小学连一块平整的场地都没有,他们依然乐此不疲。直到后来学校获赠了援建项目,大山里才有了第一个足球场。徐召伟也趁此机会组建了一支几乎全部由留守儿童组成的足球队——元宝足球队,每天亲自带领孩子们训练,早中晚各一次。作为足球教练,徐召伟直言自己并不专业,一再强调自己只是个球迷。曾经,他喜欢看球,幻想过自己能够在绿茵场上驰骋,却没想到他的足球梦最终在大山里的一所乡村小学以学校足球队教练的身份实现了。"现在元宝成了大方足球的一个代名词了。"徐老师脸上洋溢着喜悦和自豪,"我最在意的不是输赢,是给孩子们一个陪伴。就是希望他们这些爸爸妈妈不在身边的孩子,能有一个集体观念,有个团队,你不可能让这些孩子一直独行下去。"被问及为什么能长时间坚守在乡村教育一线,徐老师说:"幸福感的关键是山区老师用心去爱和陪伴这些山里的孩子,慢慢地看着他们,静待花开。"

从徐老师对幸福感的描绘可以看出,面对自然和谐的师生关系与对足球梦想的追求,他的情感表现得极其质朴而深刻,他善于珍藏守望成长积淀下来的美好情感体

---

① 陈眠. 奇遇人生·贵州山区之旅:走进一场关乎人生的足球赛 [EB/OL]. (2019-11-26) [(2019-11-27]. 163. com/dy/article/EV07NFJ70516MG4V. html.

验，以此作为内心逐渐强大的力量，每每遇到挫折实在坚持不下去的时候，便会拿出最善良的信念——"给孩子们一个陪伴"来勉励自己，欣然接受，乐此不疲，用爱与陪伴静待花开，他变得更加坦然与平静。而面对 14 年支教生涯的艰辛跋涉、外界诱惑的重重考验，他拥有着强大的人生智慧和坚定的人生信念，遵从简单而纯粹的教师幸福感，善于抱持独得之乐，拥有面对逆境自我调适、自我转化甚至自我解嘲的情感钝化系统。用他的逻辑"用爱陪伴就会幸福"推理，选择爱孩子，陪伴孩子便是选择了幸福，他用一种内心清澈干净的体验把污秽消极的情感体验拒之门外了，这种有意识的钝化消极情感、屏蔽负能量的自我保护意识，成为他每次战胜自己、在自我对话中时不时地"阿 Q 一下"的自我独处幸福模式，每次都会在他疲惫且柔软的心灵中重新燃起希望，屡试不爽。

四、外界模塑机制

情感价值的自我实现机制除了上述自我调控的内部系统，还存在着外界的模塑机制。基于前文所述情感的生理学及心理学的形成过程及其机能可知，情感是随生命体在社会生活中不断得以动态发展的，情感由于与生命的相生相伴以及与外界环境形成的相互应答的特殊心理系统，可以充分证明情感是可以通过后天的教育而获得更优质的生命体验的，"情感-生命"可以通过教育而变得越来越优质，从而实现情感教育可以抵达的个体生命的优质自我价值。而这一过程是相当复杂而多元的，其中相伴而生的是不可缺少的情感教育的诸多环节。经过对乡村教师的系列访谈，笔者就此得出比较普适的、主要的情感教育方式，即外界模塑机制：关键事件的影响、重要他人的榜样引领以及积极的情感场建构。

关键事件的影响：关键事件是指个人生活中的重要事件，该事件引起教师对自己原有专业结构（教育观念、知识、能力、专业态度和动机、自我专业发展需要和意识等）进行反思，并做出某种关键性的决策或某方面的转变。[1] 关键事件的研究方法被引进到教育领域，多见于对教师职业培训方面。如美国学者沃克在研究教师职业时，认为关键事件是指个人生活中的重要事件，教师要围绕该事件做出某种关键性决策，

---

[1] 钟芳芳. 骤变与适应：幼儿园新入职教师的关键事件研究 [J]. 湖南科技学院报，2014（3）：171.

它促使教师对可能影响教师特定发展方向的某种行为做出选择。弗拉纳根认为，"事件是任何可见的人类活动，自身能够充分完成，并允许行为人作出推断和预测"，事件之所以关键是因为其"对整个活动目的而言，发挥了重大作用，不论是消极或积极"。[①] 由此我们可以得出关键事件研究的三个特点：①与个人生活直接相联；②该事件具有重要关键性决策；③发挥了重大作用。博尔诺夫认为："在人类生命过程中非连续性成分具有根本性的意义。"非连续性的发展可能更值得人们去关注，而关键事件的表现形式是人生经历中的非连续的片断，它的出现往往会使人的生活转向另一个方向，造成突变。因此研究教师关键事件一定要将教师置于时空的研究视域之下，在非连续性片段中选取具有决策性发挥重大作用的关键事件。这些关键事件对于教师往往造成重大的生命体验，体验越深刻，蕴藏的情感潜能越充沛。教师是持续发展的个体，教师所经历的非连续性片段与丰富的情感经历相伴。在众多关键事件影响下他们会产生强烈的情感震颤体验，这种深刻的情感记忆一旦被强化，就会扎根于教师的生命之中，转变为一种反思习惯及稳定的情感能力，促使教师顺其自然地形成以关键事件为线索、伴有深刻情感体验的自我引导式的成长路径，也是教师自我在外界事件刺激或影响之下，与复杂深刻情感体验相遇，经过自我消化与内化后，顺利抵达情感价值的自我实现的重要途径。

重要他人的榜样引领：重要他人（Significant Others）是心理学和社会学都关注的概念，最先是由美国社会学家米尔斯提出的。他是在乔治·米德有关自我发展的理论上提出的。在国内，顾明远先生（1992）从人的全面发展的角度加以界定，认为重要他人是指对个体尤其是儿童时期自我发展起重要影响的人和群体，即对个人智力、语言及思维方式的发展和行为习惯、生活方式及价值观的形成有重要影响的父母、教师、受崇拜的人物及同辈群体等。[②] 在此，基于情感价值的自我实现机制层面，重要他人可理解为：对个体生活有重要且深远影响，可感触到的且有情感投入的人。重要他人往往有很丰富生动的形象及特征，伴随着深刻的情感体验，稳定持久地储存在记忆中，这些形象及特征不仅包括重要他人的心理、生理和行为特征。还包括自我受到

---

① 邓勇. 关键事件技术（CIT）应用现状分析 [J]. 铜仁师范高等专科学校学报，2006（5）：）48.
② 教育大词典编纂委员会. 教育大辞典：第6卷 [M]. 上海：上海教育出版社，1992：462.

这些综合因素影响所产生的丰富情感想象和美好印记，以及由此产生的自我目标和信念内驱力。自我与每个重要他人的表征产生情感上的深度、密切联结，即重要他人在自己心中产生自我意识、自我感受、自我期待等关系自我。激活一个重要他人就会导致一个相关的关系自我被唤醒或重生，尤其人们会将自己的思想、情感、行为向有重要他人在场时那样进行靠近或趋向地改变。由于这些联结很多情况下是潜移默化的，很多时候连当局者都不大清楚自己的行为举止是如何发生前后不同的变化，但是在访谈中顺着情感体验的线索，被重要他人所不断激活唤醒的情愫会渐渐呈现出来，以追溯回忆的形式将其中的情感体验不断回味、更新、创生。重要他人对自我关系的促进及改善是情感价值实现途径中重要的人际尺度，尤其是对成长中的生命有着很重要的榜样示范作用，对"情感-生命"向善尚德的引领有着强大的吸引力。

积极的情感场的建构：谈到情感场的建构，实际上是借用物理学的"场域"概念，试图形象比喻情感氛围或时空营造出来的心理环境。就像磁场一样，身在其中的人被人际的情感联系以及物理环境形成的情感气氛所深深吸引，感受到因强大的情感磁力而相互依存、相互感染的力量。它稳定地附着于身体的某一部位上，但又超越具体部位，给予一种弥散的铺设与熏陶，形成具有整体感的气氛。这种整体性、不可分割性就是情感空间的基本特征。情感以这种空间整体性的特征显示出来，成为客观的可感知的对象。正如新现象学家赫尔曼·施密茨对情感场的生动描述，把情感理解成一种客观上把握到的具有空间性的力量和气氛。譬如进入一个房间，我们很快就会感受到它是否闷热和令人窒息；在高山或是森林里我们又会感受到进入了一种清新、凉爽的气氛。① 情感场的积极营造对个体的情感体验及情感发育有着重要的功能，其中积极情感的传递、情感氛围的渲染及人际情感共鸣的达成将会促进优质的情感生活的发生，促进人与物、人与人的情感和谐。

【案例12】转变

当了一段时间老师之后，我对上课教书始终提不起半点兴趣，每天机械地备课、

---

① HERMANN SCHMITZ. Der unerschoepfliche Gegenstand. Grundzuege der Philosophie, Bonn Bouvier, 2007: 292.

上课，下课后就立马回宿舍。心烦意乱的时候，我就一个人在屋里喝闷酒，把自己喝得酩酊大醉，昏昏沉沉就睡过去了。有一次，我灌进两瓶白酒之后昏睡了过去，就在我醉意最浓的时候，一个男孩子怯怯的声音传过来："徐老师，快起来啊！快起来给我们上课啊！"他试图摇醒我，声音越来越大。"你没看到我生病了吗？我感冒了，今天不能上课了。"我没好气地翻了个身继续睡。不知睡了多久，那个小男孩又来到我身边，继续摇晃我："老师，快起床吃药啊！"我像是在做梦一样，强撑着坐了起来，这才看清楚这是我们班上家庭最贫困的留守儿童王小刚，他把一盒感冒药递给我，顺便给我倒了一杯水："老师，你快吃药吧，全班同学都盼着你的病赶紧好起来呢！我们太喜欢听你讲普通话啦！"真的没有想到，我的一个谎言就让孩子当真了，我的脸像是有火在灼烧，心里充满了内疚，这让我情何以堪啊！我不能再这样了，我要对得起孩子们对知识的热切渴望，我再也不能错过这人世间最美好的情感了……

——来自徐强老师的自述

【案例13】向绿叶精神致敬

胡定霞校长至今最感亏欠的就是她的女儿和丈夫，亏欠丈夫是因为自从悄悄挪用了丈夫转正复员的3万块钱办学校以来，她从来没有让丈夫陪自己过过安稳的日子。先是欠了一堆债务，又是砸锅卖铁还债，后来又是几乎把丈夫当公交车司机的全部工资都补贴给学校老师作为工资。为此，丈夫从来没有抱怨过，拼命多加班挣两份工资补贴学校，一到休息日就忙着修整校园，养鸡喂鸭，拾掇菜园子，饲养竹鼠，终于累成了严重的腰肌劳损，再也开不了公交车，之后他又一心扑在学校上，做勤杂工、后勤管家、维修工还有淘粪工。"他是学校唯一一位从来没有开过工资还要倒贴的人，他的付出就是为了圆我一个乡村办学的梦啊！我的女儿更是乖巧懂事，从小感冒发烧了却从来不黏人，都是自己一个人去村卫生所打针，孩子现在大了，我从来没有管过她的学业，高考前我还在筹备学校的事情，忽视了她的学业，孩子只考上了一个大专院校，孩子拿到录取通知书哭着跟我说：'妈妈，你关心学校每一个孩子的学习，就是没有把我的学习放在心里。'"……

【案例14】"最美乡村教师"评奖之后

杨元松是2012年全国"寻找最美乡村教师"大型公益活动的获奖者。但我更感兴趣的是在杨老师获奖背后发生了什么，或者说是什么样的工作环境和人际环境造就了真实的最美乡村教师杨元松。我经常在教工共用的小厨房看到两户人家带着孩子围坐在一个小方桌旁，支着一个火炉吃火锅拉家常的温馨场景。他们既是同事又是吃一锅饭的家人，还是彼此孩子的老师。在专业上大家有问题相互探讨，有了好的教学资源都习惯性地拿出来分享，遇到问题大家一起分析想办法进行心理疏导。毛草坪小学的刘波校长常对杨元松说："你放心，大胆地去做你喜欢做的事情，孩子们是不能被耽误的！"正是有了刘校长的全力支持以及同侪之间的友善互助，才真正地促成了最美乡村教师梦想的达成。用杨元松的话说："自从获奖以来，很多地方都曾试图挖我离开，都被我拒绝了，哪里都没有这方校园让我这样倍感亲切踏实，这里的人亲如一家，我们在一起非常幸福快乐。"

情感是可培育的。真实的情感教育的发生是要产生与外界的互动关系之后，只有将外界的刺激、模塑、培植作用，在"情感-生命"模式里，在相互的碰撞、磨合、惯习、顺应之中逐渐内化为具有个性特征的、伴有情感文化色彩的内部态度综合体，才是真正的意义上的情感模塑机制。案例12是关于外塑模式之关键事件的案例，一位学生给老师买感冒药，希望老师快点好起来给大家上课。这样感人至深的事情，让本不愿意教书育人的老师觉察到了"强扭的瓜也香甜"，这个关键事件的引领，让这位一心颓废甘愿碌碌无为的乡村教师以崭新的姿态迎来了"第二次生命"。他被人间最宝贵的真情所感动，而这居然是他曾经认为不值一提的东西，学生对教师的关爱，唤醒了教师的责任感与道德感，于是，教师的生命回归了。案例13记叙的是这些甘愿奉献自己扎根乡间的乡村教师背后坚实的家庭支持。乡村教师也是常人、普通人，他们除了需要在职场中收获幸福感、价值感，他们还极力希望得到家庭的温暖与理解。在自己踌躇满志或迷茫动摇的时候，这些在生命中的重要他人的一声安慰、一份理解，都会发挥重大潜能。来自家庭的温暖、理解与成全是每个乡村教师在支撑不住的时候心底最后的火种，可以形成燎原之势。案例14是值得关注的乡村教师的人际情感场的案例。任何一个人的成功都不可能是孤立的，这不仅需要个人的努力，还需要周围环境的支持，尤其是良好的人际环境的相互扶持。乡村教师的人际关系相对来说比较单纯，他们除了与学生的交往互动以外便是同侪关系的专业交流与日常生活的相处。对最美乡村教师杨元松追访，笔者感受最深刻的是他所处的毛草坪小学7位教职工之间和谐融洽、亲如一家人的人际情感，无论是校长对他工作的支持，还是同事之间对他的尊重、友好、平等相待，都给予杨元松极大的情感场的依恋，这便是他在评为"最美乡村教师"之后很多年始终坚持不离不弃，在同一所学校陪在留守儿童身边的重要原因。他热爱这里的人，喜欢这样自由平等和谐的人际环境，在这里有他一片可以施展手脚的教育实验天地，他能够充分感受到温暖的情感文化的滋润与人间最宝贵的真情洗礼，而这一切看起来都是那么地顺其自然，让他已经习以为常，已经不能从生命中割舍掉了。

讨论与小结：指向道德生活的 "情感-生命" 系统

本章重在考察乡村教师自我教育的"情感-生命"系统，从外显的"情感-生命"姿态到内部构成的情感基础、张扬个性的情感特质，再从静态情感元素的解析到动态情感运行机制的影响，意在论证及描述在自我教育中完整的"情感-生命"系统的重要功能和价值。在理论文献的论证之外，笔者同时在现实的案例中不断进行逼近现象的描摹，致力于回归乡村教师"情感-生命"本身，走进他们真实的自我教育情景。笔者采用的夹叙夹议的写作方式也是秉承生活原本琐碎、复杂、平常、弥散的现实状态，以生活自身的方式呈现出它原本的样子。用乡村教师的独特的内心独白、笔者和他们一起经历的事件、他们自身的描述以及他们自我反思体验式的自述来呈现，这看似质朴到已然扎根于泥土之中了，但这个过程确实是值得去仔细用心体味的。它蕴含着很多平日里在学术的象牙塔之中很难捕捉到的教育意蕴及情感价值。于是，接地气的、草根式的调研、访谈、考察、参与、静默聆听都是在与他们共同进行建构，立足情感本体价值的立场，以"情感-生命"系统为线索，在整个研究过程中我们多次的共情、同理、反思顿足点亮了彼此的生命之光。相信从某种意义上来讲，这是研究者与研究对象共同的收获——逼近"情感-生命"真相的自我教育形态，而它的呈现是由我们共同建构出来的。

笔者一再尝试揭开驾驭乡村教师自我教育的内在神秘元素——"情感-生命"系统，试图找到与当下令人担忧的乡村教师的个别极不相配的，甚至是失范的状况背后潜藏的转机或改变的可能。毕竟还有很多道德高尚、情感丰盈、自主创造的乡村教师为我们诠释了他们真实的自我教育的"情感-生命"的源泉，他们的案例证明了这样一个事实：当身为乡村教师状态消极的时候，不妨停一停，回头望一望，向那些尚可以唤醒、激活、培育的内在情感系统探寻答案，而这个过程却又是物质优厚与政策惠及所不能替代的，它是一个内在自我的教育情感模式。综上所述，得出如图8所示的乡村教师自我教育内在因素考察结构导图。

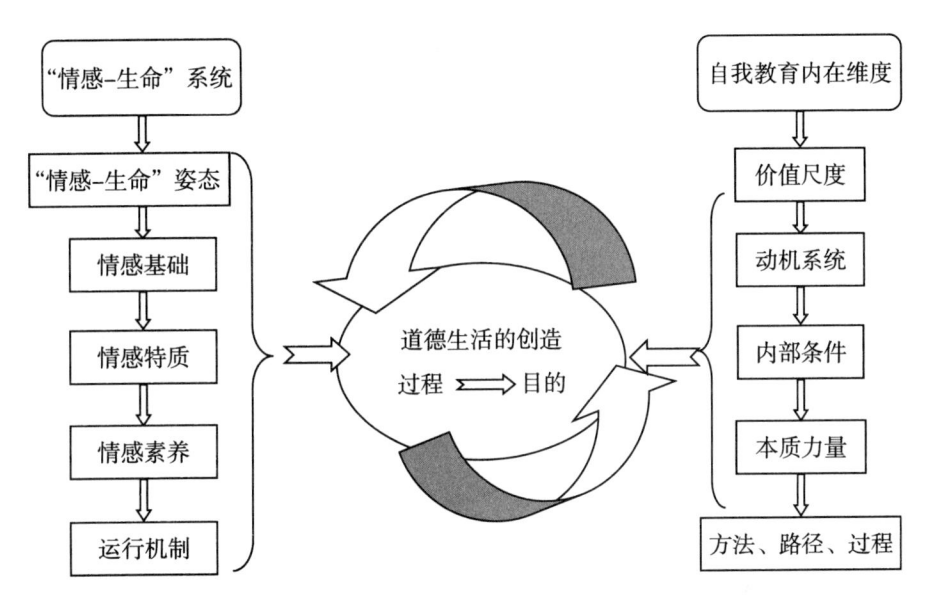

图 8　乡村教师自我教育内在因素考察结构导图

第四章
优秀乡村教师自我教育支持系统构建

> 一个人的社会感,以及他与其他人的紧密联结感,是其精神健康的基础。因为正是这种感觉为个体提供了安全和快乐,当这种感觉充分发展时,一个人就会产生与人合作以及为社会做贡献的愿望。
>
> ——阿德勒

考察乡村教师自我教育现状与影响因素，是为了实现乡村教师自我及整个社会对其内生发展系统的有效支持。当今对乡村教师的支持和援助相比以往而言，其力度之大，惠及范围之广，产生影响之深远，都是史无前例的。在一系列外部支援下，乡村教师的生活条件和教学环境的确得到了巨大的改善，但是有些外部的扶持与供给并未能转化为乡村教师的内部动力。换句话说，有些看上去相当优厚的外部支持并没有真正地激发乡村教师自主成长与自我教育的意愿与行动。因此，笔者在此不再对那些未能奏效、尚未抵达乡村教师心灵的外部支持进行过多描述和阐释，而对那些可被感触到的、可激发自我教育动力的外部系统进行考察。那些大力植入式的外部支援尚未能真实地发生内部的作用，至少效果不是那么明显，而真实奏效的外部支持需要让乡村教师自我认定、自我叙述（词频分析法是可以利用的一种方式）、自我求证、自我解读。毕竟任何外部支援都需要通过引发内部改变才能有新的发展可能，即走心的、可感触的、指向生命深处的外部支援才能促发根本的改善，这才是优质长效的支持系统建设的初心与愿景。说到底，一切外部的有效支持都是为了一个共同的目标：实现外援转化为自治，为促进自我教育贡献力量。

乡村教师的道德选择、发展需求以及自我教育意愿都取决于他们自己，我们需要对他们的道德生活处境感同身受，深入他们具体真实的生活情境，尤其在提供外部支援前，要给予乡村教师更多触动心灵的包容、关心、共情、理解。换句话说，自我教育要"着陆"，就要回到他们所属的共同体生活与边界性情境中。为此，笔者从"人的境况"之可感触的环境（情感文化）与"人的情感"之互动关系（情感关系）进行梳理，即以"情感文化"与"情感关系"相互作用的动态运动作为线索进行归纳整理。笔者基于优秀乡村教师的生活环境及人际关系的特点，结合词频分析法、文本编码分析的结果，将其自我教育的支持系统归结为：家庭情感补给、专业成长模塑、学校组织变革、"文化-社会"习染四个方面，如图9所示。

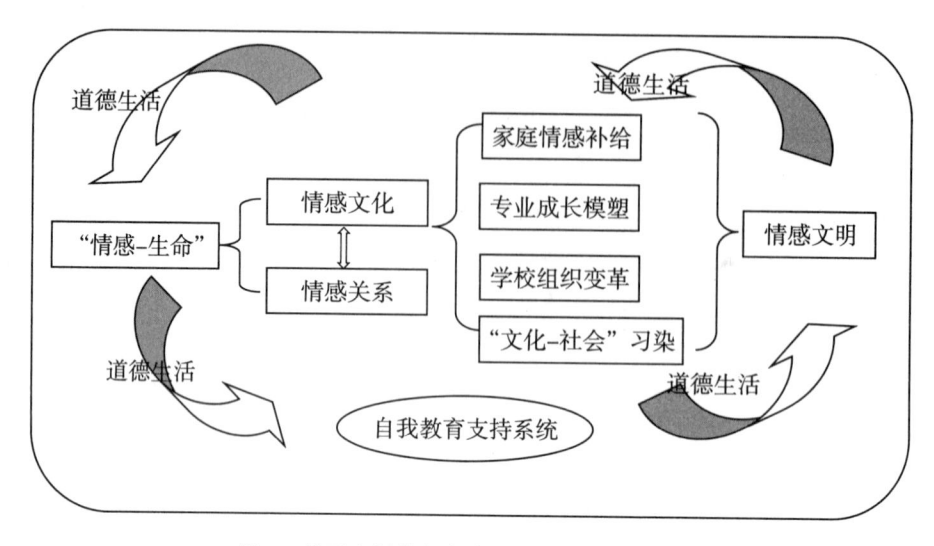

图 9　优秀乡村教师自我教育支持系统结构图

既然"情感-生命"视角给予自我教育支持系统情感性表征与生命化指向，那么，对支持系统的考察更应关注人与环境、人与人关系互动中的体验状态、关系质量与由外界刺激引起内质性反应的情感动力来源。在此，经过考察分析，特将可影响内质性改变的支持系统归纳为两大集合：情感文化与情感关系。就优秀乡村教师而言，其自我教育支持系统集中表现在家庭关系、专业成长、学校组织与"文化-社会"四个场域中，而这一切表征与指向都是根植在道德生活土壤里，离不开道德生活的价值引领，更离不开道德生活的实践与创生。

第一节　家庭生活的理解与支持

一、原生家庭的情感印记

家庭是社会中的最小集合单元，每个人步入社会都会携带其家庭印记，家庭也是每个社会个体人最终的回归处所，它在个体遭遇了外界的危机挫折后，可能是唯一的情感补给的港湾。因此，家庭生活的满意度、物质及精神上的支持将是乡村教师开展自我教育的"大后方"，它源源不断提供着强大的储备力量。另外，就乡村教师职业处境的特殊性而言，大多数乡村教师的职场生活与家庭生活是混为一体的，很难有时空的割裂，比如他们中有很多夫妻都在同一所学校工作，家就被安排在校内教师职工宿舍，像这样的情况几乎每个学校都有。这样一来，很多乡村教师的家庭生活镶嵌在住校模式里：校内工作，校内一日三餐和校内休闲娱乐，家庭生活和职场生活交织在一起的情况也就较为普遍。因此，乡村教师家庭生活也是其进行自我教育重要的一个维度，对其家庭生活的考察意在追寻那些背后默默支持乡村教师自我成长的情感人文性因素——家庭情感印记和亲缘情感性关系。

每个家庭都是按照一定的秩序系统排列的，有原生家庭和新生家庭之分。原生家庭（Family of Origin）这一概念来自家庭心理治疗领域。区别于个体成人后所组建的新生家庭，原生家庭是指个人出生后被抚养的家庭，是个体情感经验学习的最初场所。[①] 原生家庭和新生家庭是一组相对概念，原生家庭即指父母的家庭，儿子或女儿并没有组成新的家庭。新生家庭就是夫妻自己组建的家庭，这样的家庭不包括夫妻双方父母。原生家庭是指自己出生和成长的家庭，家庭的气氛、传统习惯、子女在家庭角色上的仿效对象、家人互动的关系等，都影响着子女日后在自己新家庭中的表现。人要认识自己原生家庭的影响，才不至于将原生家庭一些负面的元素带到新家庭里去。

可以说，每个人的成长及在新生家庭中的行为方式都可能是原生家庭的缩影。研究表明，原生家庭对人格发展和心理健康影响深远。[②] 父母的人格、教养方式和父母之间的关系，都在潜移默化中影响着孩子的成长，不良的处境导致深层的自卑感及受限制性的行为表现。[③] 此外，已有许多研究证实原生家庭对个体的依恋类型及亲密关系有一定影响。一个人在成年早期的亲密关系状态受其在原生家庭所形成的依恋风格影响极大。迪内罗等人采用他评法对个体的原生家庭进行评定后发现，原生家庭温暖而敏感的互动方式与个体成人期的依恋安全密切相关。[④] 乡村教师的职场言行作为很大程度上可以追溯到其原生家庭的情感印记中，他们可以顺利开展自我教育的实践，

---

① URCAN J D. Relationship of Family of Origin Qualities and Forgiveness to Marital Satisfaction [D]. Doctoral Dissertation of Hofstra University, 2011: 2.
② 刘畅, 伍新春, 陈玲玲, 等. 幼儿父母的原生家庭对其协同教养的影响：人际间变量及性别一致性的调节作用 [J]. 华南师范大学学报（社科版）, 2013 (6): 74—80.
③ 阿德勒. 生命对你意味着什么 [M]. 周朗, 译. 北京：国际文化出版公司, 2000: 112.
④ DINERO R E, CONGER R D, SHAVER P R, et al. Influence of Family of Origin and Adult Romantic; Partners on Romantic; Attachment Security [J]. Couple and Family Psychology: Research and Practice, 2011 (1).

也会不同程度地带着原生家庭的思维方式、行为习惯、人格类型以及价值观念取向。

最早关于职业选择与原生家庭关系的研究集中在心理咨询与治疗领域，人们关注的是原生家庭与咨询师的职业选择、专业训练的关系。[1] 随着研究的深入，一些学者发现原生家庭因素与职业发展的相关性。惠斯顿等的研究认为，家庭过程性变量比家庭结构性变量和家庭背景性变量对个体职业生涯的发展影响更大。[2] 梅思尼则阐明了家庭社会经济地位、家庭支持和个体职业发展的关系。[3] 原生家庭对乡村教师的职业选择以及职业生涯发展等产生了很大的"原生""寄生"影响。

综上所述，个体是在家庭情感氛围浸润后带着被原生家庭打上的烙印而逐渐发展成熟起来的。可以说，个体很难逃出原生家庭的影响，即便没有形式上的家庭环境，也要与其成长环境建构出一种"类原生家庭"的成长模式。原生家庭就像饱含着浓重的情感氛围一样看不见、摸不着，但是确实可以浸泡人的心灵、模塑人的性情、引领人生的航向。在与乡村教师访谈过程中，很多时候他们会不自主地谈论自己的原生家庭对职业的影响以及他们如何在这样的影响下独立自主地发展下去。当然，其间也包括一些原生家庭的负面影响，他们在消除扭转负面影响的过程中找到了自我发展的契机，逐渐走上自我教育的征途。

【案例 15】父爱如山

我的父亲是一位乡村小学的教员，母亲是个庄稼人，父母感情很好，母亲一直都是默默无闻地支持父亲做乡村教员。说父亲是个教员而不是教师是因为他内心一直有遗憾，他自己从未取得过教师资格证，也不是师范类院校毕业的。父亲在这个村小一干就是一辈子，我和两个兄弟从记事开始就被散养在村小，我们是听着读书声长大的。后来，父亲都让我们报了师范专业，就是希望我们能够当个名副其实的老师。我

---

[1] CANFIELD B S, HOVESTADT A J, FENELL D L. Family of Origin Influences Upon Perceptions of Current-Family Functioning [J]. Family Therapy, 1992 (1).
[2] WHISTON S C, KELLER B K. The Influences of the Family of Origin on Career Development: A Review and Analysis [J]. The Counseling Psychologist, 2004 (4).
[3] METHENY J R. Family of Origin Influences on the Career Development of Young Adults: The Relative Contributions of Social Status and Family Support [D]. Doctoral Dissertation of University of Oregon, 2009.

记得我当年第一次取得特岗教师资格被分配到一个离家很远很偏僻的地方教书,那时候我是一脸的不情愿,走到半路就折回来了。路真的太难走,我怕死!那天下着雨,眼见着从山上滚下来一块大石头,险些砸在我的头上,最后稳稳当当地掉在我面前,我都吓瘫了,说什么也不去当这个悬崖边上村小的老师了。当时,我都收拾好行李要去城里打工赚钱了。父亲见到此景,一个巴掌打在我的脸上,顿时脸和眼就像被灼伤一样,特别疼,心里更是委屈。我含着泪又登上了那坎坷泥泞的山路,这次父亲也陪着我走了一路,他说:"咱爷俩在路上拉个话,有个照应,吹吹牛,不孤单。"就这样父亲送我走上了我的从教之路。每次我想放弃的时候,我都会想起那打在脸上落在心上的"一巴掌",我也会想起父亲跟着我一路颤颤巍巍的身影。我想再也没有什么嘱托是这样地令人不可抗拒的了。

——来自龙河小学张华老师的口述

张老师的从教经历来源于他父亲的教师情结和教育情怀。这正印证了原生家庭对子女职业生涯的影响。父亲对教师职业的期许表现为对师范教育的认同与向往,父亲用自己几十年如一日勤勤恳恳在村小教书的生命经历为张老师播下一颗教书育人的种子。就这样,原生家庭尊师重教的情感萌芽在张老师心田里扎下了根,张老师受父亲强烈的影响成了一名名副其实的乡村教师,他身上有父辈教书育人的痕迹且充满了对这方土地爱得深沉的情意。正是原生家庭对教育事业热爱的情感基因,让张老师一次次战胜自我,自我突围、自我调适、自我完善,使得他坚守在乡村学校成为一名优秀的乡村教师。

二、夫妻间的相互支撑与滋养

对很多家庭关系的考察以及家庭心理疗愈的研究表明,在家庭中夫妻关系是最核心、最基础、起决定性作用的关系,夫妻关系的质量决定着家庭生活的质量。夫妻关系是一个成年人最终的内心归属和直接的慰藉感来源。良好和谐的夫妻关系可形成坚实的家庭后盾,为家庭成员提供稳定的归属感、幸福感和慰藉感。在艰难困顿的时刻,夫妻间是否相互理解与支持尤其重要,它可能是压倒骆驼的最后一根稻草,也可能是"系铃"的"解铃人"。高质量婚姻关系与物质生活的享有、财富的多少甚至是陪伴的时间几乎没有什么绝对的相关性，高质量的婚姻关系源于精神层面的门当户对，心灵的彼此相惜相印，风雨过后还能携手共进。夫妻间这种朝夕相处、相互理解、相互关爱建立起的彼此共担责任、患难与共的亲密关系，可以充当危机与困境面前的强大精神动力和坚实情感后盾。在非常时期，夫妻一方甚至甘愿牺牲个人利益无怨无悔地去成全另一方，这便是婚姻关系所赋予的神圣之处——彼此给予最大的理解和爱的成全。

可以说，每一个乡村教师都不是孤独的战斗者、奋进者、耕耘者，他们的坚守与自我突围无不蕴含着家庭的支持和无限包容与理解。没有高质量的婚姻关系做强大的情感力量补给，很难想象他们如何在困境中孤苦地艰难跋涉而顽强地蹚出自我教育的道路。没有夫妻彼此的相互支持共进，家庭情感生活不顺畅，将会影响到职场的工作开展，教师容易陷入"家庭-工作"的混沌中，无心钻研教育教学，忽视自己作为教育主体的觉知，无暇关注自身改善的潜能。令人欣慰的是，在笔者采访的优秀乡村教师群体中，他们的家庭幸福度、满意度都比较高，不仅安顿于略显清贫的生活，知足常乐，而且很知恩于夫妻间的彼此关照与支持。可见，高质量的婚姻关系给予他们事业上的不竭动力和无限理解还有不同程度的疗愈，是他们自主谋求发展、实现自我价值的坚实而至关重要的一个外界因素。

【案例16】还好，我只承担一半的责任

韦老师是"最美乡村教师"获得者杨元松的爱人，他们俩是学校里的夫妻档，也是令人羡慕的教师伴侣。"一定要找到出版社将孩子们的日记发表出来。"为了实现对孩子们的承诺，夫妻俩几乎搭上了家庭全部积蓄和精力。家里的积蓄很快就花完了，又借了几万的外债。每到寒暑假杨老师就在全国各地的各级各类出版社"乱撞"碰运气，精诚所至，金石为开，他终于兑现了这份承载着孩子们热切期望的承诺，终于有出版社承接了该书的出版，不仅免费出版还付给了杨老师一笔稿费。杨老师将所有的稿费按照文章字数比例分给了每一个参与其中的学生，学生双手托起自己的文字换来的钱高兴得泣不成声……当时，韦老师得知有出版社给了稿费，一阵高兴，也算是放下了一块心里的石头，她原以为有了稿费，家里借的外债就可以缓解一下，赶紧把钱还上日子就好过了。结果，让她大出所料，杨元松居然一分钱都没有留给自己。生气归生气，她还是仅仅说了一句不温不火的话："还好，我只承担一半的责任!"接下来家里的生活还是紧巴巴的，她周末还在城里做起兼职，帮衬着把债还清了。每次，杨老师都会拿媳妇那句话打趣她："还好啊，你就承担一半责任就好啦!"脸上却洋溢着幸福的笑容……

从杨元松的笑容里看得出他对妻子的感激与欣赏，这也是促使他可以在事业上大显身手的坚实后盾，有了想法就直接去实施，没有任何后顾之忧。妻子对他的包容和朴实的理解促使他每次受挫之后都会继续战斗、永不放弃。"还好，我只承担一半的责任!"表面上看是在做自我解嘲而推卸责任，但放在真实的情境中，我们却看到了一对风雨无阻、同舟共济的恩爱小夫妻。夫妻间相互搀扶，齐心协力，共担风险，遇到挫折相互包容体谅，这便是高质量婚姻关系的体现。它是自我实现的坚实后盾，为乡村教师专注于教育事业不断进行自我突围准备了安全的心理环境与温暖的爱的联结。

三、子女给予的理解与包容

家庭之中亲子关系也是影响教师职场自我发展需要考虑的一个重要因素。子女是家庭的希望，承载着父母对于未来的寄托。可以说，天底下没有不肯为子女付出、不关心子女的父母。对子女的教育以及照料是教师每天回到家庭需要面对的事情，是不管不顾还是精心培育，是全权推给他人教育还是各方分工协作，是每个家庭难以回避的选择。家庭教养方式看似是个非常个体化的事务，但是会给家长所从事的工作带来很大的积极或消极的影响。亲子养育进展不顺利，很难有多余的精力顾及职场的事业。亲子关系理顺了，子女教育可以良序开展，工作事业也可以稳步前行，而且子女对其父母事业的理解与包容也会生成父母在事业上谋求发展的慰藉与鼓舞。因此，对乡村教师职场情况的考察也离不开亲子关系的维度。

在对乡村教师的考察中，问起"最大的遗憾或是愧疚"的时候，他们中的一些人总会眼角含着泪水黯然失色地说："最对不起的就是自己的孩子。"他们大多是围绕这样的一些话题：自己为了班上的孩子，为了工作耽误了自己孩子的教育；平时对孩子的照顾太少，以至孩子有很多行为问题已经养成，很难改变；孩子没有来得及好好培育就长大了。可见，亲子关系及子女的教育问题已经成为乡村教师内心深处隐隐的痛与最忧心的事情。但也不乏与之相反的情况发生，有些乡村教师可以兼顾家庭和事业，拥有高质量的亲子关系的反哺与激励，并助力事业上的稳定与自主发展。

【案例17】爸爸是为了教好班上的小朋友

杨元松老师的儿子叫亮亮（化名），就在毛草坪小学就读，爸爸平时很忙，即便是在同一个学校读书，也难得辅导亮亮的功课。亮亮一放学就回到三合板搭建的简易屋，坐在床上做作业。这间只有不足20平米的阴暗而潮湿的房子住着一家三口，陈设极其简单，甚至连一个适合儿童做作业的靠背椅都没有。遇到不会做的题目，亮亮就溜下床来，小跑到爸爸跟前问起来，显得特别着急的样子，好像此刻不问下一刻就找不到爸爸了，只有这个时候抓紧时间问清楚才不会耽误了写作业。可见杨老师一直没有整段或者固定的时间辅导亮亮的功课，以至于亮亮对此总会产生危机感。看到此情此景，我不禁发问："亮亮，你爸爸这么忙，都没有时间辅导你功课，你怪爸爸吗？"亮亮懂事地摇摇头："爸爸是为了教好班上的小朋友。"我分明看到了孩子眼睛里晶莹的泪光，它是那么清亮、那么纯粹。

亮亮的回答饱含了对父亲的理解与包容，一个不足十岁的孩子，正应是在父亲膝下玩耍的时候，很难得这样懂事自立。作为乡村教师的孩子却没能得到更好的来自父辈的教育关爱，反倒理解父母，愿意将给自己的爱分享给更多的同龄孩子们。亮亮的善良来源于原生家庭父母对教育事业的情结与教育仁爱之心。作为亮亮的父亲，杨元松何尝不是提起家庭教育就一脸的愧疚，他承认在自己孩子身上花的功夫确实很少，而最令他欣慰的是亮亮很懂事，从来不淘气，也不给他添麻烦，甚至还很支持他，这样他可以更安心工作，用更多的精力去钻研、自主学习，可以花更多的时间全心全意地对待学校里的每一个儿童。

第二节 专业成长的自觉与修炼

一、职场生活的模塑

职场（Workplace），也叫工作场所，无论是对于个体的发展，还是对于组织的发展而言，都是一个非常重要而有效的学习空间。而职场学习就是人们在工作过程中的学习经历。[①] 职场是每一位乡村教师每天都要面对的最常见的现实情境。教师职场生活指的是教师作为职业人为完成教育工作任务——一般是在学校中——所进行的一系列活动及事件，它不仅包括学科专业知识、技能、伦理的传授及学习，还包括课堂内外的师生关系互动交往，以及同侪之间的相互影响。可以说教师的职场生活是教师进行自主学习与自我反思的重要阵地，教师的自我教育意识以及自我教育的契机也几乎都是从职场生活中产生的，教师职场生活为教师进行自我教育提供更加丰富生动的教育素材和教育阅历。教师的自我教育能力就是在职场中被看似纷繁、细微、无章的小事件不断磨炼而出，也是在职场中邂逅不同角色的人并与其产生联结关系中逐渐建构的。教师职场生活是一面镜子，它映出的是教师进行自我教育的真实镜像，回归教师职场，便是回归教师进行自我教育的主体。

乡村教师的自我教育根植于教育教学土壤中，在教育实践中育人育己。教育教学是教师进行专业化活动的主要方式，也是教师进行职场学习的主要方式，教师在进行教育教学的同时也不同程度地对自身行为和思维进行检视、观测、反思，在此过程中潜移默化地开启自我学习、自我反思、自我监测、自我评价等自我教育。因此，可以认为教育教学活动是教师进行自我教育的捷径，它不仅提供大量的学习材料和思维方法，促使教师丰富自我教育的内容与方法，还将教师自我教育的内涵与教师专业化的提升拉近距离，二者同驾齐驱，相辅相成。在专业化层面，教师自我教育发生的最常见的两个场景是教研活动和工作坊的开展，基于乡村教师的特殊情况，他们几乎不具有开展系统的、科学范式的教研活动的条件，当然他们更没有机会接触以教师自我理解为表征的工作坊，但是这似乎不影响他们进行草根式教研活动。草根式教研，顾名

[①] 赵蒙成. 职场学习的优势与理论辩护 [J]. 教育与职业，2010（3）: 21.

思义，就是对教学一线最基础的、与教育生活最贴近的一些小而有影响力的问题进行非正式的教育研究活动。这也是乡村教师最擅长的教研模式，他们拥有丰富的生活智慧，善于切合实际地进行反思琢磨，能够在实际生活中发现问题，用简单质朴的方式解决看起来很复杂的教育问题，其结果收效明显，师生共同受益。可以说，草根式教研是乡村教师在职场生活中进行自我教育的独特方式，这种自我教育是在专业学习与研究的过程中不断相互启发、彼此贡献、思维碰撞，依靠反思与协作而完成的。

【案例18】一部《弟子规》改变了整个村小学

毛草坪小学只有7名教职工，80多名学生。它是坐落在大山脚下的很不起眼的村小学。一天，几位老师在一起吃饭的时候，东家长西家短地聊到了当下班上的问题孩子。"我看咱们不如开一门课，现在不都讲究校本课程吗？咱们学校没有这样的课程，不妨就开一门课。""开一门课的想法好！但是大家得好好想想这样的课是什么课、怎么开，需要每一个老师都能教得来，而且还能够持续下去才行。"校长给大家指引了方向。"咦，我想起来了，我觉得传统文化最适合我们这样的学校了，我们就用一本传统经典，反复让娃娃们诵读，让他们按照书上写的要求自己。对，就用《弟子规》，就用《弟子规》吧！"

于是，老师们进入了自主学习《弟子规》的兴致勃勃状态，几乎一有时间就拿起《弟子规》看一看、读一读，教研时间也变成了相互示范解读，谈读《弟子规》的心得体会和教学反思。经过充分的学习准备后，老师们开始集体教学《弟子规》：有的带学生早读《弟子规》；有的师生问候的环节变成《弟子规》问答；有的每天让学生轮流讲一个《弟子规》故事；有的就是在课间的时候老师们用《弟子规》中的语句跟学生玩"接龙对答"游戏，老师说上半句，学生争先恐后地说下半句；还有的将《弟子规》作为学生品行的考查指标……

这个案例体现了乡村教师草根式教研的真实情况，自发地在群体中自我发现问题，相互支持找到自我解决的办法，继而开展自我学习、自我行动等自我教育。在这个过程中，教师不仅是在潜移默化地进行以问题为导向的行动研究，他们更是课程资源的开发者、学习者、实践者，乡村教师对校本课程的胜任力和研发力非但没有在草根式教研活动中被削弱，最终反倒取得了事半功倍的效果。乡村教师受其独特的地缘环境、文化环境及自身条件的影响，很难拥有像城镇教师那样先进的教育理念、精湛的教学技艺，真正要解决自己的问题，光依靠外界的专业支援似乎已经无法达到他们真实的专业需求。因此，解决自己的问题要靠自己和所在群体共同的智慧和实践摸索。毛草坪小学的《弟子规》国学经典诵读校本课程就展示了这种草根式教研的力量，有深切的实践性反思价值。几乎每一位教师都在寻找积极可为的路径，每一位教师都在做教研的推动者、参与者、组织者，几乎没有特别明确而有力的外界制度强化，仅凭借着教师自主性——教师对现实问题的自我钻研，他们自然而然地走上主动学习、自我教育的道路。师生的精神面貌有了很大的改观，教师看到教研成果一点点奏效，心里充满欣慰与喜悦，更易激发起他们进一步深入学习与反思的热情。在此，值得注意的是乡村教师的劳动创造能力和灵活处事的智慧是非常强大的，一旦有了自觉意识以及寻找到适切办法，就像那落地就能生根的藤蔓一样，努力向阳而生。

二、师生和谐共进

乡村教师的自我教育是在师生关系的互动中创生并发展壮大的。师生关系是教师职场中最核心且最直接的关系，师生关系的质量与状态直接影响到教育质量与教师的职业幸福感。师生交往的实质是彼此之间的相互关心，体现为关心关系的达成。诺丁斯明确指出，关心的核心集中于人们的共同生活，集中于人们共同创造、维系和提升积极的人际关系。[①]"要向学生传递这样一个信息：学校教育不是通往上流社会的阶梯，而是通向智慧的道路。成功不能用金钱和权力来衡量，成功意味着建立爱的关系，增长个人才干，享受自己所从事的职业，以及与其他生命和地球维系一种有意义的连接"。[②] 关心的伦理诠释了这样一种新型的师生关系："教师率先做出关心学生的行动，用心体察并回应学生的真实需求，在实践中反复求证其关心的方式与效果，教会学生敏于并积极反馈教师的关心，如此过程使得师生在相互确认关心的意图及其适恰性中彼此生长出更多的道德意愿和能力，师生关系变得富有道德生活意义。"

[①] 诺丁斯. 学会关心：教育的另一种模式[M]. 于天龙，译. 北京：教育科学出版社，2011：51.
[②] 同①：99.

关心型师生关系是一种由师生双方共同建构生成、触及心灵的生命关系。它强调师生共同成长、彼此关心的完整达成，它蕴涵着师生关系的审美旨趣：在尊重中同理他人，真诚相待，产生道德的美好情感，施以利他的态度与行为，建构幸福而有意义的道德生活，在交往与对话中生成爱的能力与"情感-生命"的丰盈体验。"关心的道德关系是建构的！她启迪人们思考那些裹挟着你的、不满意的教育现象如何改变，激发你对更加合理、更加健全的学校教育的想象、热望和创造。"师生关系的道德生活指向的是师生彼此在关系运动中寻找到适恰的生命生长方式，而它一定是建立在真诚关心达成之上的，是对静态教育爱的突破与超越。但是，如何创生师生间的关心型道德生活呢？首先需要教师具备关心的道德敏感性和主动创造教育意义的能力。没有人文情感的教师不大可能拥有关心的道德心，没有被师爱温暖过的学生其对他人的态度也会是没有温度的。因此，关心型教师的道德敏感性由真挚师生之爱作为情感基础，应该包含对真善美的感受力、师生彼此的生命关怀、对营造情感关系的主动性以及对教育事业的信仰和热望。关心型教师的教育出发点是对学生情感的尊重，期待培育同样具有关心情感且充满爱力的人。这种培育还需要教师具备主动创造教育意义的能力，在教师职业生活中挖掘富有关心的人物与事件，将关心融入教育情境，创设情感氛围，彰显其关心的价值。教师让关心道德敏感性与职场生活发生联结，进行教师意义的创造，其本质也是教师在专业成长中实施关心、扩大关心的外延，由关心学生延伸到关心职业道德生活。

关心型师生关系的建立和师生共享的道德生活建构要求教师全情投入并专注地参与其中，在整个过程中，教师也在关心关系的浸润影响下更新着自我，在与学生不断地施加关心与被关心的回应中，教师看到了成长潜能和教育新契机。关心型师生关系促进师生彼此被看见，促进师生彼此自我完善与自我实现。对乡村教师而言，关心型师生关系的建构是更为朴实而具有实践性的，日常师生间的情感性交往体验丰盈着师生彼此的生命，这将激发乡村教师不断为持有并维系关心型师生关系积极行动与反思——为教师职业本身自我诠释，为提升关心能力而积极自主行动，为逆境中坚守而自我鼓励，为寻求改善教育现状而自我突围。可以说，关心型师生关系对于乡村教师的自我教育更像是源头活水，促使他们其乐无穷地畅游其中，不断汲取养分进行自我更新。

【案例 19】孩子们的爱促我成长

有好几次我都去意已决，真的不想在这个封闭的小山村待下去了，可每一次都是孩子们的爱又把我召唤回来。正是班上的这些孩子让我感受到做个乡村教师虽然苦点累点，但是心情是舒畅的，孩子们对我的爱是其他任何职业都不能给予的。我生病的时候，孩子们会悄悄把从家里带来的鸡蛋放在我宿舍里；我生气发脾气的时候，孩子们就会表现得很乖、很懂事，摘来山间的野花送给我；周末食堂里不开火，自己懒得做饭只能泡方便面，孩子们会从家里烧好饭菜抱在怀里一路跑到学校，只为我能够吃上一口热乎乎的饭……这样的事情有很多很多，每次我一跺脚想要离开的时候，我眼前都会有那一幕幕孩子关心我的情景，那是多么宝贵的人间真情啊！我感觉我的生命和孩子们是连在一起的，跟他们在一起很温暖、很快乐，简单而又幸福。现在我们班开启了"师生共学"的上课模式，我邀请孩子们自己当"小先生"给大家讲课，台下的孩子们积极提问，最后我再进行讲解补充，很多问题都是我没有预料到的，接下来我还是要在课下做功课，这也促进了我的学习，每学期我的课堂笔记都是密密麻麻的好几大本，记录着我和孩子们一起成长的点点滴滴。

——摘自王丽老师的访谈录音

从访谈中可知，经历了像王老师这样心路历程的老师有很多。几乎年轻的乡村教师都要经历这样一个职业磨合的过程——从刚入职的不适应、极度想逃离，到渐渐地心灵安顿，再到找到自己教育事业的精神家园。王老师的转变与成长是在师生关心关系的互动中实现的。没有学生的关心就没有王老师教学上的不断进取与收获，没有王老师的大胆教学改革就没有她专业困境的自我突围，也没有她和孩子们一起的快乐成长。关心型的师生关系让师生的生命联结在一起，变成他们自我教育的内在动力，在关心关系的建构中达到了学习的最佳效果。

三、同侪互帮互助

教师的自我教育离不开集体支持与他人合作。在《德意志意识形态》中，马克思和恩格斯把集体主义的主要思想进一步表述为，"只有在集体中，个人才能获得全面发展其才能的手段，也只有在集体中才可能有个人自由"。列宁将集体主义原则通俗而深刻地概括为"人人为我，我为人人"，提出要培育无产阶级集体主义精神教育劳动者，努力克服"人人为自己，上帝为大家"的思想毒害，将"人人为我，我为人人"的思想原则传播到群众中去，变成每一个人的生活习惯和处事方式。从职业领域来看，作为人民教师，他们是广大民众的榜样和模范集群，在他们每一个具体的职业言行中，只有集中体现这种"集体主义的职业精神"内核，才能真正地起到示范、引导的作用，彼此相互理解，促进良性的竞争氛围与新的发展契机形成。

在集体生活中自我能拥有真正的自我价值，自我教育能获得更大的发展空间潜能。教师在集体中开展同侪互助合作，实际上是其实现自我完善与自我精神顺畅发育而寻求外界支持的过程。正如苏霍姆林斯基指出的那样，"教师集体是一个志同道合的创造性友好集团，这个集团中每个人都为集体的创造性做出他的个人贡献，每个人借助于集体的创造在精神上得到充实，同时他又使他的同事们在精神上充实起来"[1]。赞可夫在谈到教师个人的自我提高时曾经强调："这绝不是指让教师关起门来，脱离教师集体而提高自己的业务水平。教师的自我提高的工作要从集体思想的源泉中吸取营养，这种集体思想体现在代表会议、讨论会、专题研究会等各种活动中。而教师本人也把自己思考的结果、问题、疑难提交给集体来研究。"[2] 由此可知，这种教师同侪之间的教育性人际关系具有强大的激励价值，有利于教师专业能力的发挥和专业伦理的彰显，以及教师独特个人魅力的释放与个性的健康发展。教师同侪之间这种团结协作的氛围一旦形成，会使教师逐渐养成真诚的、互助与相互激励的教育人际关系。这种人际关系氛围的形成指向集体主义的职业精神达成，会影响和带动教师与学生、教师与教师之间和谐关系的发展。教师的教育潜能会得到有效的激发，教师同侪所实际表现出来的教育科研能力和教育教学效果，会远远超过教师个人所可能发挥的科研能力和教育效果。正如马卡连柯在长期教育工作实践中深刻体会到的那样："如果有五个能力较弱的教师团结在一个集体里，受着一种思想、一种原则、一种作风的鼓舞，能够齐心协力地工作，那他就比十个各随己愿的单独行动的优良教师要好

---

[1] 苏霍姆林斯基. 帕夫雷什中学 [M]. 赵玮，王义高，蔡兴文，等译. 北京：教育科学出版社，1983：62.

[2] 赞可夫. 和教师的谈话 [M]. 杜殿坤，译. 北京：教育科学出版社，1999：242.

得多。"①

从来没有一个时代会像当今这个世界如此紧密地将我们联系在一起。每一个人都有形或者无形地卷入了捍卫"全球利益共同体"的行动之中，如果教育是为了促进充分实现个人价值和促进新的发展模式的话，那么教师和其他的教育工作者依然还一定是重要的行动者。这个时代的教师需要一种更加流畅、更加自主、更加富有活力的学习交流方式，让那些学校和教育机构以及其他学习团体的教育资源、经验、方法更加紧密地团结协作达成共享，更好地为教师个人的自我教育服务。学校作为文化体验、文化洗礼、共同学习的场所，在这里，师生之间、教师同侪之间都进入一种积极的相互学习的关系中，师生一起在其中学习、休息、交流、成长。从教师自主学习、自我教育的角度看，学校承担着重要责任，"学校本身就是学习者的共同体"，"教师集体也必须从单纯的管理组织转型为相互学习的共同体。作为专业集团的互动成长的'同事关系'（Collegiality）的形成，是创造学习共同体的学校不可或缺的课题"。② 进一步说，从同侪关系对教师个人成长的促进层面来看，同侪关系实际上是指"教师们旨在改进教育实践而在学校中形成的合作关系。近年的教育研究表明，学校成功的决定性因素在于教师专业成长的合作关系的有无；教师专业成长的决定性因素也在于校内教师合作关系的有无。学校的专业共同体的成熟度以及这种共同体所拥有的专业文化的成熟度，是教师成长的最大保障"③。因此，同侪之间建构的学习共同体以及整个学校专业文化的成熟度对于每一个教师个体自我发展、自我成长以及进行借鉴学习、实践反思有着决定性的意义。

乡村教师的同侪促进与学习共同体建构带有其独特的乡土风格。乡村教师群体中常常存在这样有趣的现象：他们很少有作为专业人自居的情况，大多时候感受到自己是"当老师的"，但是"当老师的"需要在专业上有何发展或是在职业上有什么要求，他们对此似乎不是那么清楚。他们更多的是将自己以种田干活归类为农民，以教书公职归属于"当老师的"，这样懵懵懂懂地认同自己的教师身份。因此，在本身就没有明确的职业归属感的群体中，谈同侪促进或者学习共同体建构总归带有一点天方夜谭

---

① 马卡连柯. 论共产主义教育［M］. 刘长松，杨慕之，译. 北京：人民教育出版社，1954：304.
② 佐藤学. 课程与教师［M］. 钟启泉，译. 北京：教育科学出版社，2003：80.
③ 同②：248.

或者理想化色彩。但在现实生活及教育实践中，他们确实用自己的言行和智慧蹚出了一条朴素、回归教育常识、有同侪促进意味且不乏学习共同体建构痕迹的自我教育之路。他们营造的同侪促进是在非常自然的生活场景或是教育现场中生发出来的，也许在那种情境下他们自己都没有意识到那有一种同侪促进的功能，但确实对其自主成长起到很重要的作用，按照他们的理解就是来自"同事间的相互帮忙而已"。更有趣的是关于学习共同体的建构，他们会觉得那是很自然而再平凡不过的事情。"大家伙坐在一起聊聊教学的事情，商量商量该怎么办的问题，然后就各自赶紧按照自己的分工抓紧时间落实就是了。然后出现问题了，再开会讨论，再实施，再反馈修正……"基于此，对乡村教师同侪关系积极影响的考察应着力于更内在而生动的自我教育发生机制和他们自身的生活体验。

【案例20】教师读书会

村小学出了位"最美乡村教师"，整个校园都沸腾了。当杨元松老师领奖归来，学校的老师们为他举办了亲切热情的欢迎会，对他的事迹进行交流学习分享。谈到交流学习心得，老师们更是有话说。"杨老师，今后就带着我们一起读书吧！只要你认为是好的书，就给我们介绍，我们也买来看，你带着我们大家一起多读书，带着我们共同进步！""是啊，杨老师，我们以后每周都组织一个读书会吧！我们多讨论读书和教学的事情，少打麻将吹牛聊天！"于是，校园里就多了一个教师每周一约的读书角，杨老师是会长，他把自己认为的好书投放在读书角里，让好书流动起来。到了周五放学的时候，老师们就捧着书，相互交流起来。或许每次读得并不多，仅仅是几段话而已，但这样的精神养分越积累越多，浸润到老师们的心田，转化到教育实践中，渐渐地教育教学越来越有意思了，老师们找到了精神航标，工作起来也更有了兴致。他们将每周的读书会看成丰富的精神盛宴，若是不和同侪相互分享一下读书心得，就像生命里缺失了什么一样不自在。

教师读书会的形式是很典型的教师同侪间学习共同体的建构模式。在这个案例中，杨元松老师作为"最美乡村教师"荣誉的获得者，将其学习的经验以读书的形式传播给大家。在榜样人物带领下，教师们开展了积极的相互学习与自我教育的活动。

每周一约的教师读书会见证了每一位参与其中的教师成长，而作为这个活动的组织者，杨老师不仅收获到同事的情意，还吸收了集体阅读的智慧，他在这样和谐的学习氛围中更加自由自主舒畅地学习。同侪促进的积极影响力遍布在这个以读书为乐的村小学，让每一个身在其中的教师找到自我成长的路径，以读书为载体不断实现自我教育，收获到职业的幸福感。

第三节　学校组织的变革与创造

一、乡村学校的价值追求与办学理念

我们正生活在一个充满挑战、危机、不确定性的世界里。教育作为保障公共福祉的人类事业必须在应对这些艰巨挑战方面发挥至关重要的作用。然而，正如在新冠肺炎疫情中所显现出来的那样，教育是脆弱的：在新冠肺炎疫情暴发的高峰期，全球有16亿学生受到了学校关闭的影响。[①] 我们需要回归到教育真实的情境中，回到人们正在面对的不确定性、复杂性、挑战性中，重新建构教育价值系统与底层逻辑，采取紧急行动改变方向——在"过去承诺与未来不确定"之间寻找自主自治。既然我们生活在一个除了不确定性别无选择的世界，那么我们必须明确面对不确定性底层攻坚的方式只有两条：依靠自己充分涌现自我主体性与优化自组织系统巩固命运共同体，这是所有主体意识的生命联合起来共同面对社会挑战风险的唯一可持续发展的选择。涌现自我主体性，需要明晰自己的处境与角色，拥抱成长性思维，形成自理化心智模式，发现并发展自我教育的内生力；联合自组织系统，需要调动命运共同体之下的所有主体意识，挖掘本土文化自信，诱发自主能力，自觉建构健康秩序，提高有序度与组织实效，形成组织生态化与可持续再生。

现实中乡村教师与其所在的乡村学校正历经同样的底层攻坚，面临同样的不确定性与必然的价值选择，具体体现在乡村学校的办学理念中。那么，面向当下与未来的不确定性，应对风险危机，同样肩负乡村振兴、民族复兴使命的乡村学校应有如何的

---

① 数据来自2021年11月，联合国教科文组织于该组织第41届大会期间面向全球发布的《共同重新构想我们的未来：一种新的教育社会契约》报告。

生长姿态？乡村儿童应该拥有哪些核心素养才能真正面对未来的挑战？乡村教师应该拥有怎样的价值选择与行动担当才能完成此重任？我们借用北京师范大学中国教育创新研究院院长刘坚教授对"未来学校"的描述，其认为："好的未来学校首先一定是多样的；第二，未来学校的本质追求一定是基于培养孩子的核心素养而不是应试的；第三，未来学校要和自然界建立更多的链接。""真正适合儿童成长的学校是我们未来应该追求的学校，去判断未来学校具体是什么样的这件事风险极大，如果让一个孩子在他的学习生活中能够看到善良、合作、正义、审辨、创造性，我想这就是未来学校的基本形态。而形式对于未来学校没有那么重要。"[①] 在此基础上，我们对乡村学校的价值追求及办学理念有了深层次的认识：乡村学校需要创设更优质的教育机会质量，为乡村儿童现实生活与未来生活做准备，为教师自主发展服务，为学校提供内生发展动力，保障不断努力的生态化自组织形态。由此，乡村学校要始终保持清醒的认识，坚持直面未来的教育愿景引导，在更大的格局与更深远的未来中为儿童成长做准备、为教师自我成长谋福祉、为学校组织生态建设而努力，坚持依靠自组织的良序发展而实现自主、自为、自治。基于教师教育是一切教育事业的工作母机，乡村学校振兴更是离不开乡村教师优质发展——以教师自我教育为核心动力的内生发展。说到底，乡村学校自组织系统的主力军就是教师本人，学校组织建设的根本任务是促进教师自我成长的行动力，创造教师自我教育的最大可能，如此才能实现"良师善邦，启师致远"的共同愿景。

二、自组织系统的态度选择与行动创新

自组织系统（Self-organizing System）是一种高级的有自我秩序的组织系统。它不需外界力量的干预，而且还能自行建立内在秩序，能够提高其自身的有序度及生态性转化。一般说来，组织是指系统内的有序结构或这种有序结构的形成过程。德国理论物理学家赫尔曼·哈肯认为，从进化形式来看，可以把组织分为两类：他组织和自组织。如果一个系统靠外部指令、规训或制度而形成组织，就是他组织；如果不存

[①] 刘坚. 未来学校什么样，核心素养如何在未来学校落地？[EB/OL]. （2020-03-03）[2021-03-15]. https://www.sohu.com/a/375756402_484992.

外部指令，系统按照相互默契的某种规则、内生的某种力量、共同的意愿或愿景，各尽其责而又协调地自动地形成共享的有序结构并维系其良序发展，这就是自组织。自组织现象无论在自然界还是在人类社会中都普遍存在。一个系统自组织功能愈强，其保持和产生新功能的能力也就愈强。由此对照学校组织的特征，可以说，学校一定是自组织与他组织密切结合作用而成的，但学校组织的育人根本目的及伴随人成长的价值属性决定了它的自组织性要超越他组织性，甚至相比而言，更需要自组织性的坚守和可持续的运营。如此可以认为，每一所学校都应是充满活力的、洋溢着人文关切的生命场域，它们本应拥有健康的自组织系统，而不是在他组织的强制干涉与束缚下被动行动。尤其是在人类命运共同体与全球化危机视角下，人类备感不确定性带给教育的脆弱感、剥夺感，由此需要开启学校自组织系统的反思与重构：学校本应是自成体系的人类文明的灯塔——培育人，发展人，传播文化，导向文明，而在现实中的工具理性及实用主义价值观诱导下，有的学校组织俨然异化为"知识的容器""应试的流水线"，一切高于知识理性的非智力因素的培育都被不同程度地遮蔽，学校组织在强大的他组织规限下对此甚至产生道德疲软，缺乏自控，无力自助。当今社会已形成这样的共识：学校教育依然还是教育事业的主力军，教育也必须着眼于学校教育的改善而变得更好。如今教育作为人类面对一切不确定性、复杂性关系的公共福祉事业，急切需要强大的自组织内生动力与创造力来完成自我更新与可持续发展。而这就进一步对学校组织系统提出更鲜明的态度选择与行动方向：自觉关切自我成长，主动投身自主创新。

乡村学校组织亦是如此，尤其是在城市文化、应试教育强势进攻与植入的处境中，乡村学校组织举步维艰，发展缓慢，它们被视为薄弱学校，长期沉陷在"等、靠、要"的被动牵引的发展策略里。为此，乡村学校要改变对自组织系统的认知与态度，学校首先要认识到自己的问题归根结底需要学校组织系统内部变革完成。态度决定成败，组织变革的成效取决于态度的选择。面对复杂情境，学校组织系统要有明确的态度抉择：是静观其变，等待行政指令，还是先行动起来，寻找自主创新的可能？是效仿城市强校密切跟进，还是顺其位育之道，诱发内生支持？是疲于应对他组织系统带来的压力，还是开辟自组织系统的自我更新时空？在现实案例中可以发现，每一所学校的变革都不是一帆风顺、一蹴而就的，它需要经历历史时空的检验、实践真理的检验、深入人心的拷问以及教育初心的回溯与反思。我们从中可以发现，万变不离其宗，一切自组织的变革成效都离不开自我的找寻与自我的更新：找到自我的优势资源，发现它，挖掘它，创造一切可能的机会培育它，发展它，并且提升它优势发展的良序结构，批判地保留下来，不断更新创造。

态度的改变完成了自组织体系内成员的自我觉察与抽身反观，接下来需要建构底层逻辑，开启成长性思维的行动创新。这也许对于很多乡村学校组织建设来说富有挑战，但是它确实也是完成自我价值实现的必要实践。首先我们要拥有舍我其谁的留下来就得教得好而且还要发展得好的执着于乡村教育改造的定力，乡村教师不仅仅是在乡村教育岗位上的执教者，他们还是乡村教育的改造者、乡村文教振兴的新乡贤、乡村脱贫致富的先锋者，当乡村教师认识到自我多元化的职业角色，就会萌生出一股无比强大的价值感、事业感和使命感，唯有勇敢尝试、实践创新、砥砺前行才能汇聚多元身份带来的价值复归的高尚体验。可见行动创新是乡村教师又一个标识性的实践特征，这既是他们面对逆境自我突围的必然选择，又是他们远离平庸之殇，抵达自我成长彼岸的现实召唤。在乡村学校组织的个案考察中，我们发现一些行动创新带给乡村教师自我教育的希望之光：近年来，乡村小规模学校为了彰显自身的主体性，针对自身发展面临的共性问题，让分散在县域各地甚至全国各地的小规模学校联合起来，成立了一批"农村小规模学校联盟"，譬如四川广元的"利州微型学校发展联盟"、甘肃平凉的"三色堇农村小规模学校联盟"、山西运城的"盐湖'小而美'联盟"、河南濮阳的"微型学校联盟"、河北邢台的"农村小规模学校联盟"等，在学校之间、教师之间、师生之间、生生之间、家校之间、校地之间形成紧密联系，共同研究所遇问题的破解之道，共同分享探索形成的成功经验，共同使用开发创生的教育资源，将散落在乡村大地上的星星之火形成乡村教育改革的燎原之势。通过联盟，乡村小规模学校找回了发展自信，找明了发展方向，找到了发展道路，同时开阔了乡村教师自我教育的视野，逐渐完成了自我教育的学习共同体建构，让更多的乡村教师群体抱团取暖，找到专业发展的同盟力量。再譬如，北京怀柔九渡河小学体系就是乡村小规模学校自主化发展的典范。在九渡河小学的墙上有这样一句校训：脚下有根，眼里有光。为什么眼里有光？这里的孩子们确实是在解决具体的问题，是真实地在生活中寻找答案。那么，师生脚下的根在哪里？教育的根基就在附近的社群里，在附近的村民那里。教育资源无处不在。当地的村民的生活被教师这个新身份点亮了，教师这个角色在中国乡土社会中象征着尊严与荣耀。作为乡村社群中的教师，这些拥有工匠技巧的村民从来没有如此热爱自己掌握的这门手艺。这样一来，学校拥有了丰富的教育资源，周边社群、周围的村民也因教育带来的生机与活力获得了光彩，学校、教师和乡村、村民之间的关系变得更和谐而善美。教师也拥有了"换道超车"的勇气与底气，整个乡村社区提供教育资源滋养了教师与儿童，教师参与到社区共建活动中而拥有了更大的格局，教师的心田被打开，自我实现的境界就会提升，如此乡村教师自我教育成功地转化于与乡村社区共建、与村民共育的学习共同体之中，乡村教育被双向激活，拥有了更大的活力与希望。

【案例 21】北京怀柔九渡河小学：教育资源无处不在

这是一所山村小学，坐落在北京市怀柔区的深山里，叫九渡河小学。

现在中国的很多山村小学，真正的问题是没有好的师资。要让一个外地毕业的大学生或一个名师到山区教书，并留在那里，很难。如果名师才是学校资源的话，那九渡河小学面对的难题就无解。

2020年1月17日，九渡河小学迎来了一位新校长，叫于海龙。他到学校后干了一件事——在周边的几个山村贴了很多告示，招辅导老师。告示贴出来一周时间，有80多人报名。你可能觉得有点奇怪，村里能有什么辅导老师呢？有，是剪纸的、做豆腐的、做灯笼的、养蜜蜂的、养鱼的、养蚕的、榨油的、做饭的等等。这样一些普通的村民，大家有的也无非是平日里农家谋生的本事。你可能有点泄气，以为于校长能搞什么创新，结果搞了半天好像也就加了几门兴趣课。于校长要求孩子们不仅要把豆腐做出来，还要卖出去。在这个挑战下，学校里原来的各种文化课程就被融进来了：怎么把豆腐做出来，科学课的内容就加进来了；怎么把各种成本核算清楚，把各项收入记录明白，数学课的内容就涵盖进来了；还要卖掉豆腐，卖给其他学校的食堂和周边的餐馆，要写文案，广告能打动人，语文就应用起来了。制作豆腐课的引入，只是引了一个壳，一项挑战，而国家课程标准要求的那些知识点被于校长装进了这个壳里。磨豆腐需要计算黄豆和水的比例，孩子们提前就学会了。了解重量单位的换算关系，学会使用仪器测量质量、体积和温度，这些内容，孩子们一边做豆腐，一边都掌握了。

类似的课程还有很多：木工课、烘焙课、瓷器课、传统手工课、养殖课、蔬菜栽培课……带着真问题，去满世界寻找解决方案，这才是学习本来该有的样子。在这所山村小学，这些都真切地实现了。

这仅仅是学校在周边的村子里找到了资源吗？不，四周的村民也有收获：磨豆腐、做木工、种菜、养鸡，这些事对村民来说原来只是生计，而现在，九渡河小学的一个邀请让他们成了老师。

——选自沈祖芸2021年度《全球教育报告》样本案例

三、乡村小规模学校中教师的自信与创造优势

乡村小规模学校主要指乡镇以下、学生数少于200人的学校，主要分布在乡村，大部分是人数少的中小学校和教学点，其基本特征是学校学生总数偏少，学校班级偏少，班级人数偏少，教师人数少且师资结构不合理，班师比不合理。小班小校是世界各地现代教育的基本形态。乡村小规模学校被人们形象地比喻为"神经末梢"。它们绝大多数地处偏远乡村，生源以贫困家庭子女为主。办好乡村小规模学校，既是体现教育公平的必然要求，也是实现城乡教育均衡发展的必然要求，更是振兴乡村教育的必然要求。2018年，国务院办公厅印发的《关于全面加强乡村小规模学校和乡镇寄宿制学校建设的指导意见》要求"高度重视农村义务教育，实施底部攻坚，全面加强乡村小规模学校和寄宿制学校建设和管理，不断提高乡村教育质量"。小规模学校是偏远农村义务教育的重要办学形式，具有农村自然和文化保护价值，彰显了基于乡村自然、社会与农民的教育特质需要，它直接影响到乡村儿童能否公平享受教育。尽管小规模学校在理论上和逻辑上具有开展现代性教育实践的潜力，但在实践中却依然面临着教育质量不高的困境。乡村小规模学校地处偏远，部分学校面临师资、经费、设备配置短缺等发展困境，成为大家眼中"小而弱""小而差"的存在。而办好这些小规模乡村学校，既是脱贫攻坚的重要任务，也是义务教育优质均衡的应有之义，更是助力乡村振兴的重要之举。乡村发展、社会发展都与这些小规模学校良好健康发展有着深刻的关联。如何激活这一"神经末梢"，解决乡村小规模学校发展滞后的问题，办出"小而美、小而优、小而特"的乡村小规模学校？若要实现乡村小规模学校的现

代化转型和高质量发展，就必须重视乡村教师自我教育的实践力量，并且视其为影响办学的最关键性因素。

对此，我们要充分相信乡村教师的主体性与创造性，只有乡村教师才是乡村小规模学校的直接实验者和改革推行者。在外部环境中，乡村教师应获得专业自主创造的合理性与合法性，乡村小规模学校应给予教师充分的专业自主性与宽容的改革态度，尤其要关注乡村教师的文化自信与专业底气，赋予他们教育自主权与灵活性。只有如此，乡村教师才能不深陷于学生应试排名和城市名师的做法，才能激发乡村教师重获教育自由与自我觉醒的意识，真诚地回归育人的初心。当乡村教师职场生活不被外物所累，被给予了自由的时空、宽容的态度与真诚的期待，他们对自我价值与能力的觉知与理解就会有所突破，至少不再仰仗于由上而下的管控或者专业权威的指挥，他们最终要走向从自身出发而实现自我探求的根本之道。于是，追求自我价值的情感就会被唤醒——"在地化"专业努力的自尊心、自信心就会被激发；尝试改变现实困境的主人翁责任感与创造力就会被厚植；为乡村儿童不虚度年华进行专业突围的使命感与奋斗感就会被点燃。在强烈的价值情感的推动与诱发之下，他们的行动才更有建设性力量，才敢于大胆开展各种各样的教育教学改革实验。譬如根据小规模学校特点，探索小班教学、复式教学、混龄教学、跨级教学、混合教学等新模式。

我们要清楚地认识到，乡村教师的自信首先表现在有勇气敞开心扉去迎接新的变化和想法上。真正的自信来源于成长型思维模式——他们已经做好了成长的准备。而教育自信是指教师对教育事业的坚定信念，对从事教育实践的自我信任与胜任感，对教育面临不确定性时的底气与承担，对教育理想的执着坚守。教育自信是在职业认同感、使命感、事业感的共同驱动下，教师自己对其教育实践与教师素养的全面客观认识，充分相信自我教育的可能性，相信自我具有改造现实生活的潜力，更相信只有教育事业才能为教师自我价值实现赋能的价值选择。教师首先要保持自觉的教育自信态度，才能有底气、更硬气地尝试主动、持续地付出专业的坚守与实践的创造。乡村教师教育自信仅靠外界环境的宽容与支持并不能真正奏效，更要靠自己的努力才能实现，他们的教育自信需要历经有底气、有担当、有收获的实践淬炼才能达成。乡村教师群体的教育自信并不仅停留在精神生活的形式中，它还是由实践载体与道德驱动共同促成的，它是实实在在的发自心底的自我教育外显形式，是通过"在地化"的自主实践反复验证达成的。

　　乡村教师群体的教育自信是质朴而丰实的，带有浓厚的实践性、开创性与乡土性，它源自乡村教师沉浸在乡村大地上日复一日的耕耘与跋涉。"在地化"这一特别的境况带给乡村教师教育自信天然的优势。首先，"在乡土间"这一天然的乡土教育情境，需要唤醒乡村教师对职业角色的自我处置与回归，即乡村教师需要以"位育"思想来不断增进对乡村儿童的现实关怀与特殊教育。其次，"扎根于乡土"这一乡村教师职业归属的姿态，需要他们自觉树立"就地取材"的教育实践意识与"换道超车"的成长型思维。乡村教师应自主发挥乡村小规模学校的自身优势和当地特点，推进教育创新变革，探索低成本、有特色、高成效、可持续、生态化的乡村小规模学校振兴之路。譬如，为了实现乡村教育自主与振兴，乡村教师尝试在教学方式的设计上综合运用项目探究学习、小组协作学习、问题解决学习、工程设计学习、社会情感学习等新方法，而在培育乡村儿童核心素养目标上，需要明确以培养学生的创新精神、实践能力、合作意识和社会责任感为目标，造就能适应未来不确定社会挑战、具有终身学习能力、能担当民族复兴大任的时代新人。

　　"在乡村执教"这一教师日常的现实关怀，要求乡村教师要认清楚自身的专业底气，坚持优势资源育人的教育自信。在此，需要乡村教师以更豁达的格局敞开教育的情怀，如此才能看到书本之外的教育风景，探寻到他们自我教育的创造优势。比如，在乡村有丰富的自然、文化资源，这都是乡土自然对乡村儿童人格养成的甜美馈赠；乡村办学"从教"在制度管控层面相对宽容，这为乡村教师争取了更多的时空资源与自由度，为其在乡村学校的创造性劳动开辟了可能；一般来说，乡村尊师重道的情感文化对乡村教师实施教育改革是很有利的，乡村儿童家庭几乎都乐意贡献最大的支持，这种质朴而真诚的对教师的家庭信任其实蕴藏着教师积极寻求改善、努力尝试改革、大胆实施创新的原动力与机会；就乡村小规模学校而言，未来教育的需求与方向就蕴藏于此，无论未来学校采用何种模式，唯一不变的一定是对人充满尊重与理解，对人的差异化与个性化实施更精准的培育，也只有这样才能培育具有创新精神的时代新人。基于此，乡村小规模学校首先从规模层面满足了这个先决条件，而乡村教师应坚信，小规模学校是未来学校的一种选择，是教师不断解放，获得教育自主与美好教育生活的积极探索，为此更要坚定不移地投身小规模学校的建设中，更要通过可持续的自我教育实现乡村小规模学校"小而美、小而优、小而特"的办学目标，成为真正有底气、有教育自信的乡村教师。

当下的乡村教师是否真的可以承担其乡土文化自觉？是否具备乡土文化传承与乡土教育创造的自信与能力？这就需要乡村教师对乡土教育进行深刻的自我检视与内省。乡村教育是更贴近大自然的教育，"本山取土、就地取材"已然成为乡村教师开展本土化教育的重要常识，亲近乡土、厚植乡土情怀本应成为乡村教师得天独厚的创造优势，但现实中的乡村教师却面临着危机与挑战：在统一的行政压力与单一的评价体系共同作用下，乡村教师很难解放自我，他们长期迷失在烦琐疲惫中，日复一日低头教学，忘却了抽身反观自己，也看不清前方的路。而乡村教师的优势资源绝不可能是外界告知他们，他们就可以灵活运用的，尤其是他们进行自我教育而要付出创造劳动的优势资源，外界似乎无法精准给予。他们更需要理解与包容的过程性评价指标去呵护、去引导，即需要宽松的评价环境允许他们自主尝试甚至试错，给予他们自我反思与自我更新的机会与平台，这就需要整个社会对其外部评价机制进行松绑。为此乡村小规模学校的教育目标要跳出单一评价的窠臼，定位高远，关注个性全面发展，为学生完整生命发展定标定向。譬如浙江景宁县大均乡中心学校倡导"诚信、文明、好学、进步、合作、环保、多才多艺"的"七彩葫芦娃"评价体系，四川广元范家小学倡导"阅读、运动、勤学、勤劳、友善、阳光、文明、诚信"的"八美少年"评价体系就是乡村小规模学校个性化发展的典范。

以下案例中李松福和他的蔡里口小学也是小规模学校曲折中前行的典范，从"不划算""性价比不高"的小规模学校硬件投入，转向就地取材打造"竹文化"校本课程，找到得天独厚的发展优势，成为蔡里口小学的希望。李松福与全校师生共同找到了小规模学校的核心关切——人，彰显人的主观能动性与创造力。蔡里口小学7年艰苦卓绝的探索，既是校长带领教师们迎难而上、不懈突围而自我实现的过程，同时它的成功转型又是县政府的大力外援、宽容政策以及对乡村学校充分信任与人文关怀的结果。

【案例22】李松福和蔡里口小学

蔡里口小学赶上了好时代。7年里，双牌县财政共计为这所偏远村小投入了近千万元建设资金，学生食堂、塑胶跑道、信息化设备等陆续配置到位。如果要算"性价比"，为一所最高峰时学生数也只有130多人的村小投入这么多建设资金，其实"并不划算"。但这种"不划算"，恰恰是当地政府对乡村教育重视的体现。这种重视，恰恰是办好乡村小规模学校必不可少的前提和保障。"好校长夫妻"是蔡里口小学的宝贵财富。民办教师出身的李松福，主动要求调往蔡里口小学任校长，9年时间里，抓学校硬件改善，为学校发展和贫困学生争取社会援助，给年轻教师搭建成长平台……朝气蓬勃的阳光团队，是蔡里口小学的火种与希望。现有的16名教职员工，除了校长夫妻和从教39年的副校长外，全都是30岁以下的年轻教师。他们能写会弹，上课、主持、摄影样样拿手……先后有32人次获得县以上荣誉。无论是宝贵财富，还是火种、希望，彰显的都是"人"这一因素在办好乡村小规模学校中有关键性作用。而"人"之所以能发挥关键作用，在于他们在大山环绕中找到了自己的职业理想和成长平台。李松福带领大家大力开展教改教研，想办法送老师参加各级各类培训，就地取材打造校园"竹文化"特色和校本课程。当大自然成为蔡里口小学取之不尽的"灵感之泉"时，偏远的地理条件反而转化为乡村小规模学校得天独厚的发展优势。当然，我们为蔡里口小学的探索与实践鼓掌时，一定要清晰地看到，当前各地乡村小规模学校整体发展水平依然滞后，学生少、师资弱、质量差等难题依然存在。但难题再难，必有破题之法、解题之径。我们相信，有地方政府的重视，有大雨天县长执意为校长撑伞、局长把去学校称之为"回家"的情怀，有怀揣乡村教育理想的校长、教师，有实事求是、因地制宜办教育的精神，乡村小规模学校发展一定会有活力、有前景、有希望，必将迎来打通之局、激活之境！

——选自《李松福和蔡里口小学》，刊登于《湖南教育》2020年1月B版

蔡里口小学荣获2019年"全国教育系统先进集体"荣誉称号

第四节 "文化-社会"的浸润与支持

一、社会舆论的期待

每个社会人都会带着语言编码被标记在人群之中。这种语言编码暗示"物以类聚

人以群分"的类属，同时它夹杂着人们如此分类的情感偏爱。如此的划分归类长期拥有时空的保障后，就演化为人们根深蒂固的文化惯习。它是一种拥有历史传统的社会期待，甚至有时会是人类认识的偏见。乡村教师形象及角色的社会期待是一种潜在影响力——或是促进、示范、引领的作用，或是抑制、干扰、钝化的功能。乡村教师的自我突围与自我教育过程中，社会期待的积极影响发挥了主要的榜样作用。当今社会对乡村教师存在较为"高尚"的道德期待与较为鲜明的"奉献"情感指向。

教师职业自古以来就被赋予了神圣而崇高的社会地位，体现在社会良好的情感期待中，如"天地君亲师"的传统认知。近现代社会中，教师的各种隐喻均表达了社会对教师在道德、行为、心灵、智慧等多方面的良好期待，体现为理想化教师形象。"春蚕到死丝方尽，蜡炬成灰泪始干"被众多人用来描绘教师作为蜡烛牺牲自己、奉献社会的精神，正是受尊师重教文化的影响。尊师重教的文化基因在乡村教师身上表现为一种坚忍不拔、无怨无悔的精神，让我们对悲壮而凄美的乡村教师充满同情与理解。职业带给乡村教师的文化体验与感受，支撑着深陷不利处境的他们依然咬牙坚持，想方设法也要蹚出自我救赎的道路来。在此，不得不承认传统文化对教师精神的高尚期许在教育实践中真实地发挥了正向功能，传统文化对师者的高尚赞誉确实在乡村教师最无助的心境中起到最后的支撑与安慰功能，给他们带来些许温存。然而，这需要做批判性理解，教师作为蜡烛点亮学生仍是对教师职业的基本规定，这一点无论是在社会外在期待还是教师内在认同中都不能否认。点亮并不意味着要燃尽，也需要补给、加油。那些要求教师燃尽的期待，虽然表达了一种精神的悲壮，但却并不可取。而这些隐喻虽然在现代社会不合时宜，但他们表达了社会对教师职业的情感期待，问题的关键在于这些外在的社会期待是否有其人文关怀，是否被当代教师群体接受并转化为教师个体的内在认同。

如果教师仅仅从教师这一工作看到自我奉献、自我牺牲，而看不到由这种牺牲、奉献所得到的人生意义的攀登、心灵的净化、精神的激发、与他人情感的融合，看不到自己的工作是一种对人生至高幸福的追求，是一种生命意义上的享受，那么，人们所理解的牺牲、奉献就十分空洞、抽象、苍白，也得不到精神力量的持续支撑，可能会促使乡村教师以一种救世主的姿态去对待自己的工作，把学生当作自己背负的十字架，也许还会因为自己做出的牺牲、奉献而感到世界的不公，并因此而失落、唏嘘不已。[①] 长期以来，我们过于强调教师的"育人"，而忽视了教师自身的"育己"。[②] 教师的"育己"隐含着专业发展意涵，是指教师在日常生活中通过关系性的存在，不断积累，获取养料与能量。只有将二者结合在一起的教师，才能体会到教师职业的尊严与快乐，才能主动寻求发展，体会工作带来的成就感，提升自身与学生的生命质量，彼此完善，走向和谐生命状态。

【案例23】站在哈佛讲台背后的贵州乡村好校长

"哈佛2016中国教育论坛"在美国东部时间4月23日早上9点（北京时间23日晚上9点）在哈佛大学教育学院正式举行。本次论坛以"二十一世纪，中国教育何去何从"为主题，从公民教育、农村教育、音画教育、中国教育体制改革、教育科技、教育创新六个不同的角度对中国教育进行深入探讨，旨在连接青年教育实践者、学者、政策制定者以及各界人士，促进与中国教育相关的讨论，以及支持教育实践。

来自中国贵州行知科技职业学校的杨昌洪校长以"教育没有拒绝的权利"为题向大会做了精彩而感人的演讲，他在演讲中分享了他的教育理念和实践，讲述了他自己与学生一起对教育理想追求的故事，也谈到了他对农村教育的思考：在农村那片土地上，教育是什么？今天的农村教育到底需要什么样的教育？是知识复制？还是简单的成绩？他觉得更多需要人文浸润、新农民自信的培养、乡土的热爱，包括学生建设自己美好家园的能力，而不仅仅是为了毕业证书。他还说，在农村，精英都走了，谁来建设和守候我们本已孤独的家园？农村是我们的家园，也是我们的课堂。教育为生命而立，要改善人心，实现教化，培养能力，要有足够的包容，允许不同培养目标的学校存在，不能让生命在我们身边被冷漠。他的这段话获得了现场热烈的掌声。……杨昌洪校长的分享，让更多美国研究中国教育的学者对正在变化中的中国教育有了新的视角，同时也被中国乡村教师的教育精神深深感动！

——选自一位留学生的博客文章《哈佛，聆听来自贵州乡村教师的声音》

[①] 鲁洁. 回望八十年：鲁洁教育口述史 [M]. 北京：教育科学出版社，2014：317.
[②] 叶澜，等. 教师角色与教师发展新探 [M]. 北京：教育科学出版社，2001：9.

杨昌洪校长的办学之路一直在继续着，他为"差生"寻找精神家园，坚持"多办一所学校，就会少一所监狱"的教育信念，认为"教育没有拒绝的权利"，对于任何学生都秉持着不嫌弃、不抛弃、不放弃的态度，积极践行着彻底的教育爱。杨昌洪从一个辞去公职为"不可救药"的学生办学的"愣头青"到登上哈佛讲台的教育先锋者，除了不懈努力和毅力，还有强大的自我教育力做其不断克服现实困境及战胜教育难题的后盾。杨昌洪对"不可救药"的问题少年有着深沉的爱与教育智慧，面对这样特殊的教育对象，他从来没有放弃过、气馁过，他有的是使不完的"彻底的爱"。这一切都源于他自己在实践中不懈的探索和尝试，不断地自我学习、自我反思、自我修正、自我开拓的精神指引。与此同时，杨昌洪并不是一个人在战斗，他也并不是独孤的英雄，相反，他非常幸运，他是备受社会关注的一朵教育奇葩，13年来每当他遇到挫折的时候，总是会遇到社会爱心人士的关怀与帮助。当然，他的挫折也并非他一个人在面对，其中有整个社会对他办学的积极期待，有公益人士为他奔走相助……来自各界爱心人士的关心与帮助、对其办学实践的认可给予他更多战胜困难的勇气和力量，用他的话来说，"让我在绝望中看到了希望，在孤独的坚守中少了许多迷茫与彷徨"[①]。这让他在"育人"的同时达成了积极有为的"育己"，一直坚守在"爱满天下"的行知路上。

二、"城-乡"文化双重洗礼

人是一种能够反思自身存在且能够创造自身存在方式的存在，人的存在所形成的就是"生活"而不仅仅是"生命"。这里的"存在"（To Be）就变成了有特征性的"To Do"。"To Do"的形式使得生活不仅仅是个既定的生命过程，而且是一个"不断成为着"的事业。[②] 作为教师，他们的自我教育既是个体内部"情感-生命"的生长、累积与完善，又携带着"文化-社会"的基因。这里出现的"文化-社会"与前文所述的"情感文化"虽有相关性但所指不尽相同，"情感文化"是指在"文化-社会"语境下那些与人产生动态可感的情感体验的情境、氛围及存在状态。"情感文化"是寓情

---

① 来自杨昌洪访谈录音整理。
② 赵汀阳. 论可能生活[M]. 北京：中国人民大学出版社，2010：18.

于境的由人情参与其中的文化传统、社会历史以及人际关系的整体特征。而"文化-社会"则是在大的社会与历史背景下个体所处的时代环境与社会情境，它不仅包含了"情感文化"层面，还囊括了个体在整个社会大环境及历史文化背景下的所有可以波及个体存在的存在。"文化-社会"语境是每个时代的人所逃脱不了的历史时空的存在。因此，对于教师自我教育的理解，除了需要从与职业相关的师生关系、教学关系、同侪关系、家庭关系等维度去理解，还需要从"历史-文化-社会"视角去理解，在文化语境下去考察乡村教师自我教育的外部因素独特性。教师的"情感-生命"不仅是一种关系性存在，还是一种历史性存在。在特定的文化语境下考察乡村教师的自我教育，才能展现教师"情感-生命"的真实性与复杂性。忽视教师自我存在的文化语境，等于自行阻断"历史-文化"，抽干其丰富性、多变性和复杂性，使人难以在整体过程中更好地理解当下教师自我教育的真实存在。

具体到乡村教师而言，他们身处社会转型新时代背景中，随着城镇化的突飞猛进，"城-乡"两种截然不同的文化不断碰撞、浸染而交融，曾经根植于乡土文化土壤中的种子不可避免地经受着现代城市化影响，两种文化交汇对乡村教师自主学习的方式以及内在自我的变化会产生潜移默化的影响。另外，当今社会对于乡村教师的关注度越来越高，从公众媒体对最美乡村教师的报道到自媒体不断为乡村教育与乡村教师代言，从两会代表不断为乡村教师发声到民间教育公益组织不断崛起，从政府扶持中心校的建设到小而美的教学点自我突围谋求发展，这些活动都表达了社会对乡村教师群体的高度关注。这些来自当下时代的"文化-社会"影响力都在为乡村教师进行自我教育起着推动作用，所谓"时代造英雄"，在外界"文化-社会"积极影响下，乡村教师不断地谋求时代之契机、文化之贡献与社会之福祉，创造性地探寻自我教育之路。

（一）乡土文化的濡染

大多数乡村教师都有不同程度的乡村生活史，独特的生活经历促使他们的群体性格中携带着乡土文化的洗礼，生命中蕴含着一股泥土芬芳，他们质朴、善良、勤劳、坚韧，拥有密切的以地缘和亲缘关系为基础的最小关系伦理生命形态。

乡土文化是具有乡土性的文化，这种文化根植于乡土中，根深蒂固地影响着乡土的人们,那些依靠乡土而居、以乡土为生的人也就滋养出乡土性人格特质。这便使他们在做教师的岁月里,裹挟着乡土文化的底蕴,促使他们成为这方土地上的主人,不断将劳动创造的力量根植在教育实验田中,培育出富有乡土风格的自我教育模样。乡土文化不仅为乡村教师进行自我教育开辟了天然实验基地,还源源不断地为其提供丰富的教育内容和教育资源,更重要的是为他们根植乡土教育事业增添了自我感、确信感和来自大自然的创造力。农民的春耕秋收本身就是在足下土地上的创造,这种创造是再现实不过的了,依靠双手的劳作,相信勤能补拙,更相信自力更生、生生不息。这种朴素的劳动生活哲理已经深入到乡村教师的心灵深处。他们遇到问题更习惯于首先动手解决,没有办法就自己创造办法,没有条件就利用现有的可实践资源,他们面对外界的干扰与困顿,更像农民面对二十四节气一样,不仅可以随遇而安而且可以随机应变,以更灵活更自主的方式应对。这种文化性格潜藏于他们的职场中,衍生出他们善于自主创造、努力自我实践、做中学、实干中的独特实践品质,这也是他们自我教育得以实现的一个不可忽视的文化潜能。

乡土文化还表现为一种人际关系形态,这种人际关系是以亲缘、地缘关系为基础的,并以这种初级社会关系建构他们交往与互动的"差序格局",这种亲缘与地缘关系所形成的朴素道义和情感义务支撑着乡土文化持续发力。正如罗伯特·埃杰顿所说:"乡间社会的特点就是道义和情感义务、人与人之间亲密无间、社会凝聚和持久的连续性。这都是乡间社会的特点,而人们转向城市生活以后就不复存在了。"[1] 乡土文化是中国传统社会文化的一部分,是在中国传统社会土壤中产生的,因此它对中国传统社会具有依附性。梁漱溟认为中国社会不是个人本位的,也不是社会本位的,而是"伦理本位的社会"。中国人"实存在于各种关系之上。各种关系,即是种种伦理。伦者,伦偶;正指人们彼此之间相与。相与之间,关系随生。家人父子,是其天然基本关系;故伦理首重家庭。……随着一个人年龄和生活之展开,而渐有四面八方若近若远数不尽的关系。是关系,皆是伦理;伦理始于家庭,而不止于家庭"[2]。乡土文化将农民形塑成"伦理本位"的个体,并且这种"伦理本位"也建构了一套独特

---

[1] 亨廷顿,哈里森. 文化的重要作用:价值观如何影响人类进步[C]. 程克雄,译. 北京:新华出版社,2002:194.
[2] 梁漱溟. 中国文化要义[M]. 上海:学林出版社,1987:80.

的权利义务关系，以达成社会在道德意义上的整合。"伦理本位"也逐渐成为人们日常生活的一部分，或者说，它严格地限定着乡土社会中人们的行为方式。乡村教师也是秉持着这样最小的伦理关系而存在，在他们的生活中，很少有被割裂的学生个体存在，工作与生活中总会联结着亲族关系，比如王同学是寨上老王的儿子，李同学是村上孙大娘的闺女，某某是表叔家的侄子，某某是村支书的外甥等。这一番盘根错节地细分说开去便是把一个村寨的族谱铺展到了学校中来，于是就有了论祖上都是同根同族的，论辈分前前后后也未能出得了五服，论起关系多多少少总是能够寻到亲近感。所以说，学生们都算是自家本族的娃，都该好生管教不用客气。当然，基于这样最小伦理关系的缘由，乡村教师本能地要肝胆相照、坦诚以对，更要凭良心、凭伦理关系教书育人。这种对师生关系亲缘般的理解方式，促使他们想尽一切办法因地制宜谋求突围与改善。因为是给"自家娃"做事情，所以干劲十足，更是要卖些力，教育方式总归会更自主更灵活些，就像自己的田，自己耕种，自己来论收成一样，和谐而自给自足的亲缘关系链条牢牢地拉动他们寻求改变谋求发展的志向，披荆斩棘也要拼出一条自强奋进的道路来。

【案例24】教室里的"惩戒"

当下乡村学校教师对学生的体罚及言语暴力的现象很普遍，教师实施责罚大多都与孩子不听话不守纪律、顽劣破坏、学业成绩差、同学间摩擦欺凌的情况有关，当然也有很大程度上是由于教师情绪失控、积怨成怒造成的。然而面对如此普遍的责罚，家长却见怪不怪，笔者采访过的一位家长如是说："娃就得管教，就得打骂，在家里不听话，还得受打哩，何况是上学学习不好，就得罚！""老师打娃就是疼娃，那是老师把咱家娃当成自家娃才打哩！"由此看出，家长对学校的责罚包容的态度助长了教师实施责罚的力度和空间。然而，当问及乡村教师如何看待责罚现象的时候，他们表现得异常平静："啥，那怎么叫责罚呢？那都是邻里亲戚家的娃，跟自家娃一样的，该打还得打！""是啊，乡亲们把娃交给我，就得好好教育，不听话就得打屁股！""不打不长记性啊！不打孩子就毁了，不打不能成材啊！家长一再要求严加管教，真是把他们当成自己的娃一样。"而学生们好像也乐意接受这样的责罚，他们似乎是可以完全接纳教师对其惩戒，愿意受罚，也认为这都是为了自己好。于是一种被亲密关系绑架的责罚变得很普遍而适用了。家长积极理解，教师恨铁不成钢，学生不记恨，这便是乡村学校教室里存在的责罚的真实情感体验。

由此可见，这些乡村教师已经将师生关系延展为自我与乡土、自我与乡亲的关系，流淌着的是一种亲族式的最小伦理关系，将学生视为家里的孩子，将学生家长视为亲属，将教室里的责罚看成对家人粗暴的疼爱。这样的责罚有其利弊，其态度和行为一般来看确实是简单粗暴且欠妥，但也正是这样的一种亲缘性关系联结让乡村教师有一种舍我其谁的行动魄力与身先士卒的自我突围能力，正是将乡村儿童当成自己家人的乡土亲缘关系纽带将他们紧紧地拴在一起，促进他们共同面对困境，同呼吸、共命运，为了"家人"，为了这方土地上的"亲情"也要探寻一条自主创生路。

（二）城市文化的渗透

人类有意识地作用于自然界和社会的活动成果都属于文化的范畴。文化是人类在社会历史发展过程中所创造的物质财富和精神财富的总和。城市是国家或地区经济社会发展的中心和文化的集中体现，因此，城市本身就是一种文化。城市在其形成和发展过程中，又缔造了自己的城市文化，成为人类文化的重要组成部分，是人类文化中最积极、最辉煌、最具有创造力的成分以及智慧结晶。它是人类在大地上所创造文化的高级表达。从这个意义上来看，城市文化是人类社会文化发展的突出代表且具有至关重要的地位与作用。

当今时代，随着社会生产力的发展和科技的进步，城市经济实力不断增强，物质生活有了很大提高和改善，人们的精神生活追求和欲望随之越来越强烈，更希望物质文明和精神文明相辅相成，把城市建设发展成自己美好的家园。于是，城市文化的地位与作用越来越引人注目，越来越成为一个地区自信力、凝聚力和创造力的重要源泉。当下城市文化的触角已经延伸到乡村，它所要求的资源开放性与公共性，极大地冲击了传统乡土文化，使乡土文化逐渐具有了开放性。另外，随着乡土社会的开放，乡土文化也不再是同质的了，正呈现多元化的倾向。[①] 乡土对新生代的乡土人而言成

---

① 刘建荣. 社会转型时期农民价值观念的冲突[J]. 湖南师范大学社会科学学报，2005（3）：30.

了一个最熟悉又最陌生的地方，一方面，他们骨子里继承了父辈们传统保守的一面，对物质生活并没有过分的奢望，也没有比较明确和理性的生活目标；但另一方面，在文化心理上，对城市生活和现代文明已经产生了某种向往和依赖，对传统乡土文化和乡土社会也会产生一种抵触与排斥，这种心理变化在年轻一代乡村教师中尤为明显。

新生代乡村教师除了曾经具有乡土生活经历，他们还同时生活在当下信息数据时代，并且以"网络土著人"自居。再加上当下发达的物流业，人们与外界的互通互联可以以看不见的网络与看得见的快递的形式双管齐下，十分便捷。城市文化相伴于这两种途径席卷了整个乡村。年轻的乡村教师跃跃欲试，他们敢于尝试新鲜事物，开启网购、网上查找资料、网络交流、远程学习的工作模式。于是先进的城市文化符号逐渐映入他们的眼帘，一些外界的教育信息也引起他们的关注，最重要的是他们自我学习的方式产生了巨大的改变，再也不用以往那种传统"老带新"的封闭式的效仿，也不用再为学习资源的匮乏而大伤脑筋，更无须为了观摩一节省城的公开课而跋山涉水。互联网与物联网带给他们更灵活而多元的自助自主的学习模式和更丰富广博的自我教育资源，同时也拉近了城市与乡村的教育差距与心理距离。

【案例25】互联网中的城市生活

互联网几乎覆盖着新生代乡村教师的所有业余生活，互联网已经成为乡村教师最迫切的需求。有的教师几乎所有的教学资源都依赖于网络搜索，尤其在没有专业艺术教师任教的情况下，代课教师只能贡献出自己的手机搜索网上的视频模仿教学。笔者在贵州省一个苗寨的乡村小学里邂逅了一位教师，她下载了流行广场舞《小苹果》视频，她很认真地一点一点学习视频上广场舞大妈们的动作，有看不清楚不连贯的动作，她就在此处凭借想象增加或者减少内容。遗憾的是，苗寨孩子们从小就不学而能的苗族舞蹈却被抛之脑后，被视为不能登大雅之堂而被忘却。由此也可见城市化正在影响少数民族文化的保留与发展。

互联网确实是一个很奏效的教师自我教育的渠道，乡村教师通过网络的学习越来越普遍。无论是网购教学资源、浏览网页还是影音视频的下载，都是乡村教师获取外界信息的迅捷高效的途径。互联网对教学及教师生活的改变，主要表现为教师对教学资源的自由获取和自主学习方式的扩展，它打破了乡村教师知识的边界，提供了更加宽广的教育视野。同时，我们也看到了乡村教师对城市文化的接纳与偏好。"80后"乡村教师几乎都有在大城市接受师范教育以及都市生活的经历，他们对于城市文化的亲近与追逐甚至胜过乡土文化的浸润，但这种年轻态的都市文化生活方式确实促使乡村教师专业生活更加独立自主，让他们的学习途径更加开放而灵活。迅捷高效的数据化处理带来的学习方式的革新，将为乡村教师在职场中进行自我教育带来新的契机，也为乡村学校与外界建立多元文化交融创生了有利条件。

三、公益组织的介入与外援

从来没有一个时代像如今这样极大地汇集社会各界力量共同为弱势群体服务。伴随着社会转型阶段城镇化问题的凸显，一系列乡村问题冲击着公众的视线：乡村的凋敝，乡土文化的式微，乡村教育的每况愈下，乡村留守儿童的危机，乡村教师的艰辛与无助，乡村小学的存与留……这一切围绕"乡村教育何去何从"的问题共同指向了乡村教师待遇需改善、工作环境需优化、安居工程需落实、教育质量需提升等一系列为乡村教师谋福祉的问题。为改善乡村教师状况的公益组织如雨后春笋般出现。这些带着公益初心的民间社会组织就像一股清泉源源不断涌入乡村教师心田，它们与乡村教师共同努力建构乡村教育的现代化实践场域。公益人和志愿者频频前往支教，支援物资不断地补充供给，他们不仅提供了物质层面的帮扶，更重要的是提供给乡村教师一种公益的价值观，一种创造性的实践方式，一份沉甸甸的贡献社会的善良与正直，一种以公益转化为自助的思维方式。社会公益组织的积极作为，为乡村教师打开了一扇启蒙之窗，促进了乡村教师的自我觉醒。同时，公益组织的成员中有大量的优秀教师、医护人员以及来自各行各业的先进工作者，这些带着善良与爱心的人们将自己最宝贵的精神财富和创造力无私贡献给乡村教育事业，这是一种潜移默化的躬身示范的过程，渐渐地，这样崭新教育模式深入乡村教师的内心，他们被叩响了心弦，也积极地在这片热土上演奏出自己的优美乐章。于是，乡村教师便在公益组织他育的感染与启发下，将之内化为以自我更新完善为表征的自我教育。

【案例 26】好校长支持计划：说走就走的戈壁行走

"好校长成长计划"始于 2011 年，是由北京市戈友公益援助基金会发起的特色教育公益项目，迄今已经成功举办 5 届，每届约有 100 位来自偏远地区的好校长参加，截至目前有约 400 位好校长参与培训。2016 年 8 月 2 日，来自贵州、甘肃、青海、云南、河北 5 省偏远地区的 88 位中小学校长和教育管理者在瓜州集结，参加北京市戈友公益援助基金会组织的为期 7 天的 2016 年好校长成长计划"理想信念模块"活动。当天晚上，88 位好校长和 15 位志愿者一起，在瓜州举行点将台出征仪式，按照每组 8～10 人组成 12 个队，每支队伍由一位志愿者带队，上台分享自己制订好的团队目标。8 月 3 日一早，他们乘车前往荒凉戈壁徒步起点，踏上一段与众不同的教育心灵之旅，用 4 天 3 夜的时间，进行全程 108 公里的戈壁徒步穿越，感悟"理想、行动、坚持、超越"的玄奘精神，触摸自我成长与投身教育事业的初心。好校长们经过此次戈壁的历练，他们的心灵之花都能够自由绽放。贵州省铜仁市万山区大坪乡小学校长瞿文祥，这一次恰好和妻子杨芬一起被选拔来参加好校长成长计划，他说："戈壁这条路很长，很辛苦，这一点和我们做的教育工作相似，但是戈壁徒步是有终点的，教育却是没有终点的。"

——选自戈友公益基金会微博文章《好校长徒步 108 公里，深入荒凉唤醒内心力量》

当下社会对乡村教师的援助与培育已经不再完全是政府的专属行为，社会公益组织的参与以及民间组织的自发行为都是对乡村教师职后继续教育积极有效的补充与推进。推行沙漠徒步行走活动的戈友公益基金会，是由企业家、医生、学者、教师及行政管理者等社会精英群体创建的支持乡村教育的民间公益新组织。他们拒绝直接的物质给予，将外界的物质援助转变为用情与爱的一种体验式的干预与共同参与。任何物资的支持都会不断被消耗，这种支持会随着物资的减少而无力持续下去，而对乡村教师及校长的教育初心的唤醒与自我教育意识的激活却是可以不断赋能的，它也是从内在改变到自我突围的乡村教育可持续发展的根本路径。戈友基金会看到了这一点，他们用沙漠徒步寻找教育信仰的方式，将乡村好校长置于极度荒凉的时空中，通过常人难以逾越的艰苦跋涉，唤醒他们内心对生命的感悟与对现实的思考。行走沙漠并不是目的，向内探寻自我、唤醒自我，重新树立改造自我的信心，进行自我突围与自我教育才是这项公益活动的真正目的。在戈壁荒漠打破现有平淡的生活秩序,触摸未知的惊喜,吸取能量,回到现实中就有希望塑造一种新的生活秩序。教育和公益,都是要以适当的方式,让更多的人愿意参与,共同思考一个问题:我们真正的目标是什么?如何进行更加有效、密切、善意的联结,一起过更有幸福感的生活?好校长们的变化,可以通过教育工作影响更多的人,共同激活教育初心,改变现有的、不令人满意的旧秩序,反思自己的工作,更有创造性地塑造一种好的教育。

讨论与小结: 在情感文化中探寻自我

人始终都在情境中生存与发展,人是在与外界的情感联结中认识自我与不断发现自我的。而这一过程是需要人的"情感-生命"的积极参与与外界互动建构的。被感触到的外界因素才会真正地对主体奏效,也才能真正作用于内心而发挥其积极作用。外部的环境及因素也因其主体参与而变得具有生命的意义和情感的色彩,因此外界因素变得有生机和活力,它们是具有情感性的客观因素,共同作用于主体人的生存与发展,形成具有人文性特征的情感文化。可以说,任何人的境况都是在可以感触到的情感体验之中达成的,可以作用于人的外界环境也都因此而具备了情感维度。在这种"情感-生命"与情感文化的人与环境的动态关系中,人不断在环境中被唤醒与激活,环境也变成了人的自我探寻、自我改造、自我实现的必要因素。基于此,笔者对自我教育的外部因素的考察集中于由"情感-生命"出发对其外部环境的指向与可感触到的外部条件对"情感-生命"的作用,即立足乡村教师职场而辐射到的情感文化的考察。具体到乡村教师自我教育相关的职场情感文化而言,通过笔者对案例的归类分析,将主要的情感文化模塑的场域定位于家庭、专业、学校、"文化-社会"四个层面,以此来探寻乡村教师自我教育的外部因素。而即便是外部因素,也不乏"情感-生命"的指向,充满着情感文化的模塑、洗染、滋养与创生,从"情感-生命"的视角对外部因素的考察意在将自我教育的内外因素统一起来,将自我教育的过程归结到人的内在情感机制中,即在情感文化的交互运动中探寻自我、谋求自我,这与"情感-生命"对自我教育的支持是一脉相承的,它们的通力合作共同体现了自我教育的完整面貌。

第五章
反思与展望：当代乡村教师自我教育的理论逻辑与实现路径

> 你连想改变别人的念头都不要有。作为老师，要学习像太阳一样，只是发出光和热，每个人对阳光的反应不同。有人觉得刺眼，有人觉得温暖，有人甚至会躲开。种子破土而出发芽前，没有任何迹象，那是因为没到那个时间点。永远相信每个人都是自己的拯救者。
>
> ——卡尔·荣格

本章重在努力实现研究的复盘和再出发，在历经了乡村教师自我教育"情感-生命"维度的理论解析与实践求索之后，需要将其阶段性的结论进行整体的梳理与归纳，进一步探究乡村教师自我教育困境的突围之路。无论是初心复归还是涅槃重生，关键是要找到破题之钥——乡村教师"情感-生命"对其自我教育的价值驱动与赋能增效的担承。本研究通过整理乡村教师自我教育的实现在情感层面的理论逻辑与实现路径，意在形成乡村教师自我教育实现的心灵图鉴与实践指南，对其发展脉络以及典型征程有较为清晰的辨识与生动的理解，从而转化为全民共识，引起社会各界尤其是制定政策的政府部门、乡村教师的培育机构以及学校组织的关注与行动。乡村振兴重在乡村教育振兴，乡村教育振兴重在乡村教师教育振兴，乡村教师教育振兴首先在于乡村教师拥有自驱成长之精神姿态，而要保证这种自驱成长的"精神萌芽"的优质发育，需要在乡村教师内源性动力的根部浇水——在"情感-生命"深处做足够的真诚努力。笔者期待基于"情感-生命"视角为乡村教师自我教育开启新境界与新征途——构想未来乡村教师情感教育生态。

第一节　理论逻辑：情感作为人自主发展不可或缺的价值尺度

　　情感作为人类精神生命的存在方式[①]，它将人与意义世界联结在一起，是人类自主发展的价值尺度，共同实现人类的文明性与价值化。情感促进人类价值化主要体现在对主体生命质量的表达、自我发展的内驱以及共同体的底层攻坚。在实践锻造中，情感对生命价值化的贡献不断得到理论更新与新的经验涌入，由此生成不同形态的情感性生命价值系统，"情感-生命"对教师自我教育的贡献就是其中一种诠释。

[①] 朱小蔓. 情感是人类精神生命中的主体力量[J]. 南京林业大学学报（人文社会科学版），2001（3）：55.

一、逻辑起点：情感是生命价值实现的主体力量

（一）情感是生命质量的价值尺度

情感作为完整生命的必要维度，担承着生命质量的表达，同时，情感也是生命价值重要的自我监控系统，负责对生命价值实现的主观反馈与内在驱动。价值属于关系范畴，从认识论上来说，是指客体能够满足主体需要的效益关系，是表示客体的属性和功能与主体需要间的一种效用、效益或效应关系。价值作为哲学范畴具有最高的普遍性和概括性。由于价值是主体对客体对其效用关系的认知，是对主客观关系的主观反映，那么，可以认为情感对价值的认知实际上是人对事物的价值关系的主观反映，由此可知，情感与价值的关系是主观与客观的关系，情感是价值的表现形式，价值是情感表达的基础，二者双向互动，交互影响，相互作用。

情感本身就蕴含着价值成分，人通过情感状态感受价值的存在，识别价值的内容与形态，认知理解价值的意蕴与功能。尽管情感往往以整体的混沌状态、弥漫性的渗透方式呈现对价值的模糊的理解与懵懂的判断，但这并不能掩盖情感对价值的贡献。日常中我们历经的所有选择几乎都首先来源于"道德直觉"，尽管它可能是粗糙而充满偏好的，但是它对价值的捍卫却是势不可当的，没有情感的价值选择必将给人类文明带来重大灾难。可以说，一方面，情感是价值生成的首要关口，人类通过情感体验价值，情感体验的强度、区分度、精准度与丰富度都直接导向人对价值的看法、判断，影响对价值获得的水平与程度。另一方面，人类通过情感互动的方式来表达价值关系，价值关系通过情感的方式得以维系与深化。在情感交往过程中，人们各自表达对价值的理解与尊重，个人价值经过情感关系的调适，做出个性化的价值选择与主体性的价值判断。情感性关系质量不仅是个体自我实现价值的助力器，更是人类命运共同体面向未来的底层保障。在人类命运共同体之下，群体中拥有的情感品质、情感表达方式、情感关系质量及情感氛围状态等都蕴含着集体未来的价值取向、价值意蕴，影响着集体对价值目标的追求，也制约着价值效果的呈现。没有高品质的情感性交往，就很难看到彼此超越物质的内在趋同性与依存性，很难真正形成价值同盟与共同福祉的德行底线。情感性关系质量应是人类命运共同体的价值尺度，它标示着人类的

精神文明与情感文明，散发着对德行的捍卫与对人性的真诚之爱。

（二）情感体验作为生命价值的内生动力

情感是价值实现的内源性因素，对价值的生成与质变起驱动作用。情感对于价值最大的功能就是作为人的生命价值的驱动而存在，主要体现在人经历了情感体验而不断促发生命价值的需求并维系价值的实现。情感体验作为人自驱成长的原始动力，保持着人最初的生命活力，这种活力是人类的本质属性，决定了人类的可感受性与可经验性，由此奠定了他们认知、转化、创生的可能。人类裹挟着经验感受被抛向认知世界，这是外界环境刺激与内在情感调度的频繁互动的过程，表达为历经感受性而激发唤醒内在需求，使生命价值化力量外显于行为——生成生命价值需求与追求。在这个意义上，人类的情感蕴含理性推动成分，属于价值范畴，没有情感性就不可能生发理性价值需求，更不可能诱导理性判断。而要使人的生命发生价值化转变，也只有顺利度过情感这一接口，才能与认知存在发生价值性联结，如此真实地做到知行合一、内外和谐。同时，价值实现蕴含着精神性，更与情感的驱动性密不可分。价值实现需要意志品质做保障，需要情感生活做载体，需要"情感-生命"贯穿其中做驱动，需要情感关系协调与支持。意志品质的淬炼过程离不开情感力量的补给与协调，人类"精神大厦"的建造也同样需要情感生活与情感性关系共同奠基与巩固，人类呈现的巨大精神力量大多来源于积极情感的涌动、积蓄与爆发，精神品质的达成则更多萃取于情感品质的精华元素。

（三）情感品质是生命价值实现的攻坚力量

情感是价值的主观反映，价值是情感的客观呈现，二者是相互依存、相互作用的主客体关系。那么，历经实践检验过的、有稳定结构的情感品质对价值的贡献是更为鲜明而可靠的，就个人而言，情感品质对自我价值实现是更为奏效而有力量的。情感品质与生命价值之间是相互赋能、相互支持的关系。情感品质流淌在自我价值实现的过程中，同时，成就感、收获感与荣誉感等这些由努力而达成的实践性情感本身就是自我价值的存在，而自我价值实现又是需要充沛而优质的情感品质作为保障的，其实现过程中往往伴有高尚情感汇聚的"心流"体验，一种超越自我的升华与蒸腾的深切感受。而情感的强度直接决定价值的力度，如此强烈充足的情感方可转化为足够抵御逆境的攻坚力量。情感品质为生命价值实现赋能助力，不仅表现在诱发生命价值生成与促发精神力量的补给这一内在改变，还表现在对价值方向主导与价值行为的外部调控层面。当人们的生活深陷价值危机，德行生活受到外部威胁与挑战时，往往是那些曾经拥有过的强烈正向的情感经验与高尚的价值体验汇聚成为一股"洪荒之力"，促使我们导向积极正念思维模式与行为系统，我们甚至是被曾经体验过的美好情感潜移默化地指挥着，为此，我们会本着"情感用事"或者"道德直觉"下意识地做出正义善举，甚至会本能地舍生取义。

（四）情感性思维是开启生命价值共识的主导力量

情感是人脑对价值关系的主观反映，是主观意识的另一种形式，由于价值关系是一种特殊的事实关系，情感就是一种特殊的认知，而这特殊的认知背后由相应的思维模式所承载——情感性思维达成对生命价值的共识。情感性思维实际上是一种价值思维，相对于理性思维认知而言，它将人的体验感受融入客观世界的理性认知中，且发挥情感辅助认知的功能，还原人对客观世界及主客观关系的真实认知过程。它将对人与人性的尊重与理解置放于首要地位，对人的自由、人性解放、人的创造、人的文明充满人文性的认知与解读，以人类特有的情感文明的方式去考察事物及其关系系统，重在洞悉现象背后的人的主观因素、主客观关系以及情感本质属性等内质性状态与成因。情感性思维特点是：以真诚感受体验为线索，始终持有关怀的态度；以人类命运共同体为底层逻辑，发扬共情性理解；以情感共识作为公共价值的主导力量。情感性思维还具有公共性特征，它是群体性偏好、彼此同情、相互共情的集中体现。情感性思维与价值共识休戚相关——情感性思维水平导向价值共识水平；生命价值共识始于情感性思维；人类靠情感性思维维持公共价值。通常情感性思维表现为关注彼此的情感生活与情感关系，从体验感受出发全面实施公共人文关怀，尤其是在构建和谐社会与公共道德生活层面，所属共同体的人们常用情感思维进行关系调节、道德培养、情操陶冶，以此实现精神文明与情感文明，为强化公共秩序与价值共识提供切身的情感基础与共情的人性底线。

二、理论更新："情感-生命"与自我教育

（一）由"情感"到"情感-生命"

"情感-生命"从属于完整生命的关系系统，它是情感作为抽象概念复归到生命本质的结构化理解，是聚焦到完整生命所必需的情感本质，体现了整体地、全面地、内在地思考人生命中的情感及其与外界的互动。它聚焦到完整生命的情感化形态，以生命的情感实在性为载体的诠释——生命是裹挟着情感体验的情境中的存在。"情感-生命"化解了情感的主客观之争，让主客观在生命中达成了和解，融为一体。如此，情感以生命体验为载体，以"情感-生命"的姿态呈现于人的境况之中，让情感拥有了更多的丰富性与生动性，同时也让生命具有了更多的体验性和可能性，如此逼近人的真实存在与人的本真生活。

由情感到"情感-生命"的推进，并非是从生命结构中深化了情感维度的理解，实际上它是被赋予了更深刻的人性意蕴与价值逻辑，为我们彰显了向生命本真复归的情感路径。首先，"情感-生命"的界定是将抽象的情感认知放置到具体的生命时空中，将从概念上与理性二元对立的情感具体化为由生命承载的情感维度，赋予情感鲜活的生命力量、具体可感触的情境、可施加的价值意志，促进情感复归到生命实践中，达成主客观合一。其次，由形式到内容层面，"情感-生命"是将作为外显的情感泛化的形式转化为具有品性特征的品质、能力等实践形式。这就把作为一般化、普遍存在的对情感的整体抽象认知，真实地落在实践过程中，承载着具体的形态、内容、能力与质量。"情感-生命"的呈现让情感在生命实践中被真正坐实了，落在了生命呈现的实处，由此也突破了以往研究的困境，实现了理论与实践的顺利转化。再次，由现象到本质层面，情感作为客观现象的主观反映，常以对象化的存在呈现，人们习惯于把情感作为客观现象去描述与理解，好像它是被抽离出来的"人的现象"，并不需要掺杂过多人性关注。而"情感-生命"则把情感与生命利用价值作为中介而真实地连接起来，让情感拥有了价值意蕴，生命也具备了鲜活的人性关怀，"情感-生命"在人的认识中不断地生成对本质的超越与更新。最后，从公共价值复位来看，情感迈向"情感-生命"是将形而上的情感进行生命化、社会化共识与公共价值筛选，保留下来

的"情感-生命"具有公共价值性，以社会化、群体性的价值体验为主流，由此延展了个体生命的丰富度、深度与广度，实现个体对自我价值的超越，向更大的集体涌入，达成群体价值共识与彼此共情理解，真正实现自我价值与社会价值的和谐共生。

（二）"情感-生命"对自我教育的价值贡献

对主体而言，"情感-生命"与自我教育都是为主体服务的，它们同属于主体价值系统，存在同源互构的关系，二者相互影响、相互支持、相互作用。"情感-生命"实际上是一种以人为本的视角，它为我们洞悉自我提供了内质性的线索——以情感之眼看待生命成长，从生命汇聚的内在感受体验中去探求成长节律与价值方向。一方面，"情感-生命"是自我价值内驱动，为个体自我教育实现提供内生动力。"情感-生命"的内源性特征为自我教育提供根本治理之道：从生命根基处疏通泉眼——在"情感-生命"的根部浇水滋养。既然自我教育的实现需要从生命根基处用力，这就要求我们珍视"情感-生命"诱发的成长姿态，呵护"情感-生命"良性生态，促进优质的情感元素、情感品性汇聚为稳定的情感品质，淬炼高尚的情感能力与素质，捍卫通达完整生命发展所需的一切情感文明形态。另一方面，"情感-生命"为自我教育赋能助力，是自我教育切实的质量屏障。"情感-生命"的质量决定了主体拥有的情感品质与意志力的水平，这是自我教育实现的关键性因素，为自我教育提供富有建设性的情感支持与抗挫折的复原力。尤其是自我教育出现困境时，优质的"情感-生命"会以一种升腾昂扬的姿态激流勇进，使其重拾初心进行价值复归，重燃激情进行实践创造，最终实现自觉发力、主动突围、自趋成长。

（三）构建自我教育的"情感-生命"系统

梳理"情感-生命"的理论逻辑最终是为了洞悉自我价值实现的内生系统，探寻自趋成长的生命根源，精准地把握自我教育内源性路径，构建通达自我教育的"情感-生命"实践系统。首先，在主旨层面，应坚定情感是人的本质属性、情感是生命质量的价值尺度的理论基础，坚持以情感之眼看待人的终身成长，探析人自驱成长的内源性机制，揭示"情感-生命"对自我价值实现的功能，探索"情感-生命"培育对自我教育的根本出路。其次，在构建方法上，应遵循"情感-生命"与自我教育二者同源互构的关系性，通过解析"情感-生命"姿态、成分、品相、结构、外显指标，来探求指向自我教育情感性生成机制，如此将"情感-生命"的发育与自我教育的实现两条线索荟萃融合，促其双向成长，建构终身成长共同体。再次，在实践路向方面，无论是"情感-生命"发育还是自我教育的实现，都归属于价值领域且具有道德实践性与生活性。道德生活作为它们共同的实践土壤，既是将二者联结起来的必经之路，又是它们共同奋斗的目标。为此，自我教育的"情感-生命"系统建构要重视外部道德生活的模塑功能，主张历经道德生活的考验不断创生新的价值与意义，并且将道德生活的质量作为该系统过程性评价的重要因素。最后，外部生态系统建设层面，自我教育的"情感-生命"系统构建需要外部情感文化、情感文明的支持与加固，应营造内外系统共生的环境，打造和谐共育的自我教育外部组织生态，发挥最大合力建设共情文化系统，促进社会情感文明对个体自我实现的积极导向与赋能。

第二节 实现路径：当代优秀乡村教师自我教育的生成过程与征程

每个人都是自己历史的铸造者，我们每天都在言说自己的故事，在缔造生活史中逐渐呈现对自我的理解与价值的要义。历史时空与现实生活的双重锻造促使人们萃取新知，诱发新思想，走向自我超越。乡村教师的自我教育亦是如此，他们不仅是教师专业化进程中自我教育史的创造者，更是新时期乡村振兴实践中躬身入局的变革者。也许他们面对的外部境况不尽相同，遭受的困难与挑战也各有不同，但无论他们面对怎样的外部环境的刺激，他们都在尝试自己的"可能"与"可为"——主动激发自趋力量，开辟自我突围与自我超越的新征途、新境界。

一、当代优秀乡村教师自我教育的生成过程

（一）觉醒启蒙阶段

自我觉醒后，自我意识就进入自洽通道：对自我充满自洽理解，自我边界开始确立，自我感受圆融，心灵自在安顿，即身心和谐统一，伴有自我悦纳以及自我价值感的确认，自我价值需求也会被激发出来，进入启蒙阶段。觉醒不是一日之功，它是从

量变到质变的结果。觉醒也不是一蹴而就、一劳永逸的，新旧观念的更替需要循环往复地不断动态更新调整。自我的觉醒是自我教育的先决条件。觉醒的过程实际也是启蒙和重新理解的再启蒙过程。首先，自我觉醒的第一步是自我边界的确立，这是对"自我感"的觉知、觉察，感受当下"我"的体验。它可能是一种平庸的感受，如不适、无从、无聊、无奈、无所谓，甚至是无感状态；也可能是一种震撼的感受，如震惊、感动、欣喜、兴奋、悲愤、跃跃欲试、奋起、热望；或者可能是一种中立的理性感受，如沉静、哲思、反思、反观、内省、自我对话、同理心、共情等。接下来，自我觉醒会进入自我调节与懵懂启蒙阶段，在此是一种内省自己的状态，开启对照并洞悉自我，试探可能的接口或出路，即抽身反观自我，聚焦调适自我认知，对标找差激活突围通道。但这个阶段并不是明确的，而是模糊而混沌的，只是有股内在的力量告诉自我："需要改变，不能再这样下去了！"具体如何去做，该去向何方，还不清楚，也没有逻辑。但确实有饱满的情绪去完善，有积极的情感体验持续跟进，有意志力与自尊感告知自己：果断与以往决裂或者保持以往的优势信念与行动。

聚焦到当代乡村教师，觉醒启蒙阶段是他们开启自我教育的初始阶段，成为他们自我教育的前提条件。考察"最美"系列乡村教师，影响他们自我觉醒的大致有三种成因：①受到外部环境综合影响，如受到学生的影响、自己原生家庭的影响、自己的求学经历或自己的老师影响、周围社群的信任与爱戴等。如来自城市的曾志祥起初很不适应乡村封闭生活，可当他得知孩子们没有出过大山，就知道江西的两个地方时，他感到很心酸，决定要想尽一切办法，打开学生的视野。②自我的亲师型人格因素、利他型气质类型或教师天资因素的外显表达。如曾维奋从小的理想就是当一名教师，因身体原因错失了当老师的机会，但他始终没有放弃，终于等到可以去地处偏远、条件非常差的南洋教学点当老师，这一教就是 13 年。③重大生命事件的影响，包括重要他人、关键事件、重要突变等。如张美丽的母亲是当地远近闻名的接产医生，一辈子见证新生命的诞生，一直到临终都在鼓励女儿要为乡村的孩子们坚持下去，并且曾经劝说妹妹张秀丽去学校帮助张美丽。以上三种成因可能是有其一占主导，也可能是综合多者共同作用而成。

（二）成长性需要阶段

需要是对于人发展的驱动，是人的本性，是个体感受到的某种匮乏而处于的一种不平衡状态，需要反映了个体的主观渴求愿望。在不平衡状态下，需要会促使个体为获得某种事物而做出努力，而这种努力是通过活动实现的，因此，需要是个体生命活动的动力，是促使个体成长的动力。[①] 人们依靠动力实现某些需要，有些需要优先于其他需要。马斯洛需求层次理论把需求分成生理需求（Physiological Needs）、安全需求（Safety Needs）、爱和归属感（Love and Belonging）、尊重（Esteem）和自我实现（Self-actualization）五类。五种需求像阶梯一样从低到高，按层次逐级递升，但这样的次序不是完全固定的，可以变化，也有种种例外情况。需求层次理论有两个基本出发点，一是人人都有需求，某层需求获得满足后，另一层需求才出现；二是在多种需求未获满足前，首先满足迫切需求；该需求被满足后，后面的需求才显示出其激励作用。马斯洛将人的五种需求分为缺失性需求和成长性需求两大类，其中，缺失性需求是满足个体生存的基本条件与保障，通常指保障生理性存在的一切保障条件；成长性需求与个体的精神需求相关，在这种情况下，个体需求的是情感的归属、爱与自尊、自我价值的实现。自我实现的需求是最高层次的需求，是指实现个人理想、抱负，发挥个人的能力到最大程度，达到自我实现境界，接受自己也接受他人，解决问题能力增强，自觉性提高，善于独立处事，要求不受打扰地独处，完成与自己的能力相称的一切事情的需求。也就是说，人必须干相匹配的工作，这样才会使他们感到最大的快乐。马斯洛提出，为满足自我实现需求所采取的途径是因人而异的。自我实现的需求是在努力实现自己的潜力，使自己越来越成为自己所期望的人物。

就当代乡村教师而言，他们是以"80后"为主体且已经摆脱了生存性需求困境的新一代乡村教师，由于近年来我国一直致力于对乡村教师群体的物质保障与财政投入，尤其是伴随脱贫攻坚战取得全面的胜利，乡村教师生存的条件也相应得到巨大改善，生活水平大幅度提升，部分地区乡村教师的薪资水平较之以往翻倍增长。可以说，他们的缺失性需求已经得到实质性改善，相比而言，他们更需要精神世界的丰盈、情感生活的滋养、道德生活的创造以及专业生活的精进，因为这些成长性需求没有得到满足。当代乡村教师对美好精神生活的向往与自我成长、自我实现、自我驱动力的不充分、不均衡之间的矛盾已经成为他们目前发展的主要矛盾。根据调查，在同

[①] 黄希庭. 心理学 [M]. 上海：上海教育出版社，1987：89.

样的生存环境中,"最美"系列乡村教师之所以脱颖而出,是因为他们的成长性需求被唤醒,而乡村教师自我教育从属于成长性需求。这些成长性需求引发乡村教师对自我教育的需求,并形成强大的主导力量,促进其自我驱动。如刘月升于 1999 年毕业后,原本有机会到市里中学任教,但由于他对家乡的归属感,自愿回归到家乡教书。刘月升在家乡找到了自我价值与专业乐趣,他扎根在这所只有 300 名师生的偏远乡村学校,带领这所乡村学校的孩子们完成了 300 多项国家专利的设计和申报。为了降低成本,刘老师跑遍了周边 20 公里内的废品站。他的办公室俨然是一个小"车间",各种各样的工具摆满了工作台,船模、航模以及种类繁多、形状各异的配件,大到发动机,小到米粒大小的螺丝钉,应有尽有。①

(三)砥砺前行阶段

在困境面前,唯有砥砺前行。困境突围不能蛮干,需要思维与力量。几乎每位在乡村学校坚守执教的教师都有历经磨砺、克服困难、奋勇前行的经历。而他们的奋斗与突围是由两种思维的交融与两股力量的交织共同铸就的,且情感性体验贯穿始终。没有人的感情就没有也不可能有人对于真理的追求。②

思维指导行动,自我教育的实现,需要成长性思维与情感性思维这两种思维模式的相互浸入与融合。成长性思维模式能够有效缓冲逆境带来的负面影响,使他们在逆境中表现出更强的韧性,拥有使不完的力气。美国斯坦福大学心理学家卡罗尔·德韦克首次提出"成长性思维"概念,认为成长性思维模式是一种新兴的积极教育心理取向的思维模式,符合个体智力发展规律,对于个体的发展具有巨大帮助,尤其对于面临困境、遭受失败的群体,成长性思维模式会增强他们在逆境中抵抗挫折的毅力、面对逆境的心理弹性。据考察,"最美"系列乡村教师抵抗挫折与困难、实现自我教育的原因之一,就是拥有成长性思维模式,他们认为个人品质与专业能力是可以通过不断努力来培养的,要相信自己的素质可以通过自我学习、自我教育获得不断发展与进步,他们往往对学习充满热情,对生活充满感恩,并认为挑战和逆境也同样是学习的

---

① 中国网络电视台. 汗水浇灌科技花. [EB/OL]. (2012-07-17) [2020-07-07]. http://zmxcjs.cntv.cn/20120717/100088.shtml.
② 列宁. 列宁全集:第 20 卷 [M]. 北京:人民出版社,1982:482.

机会，即使会暴露自己的弱点，他们也乐于接受并改正。他们对逆境常常有悦纳的态度，认为个人和世界都在不断发展，相信自己的素质也在发展，知识一定可以改变命运。另外，他们还有一定的钝化能力与知足常乐的乐观心态，他们选择自己与自己比较，使得评价更为客观和宽容，促使自我感受良好，也促使自我驾驭能力得到提升、自我教育价值得到强化。

情感是一种贯穿思维全过程，以自我体验的形式反映客体与主体需要关系的心理现象。① 而情感思维将引导人从内在认识论走向理智创造实践并进行自我教育，成为改造内在自然——"情感-生命"的重要环节。正如舍勒所言："与认知和意愿相比较性情更堪称作为精神生物的人的核心。""我们在某人或某一群体身上认识到的一切道德上至关重要的东西必须——始终间接地——还原为其所爱与恨的行为和爱与恨的潜力的特种构造，还原为主宰它们并在一切情感冲动中表现出来的爱的秩序。"② 情感思维的认知是人的生命活动所不可缺少的思维形式，人的智力发展、情感生活、社会存在提供了必不可少的物质条件和精神源泉。情感思维在认知主体和客体之间进行信息的传递，实现认知主客体的相辅相成、相互作用。它更关注人，关注人的感受，关注情感对人的影响，直击人的心灵深处。就"最美"系列乡村教师而言，他们擅长从外界抽离出来反观内在的自我感受，在自我体验与理智驱动下重拾教育初心，重构自我教育实践，形成情感性、人文性实践方式与自洽的评价系统。同时，情感性思维含有的理智成分也会相应地表达出来，促使他们执着于专业精进，专注于教育实践的革新，乐此不疲地感受劳动创造带来的惬意感、喜悦感与收获感。

两种思维模式的交融必然会引导建设力与复原力这两股力量的汇聚与增强。乡村教师具有天然的建设力量，对乡土自然的亲近往往表现为实践能力的优势层面：他们乐意为此积极主动地投入，实施创造性的教育劳动，开设校本课程研发或新的教育模式的引进与验证，具体表现为专业上的乡土自然课程的建设、乡土文化的传承实践、对处境不利儿童的关爱、公益助教资源的引荐等。如果说建设力是诱发乡村教师自我教育的力量保障，那么复原力相对而言显得更为迫切与富有挑战性。复原力是他们面

---

① 陈新夏，郑维川，张保生. 思维学引论 [M]. 长沙：湖南人民出版社，1988：132.
② 舍勒. 舍勒选集 [M]. 上海：上海三联书店，1999：741-740.

对逆境、创伤、悲剧、威胁或其他重大压力的良好适应能力，也就是对困难经历的反弹能力。拥有复原力才能不畏惧困难、迎接挑战，才能始终保持坚守执教的生命姿态。"最美"系列乡村教师的共性之一就是具有饱满鲜明的复原力，表现为在逆境中乐于接受并战胜现实的能力，在危机时刻还能寻找到生活真谛的乐观态度，在应激情况下能随机应变想出解决问题的办法的机智。他们的高复原力是经过长期锻炼而成的，首先是从能忍受日常生活的不确定性开始，即培养自我对周遭恶劣环境的耐受力。其次，要在日常生活中坚守教师伦理，坚守教育正义，抱持教师道德生活底线。最后，要通过练习从优势资源取向、积极正念的角度去解释现实中的不幸，并具备把不幸转化为成长资源的自我教育的能力。如此一来，乡村教师历经了实践时空的锻造与淬炼，拥有优质的建设力与复原力，就会增长自我效能与胜任能力，加固战胜困难的自信，最终实现自我教育，收获成长。

（四）价值萃取阶段

乡村教师经历了实践考验与困境突围之后，终于迎来了价值的更新与自我的超越。但这也同样需要付出心智努力，需要拥有价值提炼与驾驭的能力。这一过程蕴含由量变到质变的统一，量的积累历经时空与实践的反复修订与验证，最终促发质的变化。这一过程往往体现在自我价值活动的实施与更新中，价值的更新还蕴含着"心流"体验，即自我实现或自我超越过程中的那些巅峰时刻，高尚的、被充盈的激动体验奔腾勇进，达成对自我价值的认可，充满收获感与幸福感。同时，乡村教师的认知也得到了全面更新，如对乡村教育"位育"思想的重新理解，对乡村教师创造性劳动的重新解读，对乡村儿童完整生命成长的重新建构，对进行自我教育的自信力与胜任力的重新驾驭。这个过程产生大量的个人化知识以及默会知识，教师进入实践反思阶段，拥有自我观念系统，形成个性化的教育风格，提炼出适合专业发展的路径与实践策略。价值与评价往往异曲同工，价值性的提取会伴有评价性指向。这个阶段会收获社会性评价，形成"在地化"乡土教育模式，迎来自我教育成果，达成自我价值的实现。此时的乡村教师内外和谐一致，收获高度的成就感与专业幸福感，逐步形成家校教育生态，愈加坚定扎根乡土，致力乡土校本课程的改革与推进，形成教育实践模式典范，面向社会进行成果展示，其突出贡献表现为：实现乡村教育家办学助学目标，作为新乡贤代表致力于脱贫攻坚，积极推广应用优质乡村办学成果，研发乡村教育教学创新模式，贡献教师专业化优质成果等。

二、当代优秀乡村教师自我教育的典型征程

（一）教师天赋，顺势而为

教师工作需要必要的教师天赋，这是由教师劳动的特点——创造性决定的。教师劳动的创造性比一般劳动的创造性更具有灵活性。而灵活性主要是由教育对象的特殊性和教育情景的复杂性决定的。因此，要成为教师需要有一定的"为师"天赋与天然的"亲师"情感，且还需要经历后天的实践模塑，诱发师资天赋，使其外显表达出来，稳定而执着地成长。不少乡村教师认为自己"天生就是做教师的""一生只为教师而来"，这蕴含着"亲师性"情感基因——对人及人性的敏锐关怀，对儿童成长的敏感性与怜爱，对助人成长与自我成就的满足感与幸福感；对"为师性"的坚守——传播正义善良公德的能力与实践；对"向师性"的亲近——成为更好的自己，超越自我，为人师表，行为世范。这种求真至善尚美的教师情怀，促使乡村教师在实践中抵御困境坚守自我价值，追求教师情感文明，营造家校教育生态。除此之外，乡村教师还需要顺教师天赋而为，教师需要后天学习与修炼才能真正将天赋的最大潜能激发出来。乡村教师顺势发展需要直面外界阻力，克服困境，保留初心，奋勇前行。教师这一精神胚胎需要发育成长，首先需要教师自己情感上的强烈认同与"师性"情感品质的滋养，教师乐意自觉主动地将其融入生命日常中，相信自己的可发展性——只要不断努力就会拥有优质的教育胜任力，尤其是对教育理想信念的抱持，对自己与孩子站在一起的儿童立场的捍卫与坚守。同时，教师还要有献身教育事业的勇气与智慧，不甘平庸，想尽办法付出努力，找到成长为优秀教师的出路。除此之外，教师更需要善待自己，遵循教师初心自然而然生长的节律，学会包容自我教育中不完美的过程，对自我成长有坚持，以自然生长的平常心态静待花开。

（二）逆境淬炼，"心流"感召

现实中，仍有一些乡村教师的教师天赋并不是那么明显，他们从事教育工作的动

力也并不是很充足，但是当他们经历了非常艰难的困境，有过极其难熬的生命体验之后，便有了一些常人难以理解的复杂深刻的情感。艰难的生活和相对封闭的教育条件就像一个熔炉，淬炼着教师的意志力与道德力，如此把乡村教师的初心澄清了，也把乡村教育的价值澄明了，他们更能去其糟粕，取其精华，体验逆境中蕴藏的奋斗的价值与生命的意义。当然逆境是把双刃剑，带来艰难的同时，它还会让人更加清醒地认识到必须要采取行动，勇敢地突围，找到生活的希望。另外，逆境也不是只能提供悲怆、难熬的低谷体验，它就像弹簧一样具有相同的反作用力，越是在条件恶劣的情境中，人们越是能激起改变生活的想法和渴望，所以在此期间，一切有温度的体验感受、爱的关系联结或者正能量事件都能被无限地放大、强化，形成深切的"心流"体验，呈现价值感、使命感、事业感的集中汇聚与融入，如此以高涨的情感增进对实践的抗争与信念。这种逆境淬炼的来源大致有三类：一种是发自内心对乡村儿童的热爱与关怀，如"心疼孩子，看不得孩子受罪"，或者"为了乡村儿童一定要改变"；一种是对自我深陷困境的反思与批判，如"感觉生活不能如此荒废"，或者"作为教师也不能这样混下去"，抑或"痛定思痛，自我振奋"，于是内在自尊唤醒自驱力，树立自我成长的目标与信念；一种是周围关系的促进与重要他人的信任与爱戴，如"家乡的父老乡亲都在看着我，他们信任我"，或者"我就是乡村教师培养出来的，该是我回报乡村的时候了"，这种被尊重、被赋能的感受促使他们有更多的责任与担当，乐意做出奉献并付诸行动。

（三）教育研究，情趣使然

苏霍姆林斯基认为，从事教育研究是教师实现幸福的重要路径。"在劳动过程中，进行创造性思考乃是能热爱劳动的源泉之一。"因此，如果"一个教师没有学会分析事实和创造教育现象，那么对于那些年年重复的事情，他就会觉得枯燥乏味，从而失去对自己工作的兴趣，得过且过，因循守旧"。[①] 毫无疑问，教育研究可以帮助教师避开许多困难和挫折，避免教育工作中那些令人伤脑筋的、经常发生的意外事件，能

---

① 蔡汀，王义高，祖晶. 苏霍姆林斯基. 苏霍姆林斯基选集：第4卷[M]. 北京：教育科学出版社，2001.

从根本上改变教师对自己劳动的看法，使教师不再把教育工作看作是一些事情的单调乏味的重复，看作每天在各个年级千篇一律地讲课和复习，而是看作常新的、独一无二的创造活动。教师在教育研究中的探索和发现，"犹如星星之火，能够驱散教师心中对工作的冷漠态度和惰性，点燃创造精神的火花"[①]。幸福的教师的姿态应是始终保持着对教育研究的热爱，对知识的兴趣，对育人创造性实践的热情关注，促使教师自觉走向教育研究之路，这也是每一位教师摆脱职业倦怠感、享受职业成就感和教师幸福感的源泉所在。兴趣是人的天性，兴趣也是最好的老师，乡村教师专业化成长，离不开他们对专业的喜爱偏好和探究的兴致。而乡村教师的自我教育不能仅停留在意识观念中，实际上要让自我教育根植在乡村教师的生活中是需要具体内容来承载的，这种具体内容可能来自对和谐友善依恋的师生关系的营造，也可能来自学科钻研的乐趣，或者校本课程开发、班级文化的建设等。如有一部分乡村教师的自我教育是由他们对教育专业生活的热爱激发而成的，表现为对学科知识的丰富扩展、专业能力技术的精进、专业经验的更新与开拓等。

（四）"换道超车"，文化自觉

相比城市生活来说，乡土生活蕴藏着更为自然的教育财富，如何将其转化、生成有效的教育资源；如何充分利用本土资源，因地制宜，文化助学；如何将乡土生活搬进校园，融入教学课堂中，切实促进乡村儿童身心发展；是乡村教师更新教育思路，进行"换道超车"的关键。

由于乡村教师所在的乡土特殊情境，他们不大可能对城市中心文化取得质量上的优势，因此，盲目追求"城市中心文化一元论"非但不能激活乡村教师的专业自主性，反而限制了他们对乡村教育的想象力和自由度。为此，乡村教师需要树立新的教育模式和相应个性化、"在地化"、民族化的评价系统，转换思想，换个赛道，再度调动自身的优势，使乡村教育真实地走上自我发展的适切道路。这需要乡村教师有强大的专业自主与文化自信，坚定地相信只有自己才是乡村儿童的直接教育者与积极影响

---

① 蔡汀，王义高，祖晶. 苏霍姆林斯基. 苏霍姆林斯基选集：第 4 卷 [M]. 北京：教育科学出版社，2001.

者，只有适合乡村儿童发展真实需要的才是乡村教育应该保留并且发扬的，而那些远离乡土生活、远离乡村儿童需求的知识与能力，虽然也需要乡村儿童了解与认知，也是可以被广泛涉猎的，但是一定不能本末倒置，如果违背了乡村儿童教育常识，也就违背了乡村教师的教育初心。另外，我们要清醒地认识到乡村教育不是将乡村儿童送出乡村作为教育的终点使命，而是要促使乡村儿童还可以回得来、留得住，参加乡村治理和乡村建设，如此乡村振兴才有希望，乡村教育才可持续发展。乡村教育的目的是促进乡村儿童成长为热爱乡土、热爱家乡，把他们培养成建设家乡、改善家乡、传承家乡文化的时代新人。乡村教师正是这"位育"思想传承的接口，他们不仅需要找到"换道超车"的专业底气和教育自信，更需要自身钻研乡土文化、民族文化，坚定传承乡土文化的信念，具备转化乡土资源的胜任力和改造力。在推进乡村学校校本课程改革中，乡村教师发挥着极为关键的主导作用，他们都在各自的"在地化"教育实践中创造着"位育"的可能：有些乡村教师对文化育人、校本课程开发、民族教育资源的挖掘与承载有独到经验；有些乡村教师认为乡土生活处处皆为教育资源，生活教育堪为乡村教育的典范，为此他们促进儿童熟识乡土生活，鼓励儿童在田间劳作中思考与实验；有些乡村教师认为应实施自然教育，促进乡村儿童在大自然中充分感受体验家乡故土，厚植乡土情怀，在民俗文化风情中感受人与乡土的亲密联结，在家庭、学校、乡土社会中明确自己所处的位置与未来的使命，树立学成归来建设家乡的理想和信念。

第三节　结论与展望：迈向自趋成长的乡村教师教育新时代

本研究通过指向乡村教师自我教育实现的情感层面理论与实践的探索，意在对其自我教育的路径以及内外成因有情感与理性层面较为清晰的深层次的认识，引发社会各界尤其是制定政策的政府部门、乡村教师的培育机构以及学校组织的关注与行动。期待基于"情感-生命"视角为乡村教师成长的进一步研究抛砖引玉——为提高乡村教育质量从根部发力做些什么。

一、结论探讨：呵护乡村教师的"情感-生命"，助力创造自我教育道德生活

（一）乡村教师自我教育在道德生活中建构而指向道德生活

生活即教育，在纷繁复杂且看似无章法的生活之中，人的教育潜质可以被更大化地触及，在潜意识之中被唤醒。在生活中人的感受力越丰富，处事能力也会得到更多的锻炼，道德良知会逐渐至善尽美，正如王阳明的"良知体用一体"的观点认为的那样，"实现良知"须通过"事上磨炼"来增强道德修养，强调"人须在事上磨炼做功夫，乃有益"。此处的"事"不仅指的是那些重大事件的考验磨砺，还指的是朝夕相处中的点滴生活。正是在日常生活的洗礼与浸染下，可能会有更多间断的、自由的时空存在，促使我们时不时停歇、回望、反思，为更真实地面对自我、唤醒自我意识去寻找那些自我改变的契机。生活教会了我们不断地溶入体验、加工提纯、冶炼升华，然后再溶入、再冶炼……在循环曲折中螺旋式地抵达人生的境界，身在其中的人们不断地以自我感受的形式表达、释放、运用，走向更可能的人生的美好生活——道德生活。

道德生活是过有道德意蕴、有德行的生活。道德生活要求提升自我，在没有道德规范约束的情况下依然可以秉持心中的道德，做一个内化到生命品性中的道德人，时时处处有一种自律、自我管理、自我从善尚美求真的生命自觉自立感，即自我感。而这种自我感是不断受外在牵制约束而深入内心落地生根且生长出来的对自己生命的馈赠。这一过程无不汇聚着自我教育的一切方式，对自我的行为管束、自我观念的更新、自我实践的反思、自我价值感的追求、自我驾驭的能力等一系列与自我改善相关的途径都汇聚在道德生活过程中又指向了道德生活境界。教师的德行指向不仅存在于仰望璀璨星空的道德理想之中，更重要的是在脚踏实地的道德生活模塑中——指向道德生活、道德境界通过自我教育而不断深化、升华的教师个人情感体验的过程中。正是在这样有德行指向的道德生活中不断尝试、努力、锻造、模塑，才逐渐有了趋向真善美的内在动机、指向道德境界的自我教育力。

本研究通篇将道德生活作为暗线贯穿其中，道德生活既是自我教育模塑的过程，又是自我教育的目的与追求，从道德生活现状逼近自我教育的困境，再到指向道德生

活的自我教育内部及外部因素的考察，在论述的整个过程中，无不渗透着"乡村教师的自我教育在道德生活中建构而指向道德生活"的理念。乡村教师特殊的生活境遇与独特的历史时空，使得他们自我教育的自备条件十分有限，依靠统一的教育模式而改善似乎是很理想化的，甚至是不可能实现的。受内外环境的限制，他们只能依靠自我突围、自我创造，不断反思与更新才能真正抵达满足自己内在需求且实现自我价值的真实而有意义的"道德人"境界。而这一切只能来源于足下充满深情的土地，依靠那平凡而伟大的自我教育生活源泉。总之，脚踏实地的生活会告诉我们生活的意义，德行生活会引导我们走向"道德人"的境界，教师"道德人"的自我实现也只能依靠在道德生活中不懈追求与不断升华的自我教育。

（二）优质的"情感-生命"系统是乡村教师自我教育的内质性因素

人的情绪情感系统是一个不断生长、不断趋于成熟、始终在发展中的生命系统，其生长性、动态生成性以及内外交互性决定了情绪情感系统可依据自身的机理而被顺势塑造得更美好，因此，它是可以逐渐被培育、不断趋于社会化而抵达情感文明的。基于此，与生命相伴而生的"情感-生命"系统也是如此可以被后天环境和文化不断地滋养润泽更新生长的，无论是从生物学的生命本身的生长和适应机制层面来看，还是从教育尤其是情感教育对"情感-生命"系统的完善与支持层面来看，都可以看到这种培育方式（情感教育）能使得大脑的情绪情感机制愈加趋于成熟稳定，达到良好的状态。情绪情感接受到良好的培育，终将对整个人的生命质量和人生境界起到积极的促进、辅助乃至关键性作用，这已经在情绪心理学以及多元智能理论中得到印证。在这样的前提下，教师优质的"情感-生命"系统也相应地可培育而不断趋于完善。正是因为教师"情感-生命"的可塑造性，才为其在做教师的岁月里不断自我壮大准备了内部成长条件，教师具备积极完善的内质性因素是促使教师自我教育成为可能的关键。

然而，教师"情感-生命"系统的培育并非是可精准化到可科学操作的完整体系，在现实中也未能找到可以从人的出生便开始制订"情感-生命"系统教育的精准方案，生命永远都是在生活中不断完善壮大的，优质的"情感-生命"系统也一定要在道德生活的磨砺过程中不断得到滋养提升。因此，"情感-生命"系统最大程度的教育促进效果要依赖于人们一次又一次对道德生活的反思、实践、创造。"情感-生命"需要在道德生活中得以茁壮成长并不断抵达最大的生命价值。本研究中笔者将乡村教师的"情感-生命"系统置于道德生活的创造语境里,意在论述"情感-生命"的种子需要在道德生活的土壤中不断生根、发芽、开花结果。乡村教师秉持自己"情感-生命"的机理才能在道德生活的塑造中达成自我实现的目的。

乡村教师"情感-生命"系统有其自身的运动轨迹和有机构成,在本研究中笔者对其进行了解析,从道德生活"情感-生命"姿态到创造道德生活的情感基础,从情感特质到情感运行机制,从现象到本质,从静态到动态,较完整地勾勒出"情感-生命"自身机理和完整的系统,意在展示出不同阶段、不同层面、不同构成元素的"情感-生命"生长及外部培育机制。换句话说,充分掌握了"情感-生命"机制,理清了各个构成元素内涵及其运动状态,便找到了"情感-生命"生长所需要培育的养料和适宜发育的环境。因此,我们需要对"情感-生命"的内外结构和运行机制做充分的把握和深刻的解析,只有这样才能保障它后天得到充分的理解,得到更多的支持并可持续发展。承认"情感-生命"的可塑造性是从情感层面提供自我教育的前提,理解和把握"情感-生命"系统的完整机制意在有的放矢地调动那些可滋养培育它的资源和环境,以此为教师自我教育创造良好的内部条件。这将为乡村教师教育事业的发展提供一个新的视角与可为的内在空间,重视"情感-生命"价值及其可培育机制的运用将会为更多乡村教师的自我成长提供借鉴。

(三)重视情感文化作为外部支持系统对乡村教师自我教育的促进作用

情感文化作为外部支持系统是教师进行自我教育的一个很重要的支持因素。在此,情感文化与一般的外部因素不同,它不仅仅是有利于自我教育的外界条件,还是外部的一系列因素经过自我情绪情感系统内在加工之后产生的可感触的外界环境及存在因素,是"情感-生命"与外界环境不断互动产生的文化接触,这种接触是需要情感投入其中的,是一种人与外界环境的情感性联结。可以说,影响乡村教师自我教育的外部因素是由其"情感-生命"作用于外界环境的另一种存在形式,它是人与环境产生的情感上的勾连,这种作用与简单的外部刺激是不同的,它根植在教师内心而外化于能力中,体现了人真实参与到文化中的情感内容与形式。

人始终在境况中生活，也在不断感受中体验着自己、改善着自己。情感文化对乡村教师自我教育的促进是功不可没的。重视外部因素对乡村教师自我教育的促进，就要厘清那些真正促进产生内化、引起自觉意识的外部因素，通过笔者的调研可以得到这样的结论：简单的物质享受、改变生存环境与职场条件的外部支持并未能够触及乡村教师的内心，未能促生真实的情感体验，不能激发其强烈的自我教育意义，产生良好的自我教育效果。而那些真正起作用的外部条件是一定要乡村教师自我谋求的，只有他们自己付出了情感努力，有意愿置身于外界环境中去体验感悟反思，才能真正让自我与外界因素产生内在联结，发生内化的积极效果。因此，在对乡村教师的外部支持方面，单纯的给予、拿去、救世主式的帮扶是无济于事的，现实中乡村教师在物质享受中不容乐观的"情感-生命"表达就是显证。

在考察乡村教师自我教育的外部因素时，笔者发现，真正可以激发他们产生自觉改善的意识、自我向善的行动力、自我教育的突围的方式只有一条——在处境之中情动体验，不断唤醒自我觉知。也就是说，为乡村教师提供积极向上的情感文化体验要比仅是物质支持更具备自我教育的功效。如此，在乡村教师培育中提供了这样一条经验：多提供一些可感触的、符合他们生活情境的、将其情感体验置身于处境中的外界援助。外部的支持不仅需要钱，还需要钱背后的那些可触及的情感，外部物质条件大量的供给固然重要，但是"授之以鱼不如授之以渔"，情感文化的营造才是乡村教师不断自我突围、自我教育可持续发展的关键。

（四）内外因素通力合作促成乡村教师自我教育的实现

乡村教师自我教育的实现是内外因素通力合作而完成的，两方面的因素缺一不可，内因是其"情感-生命"系统的生命动力与生长机制，它是促使乡村教师自我教育的根本原因。"情感-生命"系统是人的最基本的感知与社会情感的支持系统，它体现了人类在演化过程中的高级神经系统的进化发育，是人区别于动物的重要标志之一，同时，它又是人类支持自身生存与发展的重要机制，失却它，将失却一切人文性。因此，没有"情感-生命"系统的支持，乡村教师的自我教育无从谈起，它是自我发展的决定性因素，支持自我教育发展的基本趋势，对其具有内在规定性。而外部的情感文化的模塑机制则是乡村教师自我教育的外部条件，它起着加速或者延缓的作用，是乡村教师自我教育不可或缺的条件，但它一定是要通过"情感-生命"系统的内在机制而起作用的。这在本研究中笔者已经做出了详尽的阐释，没有乡村教师"情感-生命"系统的支持，就没有他们要为自己做出改变的自我意识唤醒，没有自我教育的意识，就根本谈不上外化的自我教育实践，但是，若没有可以实施自我教育的文化及社会等外部因素的参与，个人的自我教育也只能停留在意识中，因此，乡村教师自我教育的实现一定是内外因素共同参与、综合作用的结果。

基于内外因素的认识，对乡村教师自我教育的培育机制也应该考虑到这两方面的支持，既要积极呵护引导"情感-生命"系统的生长发育，又要为营造适宜乡村教师自我教育的情感文化而付出努力。只有立足于两方面的综合考虑，才能保障他们自我教育所需要的基本条件，也是外界为其寻求可持续发展的有效支持。在此，我们得到了这样的一个认识：乡村教师不是一个静态呈现的"符号人"，也不是靠物料补给就可以运行的"机械人"，他们是有着丰富的情感系统，有着复杂情境体验的"性情中人"，与其加大那些静止的冷漠的物质外援，不如行走在他们中间，看看他们真实的境况，倾听他们发自内心的声音，唯有这样的外援才是真正浇筑于他们心间的甘泉，起到事半功倍的效果。要想让外界对乡村教师的支持变得更有力量、更有质量、更富于创造，就要尊重他们的自我教育模式，理解他们真实的处境，发掘他们自我成长中的情感动力，滋养这种积极正向的自我教育力，为此不断创造优化的条件，扩展更广阔的理解性支持空间。

二、行动策略：为当代乡村教师自我教育赋能增效

近年来，政府在提升教师学历、教师待遇等方面做了大量工作，但教师的专业素质、师德、文化素养等方面的条件并未与外部条件及要求相匹配；自20世纪80年代中期以来，教育教学改革从强调教育公平向全面提升教育质量不断推进，但教师队伍建设跟进的状况不容乐观。应试教育、过度竞争引发全社会焦虑，产生了许多扭曲的情感，让校长、教师感到无助与无奈，有的教师职业感、自信心不强。教师职业与其他职业不一样，必须要有强大的内心世界，要有极大的包容心与耐心。教师本人如果没有感到关爱，没有独立感、惬意感，没有创造愉快的情感能力，怎么能让孩子们有安全感，怎么能把边缘化的孩子拉回到自己身边？教师职业发展与本人心灵塑造密切

相关。教师发展不能仅靠外部管理、标准化评价、严厉处罚。简单化、控制式、教导式的管理，是不健全的进步观、发展观，要进行调整、完善和弥补。①

（一）政府支持层面

近十年来，我国政府对乡村教师的支持力度之大，涉及范围之广，影响之深远都可谓史无前例。尤其是在 2015 年 6 月，国务院办公厅发布《乡村教师支持计划（2015—2020）》，这是我们共和国历史上第一个关于乡村教师队伍建设的计划，意味着乡村教师队伍的建设已经上升为国家战略。随后，各级地方性实施办法相继出台，并迅速进入全面落实阶段，从中央到地方对乡村教师的支持行动打出了一套组合拳，经过五年建设，乡村教师下得去、留得住、教得好的局面已经初步形成。2018 年，乡村教师支持行动进入新时代，为了发展更加公平更有质量的乡村教育，深入推进乡村教师队伍建设的高效率改革和高质量发展，中共中央、国务院印发了《关于全面深化新时代教师队伍建设改革的意见》。与 2015 年实施的政策相比，新政策更加聚焦问题，更重系统治理，亮点多，实惠多，为乡村教师队伍建设构建了一个全套的政策福利体系。这个深化教师队伍建设的里程碑式政策，明确提出要大力提升乡村教师待遇，这为乡村教师队伍建设投入保障奠定了基础。此外，2020 年 7 月，教育部等六部门联合印发了《关于加强新时代乡村教师队伍建设的意见》，再次为乡村教师队伍建设奉献了"大礼包"，要求健全以政府投入为主、多渠道筹集经费的投入机制，为进一步加强贫困地区乡村教师队伍建设提供政策保障。同时，要求职称评聘向乡村教师倾斜，提高乡村教师生活待遇；在"十四五"时期，要切实加大对乡村教师队伍教育投入保障政策的落实力度，对落实不到位的要严肃问责。2022 年 4 月 14 日，教育部等八部门联合印发《新时代基础教育强师计划》（以下简称《强师计划》），提出新时代基础教育教师队伍筑基提质、补短扶弱、做优建强的思路举措——以中西部欠发达地区教师为重点，推动师资优质均衡发展。

不可否认，乡村教师的工作待遇以及生活条件在历届政府的努力下已经有了巨大的改善并得到了长足发展；乡村教育的质量有了明显提高，乡村教师的队伍面貌发生

---

① 朱小蔓. 提升教育质量：关爱教师，创造更加人文的教育环境［J］. 生活教育，2017（1）：6.

了明显变化，乡村教师的支持政策也由"基本温饱型"逐渐转向"精准关怀型"，政策显示出前所未有的社会温度和人文指向。而这些政策实施以来，如何来考量这些政策是否促进了乡村教师队伍的建设呢？换句话说，当乡村教师改善了贫困处境之后，教育质量是否得到了真正的提高？乡村教师的素质是否得到了整体的提升？乡村教师自己是否发生了根本改变？这些问题的答案就在政策本身对人的作用上。我们必须要明确一点，一切外部政策的出发点是为了促进个体内部可持续的发展。没有激发个体自主发展，再好的政策似乎也是没有生命力，也不大可能维持下去的。但是在笔者对乡村教师的考察中，却出现了另一个令人担忧的怪现象：政府及外界的物质援助愈加丰厚，大到薪酬翻倍、安居房落户，小到生活补贴中一床一被、一桌一椅的供给，看似已经将物质生活勾勒出一派祥和且可安心乐业的状态；而在富裕的物质生活激励下，乡村教师教育的主体性还是没有得到充分的发挥，有的乡村教师道德生活陷入困境，自我教育意识淡薄，教师情感荒漠化，师生关系深陷危机中，乡村教师呈现出群体性自愿平庸的精神状态。这不禁引发笔者的深思：乡村教师队伍建设的症结何在？这个症结又该如何解决？事实上，我们不仅要进一步改善乡村教师的物质生活条件，更需要在其个体价值的认知和实现、个体成长等方面提升精准化服务与支持水准，通过多种途径解决乡村教师面临的专业发展问题与自我成长困境。

高质量教师是高质量教育发展的中坚力量。党的十九大以来，习近平总书记就加强教师队伍建设作出系列重要指示，强调教师是教育工作的中坚力量，各级党委和政府要坚持把教师队伍建设作为基础工作。习近平总书记指出，建设教育强国是中华民族伟大复兴的基础工程，必须把教育事业放在优先位置。要着力构建优质均衡的基本公共教育服务体系，加强中西部欠发达地区教师定向培养和精准培训。《强师计划》要求继续实施中西部欠发达地区优秀教师定向培养计划，依托部属师范大学和地方高水平师范院校为832个脱贫县和中西部陆地边境县定向培养本科层次师范生。

李克强总理强调，要依法加强义务教育教师收入保障，加大在职培训、学历教育力度，提高义务教育教师素质。全面提升教师素质，就要把教师教育工作落在教师发展需求上，把教师教育工作做进教师的心灵里去。而教师自我教育是保障教师教育质量的关键，解决这个问题不仅要继续加大中央财政投入，还要解决乡村教师"长不高"的问题。在此，"长不高"蕴含着深刻的语义，首次将乡村教师的自我成长、教师职业生涯、教师未来发展放到了备受关注的公共话语体系中，这为我们思考能"为乡村教师做些什么"提供了新的指南——从关注经济措施的实施对于乡村教师"可发展""可长高"层面，进一步向促进乡村教师自身成长发展层面给予政策倾斜，这也为笔者关注乡村教师自我教育给予了更多启示。如何让乡村教师有发展、有奔头，让他们在岗位上有成就感、获得感？在此，我们更加清晰地认识到，乡村教师的成就感、获得感的增进不仅需要政府的外界支持与干预，还需要各地方自发形成的典型以及乡村教师自我经验的推广。与此同时，我们看到了各地政策施行过程中对乡村教师的尊重与理解，乡村教师的获得感一定是他们自身的成功体验，这种获得感是对职业的高度认同，在乡村的日子里可以发现乡村教育的美丽，可以尽己之力去研究乡村教育的问题，珍惜自己的每一天，用心过真正意义上的幸福完整的教育生活。笔者认为，乡村教师的获得感一定是与自我产生深切联结并伴有积极发展指向的体验，这就是笔者全文论证的指向道德生活的自我教育的一种情感状态。它是通过自我教育的过程而自主创造的情感体验，它与乡村教师自我教育的发展一脉相承且具有异曲同工之妙。甚至可以说，重视乡村教师的获得感就是重视在外部的支持下乡村教师自我教育的实现。那么所谓的精准发力，说到底还是要依靠各个地方的积极作为，依靠那坚守在一线的拥有高度成就感、获得感的乡村教师自己的生命体验以及自我价值的实现。因此，我们需要更多地去接触那些优秀的乡村教师，走进他们平凡而又伟大的生命体验，不断汇聚这种自我发展的成就与体验，正视并支持这股力量不断强大，帮助他们在政策语境中找到合法化的立足之地，让真正自主的获得感成为乡村教师自治的常态，让政策真实地落在每个乡村教师自我谋求发展、自我追求完善的心坎上。

（二）学校组织文化层面

从学校层面来看，学校的组织文化环境应该尽可能为乡村教师的自我成长而改善。学校是乡村教师最密切、最直接、最重要的发展场域，学校的组织文化是乡村教师自我成长的外部保障条件，创造更加有人文关怀的教育环境，关爱乡村教师的成长将是学校为乡村教师自我教育的实现以及提升乡村教育质量义不容辞的责任。

首先，学校要转变乡村教师的发展观、进步观。

学校是一个处处需要用情感维系的地方，它与工厂、企业、农场等场域大有不同，它是净化人的心灵、丰富人的精神世界、培育人的社会情感系统的地方。与此同时，学校教师与其他职业也有很大区别，教师所有的工作都与他本人的心灵、精神世界、情感状态、德行品质密切相关，所以仅靠自上而下、由外向内的管理及要求，或者说我们过分地相信诉诸标准化的评价、严格的管理、精确的要求甚至惩罚就可以解决问题，那是不现实的。① 在此，我们要检视当下在教师教育、教师工作方面，在抱持的教师发展观、进步观方面是否真正做到从教师本身出发，为教师服务、促教师发展；学校是否放弃了对人心灵的培育功能，而以经济发展为中心，以单一发展、标准化发展模式践行其职能；而学校的组织文化是否存在机械的规定、夸张的粉饰、片面的要求、非人文化的实施。不协调、不够健全的进步观、发展观需要反思、调整、弥补、完善，需要改变教师管理工作比较简单化和控制化的机制，改变单向度地提要求和训导方式。② 学校应该深入调研，立足实际，革新观念，将教师的发展权还给教师，将教师的被动发展让位于教师的自我教育，将教师管理转变为教师民主自治。

其次，以关怀的路径，从建立和谐关系的视角，立足实际情况，采用更加人文化的管理方式和评价方式。

我们希望从关怀的路径，从建立和谐关系的视角审视、反思、调整、补益教师工作、教师教育的政策和实践，采用更加人文化且从实际出发，从具体的地域、人的实际情况出发的管理方式和评价方式。③ 我们需要反思的是，在追求规模及效应的同时，对教育质量重视还不够，"仅凭教育不能解决所有发展的问题，但着眼于全局的人文主义教育方法可以并且应该有助于实现新的发展模式"④，这里的表述很明确，教育虽然不能解决经济社会发展中的问题，但是我们依然还是要依赖、依靠教育，因为只有通过教育改变人，才可能进而促进社会的改变。这就需要一个着眼于全局的人文主义教育方法。落实在学校组织管理层面，我们应该通过建立教师之间的和谐促进的同侪关系，师生之间相互关心、共同进步的情感型师生关系，不断地采取人文关怀的方法，在处理具体事务中，彼此多一些情感上的理解、包容与支持。将那些人文

---

① 朱小蔓. 提升教育质量：关爱教师，创造更加人文的教育环境 [J]. 生活教育，2017（1）：6.
② 同①.
③ 同①.
④ 联合国教科文组织. 反思教育：向"全球共同利益"的理念转变？[M]. 联合国教科文组织总部中文科，译. 北京：教育科学出版社，2017：37.

性、发展性、内质性的评价纳入组织文化中，尤其是要重视教师情感维度对其工作的积极促进作用，将这一维度经过质化分析适切地纳入管理方式和评价方式中，为教师创造更优质的"情感-人文"环境，助力他们自身的成长。

最后，充分相信乡村教师自我教育的力量，忠实于事实本身，着眼于细节工作，形成良好的组织文化保护、激励乡村教师。

教师的职业属性决定了他们一直都是在用心做创造性的工作。他们善于从学校的实际出发，从教师、学生的实际出发去工作，忠实于事情本身，着眼于细节之处。因此，我们没有理由不相信教师自主教育的现实力量，而应充分相信教师自我教育的能力，尊重他们在现实中具体细微的劳动就是对他们进行主体性教育的最大心理支持。教育是慢的艺术，慢工才能出细活。管理者应该善用教育管理的智慧，形成良好的组织文化以保护教师、激励教师。只有在可以沉下心做教育的组织文化系统里，教师才能拥有相对宽松的小环境，拥有自我教育的时空和教师职业的自信心，学校也会拥有良好的秩序和有温度的师生关系。

（三）教师教育层面

本研究中笔者一直从"情感-生命"的视角考察乡村教师自我教育的实现，意在探寻乡村教师自我教育的根本动力机制与外部模塑机制。也正是这些现实中鲜活的乡村教师的案例让我们深刻认识到了其自我教育在乡村教师群体中发挥的重要的突围自救、自我实现的价值，同时，也为乡村教师的培育机制开启了一扇视窗，迎来一股清澈的暖流。以往我们对于乡村教师的培训多是注重大力供给、深度帮助、躬身示范，唯恐不能将最先进的教育理念、最现代的教育科技、最实用的教育技巧全部给予他们，源源不断地输入他们自身学习系统中。我们拿出我们认为最好的去扶持、去辅导、去支持他们，还经常为此特别享受这种自上而下的俯视的教育培训过程，这背后暗藏这样的逻辑：我认为是最好的、拿来就能用的，你自然会借用它的价值去改善并贯彻这种行为。但是我们忽略了与之相对应的根本逻辑——只有适合自己的才是最好的，只有自觉于进取时，才能获得外界激发而真正进步。换句话说，只有从他们自己内心深处生长出来的才是最可靠的。我们不得不承认，我们在某个层面上确实是忽视了乡村教师自我教育的可能，我们也过滤掉了他们自我教育的能力与力量。然而，当我们见到了一位又一位堪称"中国最美乡村教师"的生命叙事，看到一位又一位在困境中不断突围崛起的乡村教师，感触到他们强大的自我教育力的时候，我们想必会陷入深思：那些被我们标榜的高超的教育技术以及精湛的教学技艺还能伴他们走多远？面对如此特殊的群体，乡村教师教育究竟应该为他们做些什么？

首先，要转变乡村教师的教育观念，由"情感-生命"系统出发，从生命根部浇水。

通过各种案例我们会发现，当我们真正走进乡村教师的平凡世界时，他们拥有着比我们想象的还要丰富的生活智慧、质朴而纯真的情感世界以及劳动创造的能力。对他们的教育培训首先要来源于他们的生活，符合他们自身的情况，基于他们的真实现状，尤其要弄清楚他们的所思所感所期，如此发自他们内心真实需要的教育培训才可能是真正奏效的。同时，我们还要对其主体性有深刻的理解，珍视那一次次他们生命体验中不断被唤醒或是自觉自主创造的契机和萌芽，充分认识到促成其自我教育的"情感-生命"机制的重要价值，善于用教育的智慧去发现、用关怀的路径去挖掘、用同理的心情去感知、用实践性反思去创造与发扬。总之，乡村教师教育培训绝不是花几天工夫聚到一起坐坐课、讲讲PPT、围观几所城市校那么简单而表面的。要对这些教师群体做好教育培训，首先要转变对他们的教师教育观念，摒弃城市文化的一刀切、城市学校经验的囫囵吞枣、象牙塔教育理念的生硬嫁接。对待他们，更需要摒弃教育技术及技艺的粉饰与武装，要放得下架子、拿得出关心、舍得出情感，要真正从"情感-生命"系统出发，从他们真实的生活出发，在生命的根部浇水。

其次，探索"情感-人文"型乡村教师师范教育课程体系。

令人遗憾的是，在笔者探寻乡村教师自我教育实现的过程中，无论是访谈还是现场观摩或是通过他们的自述，很难找到在他们师范教育中所蕴藏的自我教育之力，更难见得他们自身在师范教育中所获得的"情感-生命"系统培育的痕迹。这不禁促使笔者进一步发问：乡村教师师范教育究竟应该为他们做些什么？"情感-人文"型乡村教师师范教育到底距离他们还有多远？如何真正地将促进"情感-生命"系统的"情感-人文"型师范教育真实地落地落实？而这一系列的实施与呈现只有理念是不行的，一定要有具体的方案与可操作的课程体系作为保障，才能真正地植入到立志成为优秀乡村教师的师范生的心田之中，产生深远的影响力。从乡村教育实际、乡村教师的内在需要及乡村儿童自身处境出发，笔者认为建构"情感-人文"型乡村教师师范教育课程体系需要注意以下三点：

第一，要深入挖掘那些与乡村教师"情感-生命"系统密切相关的教育资源和课程模式，形成单元式或者板块式的课程模块。将教师情绪情感的自我认知理解、教师自我情绪情感的调适与表达、教师职场中可能出现的负性情绪情感的应对和转化以及教师对他人情绪情感的觉知体验回应等与教师未来职场相关的一系列情感教育课程首先纳入乡村教师"情感-人文"型课程体系中。让从事乡村教育的师范生首先具备教师情感自觉的能力，拥有教师情感的支持力。

第二，要设置关于特殊时期尤其是社会转型时期乡村儿童的情感教育课程。淡化那些对城镇儿童精益高效的教育模式，强调用心灵启发、用劳动创造、在自然中尚美求真的教育常识，让教育归于朴素、回归生活。将乡土文化、乡土情结、乡村儿童心智发育特点、留守儿童情感特征与心理状况、乡村家庭教养方式等与乡村儿童教育密切相关的内容纳入乡村儿童情感教育课程体系中。这将为乡村教师未来的职场生活铺平道路，减少他们从业的挫折境遇，为他们的职业生涯提供实践反思的理论基础。

第三，要针对教师的自我教育力与创造型的课程体系进行探究和创新实践。陶行知先生曾经说过，乡村教师必须具有健康的体魄、农人的身手、科学的头脑、艺术的兴味、改革社会的精神。其一语道破了乡村教师自食其力、自我创造的重要性，因此在其师范教育阶段，我们就要有意识地去呵护、去培育、去挖掘那些可以在未来职场中应用到的创造性思维方式以及自我教育的思维习惯，鼓励师范生自主调研考察、结群研发创造，为改变乡村教育而做一些具体微小的努力与尝试。

最后，珍视并呵护乡村教师职后教育中的情感体验与生命经历。

谈到乡村教师的职后继续教育培训，以往我们常常忽视了他们自带的教育智库与宝藏，一味地灌输我们认为是他们需要的知识能力及技艺，然而在现实中，他们却是距离乡村教育最近的人，他们才是真正的乡村教育解读者和践行者。因此，我们要珍视并呵护乡村教师给我们分享的每一次生命叙事，尊重他们在其中表达的真实情感体验，用欣赏的眼光和包容的心态去看待他们职场中的欣喜、愉悦、疲惫、抱怨、无奈、停滞、踏实、坦然……无论是何种的不尽人意或事与愿违，我们都应该首先要有倾听的自觉和对他们人格的尊重，除此，我们还要多创造生命情感叙事工作坊或心灵交流的机会和平台，多听他们的心里话，替他们着想，让他们言说，为他们办事，成为他们心灵的温馨港湾，珍视呵护并鼓励他们每一点滴的成长和进步。

讨论与小结：展望乡村教师教育的未来

当今的乡村教师经历了道德生活的自主创造和不断向内自我探寻后，褪去了悲戚苍凉的命运色彩和胆怯求助的弱者姿态，他们饱含着丰富的情感体验和深厚的教育情怀，更加坚定地自我坚守、自我创造、自助为乐。在开篇，笔者交代了当今时代背景下乡村教师应呈现的时代担当和生命姿态，面向那些自我成长的乡村教师情感世界，他们的确是这个时代乡村教育的脊梁，他们拥有着这个时代的精神、真挚的心以及超出我们想象的大美人性。本研究从"情感-生命"的视角展现了乡村教师自主道德生活的可敬可爱、可歌可泣。这个时代的乡村教师需要重新发现、重新审视、重新正名！

殊不知，在民间，在穷乡僻壤之间，有着这样的一批人，他们没有经历过严格意义上的学术殿堂洗礼雕琢，却可以在自己的一亩三分教育实验田里经营着自己的道德实践；他们似乎连可以说得通顺的完整体系的教育理念都没有，却献给了孩子们最宝贵的教育真谛；他们没有高超的教学艺术和现代化的教育技术，最习惯的教育方式便是驾驭手中的粉笔，听那飘落在身上的粉尘细细碎碎的声响，但是他们却可以充分利用文学、劳动、大自然、民俗、乡情、现实生活为孩子们开创另一番独特而美好的教育天地，放飞着孩子们的梦想；他们可能不太理解教师的道德建设、教师的道德准则，更不大懂得课程与教学论等一系列相关的教育原理，但是他们却践行着人间最美最纯的师生互爱情感，实践着教育对心灵的开垦与播种、对人性的导善与尚美……这一切都是自然而然地流淌着，这一切在他们看来都是身为教师最本分的事情，而对这一切的逼近又何尝不是给一些致力于精致教育科学研究"权威"们泼一盆冷水？如果以教师无限包容热爱学生，把整个心灵献给学生，不抛弃也不放弃每一个学生作为教师的最高标准的话，我想再也没有谁可以与这些具有最美心灵、不断创造道德生活的乡村教师媲美了！

那一场场光彩动人的"最美乡村教师"评选，舞台荧幕之后留给我们的生命记忆终将伴随岁月远去，而那"情感-生命"深处蕴含的强大自我教育力量应该被挖掘出更大的教育意义……这一切的可能性与可行性都需要教育领域多给予一些内在良心的宽容与自助式的支持。这就要求我们多一些内在的理解，多一些向下的关怀，多一些支持性的鼓励，多一些草根式的研究，更多一些逼近现象的勇气。饱含着人性情感去做教育事业的研究，非但不会偏离教育科学的范式，反倒是逼近了人自我的真相，毕竟我们做的是关于人的教育，而教育又是关于人的实践科学。

结语： 子规夜半犹啼血， 不信东风唤不回

笔者一直试图展现这样一批乡村教师自我教育的真实图景：教师们秉持着宝贵的"情感-生命"，愉快地坚守在祖国乡村大地的教育实验田里，他们自主创造属于他们自己的幸福生活，他们是如此热爱足下的这片教育净土，心悦与大自然为伴，与乡土乡情为邻，与乡村儿童怡然自乐，畅快地学习劳动。虽然他们时常会遭遇到贫穷、挫折、艰难、困苦，但那来自心底的道德和丰盈的"情感-生命"会汇聚成为强大的力量，支持他们一次次自我救赎、战胜自己、迎接挑战、转危为安，抵达自我超越的境界。与此同时，教师"情感-生命"的种子在扎根道德生活的土壤之后，会不断地吸收外界的力量，内化为教育实践智慧和自我教育的能力，促使乡村教师潜移默化地走上自觉专业化发展的道路。

值得欣慰的是，尽管笔者访谈及考察的乡村教师可能仅仅是平静的海面上泛起的朵朵浪花，但他们却折射了阳光的缤纷色彩，相信那一滴滴水折射的光芒，看似微薄但意味深远。笔者坚信，可以改变自己的处境、收获人生幸福、维系道德生活常态的人，不用希求别人，只能靠自己！无论经历了怎样的抗争与困顿，一个个鲜活的乡村教师创造道德生活的图景让我们逼近了这样的一个现实真相：拥有创造道德生活的可能，抵达自我价值的实现，获得有尊严的生活的心灵蹊径只有一条——自我教育！经历了整个寒冬洗礼的乡村教师的悲壮时代已经渐渐离我们远去，他们自我生长的春天已然到来，因为象征着春天到来的子规不停地在深夜啼叫着，它们相信，只要自己夜夜鸣啼，哪怕是嘴角流血，也一定能够将那春天召唤回来！是的，子规夜半犹啼血，不信东风唤不回！子规尚且如此，乡村教师的东风与春天同在！

参考文献

1. 中文著作类（包括译著）

[1] 阿德勒. 生命对你意味着什么［M］. 周朗，译. 北京：国际文化出版公司，2000.

[2] 包尔生. 伦理学体系［M］. 何怀宏，廖申白，译. 北京：中国社会科学出版社，1988.

[3] 费尔巴哈. 费尔巴哈哲学史著作选：第2卷［M］. 涂纪亮，译. 北京：商务印书馆，1979.

[4] 费尔巴哈. 费尔巴哈哲学著作选集：上卷［M］. 荣震华，李金山，等译. 北京：商务印书馆，1984.

[5] 格罗赛. 艺术的起源［M］. 蔡慕晖，译. 北京：商务印书馆，1984.

[6] 海德格尔. 存在与时间［M］. 陈嘉映，王庆节，译. 北京：生活·读书·新知三联书店，1987.

[7] 韦伯. 韦伯作品集Ⅶ：社会学的基本概念［M］. 顾忠华，译. 桂林：广西师范大学出版社，2005.

[8] 舍勒. 价值的颠覆［M］. 罗悌伦，等译. 北京：生活·读书·新知三联书店，1997.

[9] 雅斯培. 雅斯培论教育［M］. 杜意风，译. 台北：联经出版事业公司，1983.

[10] 乌申斯基. 人是教育的对象：教育人类学初探［M］. 张佩珍，等译. 北京：人民教育出版社，2007.

[11] 索洛维约夫. 东西文化评论：第四辑［M］. 董友，译. 北京：北京大学出版社，1992.

[12] 莫兰. 复杂思想：自觉的科学［M］. 陈一壮，译. 北京：北京大学出版社，2001.

[13] 韦斯特马克. 人类婚姻史：三卷［M］. 李彬，李毅夫，欧阳觉亚，等译. 北

京：商务印书馆，2002.

[14] 史密斯. 全球化与后现代教育学［M］. 郭洋生，译. 北京：教育科学出版社，2000.

[15] 贝克. 学会过美好生活：人的价值世界［M］. 詹万生，译. 北京：中央编译出版社，1997.

[16] 范梅南. 生活体验研究：人文科学视野中的教育学［M］. 宋广文，译. 北京：教育科学出版社，2003.

[17] 夸美纽斯. 大教学论［M］. 傅任敢，译. 北京：人民教育出版社，1984.

[18] 米尔斯. 社会学的想象力［M］. 陈强，张永强，译. 北京：生活·读书·新知三联书店，2001.

[19] 曼蒂，奥杜姆. 闲暇教育理论与实践［M］. 叶京，潘敏，鲍建东，等译. 北京：春秋出版社，1989.

[20] 舒尔茨. 教育的感情世界［M］. 赵鑫，译. 上海：华东师范大学出版社，2010.

[21] 克莱曼. 道德的重量［M］. 方筱丽，译. 上海：上海译文出版社，2008.

[22] 巴里特，比克曼，布利克，等. 教育的现象学研究手册［M］. 刘洁，译. 北京：教育科学出版社，2010.

[23] 布朗森，梅里曼. 关键教养报告：关于孩子的新思考［M］. 夏婧，译. 杭州：浙江人民出版社，2013.

[24] 西格尔，布赖森. 全脑教养法：拓展儿童思维的12项革命性策略［M］. 周玥，李硕，译. 杭州：浙江人民出版社，2013.

[25] 西格尔，哈策尔. 由内而外的教养：做好父母，从接纳自己开始［M］. 李昂，译. 杭州：浙江人民出版社，2013.

[26] 杜威. 我们怎样思维·经验与教育［M］. 姜文闵，译. 北京：人民教育出版社，2005.

[27] 杜威. 民主主义与教育［M］. 王承绪，译. 北京：人民教育出版社，2001.

[28] 弗姆. 道德百科全书［M］. 戴杨毅，等译. 长沙：湖南人民出版社，1988.

[29] 古德莱德，索德. 提升教师的教育境界：教学的道德尺度［M］. 汪菊，译. 北

京：教育科学出版社，2012.

[30] 基伦，斯梅塔娜. 道德发展手册［M］. 杨韶刚，刘春琼，译. 北京：教育科学出版社，2011.

[31] 库利. 人类本性与社会秩序［M］. 包凡一，王源，译. 北京：华夏出版社，1999.

[32] 巴里特，比克曼，布利克，等. 教育的现象学研究手册［M］. 刘洁，译. 北京：教育科学出版社，2010.

[33] 马斯洛，等. 人的潜能和价值［M］. 北京：华夏出版社，1987.

[34] 马斯洛. 人性能达的境界［M］. 林方，译. 昆明：云南人民出版社，1987.

[35] 诺丁斯. 学会关心：教育的另一种模式［M］. 于天龙，译. 北京：教育科学出版社，2011.

[36] 帕尔默. 教学勇气：漫步教师心灵［M］. 吴国珍，译. 上海：华东师范大学出版社，2014.

[37] 特纳. 人类情感：社会学的理论［M］. 孙俊才，文军，译. 北京：东方出版社，2009.

[38] 海特. 正义之心：为什么人们总是坚持"我对你错"［M］. 舒明月，胡晓旭，译. 杭州：浙江人民出版社，2014.

[39] 特纳，斯戴兹. 情感社会学［M］. 孙俊才，文军，译. 上海：上海人民出版社，2007.

[40] 特纳. 社会学理论的结构：第7版［M］. 邱泽奇，张茂元，译. 北京：华夏出版社，2006.

[41] 斯宾塞，沃尔比，亨特. 情感社会学［M］. 张军，周志浩，译. 南京：江苏凤凰教育出版社，2015.

[42] 派纳. 自传、政治与性别：1972—1992课程理论论文集［M］. 陈雨亭，王红宇，译. 北京：教育科学出版社，2007.

[43] 秋田喜代美，佐藤学. 新时代的教师［M］. 陈静静，译. 北京：教育科学出版社，2013.

[44] 佐藤学. 课程与教师［M］. 钟启泉，译. 北京：教育科学出版社，2003.

[45] 苏霍姆林斯基. 帕夫雷什中学 [M]. 赵玮,王义高,蔡兴文,等译. 北京：教育科学出版社,1983.

[46] 苏霍姆林斯基. 给教师的100条建议 [M]. 杜殿坤,译. 北京：教育科学出版社,2018.

[47] 科恩. 自我论 [M]. 佟景韩,范国恩,许宏治,译. 北京：生活·读书·新知三联书店,1986.

[48] 马卡连柯. 论共产主义教育 [M]. 刘长松,杨慕之,译. 北京：人民教育出版社,1954.

[49] 斯比尔金. 哲学原理 [M]. 徐小英,等译. 北京：求实出版社,1990.

[50] 苏霍姆林斯基. 育人三部曲 [M]. 毕淑芝,译. 北京：人民教育出版社,1998.

[51] 蔡汀,王义高,祖晶. 苏霍姆林斯基选集：第5卷 [M]. 北京：教育科学出版社,2001.

[52] 苏霍姆林斯基. 少年的教育和自我教育 [M]. 姜励群,吴福生,张渭城,等译. 北京：北京出版社,1984.

[53] 赞可夫. 和教师的谈话 [M]. 杜殿坤,译. 北京：教育科学出版社,1999.

[54] 亚米契斯. 爱的教育 [M]. 夏丏尊,译. 北京：中华书局,2011.

[55] 史华罗. 中国历史中的情感文化：对明清文献的跨学科文本研究 [M]. 林舒俐,谢琰,孟琢,译. 北京：商务出版社,2009.

[56] 达尔文. 人类的由来 [M]. 潘光旦,胡寿文,译. 北京：商务印书馆,1983.

[57] 梅因. 古代法 [M]. 沈景,译. 北京：商务印书馆,1996.

[58] 休谟. 人性论 [M]. 关文运,译. 北京：商务印书馆,1983.

[59] 鲍鹏山. 中国人的心灵：三千年理智与情感 [M]. 上海：复旦大学出版社,2009.

[60] 北京大学哲学系外国哲学史教研室. 古希腊罗马哲学 [C]. 北京：商务印书馆,1982.

[61] 陈大伟. 道德故事与师德修养 [M]. 北京：北京师范大学出版社,2006.

[62] 陈根法. 心灵的秩序 [M]. 上海：复旦大学出版社,1998.

［63］陈向明. 质的研究方法与社会科学研究［M］. 北京：教育科学出版社，2000.

［64］戴本博. 外国教育史［M］. 北京：人民教育出版社，1989.

［65］陶行知. 陶行知教育论著选［M］. 北京：人民教育出版社，1991.

［66］费孝通. 乡土中国 生育制度［M］. 北京：北京大学出版社，1998.

［67］高兆明. 道德生活论［M］. 南京：河海大学出版社，1993.

［68］葛剑雄，周筱赟. 历史学是什么［M］. 北京：北京大学出版社，2005.

［69］郭景萍. 中国情感文明变迁60年：社会转型的视角［M］. 北京：人民出版社，2010.

［70］郭华. 静悄悄的革命：日常教学生活的社会构建［M］. 北京：北京师范大学出版社，2003.

［71］郭元祥. 生活与教育：回归生活世界的基础教育论纲［M］. 武汉：华中师范大学出版社，2002.

［72］何东昌. 中华人民共和国重要教育文献（1998—2002）［M］. 海口：海南出版社，2003.

［73］洪汉鼎. 阐释学：它的历史和当代发展［M］. 北京：人民出版社，2001.

［74］黄光国. 人情与面子：中国人的权力游戏［M］. 台北：巨流图书公司，1988.

［75］教育大词典编纂委员会. 教育大辞典：第6卷［M］. 上海：上海教育出版社，1992.

［76］金生鈜. 德性与教化：从苏格拉底到尼采［M］. 长沙：湖南大学出版社，2003.

［77］联合国教科文组织. 教育：财富蕴藏其中［M］. 联合国教科文组织总部中文科，译. 北京：教育科学出版社，1996.

［78］联合国教科文组织. 反思教育：向"全球共同利益"的理念转变？［M］. 联合国教科文组织总部中文科，译. 北京：教育科学出版社，2017.

［79］梁漱溟. 中国文化要义［M］. 上海：学林出版社，1987.

［80］林崇德，杨治良，黄希庭. 心理学大辞典［M］. 上海：上海教育出版社，2003.

［81］刘铁芳. 走向生活的教育哲学［M］. 长沙：湖南师范大学出版社，2005.

[82] 卢家楣. 情感教学心理学 [M]. 上海：上海教育出版社，2000.

[83] 卢梭. 爱弥儿 [M]. 李平沤，译. 北京：商务印书馆，1978.

[84] 鲁洁. 回望八十年：鲁洁教育口述史 [M]. 北京：教育科学出版社，2014.

[85] 罗国杰. 伦理学 [M]. 北京：人民出版社，1989.

[86] 马惠娣. 休闲：人类美丽的精神家园 [M]. 北京：中国经济出版社，2004.

[87] 梁漱溟. 梁漱溟教育论著选 [M]. 北京：人民教育出版社，1994.

[88] 蒙培元. 人与自然：中国哲学生态观 [M]. 北京：人民出版社，2004.

[89] 苗力田. 古希腊哲学 [M]. 北京：中国人民大学出版社，1989.

[90] 齐学红. 走在回家的路上：学校生活中的个人知识 [M]. 北京：北京师范大学出版社，2005.

[91] 乔建中. 情绪研究：理论与方法 [M]. 南京：南京师范大学出版社，2003.

[92] 邱泽奇. 社会学是什么 [M]. 北京：北京大学出版社，2002.

[93] 邵学海. 先秦艺术史 [M]. 济南：山东画报出版社，2010.

[94] 唐君毅. 道德自我之建立 [M]. 桂林：广西师范大学出版社，2005.

[95] 唐凯麟. 伦理学 [M]. 北京：高等教育出版社，2001.

[96] 陶行知. 陶行知全集 [M]. 成都：四川教育出版社，2005.

[97] 王坤庆. 精神与教育：一种教育哲学视角的当代教育反思与建构 [M]. 上海：上海教育出版社，2002.

[98] 王正平，汤才伯. 中外教育名言集萃 [M]. 上海：百家出版社，1989.

[99] 吴安春. 德性教师论 [M]. 北京：人民教育出版社，2003.

[100] 杨善华. 当代西方社会学理论 [M]. 北京：北京大学出版社，1999.

[101] 杨楹，张禹东. 生活哲学：探究中的马克思主义哲学 [M]. 北京：社会科学文献出版社，2004.

[102] 叶澜，等. 教师角色与教师发展新探 [M]. 北京：教育科学出版社，2001.

[103] 叶秀山. 思·史·诗：现象学和存在哲学研究 [M]. 北京：人民出版社，1988.

[104] 张皓. 中国美学范畴与传统文化 [M]. 武汉：湖北教育出版社，1996.

[105] 张焕庭. 西方资产阶级教育论著选 [M]. 北京：人民教育出版社，1964.

[106] 张曙光. 生存哲学：走向本真的存在 [M]. 昆明：云南人民版社，2001.

[107] 张晓静. 自我教育论 [M]. 哈尔滨：黑龙江教育出版社，2012.

[108] 赵汀阳. 论可能生活 [M]. 北京：中国人民大学出版社，2010.

[109] 郑新蓉，杜亮，魏曼华. 中国特岗教师蓝皮书 [M]. 北京：教育科学出版社，2012.

[110] 郑新蓉. 现代教育改革理性批判 [M]. 北京：人民教育出版社，2003.

[111] 周国平. 诗人哲学家 [M]. 上海：上海人民出版社，2005.

[112] 朱小棣，朱小蔓. 朱启銮画传 [M]. 北京：中国大百科全书出版社，2015.

[113] 朱小蔓，朱小棣. 朱小蔓与朱小棣跨洋对话：出国留学与教育"立人" [M]. 南京：南京师范大学出版社，2014.

[114] 朱小蔓. 关注心灵成长的教育：道德与情感教育的哲思 [M]. 北京：北京师范大学出版社，2012.

[115] 朱小蔓. 教育的问题与挑战：思想的回应 [M]. 南京：南京师范大学出版社，2000.

[116] 朱小蔓. 情感德育论 [M]. 北京：人民教育出版社，2005.

[117] 朱小蔓. 情感教育论纲 [M]. 北京：人民出版社，2007.

[118] 朱小蔓. 教育职场：教师的道德成长 [M]. 北京：教育科学出版社，2004.

[119] 朱旭东. 教师专业发展理论研究 [M]. 北京：北京师范大学出版社，2011.

[120] 朱贻庭. 伦理学大辞典 [M]. 上海：上海辞书出版社，2002.

[121] 邹进. 现代德国文化教育学 [M]. 太原：山西教育出版社，1992.

2. 中文论文类（期刊、报纸、会议论文）

[1] 奥克肖特，张铭. 巴比塔：论人类道德生活的形式 [J]. 世界哲学，2003 (4).

[2] 柴尚金. 论中国古代哲学的情感思维 [J]. 社会科学战线，1995 (4).

[3] 陈泽环. 经济体制与道德生活 [J]. 江西社会科学，1995 (2).

[4] 邓勇. 关键事件技术（CIT）应用现状分析 [J]. 铜仁师范高等专科学校学报，2006 (5).

[5] 丁钢. 教育经验的理论方式 [J]. 教育研究，2003 (2).

[6] 高恒天. 论道德生活的特点与类型［J］. 学术论坛，2006（6）.

[7] 郭德俊. 生物感情类型学［J］. 心理科学，2002（1）.

[8] 何中华. 论马克思语境中的"自主活动"［J］. 东岳论丛，2012（4）.

[9] 李尚卫. 师范生"农村感"的培养［J］. 内江师范学院报，2009（24）.

[10] 李永华. 论道德生活与道德教育［J］. 伦理学研究，2012（4）.

[11] 李泽厚，刘绪源. "情本体"的外推与内推［J］. 学术月刊，2012（1）.

[12] 刘畅，伍新春，陈玲玲. 幼儿父母的原生家庭对其协同教养的影响：人际间变量及性别一致性的调节作用［J］. 华南师范大学学报（社科版），2013（6）.

[13] 刘海春. 休闲：生命本体意义上的解读［J］. 浙江社会科学，2005（5）.

[14] 刘建荣. 社会转型时期农民价值观念的冲突［J］. 湖南师范大学社会科学学报，2005（3）.

[15] 刘庆昌. 论教育情感［J］. 山西大学师范学院学报，2000（1）.

[16] 刘先义. 价值活动：道德生活的本质［J］. 山东社会科学，2006（2）.

[17] 鲁芳. 生活秩序与道德生活的构建［J］. 哲学动态，2012（1）.

[18] 鲁洁. 教育：人之自我建构的实践活动［J］. 教育研究，1998（9）.

[19] 马多秀. 情感教育回顾与展望［J］. 教育研究，2017（1）.

[20] 彭伯林，赖换初. 道德起源的三个视角［J］. 哲学动态，2003（11）.

[21] 彭富春. 美学的第三条道路［J］. 郑州大学学报（哲社版），2003（3）.

[22] 宋海荣，陈国鹏. 关于儿童依恋影响因素的研究述评［J］. 心理科学，2003（1）.

[23] 汤建民. 基于文献计量的卓越科研机构描绘方法研究：以国内教育学科为例［J］. 情报杂志，2010（4）.

[24] 汤小龙. 苏霍姆林斯基"情感动力"理论浅探：上［J］. 外国教育资料，1993（5）.

[25] 屠锦红. 教学情感研究引论［J］. 湖南师范大学教育科学学报，2014（3）.

[26] 王泽应. 论道德与生活的关系及道德生活的本质特征［J］. 伦理学研究，2007（6）.

[27] 熊川武. 教育感情论［J］. 教育研究，2009（12）.

[28] 杨善平，孙飞宇. 作为意义探究的深度访谈 [J]. 社会学研究，2005 (5).

[29] 杨懿恬，高淑芳. 原生家庭与亲密关系对成人依附风格的影响 [J]. 咨商与辅导，2012 (316).

[30] 易小明，易岚. 道德概念的应然发展 [J]. 齐鲁学刊，2013 (5).

[31] 于树贵. 道德生活界说 [J]. 道德与文明，2006 (4).

[32] 于伟，栾天. 历史本体论与走向情本体的教育 [J]. 教育学报，2011 (4).

[33] 赵蒙成. 职场学习的优势与理论辩护 [J]. 教育与职业，2010 (3).

[34] 郑新蓉，王成龙，佟彤. 我国新生代乡村教师城市化特征研究 [J]. 河北师范大学学报（教育科学版），2016 (5).

[35] 钟芳芳. 骤变与适应：幼儿园新入职教师的关键事件研究 [J]. 湖南科技学院报，2014 (3).

[36] 周忠华，易小明. 人为性与为人性：道德的本质属性 [J]. 求实，2008 (1).

[37] 朱小蔓，王平. 情感教育视域下的"情感-交往"型课堂：一种着眼于全局的新人文主义探索 [J]. 全球教育展望，2017 (1).

[38] 朱小蔓，王平. 德育漫谈：理论与实践的新拓展与新生长：上 [J]. 中国德育，2015 (10).

[39] 朱小蔓. 关于学校道德教育的思考 [J]. 中国教育学刊，2004 (10).

3. 中文硕博论文类

[1] 经柏龙. 教师专业素质的形成与发展研究 [D/OL]. 沈阳：东北师范大学博士学位论文，2008 [2021-11-23]. http：//kns.cnki.net.njxzc.opac.vip/kcms/detail/detail.aspx?dbcode=CDFD&dbname=CDFD0911&filename=2009027428.nh&uniplatform=NZKPT&v=0o_bE5I4rVk5n9ZNhQiHHHx3xkY－k0sUXL_B2rhkcKv0U8wf2EGPfVpS－jWpTzAW.

[2] 唐松林. 农村中小学教师队伍建设研究 [D/OL]. 上海：华东师范大学，2004 [2021-11-23]. http：//t.cnki.net.njxzc.opac.vip/kcms/detail?v=3uoqIhG8C447WN1SO36whBaOoOkzJ23ELn_－3AAgJ5enmUaXDTPHrCCaz40ZggkCZkRZLYcSz7vqC9mYqXUwq_brsck－FWUL&uniplatform=NZKPT.

［3］王亚利. 教育情感及其评价研究［D/OL］. 太原：山西大学硕士学位论文，2011［2021-11-23］. http：//t. cnki. net. njxzc. opac. vip/kcms/detail?v＝3uoqIhG8C475KOm_zrgu4lQARvep2SAkWGEmc0QetxDh64Dt3veMp4sPITHIVUslyyXu2A9g73PYv4mz5bI0OQNJHGqt3bVw&uniplatform＝NZKPT.

［4］王志红. 论教师成长中的情感特征［D/OL］. 福州：福建师范大学硕士学位论文，2003［2021-11-23］. http：//t. cnki. net. njxzc. opac. vip/kcms/detail?v＝3uoqIhG8C475KOm_zrgu4m9eu－VXu9H75RhMZCEMue9h8LplqMYx934Y5lGrG7MqDCtzgZ－XEK－C4KLx_5OnrVumaWpkaklN&uniplatform＝NZKPT.

［5］徐改. 成功职业女性的生涯发展与性别建构：基于生活历史法的研究［D/OL］. 上海：华东师范大学博士学位论文，2007［2021-11-23］. http：//t. cnki. net. njxzc. opac. vip/kcms/detail?v＝3uoqIhG8C447WN1SO36whBaOoOkzJ23ELn_－3AAgJ5enmUaXDTPHrOfDp9eYpSg0Vy45ghC－pLRESTFBO1BV6W1bl8eIQaF6&uniplatform＝NZKPT.

［6］徐志刚. 教师情感能力的研究［D/OL］. 南京：南京师范大学硕士学位论文，2007［2021-11-23］. http：//t. cnki. net. njxzc. opac. vip/kcms/detail?v＝3uoqIhG8C475KOm_zrgu4lQARvep2SAk6X_k1IQGNCLwAgnuJ－hC065pTlYCZ4i8Tor7sSZwjSkfHnjTgZFrjiDxrqcuPW－q&uniplatform＝NZKPT.

［7］赵鑫. 教师感情修养研究［D/OL］. 武汉：华中师范大学博士学位论文，2010［2021-11-23］. http：//t. cnki. net. njxzc. opac. vip/kcms/detail?v＝3uoqIhG8C447WN1SO36whNHQvLEhcOy4v9J5uF5OhrnQEpjv_r9Smrw5Ewx8RRpk4YtfzK－LXdwDttoCf6ollxA1LAaCQm9k&uniplatform＝NZKPT.

4. 网络资源

［1］李睿宸，任爽. 乡村振兴必先振兴乡村教育［EB/OL］.（2021-03-10）［2021-11-23］. https：//news. gmw. cn/2021－03/10/content_34672685. htm http：//epaper. gmw. cn.

［2］李磊. 乡村振兴勿忘乡村小规模学校振兴［EB/OL］.（2021-03-29）［2021-11-23］. https：//www. rmzxb. com. cn/c/2021-03-29/2817411. shtml

[3] 新华网. 一次次朝着最偏远山村"逆行"：记坚守贵州乌蒙山区的乡村教师杨明 [EB/OL]. (2021-09-09) [2021-11-23]. http://www.news.cn/2021－09/09/c_1127844229.htm.

[4] 教育部, 中央组织部, 中央编办, 国家发展改革委, 财政部, 人力资源社会保障部. 教育部等六部门关于加强新时代乡村教师队伍建设的意见 [EB/OL]. (2020-07-31) [2021-11-23]. http://www.moe.gov.cn/srcsite/A10/s3735/202009/t20200903_484941.html.

5. 英文类（著作、论文）

[1] ALAN MORTIBOYS. Teaching with Emotioanal Intelligence: a step－by－step guide for higher and further education professionals [M]. 2nd edition. NEW YOURK: Routledge Taylor&amp Francis Group, 2013.

[2] CANFIELD B S, HOVESTADT A J, FENELL D L. Family of Origin Influences Upon Perceptions of Current-Family Functioning [J]. Family Therapy, 1992 (1).

[3] DEBRA K M. Scaffolding Emotions in Classrooms. In Schutz, P. A. (Eds.), Emotion in education. Academic Press, 2007.

[4] DINERO R E, CONGER R D, SHAVER P R, et al. Influence of Family of Origin and Adult Romantic; Partners on Romantic; Attachment Security [J]. Couple and Family Psychology: Research and Practice, 2011 (1).

[5] EDWARD WESTERMARCK. The Originand Development of the Moral Ideas: vol. 1 [M]. New York: Macmillan, 1906.

[6] ESTHER URDANGH. Human Behavior in the Social Evironment: Interweaving the Inner and Outer Worlds [M]. New York: The Haworth Social Work Practice Press, 2002.

[7] HARDING J, PRIBRAM E D. Losing our cool? Following Willliams and Grossberg on emotions. Cultural sdudies, 2004 (18).

[8] HERMANN SCHMITZ. Der unerschoep fliche Gegenstand, Grundzuege der

Philosophie, Bonn Bouvier, 2007.

[9] J O MCDOWELLE, et al. Leading with Emotion, Reaching Balance in Educational Decision-making, The Scarecrow Press, Inc. 2002.

[10] JEFFREY B, WOODS P. Feeling deprifessionalized: The social construction of emotions during an OFSTED inspection. Cambridge Journal of Educaiton, 1996 (26).

[11] METHENY J R. Family of Origin Influences on the Career Development of Young Adults: The Relative Contributions of Social Status and Family Support [D]. Doctoral Dissertation of University of Oregon, 2009.

[12] MEYER D K, TURNER J C. Scaffolding Emotions in Classrooms [A]. In Schutz, P. A. (Eds.), Emotion in education. Academic Press, 2007.

[13] NIAS J. Thinking about Feeling: The Emotions in Teaching. Cambridge journal of education, 1996, 26 (3).

[14] OSBORN M. Book reviews: The highs and lows of teaching: 60 years of research revisited. Cambridge Journal of Education, 1996 (26).

[15] ROKEACH M. Beliefa, attitudes and values: A theory of organization and change. San Francisco: Jossey-Bass, 1968.

[16] SCHUTZ P A, CROWDER K C, WHITE V E. The development of a goal to become a teacher. Journal of Educatioanal Psychology, 2001 (93).

[17] SCHUTZ P A. Teacher Identities, Beliefs, and Goals Related to Emotions in the Classroom [A]. In Schutz, P. A. (Eds.), Emotion in education. Academic Press, 2007.

[18] SUTTON R E. Emotional regulation goals and atrategies of teachers. Social Psychology of Education, 2004, 7 (4).

[19] TICKLE L. New teachers and the emotions of learning teaching. Cambridge Journal of education, 1991 (21).

[20] URCAN J D. Relationship of Family of Origin Qualities and Forgiveness to Marital Satisfaction [D]. Doctoral Dissertation of Hofstra University, 2011.

[21] WFADYSFAW TATARKIEWICZ. A History of Six Ideas [M]. Warszawa: Polish Scientific Publishers, 1980.

[22] WHISTON S C, KELLER B K. The Influences of the Family of Origin on Career Development A Review and Analysis [J]. The Counseling Psychologist, 2004 (4).

[23] WILLIAMS M R, CROSS D I, HONG J Y, et al. There are no emotion in math: How teachers approach emotions in the classroom. Manuscript submitted for publication.

[24] WILLIAMS S J. Emotion and social theory: Corporeal reflections on the (ir)rational. London, 2001.

附　录

一、有关研究课题及访谈事项的说明

尊敬的老师：

　　首先，感谢您同意参加"乡村教师自我教育访谈"！该说明旨在向各位老师介绍我的研究领域和研究视角，以便在您接受我访谈时，了解该研究开展的背景及访谈的主要目的，同时打消您的后顾之忧，以便该研究更好地开展。

　　我为什么要从"情感-生命"的视角来研究乡村教师的自我教育？主要考虑现在已有的关于乡村教师职后教育的理论和实践，往往比较强调教师在学科知识与技能等外显层面上的专业性，而忽视情感等内质性因素在教师自主成长中的重要性。大量的乡村教师教育教学实践案例表明，那些"情感-生命"充盈饱满的乡村教师，他们的自主学习与自我教育程度会更高，教育质量提升更为明显。因此，本研究主要探讨乡村教师的"情感-生命"与其自我教育的内在关联，希望拓宽乡村教师自我教育的内在情感维度，以促进乡村教师更好地进行自我突围与自我完善。

　　相信您的自我教育的过程一定是与众不同、独具魅力的，您的分享必将对本研究有独特的贡献价值，十分期待您的分享！

二、协助访谈的问题[①]

（一）保持开放性的问题

1. 可以说得再具体一点吗？
2. 您当时是怎么想的？现在呢？
3. 您觉得它们之间有联系吗？是怎样的联系？

[①] 这些问题并非结构性访谈提纲，而是为避免受访对象不能顺畅自述或有所遗忘而需要研究者提示或引导的问题。

4. 您怎么看待？

5. 您的感受如何？请形容一下您当时的心情。

6. 您擅长什么样的表达情感的方式？

7. 描述一下您觉得富有情感的生命故事。

（二）关于家庭

1. 您父母是怎样的性格？对您要求怎样？

2. 您跟您父母像吗？是否继承了他们的一些特点？

3. 您是否有兄弟姐妹？

4. 你们生活的环境是怎样的？

5. 有没有自己记忆深刻的生活体验？

6. 家庭给予您的主要是什么？

7. 您的爱人及孩子对您的工作有哪些影响？

（三）关于受教育经历

1. 您最初对学校、教师是怎样的印象？

2. 您最喜欢哪个教师，为什么？

3. 您最不喜欢哪个教师，为什么？

4. 您日后做教师跟早期受教育经历有关吗？哪些相关？

5. 您上学时有没有印象深刻的事情？

6. 您认为教育带给您的主要是什么？

7. 对于教育，您有没有一些不愉快的记忆？

8. 对于教育，您还想说点什么？

（四）关于职场生活

1. 截至目前，您满意您的职场生活吗？请具体说一说。

2. 在不同的发展阶段，您有怎样的情感记忆？

3. 您觉得对于乡村教师来说，哪些要素能够体现他们的自我教育能力？

4. 您是否喜欢教师职业？为什么？

5. 当您遭遇消极、负向情绪情感时，您是怎么克服的？

6. 您职业生涯中曾遇到过哪些关键事件和关键人物？

7. 您认为对教师而言，最重要的是什么？

8. 职业生涯中，您经常出现的情绪情感有哪些？您认为哪些情绪情感对专业发展有益，哪些是应该避免的？

9. 请举例说说让您至今难忘的富有情感体验的故事。

10. 您是如何看待同侪关系对于您的自我教育的影响的？

11. 您认为学校应该为您提供哪些自我教育的外部条件？

12. 当下您进行自我教育的困境有哪些？需要哪些条件来保障？

13. 您认为具备什么样品质的人最适合成为乡村教师？

14. 您认为乡村教师要具备什么样的情感体验才最有利于其自我教育？

15. 您认为乡村教师进行自我教育的内部因素和外部因素都有哪些？

16. 在您的生活经历中，您是否有过强烈的情感体验来支持自我教育的达成？请举例说明。

17. 哪些经历、关键事件、重要他人对您进行自我教育有着重要的意义？

18. 当您获得自我教育的成果的时候有什么样的情感体验？您是否试图保持这种情感体验？您是如何行动的？

19. 是什么外部因素或者内部因素促使您走向自我教育之路的？

20. 您进行自我教育是为了什么？其行动力来自何方？今后打算怎么做？

（五）其他相关因素

1. 您对自己的发展情况满意吗？对未发展情况满意吗？对未来有什么规划？

2. 如果让您重新选择职业，您还会选择教师吗？

3. 您觉得哪些建议和智慧可以分享给他人？

4. 您对教师情感如何看待？

5. 您觉得您的自我是否受到传统文化的影响？有哪些具体体现？

6. 您如何看待社会公众对乡村教师的期待？

7. 您觉得教师具有情感性吗？有哪些具体体现？
8. 您希望自己的哪一段经历可以重来？

（六）结束之前的问题

1. 您如何看待您今天的自述？有何感受？
2. 您还有特别想说的吗？
3. 您现在的心情如何？您对未来有什么打算？

三、关于同意参加课题研究的声明

访谈对象（姓名）：

所在单位：

所教学科：

我确认对《当代乡村教师自我教育之路：基于"情感-生命"的视角考察》所要求的情况全部知悉，并同意自愿作为访谈对象参与该课题研究。

为使该研究更好地开展，双方达成以下协议：

第一，访谈对象主要参与个人生活史自述性的访谈以及协助研究者共同完成调研活动并愿意提供与之相关的辅助材料供研究使用。

第二，访谈对象有权选择离开该研究，无论出于怎样的原因。

第三，出于研究伦理，本研究将对访谈对象及访谈内容进行保护性技术处理，与之相关的出版物、日记札记、观察材料等仅限于本研究使用，不作他用。

访谈地点：

访谈时间：

研究者签名：

访谈对象签名：

四、关于乡村教师自我教育实现的相关因素的问卷

亲爱的教师：

您好！

首先感谢您协助完成《关于乡村教师自我教育的相关因素的问卷》。本问卷主要是针对当下乡村教师自我教育开展情况及实现的因素进行调查研究；本问卷采取匿名答题，不涉及您的任何个人隐私，请用最贴切的词汇作答。感谢您的配合！

1. 请回忆您的职场生活，请您用简短词汇描述一下您当下自我教育的状态。

2. 如果在自我教育中出现了一些困境，您认为都是哪些因素造成的？哪些因素最为重要？（请用简短词汇表达即可）

3. 请您从身边找出1位您认为最优秀的擅长做自我教育的教师，他或她是您最熟悉、大家都公认的榜样同事。然后，请您列举出他或她与同事们对比在自我教育实现（胜任力）方面有何突出特质。（请用简短词汇表达即可）

五、课堂呈现的文本

做世界一流的擦鞋匠

曾经有一个善良的男孩子，他家里非常贫困，以至于买不起一双新鞋。为了给生病的母亲治病，给妹妹挣钱读书，他开始为过往的行人擦皮鞋。

男孩每天都是天一亮就开始工作，忙到街上没什么行人了才肯回家。他精心为每一个顾客擦皮鞋，每一次他都像完成一件艺术品似的为顾客服务。有一次，一位顾客来擦鞋的时候，他的鞋油用完了，于是他几乎用了平时的两倍时间才把鞋擦好。当顾客付给他比平时要多的钱的时候，他拒绝收下，他很难为情地对顾客说："今天鞋油刚好到您这里用完了，但是我还是很认真擦这双鞋，您瞧，它们和用过鞋油擦出来的一样锃亮。所以，这钱我不能收下。"这位顾客听后很感动，对他说："年轻人，你很真诚，你想过没有，换个其他的工作，比如你可以做我的部门经理，我可以帮助你完成你的梦想。"这个男孩子自信地说："谢谢您的好意，先生，我最大的梦想就是做世界一流的擦鞋匠！"

男孩还是一如既往地为每一位顾客擦皮鞋，渐渐地，他除了用浑身力气擦鞋，还

经常到鞋油厂请教师傅如何高效利用鞋油，到皮鞋店观察各种鞋子的质地，到街头巷尾和同业的擦鞋匠探讨技艺，到街坊四邻中听取建议，到养老院为老人义务擦鞋锻炼技艺……同行问他："你何苦这样折磨自己？"他总是铿锵有力地说："就是擦皮鞋，我也要做到世界一流！"渐渐地，每天找他擦鞋的顾客越来越多了，每天都有很多人排队让他擦皮鞋，其实这些顾客不仅仅是为了让他擦擦鞋，他们在这年轻人身上看到的更多的是一流的职业精神、一流的人格魅力！

几年过后，这个男孩终于有了自己的擦鞋店铺，又过了几年，他拥有了几家连锁的店铺，到后来他的擦鞋店遍布全国各地，他终于实现了自己的梦想，成了世界一流的擦鞋匠。

六、本书图表索引

图1　本研究的定位及其视角所在领域的位置　10

图2　"情感-生命"的内在结构图示　25

图3　研究框架结构图示　36

图4　研究地点的选择　47

图5　乡村教师自我教育困境的成因分析图　82

图6　自我教育内部因素考察：创造道德生活的"情感-生命"系统结构导图　94

图7　乡村教师自我教育的情感基础导图　156

图8　乡村教师自我教育内在因素考察结构导图　227

图9　优秀乡村教师自我教育支持系统结构图　232

表1　研究学校及研究现场选择的基本情况　48

表2　研究对象选择的基本情况　49

表3　主要案例研究材料的生成基本情况　50

表4　研究对象的教育现象学文本的勾勒　51

表5　关于乡村教师自我教育现状的词条编码　76

表6　关于乡村教师自我教育现状的高频词条频数排列（前3位）　76

表7　关于被访乡村教师自我教育成因的词频编码　77

表 8 　关于乡村教师自我教育成因的高频词条频数排列（前 3 位）　78

表 9 　关于被访乡村教师自我教育胜任力特质的词频编码　79

表 10 　关于乡村教师自我教育胜任力特质的高频词条频数排列（前 3 位）　80

表 11 　"最美"系列乡村教师典型人物属性表　97

表 12 　"最美"系列乡村教师自我教育的精神镜像群　135

表 13 　"最美"系列乡村教师自我教育之"情感-生命"维度开放性编码　137

表 14 　"最美"系列乡村教师自我教育情况与情感属性表　141

表 15 　"最美"系列乡村教师自我教育内源性动力影响因素　144

后 记

在此书付梓之际，回顾此书的著作历程，不禁有些胆怯羞愧，书中不足之处还很明显，有些地方确实有待进一步逻辑考究、科学分析，有些地方更需要客观的实践性批判与理性反思，还有些地方的应然与实然需要进一步确认与厘清。遗憾的是，彻底地修整与论证恐怕短期内不能实现，但我想曾经的遗憾与研究的留白都会持续地在我日后的科研生活中发挥积极的作用——永远警示与鞭策，促使我不断内省与保持慎独。作为曾经的科研印记，它带有些许青涩，但科研的心是诚的，治学的情是真的，实践的干劲是足的，这是自己曾经学习过、奋斗过的一段青春岁月，也是自己全情投入的一段生命体验，其向自己标注着另外一种人生存在的可能……期待每一次努力或是挫折后的成长，期待若干年后与历史相遇，依然持有初心，历经千帆，归来仍是少年。

本书稿是朱小蔓先生生前主编的最后一套丛书中的一册，作为其作者，笔者倍感幸福与幸运，时值先生去世两周年，本套丛书的出版具有极大的人文性、情感性与纪念性。朱先生向我们揭示了情感教育的本质——对人类理性的永恒追求。人类追求思想秩序、思想定向，渴望不断地超越自身，这种形而上的冲动正是人类的本性。[1] 在漫长的时间里，人们曾经历尽千辛万苦，竭尽全力用各种办法力图更加逼近真理，力图理解他们生活于其中的美妙的世界，力图在这里或那里增添一点美的笔触……他们曾经活着而后死去——留下来的只是他们生命的最高目标所塑造的一些真、善、美的追求，这就是赤金，是从混沌中提炼出来的永恒喜悦。[2]

---

[1] 朱小蔓. 情感教育论纲 [M]. 南京：南京师范大学出版社，2019：82.
[2] 萨顿. 科学史与新人文主义 [M]. 北京：华夏出版社，1989：8.

生命中有两种要素，一种是瞬息即逝和演进的，另一种则是非演进和永恒的，道义主要关心的是后一种要素。[①] 新人文主义者所追求的是科学地理解生命——生命必须是有用的，但也必须是美好的，而且为了走向未来。[②] 这可能是个伟大的使命，值得投入全部身心努力去试一试。朱小蔓先生就是用这样毫无保留的教育情怀，执着于人类的永恒信念，倾其全部生命，以情感教育的方式进行着眼于全局的新人文主义的探索。她对情感教育的研究从完整的人出发，站在哲学和社会实践的高度对人的精神发展与德行成长进行根源性哲思与教育学想象，运用现当代先进科学文明，把人文精神和科学精神整合起来，构建了指向完整生命的情感教育理论框架，由此，她用全部生命坚守着新人文主义者的永恒追求。朱小蔓先生永远值得怀念！

2022 年 5 月于河北保定

[①] 萨顿. 科学史与新人文主义 [M]. 北京：华夏出版社，1989：9.
[②] 同①：10.